MAGIE UND MYSTIK
IM 3. JAHRTAUSEND

5. BUCH

EMIL STEJNAR

ASTROLOGIE
Navigation für den Lebensweg
Genetischer Code für Geist und Seele

STEJNAR VERLAG

Das vorliegende Buch ist Teil eines einzigartigen Lehrkurses der Magie und Mystik. Emil Stejnar hat mit seinem Werk die Magie und Mystik aus der mittelalterlichen Welt der Wunder in die moderne Welt der Wissenschaft geführt. Seine Thesen und Forschungsergebnisse werden auch in akademischen Kreisen anerkannt.

3. erweiterte Auflage

Umschlaggestaltung & Satz: Rittberger+Knapp
Umschlagmontage: ©AdobeStock/agsandrew & Studio-FI

ISBN 978-3-900721-11-4

www.stejnar-verlag.com

Die Bücher der "Magie und Mystik im 3. Jahrtausend" bieten eine seriöse, umfassende Einführung in das Gesamtgebiet der Esoterik und Geisteswissenschaften. Die Instruktionen und Erkenntnisse, die zuvor nur wenigen ausgewählten Personen zugänglich waren, wurden durch die Veröffentlichung der nun vorliegenden 13 Bände einem großen, begeisterten Leserkreis bekannt. Stejnar beweist, Esoterik kann spannend, intelligent und in der Praxis im Alltag ungemein hilfreich sein.

Die Bücher der "Magie und Mystik im 3. Jahrtausend" umfassen 13 Bände. Jeder Band ist in sich abgeschlossen und behandelt ein wichtiges Thema.

1. BUCH: Das Buch der Meister und seine Erben
2. BUCH: Exerzitien für Freimaurer
3. BUCH: Die Vier Elemente
4. BUCH: Außerkörperliche Erfahrungen
5. BUCH: Astrologie
6. BUCH: Der Adept Franz Bardon
7. BUCH: Das Schutzengelbuch
8. BUCH: Der Thebaische Kalender
9. BUCH: Diät-Yoga
10. BUCH: Andy Mo - Ein Erdgeist verzaubert die Welt
11. BUCH: An der Pforte zur letzten Latern
12. BUCH: Träumen kann gefährlich sein
13. BUCH: Gnosis Tantra Quabbalah

Den Antrieb eurer Regung gibt der Himmel,
nicht jeden, sag ich, aber gäb er jeden, so habt ihr doch das
Licht für Gut und Böse, habt freies Wollen,
das nur mühsam zwar den ersten Kampf
mit den Gestirnen aushält, doch dann,
bei guter Pflege immer siegt.

Dante "Göttliche Komödie"

Die Astrologie zeigt einen Weg,
Wie man sich selbst und sein Schicksal
gestalten kann.

Magie ist die Wissenschaft
von der Arbeit mit dem Geist.

Möge dieses Buch und die Astrologie
ihnen helfen, dem Dasein jenen Sinn zu geben,
in dem sie sich erkennen können.

INHALT

INKARNATIONEN, KARMA UND DIE WESENSZELLEN

ASTROLOGIE – EINE WISSENSCHAFT ODER EIN WUNDER?

Hormone werden zeitgleich mit kosmischen Konstellationen ausgeschüttet. Briefe langen scheinbar planetengesteuert ein. Wasserrohre platzen, Waschmaschinen gehen ein, man dreht durch oder ist friedlich gestimmt, wenn entsprechende astrologische Voraussetzungen vorhanden sind. Liebe, Glück, Erfolg und Misserfolg hängen offensichtlich von bestimmten astrologischen Gegebenheiten ab.

Wer sich dieser Tatsache verschließt, verschließt sich der geistigen Welt. Er verzichtet auf eine Dimension des Lebens. Auch wenn wir heute noch nicht die Mechanismen kennen, mit denen die kosmischen Mächte ihren Einfluss geltend machen – dass sie es tun, davon kann sich jeder überzeugen, der sein Horoskop überprüft.

Der Arzt Dr. Heinz Fidelsberger ("*Astrologie 2001*") hat nachgewiesen, dass Astrologie kein Wunder ist, sondern wie die Meteorologie zu den erscheinungserklärenden Wissenschaften gerechnet werden kann. Bestimmte astrologische Regeln und Phänomene lassen sich nämlich mit der Methode der statistischen Kausalität belegen und beschreiben.

Wenn sich trotzdem immer noch ansonsten intelligente Menschen weigern, sich mit der Astrologie auseinanderzusetzen, so liegt das nicht nur an den banalen Prognosen von Scharlatanen und den Zeitungshoroskopen, die mit Astrologie überhaupt nichts zu tun haben, sondern auch an den Astrologen selbst. Viele praktizierende Astrologen arbeiten mit Methoden und Deutungsregeln, die aus dem Mittelalter stammen, machen Aussagen, die nicht zu verantworten sind und stellen Behauptungen auf, die nicht zu halten sind.

Ich habe mich in den sechziger und siebziger Jahren für eine seriöse Astrologie eingesetzt. Damals gab es in Deutschland und Österreich noch den Gauklerparagraphen, der die bezahlte Ausübung der astrologischen Tätigkeit verbot. Mit vielen Artikeln, Fernsehsendungen und Aufklärungsarbeit ist es mir gelungen, die Behörden zu überzeugen, dass die Astrologie eine ernstzunehmende Lebenshilfe bedeuten kann. Sie wurde in Österreich 1970 als freies Gewerbe eingestuft und die Ausübung der gewerbsmäßigen astrologischen Beratung zugelassen.

Leider habe ich damit etwas bewirkt, das ich nicht vorhersehen konnte. Die Wahrsager und Scharlatane gaben sich nun als Astrologen aus. Mittlerweile haben europaweit Tausende unfähige und unseriöse astrologische Lebensberater den Ruf der Astrologie wieder zerstört.

Ich hoffe, dass es mir mit diesem Buch gelingt, neue Impulse zu setzen und dass die Astrologie wieder jenen Stellenwert bekommt, der ihr zusteht. Die Astrologie ist nicht nur eine wertvolle Lebenshilfe. Sie liefert auch den Beweis, dass es neben der greifbaren sichtbaren Welt noch eine geistige Ebene geben muss, die mit der grobstofflichen Welt in Zusammenhang steht und auf das Leben der Menschen einwirkt.

WAS IST DAS, DAS SICH INKARNIERT?

Was ist das, das sich inkarniert und im Laufe des Lebens immer mehr zu einer Persönlichkeit heranwächst, zu einem Wesen, das von sich sagt: Ich denke, ich fühle, ich will, ich bin? Wer oder was bestimmt die Ausgangssituation einer Geburt und worauf beruht der Verlauf des weiteren Schicksals? Warum kommen die Menschen unter scheinbar sehr ungerecht verteilten körperlichen, familiären und finanziellen Voraussetzungen und mit höchst unterschiedlichen Fähigkeiten und Eigenschaften zur Welt?

Ganz gleich, ob man an Karma und Wiedergeburt glaubt oder meint, man werde nur einmal geboren, die Frage, nach welchen Regeln und warum man gerade zu jenen persönlichen Wesenszellen, die einem das Bewusstsein in diesem Leben ermöglichen, kam und nicht zu anderen, wird damit nicht beantwortet.

Die übliche Karmatheorie, nach der "Aug' um Aug' - Zahn um

Zahn" ein Dieb im nächsten Leben selbst beraubt wird, kehrt nur den Müll der Taten unter den karmischen Teppich der Vergangenheit oder bürdet die Schuld einem armen Teufel auf, der sich in der Zukunft inkarniert und sich an nichts erinnern kann. Seit New Age die Idee einer Wiedergeburt zur Volksreligion erhob, hofft manch biedere Hausfrau, im nächsten Leben selbst als verehrter Guru geboren zu werden (im letzten Leben war sie sowieso die Tochter des Pharao), aber wie sie zu den dafür nötigen Eigenschaften und Fähigkeiten kommen kann, fragt sie sich nicht.

Doch genau diese Frage ist zu beantworten, ehe man sich überhaupt mit dem Thema der Wiedergeburt auseinandersetzt: Wie kommt man zu den Wesenszellen, die einen, so wie man ist, und nicht anders, denken, fühlen und agieren lassen? Der Schicksalsverlauf wird über diese persönlichen Wesenszellen sicherlich vielmehr als vom üblen Mutwillen der "Schicksalsmächte" bestimmt. Denn die Götter, Genien und Dämonen können nur über die persönlichen Wesenszellen, die sie mit dem jeweiligen Menschen verbinden, auf ihn einwirken.

Uns interessiert daher vorerst nicht, warum zum Beispiel jemand im afrikanischen Busch und ein anderer in einer Großstadt - mit all ihren Vor- und Nachteilen - das Licht der Welt erblickt, oder der eine als behütetes Einzelkind eines Millionärs und der andere als neuntes Kind eines arbeitslosen Vorbestraften geboren wird. Es geht nicht darum, wie es dazu kommt, dass der eine als Krüppel und der andere als Schönheit geboren wird, sondern wie sich die besonderen geist-seelischen Strukturen des Wesens, das in dem Körper steckt, bei jedem Menschen anders gestalten konnten. Was bestimmte die persönlichen Anlagen, aus denen sich dann die Fähigkeiten und der Charakter ergeben?

Es muss ja etwas da gewesen sein, das in den Körper schlüpfte. Soweit man nicht meint, dass Gedanken und Gefühle Ausscheidungsprodukte des Körpers sind, oder glaubt, der liebe Gott erschafft jede Menschenseele neu, muss man annehmen, der Geist und die Seele oder etwas anderes vom bewusstseinstragenden ICH waren in irgendeiner Form bereits vor der Geburt vorhanden.

Damit aber stellt sich die Frage: Kann man sich beliebig inkarnieren und so, wie man Fernreisen bucht, um andere Länder kennen zu lernen, einen irdischen Körper buchen, um andere Lebenssituationen hautnah zu erleben? Verwendet man dazu gleichzeitig auch einen anderen Geist und eine neue Seele, um auch andere geistige Einstellungen, Meinungen, Vorlieben sowie Eigenschaften und Regungen, die einem fremd sind, erleben zu können, oder können sich in jedem Leben immer nur die geistigen und seelischen Anlagen, die man bereits hat, entfalten? Wie kommt man zu einem neuen Charakter, anderen Idealen, Neigungen und Wesenszügen? Wieso wechselt man seine Interessen? Erhält der alte Geist ein neues Seelenkleid, mit dem er sich inkarniert, oder steigt er direkt in einen Körper (so wie man in ein gekauftes Auto steigt, da passt auch jeder hinein, der es sich leisten kann) und vermählt sich dann mit den feinstofflichen Wesenszellen, die durch die aus dem Körper strömenden Vitale angezogen werden? Theoretisch wäre das ohne weiteres möglich, denn es ist ja der grobstoffliche Körper, der mit seiner biochemischen Struktur vorgibt, welche Anlagen sich entfalten können und welche nicht.

Nach neuesten wissenschaftlichen Erkenntnissen sind nämlich nicht nur die körperlichen Anlagen wie zum Beispiel Augenfarbe, Nasenform oder Krankheitsdispositionen, sondern auch die Voraussetzungen für die persönlichen geistigen und seelischen Wesenszüge und Charaktereigenschaften, also die persönlichen Wesenszellen von Geist und Seele, die man im jeweiligen Leben entfaltet, durch die genetische Struktur des grobstofflichen Körpers, in den man sich inkarniert, vorgegeben. Ob jemand aggressiv oder fürsorglich "mütterlich" reagiert, hängt davon ab, wie viel Oxytocin sein Körper zu produzieren vermag. Geschlechtshormone bestimmen das sexuelle Lustbegehren. Depressionen und Lethargie werden genauso wie Zuversicht und Aktivität durch biochemische Vorgänge gesteuert. Eine Fehlregulation der Stresshormone, ein gestörter Serotoninstoffwechsel - man kennt eine Menge Neurotransmitter, Hormone, Enzyme und andere Substanzen, die die seelische Befindlichkeit steuern – kann das innere Gleichgewicht sprengen. Sogar die Veranlagung zu kriminellem Verhalten beruht nachweislich auf einem Funktionsfehler in neurologischen Abläufen, welche die Verbindung zwischen Wahrnehmung und Gefühlsreaktion regeln. Der so genannte Mandelkern im Gehirn wurde inzwischen eindeutig als Zentrum und Regler der Gefühle lokalisiert.

Das alles bedeutet nun aber nicht, dass die Bewusstsein tragenden feinstofflichen Wesenszellen von Geist und Seele Produkte oder Ausflüsse des grobstofflichen Körpers sein müssen, sondern lediglich, dass sich nur jene Wesenszellen in einen Körper inkarnieren und sich dort halten können, die in diesem Körper geeignete grobstoffliche Andockstellen finden. Denken, Fühlen, Wollen und bewusst Sein kann man auch im außerkörperlichen Zustand, und manche biochemischen Vorgänge lassen sich vorübergehend auch durch gezielte Imaginationen auslösen. Das Gehirn dient nur als Laptop für das Dasein im grobstofflichen Körper. Aber wo die Software fehlt, werden auch die machtvollsten geistigen Bestrebungen keine wesentlichen Veränderungen bewirken können.

Auch die Natur muss bestimmten Gesetzen folgen, sonst wäre die Ordnung dahin und geregelte Lebensabläufe unmöglich. Die Wesenszellen von Geist und Seele sind nun einmal feinstofflich und daher, ohne Zwischenglied als Transmitter, nicht mit der grobstofflichen Materie zu verbinden. In meinem Buch "Exerzitien für Freimaurer" wurde dieser psycho-physische Mechanismus bereits eingehend beschrieben: Vom Körper her gesehen erfüllen die so genannten Vitale, die "Moleküle der Lebenskraft", diese Aufgabe. Sie müssen der grobstofflichen Ebene zugeordnet werden und sind tatsächlich Ausscheidungsprodukte des Körpers. Geballt zu Empfindungen und Trieben verbinden sie sich mit Hoffnungen, Ängsten und anderen Formen der Gefühle, den Elementaren. Erst diese Elementare, welche die "Moleküle der Seele" sind, können sich mit Elementalen – das sind die "Moleküle des Geistes", also die Vorstellungen, Gedanken und Imaginationen – verbinden und diese beleben. Umgekehrt verbinden sich vom Geistigen her die Moleküle des Geistes, die Vorstellungen und Meinungen, ebenfalls zuerst mit den Elementaren, also mit Gefühlsimpulsen, die Wünsche auslösen und in Form von Wollensimpulsen dem Geist ermöglichen, auf den Körper einzuwirken und über den Körper auch in der grobstofflichen Welt zu agieren.

Je, nachdem, wie man das wahre ICHSELBST definiert und was man sich unter Geist und Seele vorstellt, wird das vom grobstofflichen Körper unabhängige feinstoffliche Wesen des Menschen entweder mit diesen sich inkarnierenden Wesenszellen identisch sein oder sich, von diesen unabhängig, auch auf andere Bewusstseinsträger stützen können.

WIE KOMMT MAN ZU SEINEM HOROSKOP?

Die hermetische Anatomie hat in Verbindung mit der Astrologie ein anschauliches Denkmodell entwickelt, das die bewusstseinstragenden feinstofflichen Glieder, die aus diesen Wesenszellen bestehen, beschreibt.

Es bleibt aber trotzdem die Frage, wie und warum man zu diesen oder jenen Wesenszellen kommt. Auf welche Weise wirkt das Karma? Wird jemand, der ein ausschweifendes Leben führte, dessen Wesensorgane für Liebe und Genuss aus Wesenszellen bestehen, die sich aus unkontrollierten Planetenqualitäten des Mars-, Venus-, Uranus- oder Neptunischen vermischten, diese Wesenszellen auch in seine nächste Inkarnation mitnehmen? Wie sollte er sie auch loswerden, wenn er sie nicht beherrscht oder gar nicht loswerden will, weil er sich wohlfühlt damit? Oder kommt genau umgekehrt der prüde Asket, der sich jegliches Vergnügen versagt, aber davon in seinen Phantasien schwelgt, in der kommenden Inkarnation mit diesen aufgestauten "verdrängten" Wesenszellen als genussfreudiger Wüstling zur Welt?

Kann man sich nur mit Wesenszellen, die man in sich, also in seinem Bewusstseinsraum hatte und dort pflegte oder duldete, inkarnieren, oder ist es möglich, sich in einen Körper zu inkarnieren, der einen, zur Abwechslung oder zum Geistesmuskeltraining, mit völlig wesensfremden Eigenschaften konfrontiert?

Ist es möglich, dass man sein ganzes Wesen aufgibt und mit fremden Wesenszellen geboren wird? Einfach um zu erfahren, wie es ist, mit diesem oder jenem Charakter zu leben und um zu lernen, mit anderen Eigenschaften umgehen? Eine solche Inkarnation wäre dann tatsächlich wie eine Fernreise in ein fremdes Land, bei der man neue Eindrücke gewinnt, und nicht die Folge der vergangenen Leben; und sie hätte auch keine karmischen Folgen, da mit dem Ablegen der alten Wesenszellen nicht nur die Erfahrungen und Erinnerungen schwinden würden, sondern auch die Grundlagen dafür. Die Arbeit an sich selbst würde sinnlos erscheinen, es sei denn, man erlangt die angestrebte Vollkommenheit noch im selben Leben.

Es gilt die Struktur des Geistes, die den Tod überdauert und den sich inkarnierenden Wesenszellen als Gerüst und Vorbild dient, zu definieren. Und es gilt den Mechanismus zu ergründen, mit dem sich die Energien der Wunschkraft, des Willens, des Glaubens und der Vorstellungskraft, den Energien also, mit denen sich das SELBST erneuert und am Leben hält. Wie ist die Macht über die Urqualitäten des Akasha, die allgegenwärtig, ewig und ungebunden sind und in ihren verschiedenen Zusammensetzungen mit dem Bewusstsein selbst allmächtig sind, zu erfassen?

WORAUS BESTEHT DAS ICH?

- Was vom persönlichen Wesen ist das wahre ICHSELBST?
- Was sind die Wesensglieder und Organe, mit denen man sich inkarniert, und was davon sind austauschbare Wesenszellen, die in jedem Leben neu gebildet werden?
- Sind die Urqualitäten der persönlichen Eigenschaften die Grundlage für jede neue Inkarnation, oder ist es möglich, diese abzulegen wie die verschiedenen Körper, in die man sich im Laufe der Jahrtausende inkarniert?

Jeder Hermetiker muss sich diese Fragen selbst beantworten. Denn nur wenn er daran glaubt, wird er imstande sein, das solchermaßen geschaffene Bild von sich selbst in seinem wahren ICHSELBST zu verankern und im Bewusstsein zu halten. Wenn man sich kein konkretes Bild macht von dem, was man ist und sein will, besteht die Gefahr, dass man sich, sobald man seinen Körper nicht mehr als Bewusstseinsstütze zur Verfügung hat, verliert.

Die "Magie und Mystik im 3. Jahrtausend" hat dafür keine Dogmen aufgestellt und verspricht auch nicht das ewige Leben nach dem Tod.

Es gibt jedoch einen sehr aufschlussreichen Text im Ritual der Tradition. Da heißt es bei der Erhebung zum Freimaurermeister, wenn der ermordete Meister aus dem Grabe gehoben werden soll: "Ich kann ihn nicht heben, die Haut löst sich vom Fleisch." Und weiter: "Ich kann ihn nicht heben, das Fleisch löst sich vom Bein", und dann: "Lasst uns versuchen, ihn mit den fünf Punkten der Meisterschaft zu heben." Damit ist angedeutet, dass zumindest zwei der Körper, die das wahre ICHSELBST verwendet - der Lebensleib des grobstofflichen Körpers und der so genannte Astralkörper -, sterblich sind. Nur wenn sich die vier Wesensglieder zu einem fünften vereinen (das übergeordnete, zusammenfassende Ganze ist immer mehr als das, woraus es besteht, und hat andere Eigenschaften als seine Teile), ist eine Grundlage für Unsterblichkeit geschaffen.

Die gnostische Hermetik lehrt daher Techniken, mit denen man seine Wesenszellen veredeln, deren Energie transformieren oder sie in andere Wesenszellen umwandeln kann. Unerwünschte Wesenszellen werden bereits im Keimen behindert, kleinste Ansätze positiver Regungen gezielt gepflegt. Die Erfahrung beweist es, dieser selbst und bewusst aufgebaute Lebensleib wird, zumindest eine gewisse Zeit lang, das persönliche Bewusstsein auch nach dem Ablegen des grobstofflichen Körpers tragen. Daraus ergeben sich verschiedene Theorien für Möglichkeiten, wie man zu den für eine Inkarnation bestimmten vorgesehenen (oder nicht vorherzusehenden) Wesenszellen kommen kann.

Die einfachste Wahrscheinlichkeit wäre, entsprechend der gängigen Meinung der Reinkarnationstheorie, dass man mit jenen Wesenszellen geboren wird, die man im Laufe seiner verschiedenen Inkarnationen erworben und auch schon im vorigen Leben verwendet hat. Dabei werden naturgemäß die Eigenschaften und Triebe aus der letzten Inkarnation dominieren, weil sie noch stärker belebt sind und deshalb machtvoller in Erscheinung treten können. Jene Wesenszellen, die man zu beherrschen lernte, können in Form von positiven Eigenschaften und genialen Fähigkeiten die entsprechenden Wesensglieder stärken, wogegen die vernachlässigten oder entarteten Wesenszellen wieder die gleichen Schwächen und negativen Neigungen bewirken werden wie bereits zuvor.

Im Grunde genommen bedeutet das eine ständige Wiederholung der gleichen Eigenschaften, allerdings unter verschiedenen Lebenssituationen, was zu einer neuen Sichtweise und damit zu einer Veränderung der Bestrebungen (also neuen Wesenszellen) führen kann. Trotzdem wird das, früher oder später, zu einer einseitigen Entwicklung führen, weil sich sowohl die positiven als auch die negativen Wesenszellen immer stärker behaupten. Vermeiden ließe sich das nur, wenn ein gnädiger Inkarnationsmechanismus automatisch dafür sorgen würde, dass zum Beispiel ein rücksichtsloser, machthungriger Politiker im nächsten Leben als opferbereite, mitfühlende Krankenschwester, ein schlauer, erfolgreicher Geschäftsmann als genügsamer, bescheidener Schafhirte, ein bequemer Genießer als ehrgeiziger Spitzensportler geboren werden könnte.

Das wäre jedoch ungerecht gegenüber jenen, die sich um ihre Selbstvervollkommnung bemühen, und eine genauso unlogische Auslegung des Karmagesetzes, wie es eine viel zu geringe Strafe wäre, wenn ein gewissenloser Diktator, der Millionen Menschen auf seinem Gewissen hat und seine Gegner zu Tode foltern ließ, in seinem nächsten Leben selbst in einem Gefängnis landet. Auch wenn man davon ausgeht, dass zum Beispiel der erfolgsgeile Kaufmann schon einmal als Schafhirte gelebt hat und auf diese alten bescheidenen Wesenszellen zurückgreifen könnte, wäre es sehr unwahrscheinlich, vor allem, wenn man sich vorstellt, dass dazu jemand auf Fähigkeiten, die er sich mühsam angeeignet hat und die zu seinem Wesen gehören, verzichten muss - wie sollte er sie "vergessen" können?

DIE EINSEITIGKEIT DES GENIALEN

Deshalb, so lehrt die hermetische Tradition, soll der Hermetiker bei der Arbeit an seiner Selbstvervollkommnung weniger die Entwicklung einer besonderen Fähigkeit, sondern, den vier Elementen entsprechend, die gleichmäßige Entfaltung aller möglichen Eigenschaften anstreben.

Je bewusster man seine feinstofflichen Wesensglieder gebraucht und je besser man seine Wesenszellen beherrscht, umso leichter wird es gelingen, die für eine Inkarnation erwünschten Wesenszellen selbst zu bestimmen. Wer dazu nicht in der Lage ist, den werden die unkontrollierten Teile seines Wesens in einen Körper drängen, der jene genetischen Bedingungen erfüllt, die ihrem Wesen entsprechen, und die einseitige Entwicklung wird sich im nächsten Leben fortsetzen.

Es gibt jedoch einen Mechanismus, der für Ausgleich sorgt. Nämlich durch die unterschiedliche Funktion der elementalen Wesenszellen, welche die bildhafte mentale Struktur zeichnen, und der elementaren Wesenszellen, die als Ströme der seelischen Energien diese Bilder beleben.

Nehmen wir noch einmal das Beispiel, jemand kommt mit Wesenszellen für abartige oder übertriebene sexuelle Neigungen zur Welt (was bei einer Geburt zu einer Zeit, in der gespannte Aspekte zwischen Venus und Uranus, oder Neptun, oder anderen Planeten, die das harmonische Gleichgewicht des guten Geschmacks- und Liebesempfindens stören, der Fall sein kann.)

Diese Wesenszellen stammen entweder aus einem ausschweifenden Leben, in dem sich der Betreffende keinen Zwang auferlegte, wobei sich, weil er diesen elementaren Regungen folgte, die entsprechenden Wesenszellen in ihm vermehrten, oder sie resultieren aus dem Gegenteil: Der Betreffende lebte asketisch, konnte jedoch seine Gedanken nicht beherrschen, so dass sich die elementaren Regungen, indem sie die gedachten elementalen Bilder der Unzucht befruchteten, in seinen Phantasien vermehren konnten. In beiden Fällen werden Wesenszellen gebildet, die auch in einer anderen Inkarnation das persönliche Wesen für ein sexuell freizügiges Leben anfällig machen.

Nach den gleichen Regeln beeinflussen natürlich auch die positiven Wesenszellen die Verbindung mit einem neuen Lebensleib. Dabei wird den klar gezeichneten elementalen geistigen Strukturen eine größere Bedeutung beizumessen sein als den elementaren triebhaften oder gefühlsbewegten Regungen. Vorstellungen von Eigenschaften und Fähigkeiten, die trotz eifrigster Bestrebungen nicht realisiert werden konnten, weil Lebensumstände oder die dazu nötigen, genetisch bedingten Voraussetzungen fehlten, können, wenn sie trotzdem als Zielvorstellungen und Ideale weiter mit Wunschkraft belebt werden, die folgende Inkarnation in einem geeigneteren Körper stattfinden lassen.

Das Interesse, also die geistige Zuwendung, ist dabei das Ausschlaggebende und bildet die feinstofflichen Strukturen, um die sich in einem nächsten Leben entsprechende Eigenschaften und Fähigkeiten kristallisieren können. Die Glaubenskraft, die Überzeugung von der Möglichkeit der Realisierung, wird die entsprechenden Urqualitäten, zumindest auf den geistigen Ebenen, sichtbar machen und beleben.

Eine besondere Rolle spielen dabei die Wesenszellen des Gewissens. Diese sind, soweit es sich dabei um echte und nicht um religiös- oder kulturbedingt aufgebürdete "Gewissensbisse" handelt, als das Gedächtnis des Geistes anzusehen, welches die Erfahrungen der vergangenen Inkarnationen speichert. Dabei beschränkt sich das Gewissen nicht nur auf moralische Werte, wenngleich das Wissen um seine guten Taten die Glaubenskraft auf ein Recht auf Erfüllung persönlicher Wünsche ungemein stärkt. Jeder gute Vorsatz, jede bewusste Bestrebung, jeder Versuch, aber auch jedes Versagen, prägt sich dem Gewissen ein.

Die "Magie und Mystik des 3. Jahrtausend" zeigt zwar, wie man seine unterschiedlichen Wesenszellen transformiert und veredelt und wie man mit den solchermaßen gestärkten Wesensgliedern seinen Körper verlassen kann (siehe 4. Buch "Außerkörperliche Erfahrungen"), doch es gibt keinen logischen Grund zu der Annahme, dass man auch von seinem feinstofflichen Körper, der aus diesen Wesenszellen gebildet ist, anders loskommt, als dass man dessen Wesenszellen verändert. Niemand kommt aus seiner Haut heraus. Im 13. Buch "Gnosis Tantra Quabbalah" gehe ich näher auf die Bildung des feinstofflichen Körpers ein.

Seinen feinstofflichen Körper zu verlassen, um in ein anderes Selbst zu schlüpfen, wäre dasselbe Paradoxon, als würde man sich auf der grobstofflichen Ebene am eigenen Schopf aus einem Sumpf ziehen können. Selbst wenn man auf der feinstofflichen Ebene seinen Seelengarten, in dem einen ja sämtliche Wesenszellen aller Inkarnationen umgeben, verlässt, um eine andere Ebene aufzusuchen, verwendet man dazu persönliche Wesenszellen als Bewusstseinsträger.

Trotzdem muss das nicht bedeuten, dass, weil man sich immer nur mit jenen Eigenschaften und Charakterzügen inkarnieren kann, die man sich bewusst erarbeitet oder vernachlässigt hat und mit denen man zuvor verstorben ist, eine Verbindung mit anderen, scheinbar wesensfremden Wesenszellen nicht möglich ist. Denn es ist anzunehmen. dass einen der Körper, in den man hineingeboren wird, auch mit Wesenszellen konfrontiert, die einem fremd sind und die, falls man sie erweckt und ergreift, zu neuen Erfahrungen und einer Erweiterung der ansonst durch den feinstofflichen Leib begrenzten Möglichkeiten führen. Genauso wie nicht alle Krankheiten, deren genetischen Anlagen vorhanden sind, auch tatsächlich ausbrechen, sind nicht alle in der Erbmasse vorhandenen Anlagen für bestimmte Fähigkeiten, Eigenschaften oder Charakterzüge karmisch durch den sich inkarnierenden Geist bedingt und treten in Erscheinung. Man inkarniert sich zwar immer nur in einen Körper, der die genetische Grundlage für jene Wesenszellen, die dem persönlichen Wesen entsprechen, enthält, aber daneben birgt vermutlich jeder Körper auch Anlagen für Qualitäten, die nicht dem persönlichen Wesen entsprechen.

Deshalb bietet jede Inkarnation, neben der einzigartigen Möglichkeit sich selbst, also den eigenen Wesenszellen, gegenüberzutreten und an sich zu arbeiten, auch Chancen, mit neuen, wesensfremden Wesenszellen in Kontakt zu treten.

Dass jedoch aufgrund der eventuell vorhandenen Anlagen für fremde Eigenschaften ein vollständiger Persönlichkeitswandel möglich wird und, wie manche Anhänger der Karmalehre glauben, zum Beispiel ein einstmals mächtiger mordender Diktator oder ein tyrannischer Familiendespot zur Strafe oder Läuterung nun selbst als Unterdrückter in die Rolle des Leidenden schlüpft, ist eher unwahrscheinlich. Gerade diese Möglichkeit würde einer gerechten Gesetzmäßigkeit, nach denen sich die persönlichen Wesenszellen entwickeln, widersprechen. Es würde nämlich bedeuten, dass man sich, rein technisch gesehen, unabhängig von seinen Eigenschaften inkarnieren kann. Das würde dann auch ermöglichen, dass man sich sein Leben unverbindlich und ohne Folgen "anschauen" kann wie einen Fernsehfilm oder einen luziden Traum.

Damit soll nicht gesagt sein, dass die Reinkarnationstheorie nicht stimmt. Aber wenn man daran glaubt, dass man schon einmal oder öfter gelebt hat, dann soll man sich nicht fragen, warum man ein bestimmtes Schicksal hat, sondern warum man so ist, wie man ist, und was man tun kann, damit man so wird, wie man sein will.

DIE FRAGE NACH DEM SINN DES DASEINS

Die Frage nach dem Sinn des Daseins beantwortet man am besten damit, indem man seinem Dasein einen Sinn gibt.

Dass es bis heute nicht gelungen ist, den Sinn des Daseins befriedigend zu erklären, liegt nicht zuletzt daran, dass es vermutlich mehr als einen Grund dafür gibt, sich in einen grobstofflichen Körper zu inkarnieren.

Die Antwort muss jeder selbst finden, denn sie bestimmt weitgehend, wie er im jeweiligen Leben seinem Dasein Sinn geben wird; Selbstvervollkommnung, Geist- und Seelenmuskeltraining, die Welt verbessern, Schulden bezahlen oder Neues erleben. Zeit und Raum mit allen Eigenschaften zu erfassen, sind nur einige Beweggründe für eine neue Inkarnation. Ein wesentlicher Grund, der oft übersehen wird, ist das Vergessen. Ich glaube nicht, dass, wenn man sich an fünf verschiedene Inkarnationen erinnern würde, man bereit wäre, ein sechstes Mal in einen Körper zu schlüpfen. Je älter man wird, umso mehr genügt einem dieses eine Leben.

Die gnostische Hermetik beschreibt unterschiedliche Daseinsbedingungen auf den verschiedenen Ebenen. Das Prinzip der Auflösung entspricht mehr den feinstofflichen Welten, während das Prinzip der Verdichtung mehr den irdischen Gegebenheiten entspringt. Mit Sicherheit wird es einem auf der grobstofflichen Ebene leichter fallen, sich an etwas zu erinnern, sich abzugrenzen und zu sammeln und Eigenschaften, die dem Erdelement und dem verdichtenden Fluid entsprechen - wie zum Beispiel das Stabilisierende, Bewahrende, Vernunft und Orientierung gewährende Feste (auch wenn es hemmt und egoistisch macht) zu erfahren und zu entwickeln, wogegen auf den feinstofflichen Ebenen das Leichte, Zeitlose, Selbstlose, Auflösende immer mehr das Bewusstsein erhebt und verflüchtigt. Beides würde in einseitiger Form zur Selbstzerstörung führen:

Das nur auf sich selbst gerichtete verdichtende Prinzip des Irdischen würde zur Verhärtung und, weil es abgrenzt, zur totalen Vereinsamung und Isolation führen.

Das Zeitlose, sich im unendlichen Sein verflüchtigende Prinzip, als Grundlage des Feinstofflichen, würde zur Auflösung des Selbstbewusstseins führen. Ein Wechsel zwischen den Welten wird somit auch aus diesem Grund von Zeit zu Zeit erforderlich sein.

GEIST UND SEELE

WESENSGLIEDER UND EBENEN

Seit Aristoteles unterscheiden die Denker der Traditionen den Geist und die Seele und bezeichnen das Geistige als aktiv, männlich stark und das Seelische als passiv, weiblich schwach. Aufgrund dieser unglücklichen Zweiteilung und Polarisierung einer Einheit, die in Wahrheit aber mehrgliedrig ist, wurde das ICHSELBST bis in die heutige Zeit immer wieder einseitig verzerrt und unverständlich beschrieben.

Das Bewusstsein des wahren ICHSELBST ist nur möglich, weil das Wesen des Menschen viergliedrig ist. Wovon die Computerhersteller nur träumen können, ist im feinstofflichen Bereich bereits Realität: Das wahre ICHSELBST ist in der Lage, auf bis zu vier unterschiedlichen Ebenen gleichzeitig zu agieren, ohne dabei sein Bewusstsein, das auf einer fünften Ebene ruht, zu verlieren. Es kann zugleich:

1. Wahrnehmen (auch Inspirationen, Intuitionen und Phantasien sind Wahrnehmungen), erkennen, sich etwas vorstellen, gezielt imaginieren, vernünftig überlegen, verstehen und planen, also **denken.**
2. Wahrgenommenes empfinden und davon berührt und bewegt werden, sich gestimmt fühlen (auch vom Vorgestellten), also **fühlen und mitfühlen.**
3. Vorgestellte wünschen, erschaffen oder verändern **wollen und** es tun, also **agieren** (ganz gleich auf welcher Ebene).

4. Sich sein Denken, Fühlen und Wollen vergegenwärtigen und so **seines Daseins** und "Soseins" auf jeder Ebene auch **bewusst sein.**
5. Und auch dieses Bewusstsein bewusst und wach erleben.

Bei diesen Überlegungen darf man nicht diese vier feinstofflichen Wesensglieder seines wahren ICHSELBST - das selbst wie ein fünftes Wesensglied, das ähnlich deinem Kopf die anderen Wesensglieder in sich erleben kann, erscheint, mit den drei Körpern, mit denen man auf den unterschiedlichen Ebenen agiert, verwechseln. Das Denken wird zumeist der Mentalebene, das Fühlen der Astralebene und das Wollen der grobstofflichen Ebene, in Form von Handeln, zugeordnet. Abgesehen davon, dass dabei das Dasein und das Bewusstsein und damit das Wesentliche des wahren ICHSELBST fehlen, wird übersehen, dass man nicht nur auf der grobstofflichen Ebene etwas will und handelt, sondern auch auf der Mentalebene gezielt agiert, nämlich in Form von Imagination, Konzentration und Meditation; und auch auf der Astralebene ist man aktiv, indem man seine oder - wenn es sich um die Astralebene einer fremden Sphäre handelt - die dort wogenden Emotionen, Gefühle und Ängste beherrscht und lenkt und so seine astrale Umwelt gestaltet.

Das wahre ICHSELBST kann zwar in verschiedenen Körpern stecken (die Hermetik unterscheidet den Mentalkörper, den Astralkörper und den Lebensleib des grobstofflichen Körpers), es ist aber in der Lage, seine vier Wesensglieder, je nach persönlicher Entwicklung mehr oder weniger bewusst, in jedem dieser Körper (und damit auch die Körper) zu gebrauchen. Wir stellten bereits am Beginn des Meisterweges fest, auch das wahre ICHSELBST ist nicht vollkommen und ist auch keine unteilbare Einheit, wie das manche antike Mysterien lehrten, weil man alles, was teilbar ist, als vergänglich betrachtete.

Im Gegenteil, nur das Zusammengesetzte ist wandelbar und hat damit Aussicht auf Vervollkommnung und Dauer. Deshalb darf man sich sein feinstoffliches Wesen getrost aus Gliedern und Organen zusammengesetzt vorstellen, solange man ein alle seine Glieder verbindendes Element, das bewusste Sein, als Wesensgrundlage annimmt.

Die vier Wesensglieder des wahren ICHSELBST bilden – ausgehend von jenem geheimnisvollen Zentrum, wo sie zusammenhängen, also wo Bewusstsein, Denken, Fühlen und Wollen durch das sich selbst bewusst gewordene Sein zu einem einzigen Geistorgan vereint sind – die Struktur, um die sich das Wesenhafte der drei Körper einer neuen Inkarnation kristallisiert. Da der Mentalkörper, der Astralkörper und der Lebensleib des grobstofflichen Körpers in jeder Inkarnation aufgrund einer anderen Zusammensetzung andere Qualitäten aufweisen, werden dadurch auch dem wahren ICHSELBST neue Bewusstseinsinhalte und neue Möglichkeiten zuteil. Daher wird sich auch das wahre ICHSELBST, obwohl es in jedem Leben dasselbe Selbst ist, das sich in der Vorstellung "Ich bin" erkennt und bewusst wird, mit jeder Inkarnation verändern. Je nachdem, welche seiner Wesenszellen sich für eine neue Inkarnation verbinden und vor allem in welchem Zusammenhang sie zueinander stehen, wird einen die neue Beschaffenheit seiner drei Körper das Leben mit anderen "Augen" erleben lassen, wodurch sich auch die Wesensglieder verändern und einem eine scheinbar neue Identität verleihen.

Auch wenn die persönlichen Wesenszellen die gleichen sind, können sich in jedem Leben andere Schwerpunkte ergeben. Neue Planetenverbindungen untereinander lassen andere Urqualitäten erleben. So wie die gleichen Ingredienzien in jeweils anderen Mischungsverhältnissen Kuchen, Torten oder Kekse ergeben, werden zum Beispiel harmonische Venuszellen (Venus in der Waage), sobald sie mit Mars in einem Spannungsverhältnis stehen (Mars im Krebs), zu einer dissonanten Herausforderung und können die innere Harmonie, die man sich in einem vergangenen Leben mühsam erarbeitet hat, beeinträchtigen und in Frage stellen. Aber gerade dadurch wird es möglich, dass man sich weiterentwickelt und nicht in seinen alten Wesenszellen erstarrt, wie das nach nur einer einzigen Inkarnation sonst der Fall sein würde.

Es kommt nicht darauf an, an was man sich aus seinen vergangenen Leben erinnern kann, also welche elementalen Wesenszellen seines Selbst sich inkarnieren, sondern darauf, wie man mit den Wesenszellen, die das Bewusstsein tragen, umgehen kann. Wie man etwas erlebt und darauf reagiert. Vor allem, wie man imstande ist, die elementaren Regungen seiner Gefühle mit den elementalen Vorstellungen aufeinander abzustimmen, ohne sich selbst dabei zu verlieren.

Ist es möglich, durch sein Denken, Fühlen und Wollen, bewusst oder unbewusst, Strukturen mentaler Knospen für das nächste Leben zu bilden? Kann man Eigenschaften, die sich aufgrund fehlender Anlagen auch mit noch so großer Strebsamkeit nicht erringen lassen, durch die ständigen Versuche und durch sein inniges Wünschen im nächsten Leben erlangen?

Ganz gleich, wie man sich sein geistiges Wesen und seine Seele denkt und was man sich unter Geist und den feinstofflichen Welten vorstellt, es kann sich dabei immer nur um Strukturen, Formen oder Energien handeln, um etwas aus Licht oder Finsternis oder sonst einem "Geiststoff", der sich vom Nichtsein abhebt, wodurch dann automatisch auch das, was dazwischen ist, in das "Geistige" miteinbezogen wird.

DIESSEITS UND JENSEITS

Wenn man die Frage, ob etwas und – wenn ja – was von dem, das jeder als ICH bezeichnet, den Tod "überlebt", beantworten will, muss man das Wesenhafte, mit dem man sich identifiziert, definieren. Deshalb geht es nicht nur um das Bewusstsein und das, was das Bewusstsein ermöglicht, also trägt, sondern auch um das, was man unmittelbar als sein ICH empfindet. Denn nur das, mit dem man sich identifizieren kann, ist auch der persönliche Bewusstseinsträger des wahren ICHSELBST. Alles andere, ganz gleich, ob man es "höheres Ich", "Selbst" oder "göttlicher Funke" benennt, ist genauso fremd wie das Ich des Nachbarn von nebenan, solange man es nicht als sein persönliches Selbst erkennt.

Der Stoff, aus dem die Träume sind, ist nichts Abstraktes, die geistigen Welten sind keine fernen unerreichbaren Ebenen. Im Denken, Fühlen, Wollen und Bewusstsein erlebt man den Geist und die Seele und die feinstofflichen Welten, die es zu erforschen gilt, in jedem Moment seines Seins hautnah in sich.

Selbst auf den höchsten geistigen Ebenen kann man nur Vorstellungen wahrnehmen oder das, wovon man sich eine Vorstellung machen kann: von Empfindungen, Gefühlen und anderen Regungen, von Dingen, Wesen und Situationen, oder von dem, was man sich gezielt imaginiert. Ganz gleich, was die Ursache einer Wahrnehmung auf den feinstofflichen Ebenen ist – ob persönliche Wesenszelle in Form eines Elementals, Elementars oder Auswuchs als Larve oder Schemen usw., oder ob es sich um eine andere Intelligenz und deren Wesenszellen oder Eingebungen, die sie imaginiert und überträgt, handelt –, es werden immer ganz normale Vorstellungen sein, in die man eingekleidet ist und nach denen sich die feinstoffliche Umwelt formt. Und diese Umwelt ist auch nicht irgendwo in unendlich weit entfernten Sphären, sondern im unmittelbaren Umraum der Erde und des Sonnensystems.

Über sich selbst wird man daher am meisten erfahren, wenn man in sich selbst blickt und das untersucht, was das persönliche Wesen ausmacht. Der gnostische Hermetiker wird sich weder auf fruchtlose philosophische Spekulationen einlassen noch irgendwelchen medialen Durchsagen oder Offenbarungen Glauben schenken, ganz gleich, von welchen Wesen oder Traditionen diese stammen. Das einzige Axiom, das der Hermetiker anerkennt, ist die uralte Feststellung: "Wie oben, so unten". Er wird daher sich selbst erforschen, sein feinstoffliches Wesen und seinen Körper, in den er eingebettet ist, und die Natur um sich und daraus Rückschlüsse ziehen. Aus den Erkenntnissen der modernen Naturwissenschaften und den Analogien, die er daraus für die geistigen Welten ableiten kann, wird er mehr lernen können als aus sämtlichen alten Scharteken der hermetischen Tradition oder anderen ehrwürdigen Schriften.

GEIST UND SEELE UND DAS WAHRE ICHSELBST

Nichts hat in den Traditionen für mehr Verwirrung gesorgt als die unterschiedlichen Definitionen von Geist und Seele.

Verleitet durch die Polarität in der Natur, hat man auch Geist und Seele einander gegenübergestellt, ihnen Eigenschaften wie aktiv und passiv, stark und schwach, männlich und weiblich zugeordnet, aber nicht einheitlich, so dass es immer wieder zu Verwechslungen kommt.

Manche sehen im Geistigen nur Produkte des verstandesmäßigen Hirndenkens und damit Vergängliches, für sie ist das wahre Wesen des Menschen im Leben der unsterblichen Seele begründet. Für andere sind gerade umgekehrt Intellekt, Vorstellungskraft und Wille die Attribute des bestimmenden Geistes, wogegen alle gefühlsmäßigen Regungen als seelisch bezeichnet werden und, gleich den Leidenschaften und Begierden, der vergänglichen, irdisch ausgerichteten Natur des Menschen zugeordnet werden. Da man, in Anlehnung an die Ebenen, den Geist als Mentalkörper auf die "höhere" Mentalebene und die Seele, als Astralkörper, auf die darunter liegend gedachte Astralebene verlegt - oder umgekehrt, muss das für Sprachverwirrung sorgen.

Einige Traditionen beschreiben noch einen dritten Körper, den Ätherleib, der aber entweder dem grobstofflichen Körper als sterblicher Lebensleib oder als unsterblicher Lichtkörper aus Akasha der göttlichen Kausalebene zugeordnet wird. Die einen sehen im Geist das höhere, feinere, reinere Prinzip, das unvergänglich ist, die anderen in der Seele, und einige Traditionen betrachten diesen dritten Bewusstseinsträger als das wahre ICHSELBST, das göttlich ist. Nach manchen Theorien werden bis zu sieben Körper zur Erklärung des menschlichen Wesens herangezogen. Es gibt aber auch okkulte Schulen, die nur einzigen feinstofflichen Körper annehmen und die unterschiedlichen geistigen und seelischen Funktionen mit dessen Gliedern beschreiben.

Ganz gleich, ob man im Geist und in der Seele feinstoffliche Körper sieht, die - so wie der grobstoffliche Körper auf der grobstofflichen Ebene - auf der geistigen und seelischen Ebene das Bewusstsein tragen und Einblicke in die jeweilige Umwelt geben, oder ob man damit die Wesensglieder des unfassbaren Selbst bezeichnet, mit denen man auf den jeweiligen feinstofflichen Ebenen willentlich agieren kann, ganz gleich, ob man den Geist oder die Seele als ewig oder erschaffen, als vergänglich oder unsterblich sieht - wenn genau definiert ist, was man mit Geist und Seele meint, wird es auch bei Vergleichen mit anderen Traditionen zu keinen Missverständnissen kommen.

- Zuvor jedoch muss man sich selbst ein konkretes Bild machen von dem, was man denkt, das man ist.

Wer dazu Bezeichnungen wie das "Absolute" oder das "Seiende" oder andere philosophische Begriffe, die nichts aussagen, verwendet oder sich auf nicht näher definierte religiöse Vorstellungen stützt, wird sich von sich kein anschauliches Bild, in dem er sein Wesen erkennen kann, machen können. Mit dem Unvorstellbaren, das nicht beschrieben werden kann, braucht man sich nicht zu beschäftigen, wenn man das Erfassbare von sich selbst begreifen will.

Deshalb sucht der gnostische Hermetiker keinen Schöpfer in unzugänglichen Sphären oder Theorien über den Beginn einer Schöpfung und den Ursprung des Menschen in fernen Urzeiten, sondern er untersucht das, was jetzt in ihm durch sein persönliches Sein wesenhaft als bewusste schöpferische Kraft in Erscheinung tritt.

- Beginne dort zu forschen, wo dein persönliches Bewusstsein entspringt. Das, was an dir bewusst ist, gilt es zu begreifen, und das findest du in jedem Augenblick in dir.

Es wäre aber unzureichend, würde man versuchen, das Wesen des Menschen ausschließlich mit wissenschaftlichen Begriffen wie Energien, Feldern und Frequenzen zu beschreiben. Es ist verlockend, in Analogie zur Informatik das Geistige als programmierte Lichtstruktur und die Seele als die zirkulierende Energie zu beschreiben, doch würde das ein falsches Bild abgeben. Denn die Funktion des Messfühlers in der Kybernetik des bildhaften Geistes arbeitet nicht automatisch, sondern eigenständig, willentlich, bewusst, schließt also das fühlende energetische Prinzip in sich ein. Und die seelischen Energien sind weder einseitig noch blind, sondern haben ihre Zielvorstellung, der sie folgen, in sich und erlangen gerade dadurch unterschiedliche Qualitäten.

So wie das grobstoffliche Licht sowohl als Teilchen als auch als Welle definiert werden kann, bilden Geist und Seele eine Einheit. Es gibt keine feinstofflichen Strukturen ohne lebendige Energien und keine feinstofflichen Energien ohne bildhafte Struktur. Das gilt für den Aufbau einer bestimmten Wesenheit und deren Ebene genauso wie für die feinstofflichen "Moleküle", die Wesenszellen.

Das aktive, "starke", schöpferisch Prägende kann daher genauso vom geistigen Bildhaften wie vom seelischen Bewegenden ausgehen, und das weiblich-passive, "unschuldige" Prinzip, ist entweder das feinstoffliche Lichtkleid oder die begehrende bewegende Kraft, die das Licht in ihrem Sinne zu einem Bild gestaltet. In einem Fall sind es die Gefühle, die berühren und bewegen und die Rolle des Aktiven übernehmen, und im anderen Fall sind es gezielte Vorstellungen, denen man folgt.

Man kann also nicht sagen, das Wesen des Menschen ist Geist oder Seele, sondern das wahre ICHSELBST ist das, was sowohl das Geistige als auch das Seelische beherrscht und lenkt. Es ist weder das aktive männliche noch das passive weibliche Prinzip. Es ist weder stark noch schwach. Es ist das Gebietende, das will und bewegt, ohne sich zu bewegen, und das wahrnimmt und fühlt, ohne davon selbst berührt und bewegt zu werden. Es ist genau das, was die gnostische Hermetik mit Hilfe der vier Transformationstechniken aus dem, was bewusst wird, herausarbeitet und formt und gezielt in das Bewusstsein einbaut. Zumindest ein drittes Prinzip, das bewusst Seiende, ist also nötig.

Das WAHRE ICHSELBST, das auf der Vorstellung "Ich BIN" beruht, ist nicht, wie das in manchen indischen Traditionen gerne dargestellt wird, das Starke, der Geist, der mit dem Brückenpfeiler verglichen wird, um den die Strömung die Frequenzen und Wirbel der Schöpfung bildet. Das ewige Leben ist auch nicht umgekehrt im Energetischen, sich hingebenden Strömenden, im Bewegten zu finden, in dem die meisten westlichen Traditionen das reine Seelische sehen. Das eine könnte ohne das andere nicht sein.

Der Geist ist nur das Festere in Wechselwirkung mit der Seele, allein wäre er nichts, nicht einmal tönendes Erz; und umgekehrt braucht das Seelische die stabile Struktur des Geistes, um sich zu erleben und auszudrücken. Der Geist manifestiert sich auf allen Ebenen in Bildstrukturen, den Vorstellungen, den Imaginationen, den Gedankenformen. Das Seelische erlebt sich in den Gefühlen und Regungen, angefangen bei den elementarsten Trieben der Selbstgestaltung und Lust, bis hin zu den Regungen der Liebe, des Mitgefühls, der beflügelnden Hoffnung oder der lähmenden Angst. Gefühle werden immer nur durch Vorstellungen und Bilder wachgerufen, und Gedanken und Vorstellungen werden einen ohne Gefühl nicht berühren. Das Bewusstsein ist aber weder Vorstellung noch Gefühl, auch wenn es sich selbst ohne Denken und Fühlen nicht erleben, wahrnehmen und erkennen könnte.

Mit komplizierten philosophischen Theorien lässt sich das nicht erklären. Um das zu verstehen, muss man sich beim Denken, Fühlen und Wollen beobachten und sein bewusstes Agieren, ganz gleich auf welcher Ebene, analysieren und kontrollieren. Man wird dann erkennen, dass kein anderes bewusstes Dasein vorstellbar ist, als das, was das menschliche Wesen in Form seiner Vorstellungen, in seinen Gefühlen und in seinen Willensimpulsen wahrnehmen und erleben kann.

Die Voraussetzungen der Bewusstwerdung - das Denken, Fühlen und Wollen - werden immer, ganz gleich auf welcher Ebene, die Grundlagen des Bewusstseins bleiben. Selbst im Zustand der höchsten Vollkommenheit (den Möglichkeiten sind ja in ihrer Ausdehnung und Vielfalt keine denkbaren Grenzen gesetzt) wird man sein Dasein mit dem Gedanken "Ich bin" bewusst erfassen, über

seine Gefühle positiv oder negativ erleben und kraft seines Willens gezieltes Agieren schöpferisch zum Ausdruck bringen.

Das gilt übrigens für alle Wesenheiten. Ganz gleich, ob Götter, Genien oder Menschenwesen, sogar die einfachen Bewusstseinsformen, die Schemen, Larven und elementalen Wesenszellen, ruhen auf zumindest einer dieser vier feinstofflichen Wesensgrundlagen.

Das bedeutet, Gedanken, Vorstellungen und Imaginationen sind, auch wenn sie im außerkörperlichen Zustand gedacht, imaginiert oder wahrgenommen werden, genau die gleichen feinstofflichen Gebilde (die gnostische Hermetik bezeichnet sie als Elementale) wie die im grobstofflichen Körper erlebten. Auch die Gefühlsregungen (die Elementare) und die Spannkraft, welche die Energien des Wollens bündelt, konzentriert und gezielt ausrichtet, sind die gleichen.

Manche okkulte Schule, zum Beispiel die anthroposophische, sieht in Imaginationen nur niedere hirngelöste Schemen, gleichsam Reflexe und Spiegelungen des eigentlichen Geistes, während sie Inspirationen als höhere Einsicht und direkte Schauung von Bildern aus den wahrhaft geistigen Ebenen deuten. Evola stellt "seelisches" Erleben über das "geistige" Denkvermögen, und für C.G. Jung bietet das Phantasieren einen besseren Zugang zu Erkenntnissen als das logische Überlegen.

In Wirklichkeit jedoch handelt es sich immer um die gleichen Elementale, die man als Gedanken, Vorstellungen, Phantasien oder Eingebungen wahrnimmt. Nur die Ursache ihrer Entstehung kann eine andere sein. Es gibt, wenn man von der Qualität, die sie ausdrücken, absieht, keine höheren oder niedrigeren Elementale. Nur weil das Bewusstsein Gedanken, Ideen, Vorstellungen oder gezielt Vorgestelltes, also Imaginationen, im grobstofflichen Körper wahrnimmt, sind diese deswegen nicht grobstofflicher als die, die man auf den feinstofflichen Ebenen wahrnimmt. Elementale sind immer die gleichen feinstofflichen geistigen Gebilde, ganz gleich, ob sie im grobstofflichen Körper über das Gehirn oder über die Glaubens, Inspirations-, Intuitions- und Vorstellungskraft ohne diesen belebt und wahrgenommen werden. Auch auf den feinstofflichen Ebenen hat man es mit Elementalen zu tun, wenn bestimmte Situationen oder Gegebenheiten wahrgenommen oder ausgedrückt werden sollen.

Selbst Götter, Genien und andere Intelligenzen denken und imaginieren, wenn sie etwas planen, und verwenden, um ihre Vorstellungen darzustellen, elementale Gebilde, die nicht "feiner" sind als unsere Gedanken.

Auch wenn dann die schöpferische Energie zur Realisierung einer Vorstellung in bestimmten "höheren" Sphären in Form von Farb- und Klangfrequenzen ausgedrückt wird, die elementalen Vorbilder dafür sind die gleichen Gedanken und Vorstellungsgebilde wie die, die in der grobstofflichen Welt durch die Sprache oder mit der Hände Arbeit in die Realität umgesetzt werden.

UNTERBEWUSSTSEIN?

Es gibt kein Unterbewusstsein, das neben dem Bewusstsein die Grundlage eines zweiten ICHSELBST bilden würde. Man darf sein Bewusstsein nicht mit den Bewusstseinsinhalten verwechseln. Es gibt Bewusstseinsinhalte, die einem gerade bewusst werden und damit kontrollierbar sind und solche, die - wie etwas, das man vergessen hat - gerade nicht im Blickfeld des Bewusstseins stehen.

Selbst im Traum lebt man sehr bewusst, auch selbstbewusst, und agiert willentlich, vernünftig und überlegt. Was fehlt, ist die Erinnerung an das Zubettgehen und Einschlafen. Dass der grobstoffliche Körper gerade im Bett liegt, ist einem im Traumleben nicht bewusst. Die meisten Eindrücke, die durch die Körpersinne gemacht werden, fehlen oder werden automatisch in die gerade erlebte Traumlandschaft eingebaut: Harndrang zum Beispiel lässt einen genauso wie im Wachsein seine Blase erleichtern (beim Bettnässer bleibt es dabei nicht bei einem Traumgeschehen, sondern die Vorstellung überträgt sich dann auch auf den Körper). Nur im so genannten luziden Traum erinnert man sich an seinen Körper und erkennt, dass man ein Geistwesen ist.

Gerade im Traum erkennt man das Geheimnis seiner "unbewussten" Regungen viel besser. Weil die Aufmerksamkeit von den Eindrücken, die durch die Körpersinne gemacht werden, nicht abgelenkt wird, nimmt man dafür sein Seelengeschehen viel deutlicher wahr. Man ist in seine Innenwelten stärker eingebunden und steht dem Schauspiel seiner agierenden Wesensteile viel näher als im körperwachen Zustand.

Umgekehrt nimmt man viele Erinnerungen aus der Traumwelt oder von Erlebnissen im außerkörperlichen Zustand nicht mit ins so genannte Tagesbewusstsein. Schlafforscher haben herausgefunden, dass sich Schlafwandler immer in der Tiefschlafphase, die als traumlos gilt, befinden. Dass sie dabei trotzdem problemlos durch die Zimmer gehen können, beweist (auch wenn sie sich danach nicht mehr daran erinnern), sie können nicht gleichzeitig bewusstlos gewesen sein. Schlafwandeln ist übrigens nichts anderes als eine Astralwanderung, bei der man den Körper mitnimmt.

Was in den psychologischen Schulen mit Unterbewusstsein bezeichnet wird, ist in Wirklichkeit das Wirken der Wesenszellen, die in ihren jeweiligen Zellverbänden, den elementalen und elementaren Komplexen, als Schemen und Larven tatsächlich ein Eigenleben führen. Sie sind aber nichts Fremdes oder Kollektives, das man mit anderen gemeinsam hat (auch wenn in der Regel jeder die gleichen Elementale an sich hat, sind es nicht die selben), und schon gar nicht, wie zum Beispiel der C. G. Jung-Schüler Alfred Ribi meint, identisch mit dem, was die Hermetik mit Dämonen und Geistern beschreibt.

Sobald man sein Bewusstsein nicht nur als etwas passiv Betrachtendes, sondern auch als agierende Macht erkennt, wird man auch den mit seinen Vorstellungen wahrgenommenen erlebten "inneren" Umraum, samt seinem Inhalt, in sein Wesen miteinbeziehen und auch das, was gerade nicht bewusst ausgeleuchtet wird, als Teil seines Wesens betrachten. Nur so kann man auch daran gehen, bestimmte Wesenszellen unter seiner Kontrolle zu halten. Nur weil man sie gerade nicht vor Augen hat oder sie nicht nach seinem Willen dirigieren kann, bedeutet das nicht, dass sie nicht Teil des persönlichen feinstofflichen Wesens sind. Es ist auch gar nicht nötig, alle seine Wesenszellen ständig zu kontrollieren und im Auge zu behalten. Das wäre dasselbe, als würde man die bewusste Kontrolle über das autonome Nervensystem seines grobstofflichen Körpers anstreben. Auch die Planetenorgane sind selbständig wirkende Zellverbände der feinstofflichen Natur des Menschen, die ohne bewusstes Wollen wirken können.

ERKENNE DICH SELBST – ERFASSE DICH

Gleich am Beginn des Meisterweges (siehe 3. Buch "Die Vier Elemente"); versuchten wir zu ergründen, worin das, was im menschlichen Wesen von sich sagen kann: "Ich bin", begründet ist. Dazu haben wir das, was von unserem wahren ICHSELBST in Form der Urqualitäten zu erfassen war, mit Hilfe der vier Transformationstechniken veredelt und gestärkt und ins Bewusstsein gerückt. Damit gelang es, zumindest einige Wesensteile seines Selbst zu ergreifen, doch das, was man wirklich ist, scheint einem immer wieder zu entgleiten. Es entzieht sich jeder Analyse, sobald man es begreifen will. Wir fanden zwar, übereinstimmend mit den Traditionen, in den Urqualitäten des Denkens, Fühlens, Wollens und Bewusstseins die Wesenszellen für die vierfache Struktur unseres SEINS, sobald man sich jedoch damit identifizieren will, erscheinen sie einem eher wie ein Kleid, bestenfalls Stützen, aber nicht als das wahre ICHSELBST.

Trotzdem bildeten sich, je nach philosophischer oder psychologischer Tradition, Ansichten, die jeweils eine Wesensgrundlage als das wahre Wesen des SELBST in den Mittelpunkt stellten. Nur die gnostische Hermetik beschreibt die Lichtstruktur, die sich aus Wesenszellen aller vier Elemente gleichermaßen bildet und als fünftes Element erscheint. Dazu muss man jedoch erst ein jedes einzelne Element bis in seinen tiefsten Urgrund erfassen und als Wesensglied seines SELBST vergegenwärtigen.

Das Bewusstsein zum Beispiel, das am häufigsten für das wahre

ICHSELBST gehalten wird, entpuppt sich dann bei näherer Betrachtung, wie der Bildschirm eines Computers, als passive Grundlage, die erst aus diesem sich selbst beobachtenden Standpunkt, in der neuen Form von SELBSTBEWUSSTSEIN, zum Träger des Bewusstseins wird.

Für manche ist das Fühlen, weil man es in der Regel unmittelbar hautnah und nicht betrachtend erlebt, der einzig wirkliche Ausdruck des persönlichen Seins. Sie glauben, "Einfühlen" sei wertvoller als nüchternes Erkennen und sehen im Fühlen feinere, edlere, höhere Geistesqualitäten als im Denken. Das fühlende Prinzip wurde daher von den meisten Religionen und Mystikern im Symbol der unsterblichen reinen Seele verherrlicht. Man braucht jedoch nur einmal ganz in einem Gefühl aufzugehen, um sofort zu erkennen, dass, selbst in höchster Ekstase, auch das Fühlen nur ein passives Wesensglied ist, ein Fühler des SELBST, mit dem man mitfühlend nicht nur seine Umwelt, sondern auch andere Bewusstseinsinhalte wahrnehmen kann, aber nicht das eigene ganze persönliche SELBST erfasst.

Das Denken wieder lässt zwar sowohl das Fühlen als auch das Bewusstsein erkennen; es bleibt jedoch ohne diese Denkinhalte, die es erfasst und denkt, nur ein Werkzeug. Denn zu jeder Form des Denkens braucht man, neben den Vorstellungen, Imaginationen und Inspirationen, auch die mentale Form der Willenskraft, die Konzentration. Vorstellungen werden zwar über Eindrücke aus der Umwelt oder Eingebungen von anderen Wesen vor das Bewusstsein gestellt, oder drängen sich, scheinbar von selbst, als Bewusstseinsinhalte in Form von Elementalen, die aus dem persönlichen Bewusstseinsraum quellen, auf; doch um damit gezielt umzugehen zu können, gehört zum Denken auch die eigenständige Handhabung sowohl der Gedankenformen als auch der Feinstofflichkeit, aus der sie gebildet sind. Ohne die Konzentrationskraft der Imaginationsfähigkeit wäre das nicht möglich.

Bleibt somit der Wille. Der Hauptgrund, warum man geneigt ist, sich mit seinem Willen zu identifizieren, liegt daran, dass sich erst mit dem Wollen und Agieren das ganze persönliche Wesen ausdrückt und manifestiert. Der Wille ist es, der den Menschen so handeln lässt, wie er plant, und damit so wie er ist, und nicht anders, erscheinen lässt. Das Wollen markiert auch tatsächlich für jede Ebene den Punkt, an dem das Sein einen sichtbaren wirklichen Ursprung erhält. Es ist jedoch trotzdem nicht die alleinige Wesensgrundlage des Selbst. Auch der Wille stützt sich auf die anderen drei feinstofflichen Fähigkeiten und wäre für sich allein genommen nur blinde Kraft.

Trotzdem fanden wir mit der Übung "Alpha und Omega" (siehe 3. Buch "Die Vier Elemente") im Willen einen Schlüssel zum Tor des ICHSELBST. Zwar ist das Selbst auch mit dem Willen nicht zu definieren, doch mit der Kraft des Willens berührt man seinen intimsten Nerv. Folgt man seinem Wollen, gelangt man zum Ursprung seines SELBST. Aber man wird sich auch in seinem Willen nicht erfassen. Auch der Wille ist Ausdruck seines Wesens und nicht das Ich selbst.

Nur der Gedanke "ich bin", die Wahrnehmung "ich bin", die Erkenntnis "ich bin", lässt das ICHSELBST für Sekundenbruchteile erwachen, so dass man sich mit sich selbst identifizieren kann.

In diesen Sekundenbruchteilen erfasst man sich selbst, erkennt man sich selbst, erlebt man sich selbst. Man blickt in die Welt, als würde man sie gerade zum ersten Mal sehen. Es ist ein Erwachen im wahrsten Sinne des Wortes. Eine Initiation. Eine Geburt.

Das Erwachen ist das wichtigste Erlebnis auf dem Weg zum wahren Adepten und sollte täglich geübt werden.

TIPP: Besinnt man sich für einen Augenblick und schaut bewusst in die Welt als würde man sie gerade zum ersten Mal sehen, ist dieser Ausstieg aus der Zeit der erste Schritt zum Erwachen. Der zweite Schritt folgt automatisch, indem man sich plötzlich selbst als Beobachter erkennt. Mehr über das Erwachen findet man im 11. und 12. Buch.

DAS BIST DU

Erkenntnis über das Mysterium des Bewusstseins erlangt man auch, wenn man versucht, das Selbst in den verborgenen Strukturen des Wesens seines Nächsten zu ergründen:

Was ist es, das ihn so erscheinen lässt? Warum ist der eine so und der andere ganz anders? Was lässt den machtbesoffenen Politiker zum mordenden Diktator werden und gibt anderen den Mut und die Zivilcourage, sich jeder Form von Machtmissbrauch zu widersetzen? Was vertieft in der Mutter Teresa und den vielen opferbereiten Krankenpflegerinnen das selbstlose Mitgefühl, und was treibt andere Frauen zum Lifting in die Klinik? Worin unterscheidet sich das ICHSELBST der Jugendlichen, die auf Fußballplätzen randalieren, vom ICHSELBST der gleichaltrigen jungen Menschen, die für Umweltschutz demonstrieren? Was treibt den einen zum Joggen aus dem Haus und lässt den anderen träge vor dem Fernseher hocken? Es ist zwar das unterschiedliche Wollen, das sie alle bewegt und agieren lässt und "**so sein**" lässt, wie sie erscheinen, wie aber kommt es zu diesem Wollen, das den Menschen zu dem macht, der er ist?

Da sind zuvor Regungen, denn vor dem Wollen geben die Wünsche Anlass und die Richtung des Wollens vor. Die Wünsche wieder werden von Körperbedürfnissen, Gefühlen. Vorstellungen und Gedanken geweckt und diese wieder sind von den vorhandenen persönlichen Interessen, Neigungen, Meinungen und Idealen geprägt. Es ist also eine Kette geistiger Strukturen, welche dem Energiestrom des Wollens die Qualität und Richtung für den Impuls, etwas zu wollen und auch zu tun, vorgeben.

Je nach Ebene gibt es verschiedene Ausdrucksformen und Manifestationen dieser Energie, die wir, sobald sie bewusst gelenkt wird, als Willenskraft bezeichnen. Es ist die gleiche Energie, die in den Emotionen, Trieben und Leidenschaften steckt, die, als Gefühl der Hoffnung beflügelt und als Gefühl der Angst oder Schwermut lähmt, wie die Kraft, die sie umgekehrt bezwingen und kontrollieren kann. Nur die geistige Struktur der Bahn, der sie folgen, ist jeweils eine andere. Die geistige Kraft, welche diese Strukturen bildet und zusammenhält, ist die gleiche, nur eben unbewegt, gezielt ausgerichtet, so dass ein Bild, die Vorstellung einer Idee, das, was sein soll, deutlich ersichtlich wird und sich realisiert. Sie manifestiert sich, je nach Ebene, als Energie der Lebenskraft (grobstoffliche Ebene), als Selbstbeherrschung (Astralebene), als Konzentrations- und Imaginationskraft (Mentalebene) oder als Licht des überzeugten unerschütterlichen Glaubens (Akasha-Ebene).

DIE FRAGE AN DIE SCHICKSALSMÄCHTE

DER SINN DES DASEINS

Neben der Übung "Wachsein" und "Bewusstsein" gehört die Übung "**Schicksalsfrage**" zu den regelmäßigen Exerzitien, denen sich ein Hermetiker widmen kann. Auch Bardon, Meyrink und Rudolf Steiner haben in ihren Werken immer wieder darauf hingewiesen. Ganz gleich, ob man an Karma und Wiedergeburt glaubt oder seine Inkarnation als eine einmalige Angelegenheit betrachtet, der Frage nach dem Sinn seines Daseins kann sich keiner entziehen. Es muss jedoch richtig gefragt werden.

Bevor man die Schicksalsmächte befragt und von ihnen eine Antwort erhält, stellt man sich selbst die Frage, wie kann ich meinem Dasein Sinn verleihen? Welchen Sinn hat mein Dasein für andere? Was trage ich bei zur Gestaltung der Welt?

Es ist sinnlos zu fragen: "Was habe ich im letzten Leben verbrochen, dass ich das erleben muss?" Es geht um dieses Leben: "Was will mir das Schicksal sagen, indem es mich jetzt, heute, morgen und nächstes Jahr dieses oder jenes erleben lässt?" Mit der Schicksalsfrage sucht man nicht eine Erklärung für etwaige Schicksalsschläge oder das Leid, das man gerade zu tragen hat. Reinkarnationsforschungen und "Rückführungen" überlässt man den Schelmen, die zum Zeitvertreib als modernes Gesellschaftsspiel neugierigen Interessenten ein bisschen Pseudomystikschauer den Rücken herunterrieseln lassen. Mit dieser imitierten Form einer zweifelhaften Psychotherapie werden, mit dem Besen fauler Ausreden, Probleme höchstens unter den Teppich der Vergangenheit gekehrt, aber nicht wirklich erkannt und schon gar nicht beseitigt.

Es geht nicht um die Frage: warum lebe, warum leide ich, sondern was kann ich aus dem, was ich gerade um mich sehe und erlebe, lernen? Warum fasse ich das so und nicht anders auf? Wie würde ein anderer an meiner Stelle empfinden und handeln? Warum fühle ich mich in der Nähe dieses Menschen so? Was symbolisiert meine Frau, mein Mann, mein Chef, in meinem Leben? Wäre meine jetzige Lebenssituation ein Traum, wie würde ich ihn nach dem Erwachen deuten? Würde ich diesen Lebenstraum als luziden Traum erleben (also "erwachen" ohne aufzuwachen), würde ich dann etwas ändern, wenn ich wüsste, es kostet nicht das Leben?

So wie die "Osiris-Übung" (siehe 3. Buch "Die Vier Elemente") sowohl als Morgenritual zelebriert, aber durch die Übung "Bewusst-Sein" (ich bin ein Geist im Körper) mehrmals täglich auch in den Alltag eingebaut wird, stellt man die "Schicksalsfrage" nicht nur als Meditationsthema in stillen Stunden, sondern bei Bedarf täglich, zumindest jedoch in jenen Augenblicken des Wachseins, in denen man sich seines Daseins bewusst ist. Man wird dadurch nicht nur die eine oder andere wertvolle Antwort erhalten, sondern vertrauensvoller in die Zukunft blicken und damit bewusster zum Mitgestalter seines Schicksals werden.

Das Schicksal kann anders antworten, wenn die Frage im Voraus gestellt wird, als wenn es einen hinterher mit einem Schicksalsschlag zu einer Richtungsänderung zwingen muss. Es kommt jedoch auf die richtige Fragestellung und auf die unvoreingenommene Betrachtung seines Daseins an.

Am besten gelingt es, wenn man die "Schicksalsfrage" unpersönlich wie eine Traumanalyse stellt. Wenn man morgens erwacht, distanziert man sich auch von seinen Traumerlebnissen, ganz gleich wie intensiv und "wirklich" das Traumgeschehen erlebt wurde. Es wird als Traum, der einem etwas sagen kann, und nicht als folgenschwere Realität betrachtet. Genauso wie Träume ungeheuer viel bewirken können, sobald man sie bewusst ins Leben einbezieht, werden auch scheinbar bedeutungslose Ereignisse und Begegnungen zu wichtigen Bausteinen des Lebens, sobald man sie bewusst als solche erkennt und einbaut in sein Denkgebäude.

Wenn zum Beispiel jemand träumte, er sei in einem Gefängnis eingesperrt gewesen, wird er nicht annehmen, er habe das als Strafe geträumt, weil er sich etwas zuschulden kommen ließ. Die Traumanalyse würde ihm etwas ganz anderes deutlich machen, nämlich dass er sich in einer blockierten Lebenssituation befindet, aus der er keinen Ausweg sieht, und ihm nahe legen, die Ursache, die ihn in diese Situation brachte, zu suchen und dann, wenn möglich, sich, sein Verhalten oder seine Umwelt zu ändern, also sich von etwas zu befreien.

Auch das Schicksal ist nicht auf die Vergangenheit, sondern auf die Zukunft ausgerichtet und stellt nichts anderes dar als verdichtete Träume, Folgen kristallisierter Wünsche und Gedanken, Sinnbild des eigenen Wesens.

Von der feinstofflichen Ebene aus gesehen, ist das ganze Leben nichts anderes als ein Traum, aus dem man mit dem Tod erwachen wird. Erst mit dem Erlebnis des Todes bietet sich dem Bewusstsein die Möglichkeit, seine eigene Geburt wirklich zu erleben. Das Leben wie einen luziden Traum zu betrachten, ist daher der erste Schritt zur richtigen Schicksalsdeutung und bewussten Lebensgestaltung. Erstens wird einem damit die Vergänglichkeit und Bedeutungslosigkeit vieler Werte bewusst, und zweitens bietet diese Sicht völlig neue Ausblicke. Wenn einem im Traum bewusst wird, dass man träumt, erlebt man dieses Erwachen wie eine Geburt. Die Geburt im grobstofflichen Körper dagegen verlief ja unbewusst, erst nach und nach erkennt man ein Dasein und noch viel später das Dasein seines Selbst.

Bewusst sein und wach sein kann man erst, wenn man auch sein "Schicksal" bewusst lebt, indem man den Sinngehalt, das, was es einen lehren will, richtig erfasst und dann selbst bewusst mitspielt und mitgestaltet.

In der Regel ist das aber gar nicht so leicht, denn es lassen sich keine Regeln aufstellen wie bei der Traumdeutung. Nie jedoch darf nach Schuld als Ursache für einen Schicksalsschlag gesucht werden und das Schicksal als auferlegte Strafe gesehen werden. Auch wenn so mancher Schicksalsschlag von Saturngenien als Folge von Fehlverhalten bereitet wurde, ist es nicht Bestrafung, sondern eine Chance zur Bewährung.

Niemals lässt sich Schuld durch Strafe sühnen. Niemals kann erlebtes Leid das Leid, das man anderen bereitet hat, ausgleichen. Niemals würde auferlegte Strafe den Charakter eines Übeltäters ändern. Nur das eigene Wollen verändert das Wesen seines Selbst.

Deshalb wird auch das Leben erst dann sinnvoll, wenn man bewusst danach fragt: Was will es mir sagen, was kann ich daraus lernen, wie soll ich mich verhalten? Diese Hinweise sind ständig nötig. Man ändert sich ja, wird oft schwach bei Versuchungen, vergisst seine Ziele; Emotionen, Triebe und die Macht der Gewohnheit ziehen einen immer wieder in ihren Bann. Schicksalskorrekturen erlebt man daher täglich, man hört nur selten hin. Franz Bardon sagte immer: "Solange es mir schlecht geht, weiß ich, die Göttliche Vorsehung hat mich nicht vergessen".

Im Schicksal sprechen die Genien der Vorsehung und sagen symbolisch, was man tun und lassen sollte. Im Traum sprechen die eigenen Wesensteile, denen man nach dem Tod im Seelengarten gegenüberstehen wird, und leuchten schon zu Lebzeiten die innere Landschaft aus.

AUCH TRÄUME SIND TEIL DES LEBENS

Genauso wie ein Traum sinnlos bleibt, wenn er das Wachsein nicht beeinflusst, bleibt das Leben sinnlos, wenn das, was man erlebt, nicht verstanden und bewusst zur Änderung seines Wesens, also des Denkens, Fühlens, Wollens und Soseins führt.

Meyrink schreibt dazu in der "Verwandlung des Blutes":
"Träume und Visionen sind zwecklos und sinnlos, wenn man nicht lernt, sie so zu erziehen, dass sie uns zum Führer werden. Ist doch das ganze Leben sinnlos und zwecklos, wenn es uns nicht belehrt, wohin wir unser Daseinsschiff steuern sollen. Sich zum sinnreichen Träumen zu erziehen, ist leichter, als viele glauben. Nur Ausdauer gehört dazu, ein nicht locker Lassen, der einmalige feste Entschluss; ich höre nicht auf und wenn es Millionen Jahre dauern sollte!

Man muss sich mit der hartnäckigen Frage schlafen legen: Welche Bedeutung wird mein Traum, dem ich entgegen sehe, haben?"

Meyrink sagt nicht, man soll mit dem Wunsch, etwas Bestimmtes zu träumen, einschlafen. Er empfiehlt auch nicht, man soll in Traumsymbolen eine Antwort auf eine bestimmte Frage suchen. Er fragt vielmehr im Voraus: was willst du mir sagen - und erwartet bereits im Traum die Antwort. Damit macht er sich jede Nacht bereit für eine Begegnung, für ein Zwiegespräch mit seinem Genius. Er will als "Antwort" das wache Bewusstsein erfahren.

Deshalb muss man auch seine Schicksalsfrage so formulieren und an die Schicksalsmächte stellen: "Welche Bedeutung wird das, was ich morgen erleben werde, haben?" Wenn man schon im Voraus fragt, können die Mächte besser antworten, als wenn man fragt: "Was habt ihr gemeint, indem ihr mich dieses oder jenes habt erleben lassen?"

Genauso wie sich mit der Meyrink-Methode nach einigen Monaten das Traumgeschehen entwirrt und Ordnung in die Träume kommt, wird sich, wenn man täglich bewusst die "Schicksalsfrage" stellt, das Leben klären wie ein verworrener Film, in dem man plötzlich den Sinn der Handlung erfasst.

Es genügt nicht zu fragen: "Warum muss gerade ich das durchmachen?" oder: "Was bedeutete es, dass ich dieses oder jenes erlebte?" Was geschehen ist, ist vorbei, und die Antwort kann dann nur noch selbst gegeben werden und durch Intuition erfasst oder - symbolisch, im Traum - von den eigenen Wesensteilen vorgespielt werden.

Am besten ist es, man verbindet die Schicksalsfrage mit der Frage nach der Bedeutung seiner Träume. Dann können die Schicksalsmächte die Ereignisse verständlicher gestalten - das meiste, das man erlebt, ist ja Folge des eigenen Denkens und unsinniger Wünsche und nicht als "Schicksal" karmisch bedingt - und die Träume werden nicht mehr aus dem Gedankenmüll von der elementaren Seite der persönlichen Wesenszellen, sondern von deren elementalen Struktur her sinnvoll gestaltet. Eine Frage kann ja immer erst beantwortet werden, nachdem sie gestellt wurde, und jede Antwort wird leichter verstanden, wenn man zuvor selbst die Frage danach stellte.

Es genügt daher nicht, dass man vernünftige oder angenehme schöne Träume hat, in denen man sich vom Tagesgeschehen erholt und mitunter Spiegelungen seiner Gedanken und Gefühle, auch jener, die einem zuvor nicht bewusst waren, zu erkennen vermeint. Für das Leben ist das genauso bedeutungslos wie das angeschaute Fernsehprogramm.

Und es genügt nicht, dass man an Karma glaubt, sein Schicksal als Folge vergangenen Tuns betrachtet und sich fragt: Was habe ich damals nur falsch gemacht? Genauso wie sich die Träume wandeln, wenn man an sie (und damit an sich) die Schicksalsfrage stellt, wandelt sich das Leben, sobald man den Schicksalsmächten gezielt die Frage nach der bewussten Schicksalsgestaltung stellt.

Besonders an Lebenswendepunkten in den Perioden, wo es Entscheidungen zu treffen gilt, wird man sich fragen: Was will das Schicksal mir sagen, indem es mich diese Möglichkeiten zu entscheiden erleben lässt? Hinter jeder Möglichkeit steht eine Chance, die Symbol für eine geistige Eigenschaft und eine Möglichkeit zur Bewährung ist. Wer das einmal richtig erfasst, wird viel bewusster leben und das Dasein besser nützen, als wenn er das Schicksal nur als Vergangenheitsbewältigung betrachtet.

Es ist doch völlig belanglos, was und wie jemand vor Hunderten Jahren gewesen ist. Er hat sich für dieses Leben etwas vorgenommen, etwas zu tun und zu sein, und muss sich fragen: Was war das, was wollte ich in diesem Leben lernen, was wollte ich an meinem

Wesen verändern, was sollte ich dazu erleben, wie soll ich sein? Bin ich noch auf meinem Weg oder haben mich Wesenszellen, die sich in eine falsche Richtung entwickelten, von meinen Zielen, die ich mir in diesem Leben stellte, abgebracht? Jedes Leben bietet aufgrund eines anderen Wesensgefüges andere Möglichkeiten. Nicht jede Tugend ist für jedes Leben die richtige. Man hat auch Schwächen mitgebracht, um deren Gegenkräfte in sich zu entwickeln.

Jedes Leben bietet aufgrund eines anderen Wesensgefüges andere Möglichkeiten. Einseitige Entwicklungen, auch positiver Eigenschaften, müssen erkannt werden, sonst blockieren sie Entfaltungen, die für das gesteckte Lebensziel wichtiger gewesen wären. Man kann bei der Entwicklung bestimmter Fähigkeiten übers Ziel hinausschießen.

AUSGETRÄUMT

Mein Freund Michael hatte nachts die phantastischsten Träume. Als Hermetiker war er in seiner Glaubensgemeinschaft eine führende Persönlichkeit, geachtet und verehrt, aber wegen seiner Strenge nicht so geliebt, wie er es aufgrund seiner Selbstlosigkeit gegenüber seinen Schwestern und Brüdern eigentlich verdient hätte. Er ist in allen Belangen vorbildhaft, überaus diszipliniert und zuverlässig, erwartete von den anderen aber dasselbe. Vermutlich war das sein einziger Fehler. Nach einigen Jahren war er so isoliert, dass er seine leitende Funktion nicht mehr richtig ausüben konnte und wurde sogar abgewählt. Seelisch ein ungemein harter Schlag für ihn, denn er hatte bisher nur für seine Gemeinschaft gelebt, und plötzlich stand er völlig einsam da. Erst durch den Wegfall der Macht (im Islam nennt man dieses geheimnisvolle Elixier, von dem man besser niemals kostet, Barakat) wurde ihm seine Isolierung bewusst. Nur die Träume waren ihm geblieben. Er war glücklich in seinen Träumen, hatte da trostreiche Begegnungen mit weisen, ehrwürdigen, aber nicht erkennbaren Personen, eine gütige gesichtslose Frau tauchte immer wieder auf. Die erinnerte mich an den "Vermummten", der in Meyrinks Träumen häufig in Erscheinung trat, und ich gab ihm den Rat, nach Meyrinks Traum-Methode die Schicksalsfrage zu stellen. Und plötzlich blieben seine Träume aus.

Michael war zutiefst enttäuscht. Dass ihn nun auch seine geistigen Freunde, die er in seinen Traumphantomen sah, verlassen hatten, raubte ihm die letzte Hoffnung. Dabei war gerade das die Antwort der Schicksalsmächte. "Hör auf zu träumen! Sieh den Tatsachen ins Auge. Du bist jahrelang, in deine Träume verstrickt, an der Realität vorbeigegangen, die anderen sehen die Dinge nicht so wie du. Durch Strenge kannst du nur dich selbst, aber niemals einen anderen verändern. Gesetze sind lediglich dazu da, bestimmte Bereiche des Daseins zu ordnen und zu regeln. Die Welt kann man nicht durch Befolgen der Gesetze verändern, auch nicht die Menschen."

Ich versuchte meinem Freund diese Erkenntnis zu erklären: "Wie würdest du, als Schicksalsmacht, jemandem vor Augen führen, dass er in einer Traumwelt lebt und sich seine Ideale niemals, und schon gar nicht mit Zwang, verbreiten und durchsetzen lassen?" - er verstand:

"Ich würde ihm seine Träume nehmen", sagte er, und zog sich ernüchtert nach einigen Monaten ganz aus seiner Glaubensgemeinschaft zurück.

Genauso wie die Schicksalsmächte Michael seine Träume, die ihm eine falsche Realität vorspiegelten, nahmen und er damit auch im Leben erwachte, nehmen sie manchem gerade das, was er besonders liebt, um ihm zu zeigen, dass er etwas anderes anstreben soll. Das Schicksal straft nicht, sondern versucht nur Weichen zu stellen. Selbst die übelsten Taten, die begangen wurden, können niemals durch Leid, sondern nur durch Opfer, gute Taten, Verzicht zugunsten eines anderen oder Vorteile, die für andere geschaffen werden, (Kunst, Erfindungen usw.) ausgeglichen werden.

- Die meisten "Schicksale" sind daher hausgemacht und entstehen erst im jeweiligen Leben. Es sind banale Folgen von falschen Gedanken und Wünschen und den daraus resultierenden falschen Handlungen. Da sind nicht Schicksalsengel, sondern persönliche Elementale der Betreffenden am Werk.

Dem Schicksal bleibt dann die Aufgabe, den alten Ausgangszustand wiederherzustellen. Trotzdem können auch die Folgen gemachter Fehler ungemein lehrreich für die persönliche Entwicklung sein. Sobald man bewusst aus der Erfahrung die entsprechende Erkenntnis schöpft, wird jedes Ereignis für Geist und Seele ein wertvoller Baustein sein. Kaum ein erfolgreicher Drogentherapeut, der nicht selbst aus der Drogenhölle kam, selten ein großer Künstler, der eine glückliche Jugend hatte, körperlich zu klein geratene Jungen werden oft die tapfersten Männer.

- Die Schicksalsfrage an die Vorsehung lautet daher nicht: "Warum tust du mir das an? Was habe ich falsch gemacht?", sondern: "Zeige mir, wie ich mich jetzt verhalten soll - was sehe, denke, fühle oder mache ich falsch?"

Bis vor wenigen Jahren lebte ich in einer absoluten Ruhelage. Wir bewohnten das einzige Haus in der Gegend, trotz Großstadtnähe ideal für mein zurückgezogenes Dasein. Doch dann setzte eine rege Bautätigkeit ein. Jedes Jahr bekamen wir einen neuen Nachbarn. Unser Grundstück ist groß, so dass jetzt allein auf der oberen Seite drei Villen stehen, und jede Familie hat zwei bis drei Kinder. Nach dem Baulärm kam der Lärm der ungebändigten Kinder. Ich fühlte mich bei meiner Arbeit entsetzlich gestört, es war, als tobten sich die Dämonen aus. Also stellte ich die Schicksalsfrage.

Die Antwort waren zwei weitere Baustellen, links ein Haus und rechts ein Haus und drei weitere Kinder. Ich flüchtete in unser Refugium in den Bergen, aber inzwischen stand auch dort ein Haus, noch nicht ganz fertig verputzt, aber für dreifachen Nachwuchs war gesorgt. Als letzten Fluchtversuch mieteten wir für den Sommer ein Landhaus in Schweden. Ich kannte es noch von früher, es lag wunderschön auf einer Anhöhe am Rande der kleinen Ortschaft, dort würde es ruhig sein. Was ich nicht bedachte: Die kleine Gemeinde war gewachsen und direkt unterhalb des Hauses, auf dem wegen einiger Granitblöcke unverbaubaren Grundstück, hatte man einen tollen Abenteuer- Kinderspielplatz errichtet.

Trotzdem habe ich das Haus inzwischen gekauft. Ich schreibe hier in aller Ruhe meine Bücher und genieße die geheimnisvolle Atmosphäre des schwedischen Sommers. Der Spielplatz wird kaum besucht, und wenn, dann stören mich die Kinder nicht. Ich habe nämlich verstanden, was mir das Schicksal sagen wollte. Städte wachsen. Kinder wachsen, neue Häuser müssen entstehen. Auch die Geisteswissenschaft entwickelte sich und ruht auf Erkenntnissen, die heute kindisch anmuten, die ich aber selbst, in meiner Jugend, noch für richtig hielt. Denkgebäude ruhen auf Fundamenten, die man nicht mehr sieht, die aber doch errichtet werden mussten. Aber gerade dafür hatte ich das Verständnis verloren. Ich hatte mich zurückgezogen, weil ich das Verständnis für das Unverständnis verloren hatte und meine Ruhe haben wollte. Ich war auf der Flucht aus einer Weit, die mir zu laut, zu hektisch, zu rücksichtslos geworden war, die ich aber doch mit meinen Büchern verändern wollte. Trotzdem lehnte ich es seit Jahren ab, Gespräche über esoterische Themen zu führen, ich wollte mich nicht mehr mit unausgereiften Bewusstseinsinhalten beschäftigen, die ich als überholt betrachtete. Ich hatte kein Verständnis mehr für den unbeschwerten leichten Sinn, den Leichtsinn der Menschen. Ich bin alt geworden und habe vergessen, wie es ist, jung zu sein.

- Man muss aber immer wieder von vorne beginnen und darf die Vorstellungen, die zu gereiften Erkenntnissen führten, nicht verwerfen, nur weil sie überholt sind. Man darf nicht erstarren, man muss das Kind in sich am Leben erhalten, sonst gibt es keinen Neubeginn.

Die Menschheit ist erst am Beginn des Erwachsenwerdens. Das Neue verdrängt naturgemäß das Alte. Bäume wachsen, wenn sie leben, und neue Gebäude müssen errichtet werden. So wie die Häuser erst, wenn sie bewohnt werden, belebt sind, müssen neue Denkgebäude von einfühlsamem Verständnis getragen sein, sonst bleiben sie unfruchtbare Gerippe. Während ich das schreibe, toben vor dem Haus die Kinder, doch es stört mich nicht mehr so wie früher. Ich denke an unsere eigenen Kinder, die hatten mich auch nie irritiert, und so wie sie inzwischen zu Erwachsenen wurden, wird auch die ganze Menschheit irgendwann erwachsen sein. Ich kann nur hoffen, dass sie sich die Jugend bewahrt und am Weg dahin nicht erstarrt.

Für mich und die anderen, die gleich mir müde wurden, aber betone ich: Lernt wieder wie die Kinder sein. Lernt wieder staunen, hoffen, an das Gute glauben, lernt wieder unbekümmert jeden Tag zu nehmen, wie er ist. Lasst uns von den Kindern lernen, was uns der Genius der Zeit vergessen ließ. Das Alter beschert Einsichten und Geiststrukturen, die in der Jugend niemals möglich wären. Aber erst in Verbindung mit den einst erlebten leichten, frohen, unbeschwerten Wesenszellen werden sie belebt und gewinnen ihren wahren Wert.

So wie ein Kind seine Wurzeln im Geist seiner Eltern verankert hat und sich nur richtig entwickelt, wenn es "Vater und Mutter ehrt", also von ihnen lernt und auf deren Erfahrungen und geistige Einstellungen und nicht auf die unausgereiften Vorstellungen der Freunde baut, so findet der Alte seine Wurzeln in seiner eigenen Kindheit und bekommt das Thema, das er nicht vergessen soll, von seinen Kindern und von den Kindern seiner Zeit auf der Lebensbühne vorgespielt.

Die eigentlichen Wurzeln des Selbst sind jedoch im persönlichen Seelengarten verankert, und die wahren Eltern sind die Genien und Intelligenzen, die bei der Inkarnation Pate standen und die sich inkarnierenden Wesenszellen befruchteten.

Damit sind wir wieder bei der Astrologie. Denn die erste Antwort auf die Schicksalsfrage, auf die Frage nach dem Woher und Wohin, nach dem Sinn, den man seinem Dasein verleihen soll, wird man in der Struktur seines Geburtshoroskops erkennen.

Mit der Astrologie wird man den ersten Einstieg in die verborgenen Welten des Geistes finden und eine Wegleitung, wie man sich in seinen inneren Welten zurechtfinden kann.

DIE KOSMOLOGIE DER GNOSTISCHEN HERMETIK

ASTROLOGIE, DIE KÖNIGLICHE KUNST

Es ist erstaunlich, dass im Informationszeitalter des globalisierten Wissens noch immer so viele Menschen eine völlig falsche Vorstellung von der Astrologie haben. Selbst Esoteriker weisen da häufig beachtliche Wissenslücken auf. Während die Astrologiegläubigen viel zu viel in die Astrologie hineininterpretieren oder herauslesen wollen, sehen die Skeptiker in ihr nur Selbsttäuschung, Aberglaube oder Betrug.

Das ist schade, denn an Astrologie braucht man nicht zu glauben wie an den lieben Gott, die astrologischen Gesetze lassen sich überprüfen. Man muss sich nur selbst damit beschäftigen, die einfachen Grundregeln lassen sich leicht erlernen. In der Praxis wird man dann sehr bald das, was man zuvor fälschlich für Astrologie gehalten hat, von dem, was eine seriöse Astrologie wirklich zu bieten hat, unterscheiden lernen und tief beeindruckt sein von der geheimnisvollen Übereinstimmung, die zwischen dem kosmischen Geschehen und den psychischen Vorgängen erkennbar ist.

Man wird dann zwar feststellen, dass sich aus einem Horoskop weder der Charakter noch die Fähigkeiten eines Menschen mit Sicherheit herauslesen lassen, aber die vorhandenen Keime dafür sind, auch wenn nicht immer alle zu persönlichen Eigenschaften ausreifen, aufgrund bestimmter Konstellationen als "Veranlagungen" vorgegeben und aus dem Geburtsbild erkennbar.

Auch der Schicksalsverlauf lässt sich aus einem Horoskop nicht so deutlich vorhersehen, wie das manchmal erwartet wird. Aber die Zeitqualitäten bestimmter Lebensperioden, in denen Themenschwerpunkte, wie zum Beispiel Berufs- oder Partnerfragen, oft scheinbar schicksalhaft gelöst werden wollen, sind mit großer Wahrscheinlichkeit prognostizierbar. Auch ob die bestimmten Einsichten und Stimmungslagen, die dann stärker hervortreten und Weichenstellungen oder Entscheidungen anstreben lassen, auf objektiven Urteilen beruhen und das Gewünschte erfolgreich erledigen lassen oder auf voreiligen Emotionen und daher vermutlich zu Misserfolg führen, wird von den vorhersehbaren Konstellationen beeinflusst.

Nur ob und wie der Betreffende schlussendlich tatsächlich entscheiden und handeln wird, ist damit nicht vorherbestimmt, die Astrologie kennt keinen Schicksalszwang.

Astrologische Analysen und Prognosen werden daher nicht erstellt, um einzutreffen, sondern sie sollen als Information für die Zukunft auf eine Entwicklung hinweisen. Sie werden genau wie Wirtschaftsprognosen erst sinnvoll, wenn dadurch ein Eingreifen und eine positive Veränderung durch bewusste Gestaltung der Zukunft bewirkt werden. Eine astrologische Vorschau ist wie ein Seelenwetterbericht für die zu erwartende innere Befindlichkeit und eine Wanderkarte für den bevorstehenden Abschnitt des Lebensweges; wenn man die voraussichtlichen Gegebenheiten berücksichtigt, kommt man besser voran.

DER SCHALTPLAN DER GÖTTER

Die Astrologie bietet eine einzigartige Möglichkeit, mit der man erkennen kann, dass es neben der grobstofflichen Welt auch eine Welt der feinstofflichen Ebenen gibt. Gleichzeitig beschreibt sie auch die Funktion der geistigen Organismen, über die diese beiden Welten miteinander verbunden sind.

Sie liefert damit eine Theorie, welche ein verständliches Bild des menschlichen Wesens zeichnet und damit eine Psychologie ermöglicht, die nicht auf abstrakten Begriffen, sondern auf einer ganz konkreten Anatomie und Physiologie der geist-seelischen Bewusstseinsstruktur des Menschen beruht.

Damit ermöglicht die Astrologie den Zugang sowohl zu den kosmischen Mächten der Hierarchie als auch in den Bewusstseinsraum eines jedes Menschen.

Man sagt zurecht, wer den Namen eines Wesens kennt, kann

es damit auch beherrschen. Der Name beschreibt ja die Qualität und in der Regel auch die Quantität einer Intelligenz.

Der wahre Name eines Menschen ergibt sich aus seinem Geburtsbild. Die Horoskopzeichnung ist nichts anderes als eine symbolische Darstellung, der geist-seelische Code, würde man heute sagen, der Wesenszellen und Wesensglieder des Geborenen, so wie er sich inkarniert. So wie heute die Waren in den Regalen nach ihrem aufgeklebten Strichcode geordnet und bewertet werden und man mit Hilfe des genetischen Codes beginnt, in den Organismus des Lebens einzugreifen, ist der kosmologische Code der Schlüssel zum Wesen des Menschen und zu den Toren in die Ebenen der Wesen und Intelligenzen der Hierarchie.

Das persönliche Horoskop beschreibt jedoch nur ein einmaliges Lebensthema, die feinstoffliche Struktur des Geborenen und nicht sein ganzes ICHSELBST.

Die keimplasmatische Determination (Dr. Heinz Fidelsberger, "Astrologie 2001") bestimmt bekanntlich die möglichen Anlagen des werdenden Lebens bereits vor der Geburt. Damit werden die eigentlich erst im Geburtsmoment sichtbaren "astrologisch bedingten" Anlagen bereits genetisch vorgegeben.

Noch verblüffender wird dieses Phänomen durch folgende Erkenntnis: Nach neuesten Forschungen findet der eigentliche Beginn des Lebens nicht mit der Konzeption, also dann, wenn die männliche Samenzelle die Hülle der weiblichen Eizelle durchstoßen hat, statt, sondern erst viele Stunden später. Zwölf und mehr Stunden lang liegen sich, nachdem das Spermatozoon in das Ei eingedrungen ist, der männliche und weibliche genetische Strang in der Keimzelle gegenüber, und scheinbar nichts geschieht. Es ist, als würden sie prüfen, welche der in ihnen steckenden Erbanlagen zusammenpassen, und eine ganz bestimmte Andockstelle, mit der ja dann bekanntlich die gesamte weitere Entwicklung möglicher Anlagen und Eigenschaften festgelegt wird, suchen. Sie liegen sich also in dem befruchteten Ei gegenüber, und dann, nach vielen Stunden erst, stürzt sich plötzlich das weibliche Genom auf das männliche (nicht umgekehrt) und es erfolgt die Verschmelzung der Erbanlagen.

Erst jetzt beginnt die Zellteilung, das Wachstum und das Leben. Sie haben auf irgendetwas gewartet, als wüssten sie, dass in dem Moment der Verschmelzung, je nachdem an welchen Stellen sie sich verbinden, der gesamte Bauplan des neuen Menschen feststeht. Äußere Merkmale wie Augenfarbe, Nasenform, Körpergröße, Krankheitsdispositionen, aber auch eine Menge anderer Faktoren, die später das Temperament und die Fähigkeiten prägen, werden ja bekanntlich in diesem kurzen Augenblick vorherbestimmt.

Jetzt kommt das Unglaubliche. Genau diese Anlagen für die weitere individuelle Entwicklung sind es, die dann aus bestimmten astrologischen Konstellationen, die im Augenblick der Geburt vorherrschen, erkennbar sind. Es muss also ein ursächlicher oder übergeordneter Zusammenhang zwischen Konzeption und Geburt bestehen, und wenn man an einen Geist oder eine Seele glaubt, die sich da inkarnieren, muss man diese, als Faktoren aus einer anderen Ebene, in den Zusammenhang miteinbeziehen. Da wird von irgendwoher der Startschuss für den Beginn eines Lebens gegeben, genau zu jenem Zeitpunkt, so dass sich aus einer Fülle von Erbinformation gerade jene ganz bestimmten Anlagen entwickeln können, die dann, neun Monate später, auch aus einer Gestirnskonstellation ablesbar sind.

Man muss sich die Bedeutung dieser Tatsache einmal klar machen. Nur cirka zwei Stunden am Tag ist jeweils ein bestimmter Aszendent möglich. Man kann ihn oft auch ohne Berechnung erkennen, weil er einen Großteil des Aussehens und des sichtbaren Verhaltens eines Menschen prägt: zum Beispiel den typischen Stiernacken und die langsame Behäbigkeit des Stieraszendenten. Oder das leidenschaftliche Temperament, das hinter dem faszinierenden Blick der unverkennbaren Skorpionaugen lodert. Oder das volle Haar der Löwenmähne und der Geltungsdrang, der diese Menschen mit Löwe-Aszendent in den Vordergrund drängen lässt. Oder, um ein letztes Beispiel zu bringen, die langen Beine, die lange schmale Nase und die unbekümmerte Spontaneität des Schütze-Aszendenten. Jedes Tierkreiszeichen zeigt seine Besonderheit, und trotzdem stand diese aus der Geburtskonstellation abzuleitende und real feststellbare Anlage bereits bei der Konzeption fest.

Allein dieses Phänomen liefert einen überzeugenden Beweis für das Wirken einer geistigen Macht. Es bedeutet nämlich, dass nach der Befruchtung der Eizelle der Beginn der Zellteilung durch einen übergeordneten geistigen Mechanismus, der in direktem Zusammenhang mit dem Geburtsmoment steht, geregelt werden muss, sonst wäre das nicht möglich. Er findet nämlich in exakt jenem Augenblick statt, in dem sich aus dem vorhandenen weiblichen und männlichen genetischen Material gerade jene Bauabschnitte gegenüberstehen, die durch ihre Verschmelzung, neun Monate später, genau jene für die Geburtsstunde charakteristischen Merkmale ergeben. Nur mit Wissen um die Anlagen des sich inkarnierenden Wesens und den dafür nötigen Geburtsmoment kann das Signal für die Verschmelzung der Gene gegeben werden.

Die Bedeutung der so genannten Erbmasse, also die Eigenschaften, die bei den Eltern bereits ausgebildet sind und sich über die Gene auf das werdende Kind übertragen können, wird daher weit überschätzt. Man braucht sich nur die Verschiedenartigkeit des Charakters und der Fähigkeiten der Geschwister einer Familie anzusehen, um zu erkennen, wie viele Möglichkeiten der Übertragung vorhandener Anlagen bestehen und wie unterschiedlich sie von Kind zu Kind tatsächlich zum Ausdruck kommen. Jedes Elternpaar bietet eine ungeheure Fülle an möglichen Erbinformationen an, und selbst die Auswahl davon, die dann in dem Genstrang steckt, ist immer noch viel umfassender, als für den Charakter des Geborenen dann durch den wahren Konzeptionsmoment bestimmt wird.

Der sich inkarnierende Geist wird sich, entsprechend dem für ihn aufgrund seiner Eigenschaften notwendigen Geburtsmoment, jene Eltern suchen, die dazu am besten die genetischen Möglichkeiten für die Entfaltung seiner Anlagen bieten, und nicht umgekehrt. Oder anders dargestellt, nicht weil man an ein bestimmtes Elternpaar gebunden ist oder zu einem bestimmten Zeitpunkt geboren wurde, hat man seine Eigenschaften mitbekommen, sondern die Menschen, die sich inkarnieren, nützen die Möglichkeiten, die sich aufgrund der vererbbaren Eigenschaften eines Elternpaares bieten; der Geburtsmoment ergibt sich dann zwangsweise aus den

Urqualitäten, die den Lebensleib formen und damit die eigentliche Grundlage bilden für die geist-seelische Struktur der sich inkarnierenden Wesenszellen.

INKARNATION, DIE FLEISCHWERDUNG DES GEISTES

Es ist nicht anzunehmen, dass man in einem "Jenseits" bewusstlos wird und "stirbt" und dann im Diesseits wiedergeboren wird. Man wird nicht in die Welt hineingeboren, sondern in einen Körper, genauer gesagt in den wachsenden Lebensleib eines wachsenden Embryos. Das aber bedeutet eine Entwicklung, ist ein langsamer Übergang und kein plötzlicher geistiger Tod mit anschließender Geburt. Man kann sich das am Beispiel einer Sanduhr veranschaulichen.

Mit den Wesenszellen (dem Sand der Sanduhr) verlagert sich auch immer mehr Bewusstsein aus dem Seelengarten in den Vitalkörper. Den im Seelengarten verbliebenen Geistkomplex der noch nicht inkarnierten Wesenszellen wird man sich dabei in den ersten Jahren eher als "Schutzengel" denken und nicht als Bewusstsein, das sich in Auflösung befindet. Wer ein spannendes Buch liest, ist auch mit einem Teil seines Bewusstseins abwesend, ohne deswegen das Bewusstsein zu verlieren. Mit den wachsenden Interessen, die sich aus der neuen Umgebung ergeben, wird der Geist immer mehr gefangen und entsprechend "irdisch" ausgerichtet.

Den genauen Vorgang kennen wir nicht. Auch nicht den Mechanismus der Auswahl und der Neubildung von Wesenszellen, welche die jeweils nötigen Veränderungen des Wesens der Gesamtpersönlichkeit bewirken. Um diese Fragen zu erforschen, muss man zuerst ein anschauliches Bild möglicher Antworten zeichnen. Wir verwenden dazu das Denkmodell der Wesenszellen.

Die gnostische Hermetik lehrt, dass die Bewusstwerdung im Körper ein Vorgang ist, der sich über viele Jahre erstreckt und schrittweise vollzogen wird. Die persönlichen Wesenszellen, die in Form der Wahrnehmungen durch die Körpersinne sowie des Denkens, Fühlens und Wollens das bewusste ICHSELBST tragen, inkarnieren sich nicht auf einmal, sondern bestimmten Gesetzen folgend nach und nach. Wir haben das mit dem Vorgang in einer Sanduhr verglichen.

Aus dem persönlichen Seelengarten "rieseln", entsprechend der von der irdischen Seite her genetisch gefilterten Möglichkeit, nach und nach die Wesenszellen in die Aura des wachsenden Lebens. Man könnte es auch mit dem Überspielen eines Programms auf die Festplatte eines Computers vergleichen. Unsere Festplatte ist das Gehirn und das, was man Lebenserfahrung nennt, ist nichts anderes als die fortschreitende Programmierung des Lebensleibes für bestimmte geistige und seelische Eigenschaften und Fähigkeiten, die sich eine aus der anderen entwickeln, worauf man mit ihnen ganz bestimmte Erfahrungen im Leben sammeln kann. Es beginnt bereits im Mutterleib mit akustischen Wahrnehmungen und der Erfahrung von Empfindungen, gefolgt von anderen Eindrücken und Reizen, zum Beispiel kalt, warm, hell und dunkel, angenehm, unangenehm, dann formen sich die Gefühle, zum Beispiel Lust auf mehr oder Angst vor unangenehm und erst zuletzt, wenn das "Schreibprogramm" auf der Festplatte ist, lassen sich die Gedanken eingeben. Erst dann kann man auch im grobstofflichen Körper mit seinen Elementalen umgehen, man beginnt damit zu arbeiten und schreibt seinen Lebensroman.

Dabei können sich bestimmte Eigenschaften und Fähigkeiten nur entfalten, wenn bereits zuvor bestimmte andere Erfahrungen gemacht wurden. Deshalb erwähnt Rudolf Steiner irgendwo, es sei eine Gnade, ein hohes Alter zu erreichen. Das ist ganz richtig, denn auch bestimmte Erkenntnisse erfordern Einsichten, die sich nur aufgrund im Laufe vieler Lebensjahre gemachter Erlebnisse einstellen. Das kann nicht umgangen, aber - was die erste Lebenshälfte betrifft - abgekürzt werden. Nämlich durch ein Initiationserlebnis, ganz gleich, auf welche Art dieses ausgelöst wurde, die grüne Schlange beißt an vielen Stellen zu.

Dann beginnt nämlich, wie Gustav Meyrink das so treffend beschreibt, das Leben zu galoppieren. Ein Schicksalsschlag folgt dem anderen, so lange, bis der Betroffene die Bedeutungslosigkeit des

Verlorenen erkennt und sich von jeder - nicht nur irdischen - Bindung innerlich freimachen kann. Prüfungen, die Entscheidungen verlangen und den wahren Charakter erkennen lassen, folgen. Es ist oft tatsächlich so, als würde man sterben und im selben Leben wiedergeboren werden.

Es wäre jedoch denkbar, dass ein Eingeweihter in der Lage ist, seinen Körper und die damit verbundene Seele wachsen zu lassen, ohne sich allzu viel damit beschäftigen zu müssen. Er inkarniert sich erst dann mit seinen restlichen Wesensteilen, wenn es ihm passt oder wenn die bereits inkarnierten Wesenszellen beginnen, ein zu mächtiges Eigenleben zu entwickeln, was in der Regel so zwischen dem siebenten und zwölften Lebensjahr der Fall ist. Da er alle seine Wesensteile fest im Griff hat. braucht er nicht zu warten, bis sie heruntergerieselt sind, sondern packt sie alle zusammen und steigt in den Körper (sein Fahrzeug für die irdische Lebensreise), so wie man sich ins Bett legt, um in die Welt der Träume einzutauchen.

DIE ANATOMIE DES BEWUSSTSEINS

DAS GEBURTSBILD - HOROSKOP - MAN NENNT ES AUCH DAS THEMA

Die Astrologie erschließt den Menschen sowohl die großen als auch die kleinen Mysterien. "Wie oben, so unten" lautet das hermetische Gesetz. Mit der Astrologie kann man diese geheimnisvollen Zusammenhänge, die zwischen den Hierarchien der geistigen Welten und dem Bewusstsein der Menschen bestehen, erfassen. Man kann mit ihr nicht nur das Oben und Unten erkennen und die jeweiligen Möglichkeiten, die sich dem Walten der Schicksalsmächte bieten, vorhersehen, sondern wird in die Lage versetzt, selbst die verbindenden elementalen Strukturen und elementaren Energieströme, die zwischen den Sphären der Götter und den Seelengärten des Einzelnen bestehen, zu nutzen. Wer die Astrologie nicht versteht, kann sich auch kein anschauliches Bild vom Geistigen und Seelischen seines Wesens machen.

- Ein Horoskop stellt das kosmische Thema eines Augenblicks dar und ist die magische Glyphe des Menschen, der in diesem Moment geboren wird.

Ich setze voraus, dass ein Hermetiker, der dem Weg der Meister bisher folgte, die Grundlagen der Astrologie bereits beherrscht. Wenn nicht, wird er es jetzt nachholen. Denn wer sich mit Magie und Mystik beschäftigt muss imstande sein, ein Horoskop zu erstellen und zumindest das Wesentliche deuten können. Wer nicht begreift, wie man ein Horoskop berechnet, ist erst recht nicht in der Lage, es richtig auszulegen. Und wer sich nicht die Zeit nimmt, es selbst zu zeichnen, und glaubt, er könne sich auf den Ausdruck eines Computer-Horoskops stützen, hat auch die Grundlagen der Magie nicht erfasst.

Das Geburtsbild ist nämlich wie das magische Siegel des Horoskopeigners. In diesem Mandala sind alle Anlagen und Entfaltungsmöglichkeiten seines Wesens für die jeweilige Inkarnation symbolisch dargestellt.

Das Berechnen und Zeichnen eines Horoskops ist daher ein magischer Vorgang, bei dem, wie beim Malen einer Ikone, eines tibetischen Tangka oder eines Mandalas, die dargestellten Mächte ergriffen, evoziert und gebannt werden können.

Indem man die einzelnen Horoskopfaktoren berechnet, der Reihe nach "geistig erfasst" und die Planetenpositionen symbolisch in die entstandene Struktur der Zeichen und Felder einzeichnet, begreift und ergreift man Schritt für Schritt auch das geist-seelische Wesen, das mit dem Bild, das man fixiert, verbunden ist.

So wie man mit dem Namen und Siegel einer kosmischen Intelligenz dieses Wesen verstehen, kontaktieren und auch beeinflussen kann (kein Magier würde das Siegel für eine Evokation durch einen Computer ausdrucken lassen), kann man mit dem persönlichen Horoskop eines Menschen sein verborgenes Wesen erfassen und umgekehrt auch auf ihn einwirken. Die wenigsten Hermetiker sind sich dieser Möglichkeit der Astromagie, auf die wir später noch eingehen werden, bewusst.

Wer glaubt, dass er mit einem Computerausdruck magische Wirkungen erzielen kann, wird enttäuscht sein. Wer nicht die Kenntnisse hat, ein Horoskop zu erstellen, oder sich nicht die Zeit dafür nimmt, darf sich nicht wundern, wenn ihn die Geister nicht ernst nehmen.

Damit ist nicht nur magische Beeinflussung im Sinne von Heilung oder "Verhexung" usw. gemeint. Jede Horoskopanalyse, jede astrologische Beratung, erfordert das "Be- greifen und Er- fassen" des Wesens und der Wesenskräfte, die durch den Betreffenden wirken und auf den Betreffenden einwirken können, und bedeutet daher einen Eingriff in die Persönlichkeit und das Schicksal eines Menschen. Das Zeichnen eines Horoskops ist deshalb ein magischer Vorgang und das Horoskop ist intimer als eine präparierte Voodoo- Puppe. Selbst wenn der Horoskopeigner davon gar nichts weiß, bedeutet die Beschäftigung mit seinem Horoskop die Evokation seiner geist-seelischen Struktur, auch wenn der Vorgang scheinbar unbemerkt und ohne spektakuläre Begleitumstände abläuft.

Voraussetzung dafür sind nicht nur die nötigen Kenntnisse in der Astrologie, sondern auch das richtige Verständnis für die entsprechenden feinstofflichen Zusammenhänge, welche die Geist- und Seelenglieder bilden, und eine konkrete bildliche Vorstellung von den analogen, dahinter wirkenden kosmischen Wesenheiten.

Gerade das aber fehlt in der Regel den meisten Astrologen. Sie halten sich an eingelernte Regeln, ohne den Geist, der dahinter wirkt, zu erkennen. Das wäre, als würde ein Arzt die Fähigkeit des Riechens der Nase und die des Hörens den Ohren zuschreiben und den lebendigen Menschen dahinter und sein wahrnehmendes Bewusstsein übersehen.

Um hier aufzuklären, bringe ich nachstehend eine kurze Einführung in die kosmologische Wesenslehre aus der Sicht der gnostisch-hermetischen Tradition. Wenn dabei im Folgenden von Planeten oder Tierkreiszeichen die Rede ist, so ist damit immer die Wirkung einer persönlichen inneren Kraft, einer Macht, die wesenhaft in Erscheinung treten kann, gemeint, und nicht der Einfluss einer äußeren Planeten- oder Sternenenergie.

In jedem Fall handelt es sich dabei um persönliche Wesenskräfte, die man auch als Seelenorgane betrachten kann. Diese persönlichen Seelenorgane sind nicht nur Wesensglieder seines SELBST, sondern, so wie die persönlichen Wesenszellen, aus denen sie bestehen, auch Wesenheiten und verhalten sich entsprechend eigenständig. Auch wenn man sie nicht beherrscht und kontrolliert, erfüllen sie ihre Funktion. Sie sind jedoch nicht identisch mit den analogen kosmischen Planeten-Genien, mit denen sie aufgrund der Eigenschaften ihrer Wesenszellen, die wie geistige Synapsen wirken, in Verbindung stehen.

Wie das genau funktioniert, wissen wir nicht. Man hat noch keine befriedigende wissenschaftliche Erklärung für die astrologischen Mechanismen gefunden. Es besteht lediglich ein statistisch nachweisbarer Zusammenhang zwischen den Positionen der Planeten auf den jeweiligen Graden der Ekliptik einerseits und den geistigen, seelischen und organischen Abläufen im menschlichen Wesen andererseits. Eine kausal-mechanistische Erklärung für dieses Phänomen gibt es aber nicht. Alle bisherigen Theorien - wie Gravitationsschwankungen aufgrund der Entfernung und Winkel der Planeten oder deren Ausstrahlung bestimmter Frequenzen, kosmische Einstrahlung von Sternbildern, elektromagnetische Feldeinflüsse und als Folge Veränderungen in der Erdmagnetosphäre mit analoger Resonanz im Magnetfeld der lebenden Körperzellen - liefern keine befriedigenden Erklärungen, manche lassen sich aufgrund logischer Schlussfolgerungen sogar leicht widerlegen.

Doch auch wenn kein mechanistischer Zusammenhang zwischen dem einen und dem anderen nachzuweisen ist, ein übergeordneter Zusammenhang zwischen oben und unten besteht. Dass

Sinnbezogenes zusammentreffen kann, auch wenn es kausal nicht miteinander verbunden ist, haben C. G. Jungs Untersuchungen über die Synchronizität von Ereignissen bestätigt. „Wie oben, so unten" lautet auch das hermetische Gesetz, ganz gleich, ob wir den Bauplan der verbindenden Brücken, die dazu bestehen müssen, kennen oder nicht.

Der Gläubige wird sich als Teil Gottes in den Kosmos eingebettet sehen und, so wie im Hologramm ein Punkt das Ganze spiegelt, wie jede Zelle den Bauplan des gesamten Organismus in sich birgt, den Weltengeist in Form der Vorstellung: "Ich **bin!**" synchron in sich erleben.

Die gnostisch-hermetische Tradition bietet dazu mit der hermetischen Anatomie ein anschauliches Denkmodell, das die feinstofflichen Organe eines Seelenleibes, in Analogie zu den bekannten Planetenprinzipien und den kosmischen Mächten, die dahinter wirken, erklärt. Die erlebte Synchronizität der Befindlichkeit des persönlichen geist-seelischen Organismus mit dem kosmischen Zustand der Hierarchien des Weltengeistes wird dadurch verständlich gemacht. Die solchermaßen dargestellte kosmobiologische Struktur psychophysischer Kraftfelder kann auch als Grundlage einer rein mechanistischen, tiefenpsychologischen Bewusstseins-Kybernetik dienen.

WESENSZELLEN UND BEWUSSTSEINSGLIEDER

Die Theorie von den Wesenszellen und Seelenorganen gibt ein anschauliches Bild vom geist-seelischen Wesen des Menschen. So wie man Ohren zum Hören, Augen zum Sehen, Füße zum Laufen und Finger zum Ergreifen der Dinge hat, so ist der feinstoffliche Körper mit analogen Seelenorganen ausgestattet. Sehr grob vereinfacht könnte man sagen, man identifiziert sich mit seiner inneren Sonne. Fühlt sich gestimmt und phantasiert mit seinem Mond. Nimmt Informationen wahr, verarbeitet sie und reagiert, also denkt, mit seinem Merkur. Empfindet Zu- und Abneigung, passt sich an und liebt mit seiner inneren Venus. Will etwas und agiert entsprechend mit seinem Mars. Erhofft, erwartet, sät und erntet und wächst und reift entsprechend mit seinem Jupiter. Festigt sich und grenzt sich ab mit seinem Saturn. Erfasst Neues und befreit sich damit mit seinem Uranus. Verliert sich, den Halt oder den Zusammenhang und weitet sich aus mit seinem Neptun. Und bezwingt sich und die Welt mit seinem Pluto.

Das, was die Menschen voneinander unterscheidet, ist ja nicht nur der Bewusstseinsinhalt, sondern viel mehr noch, welche Bedeutung dieser für den Einzelnen hat. Je nachdem wie man imstande ist, mit seinen Gefühlen, Gedanken und Emotionen umzugehen, werden diese eine andere Wertigkeit haben. Je nach den persönlichen Erfahrungen, die man auf Grund seines persönlichen Verhaltens macht, die aber auch umgekehrt das persönliche Verhalten prägen, lassen sich ganz bestimmte charaktertypische Wesensmerkmale feststellen, die bei genauer Analyse auf die Qualität der persönlichen geist-seelischen Organe zurückzuführen sind.

Ausdruck und Art und Weise des Verhaltens in der Auseinandersetzung mit der Umwelt und den eigenen Gedanken und Gefühlen hängen von der Qualität der Seelenorgane ab. Wenn zum Beispiel jemand schlecht sieht, wird er ohne Brille ständig irgendwo anrennen. Und wenn jemand schlecht liebt, also nicht gut fühlt, wer zu ihm passt, weil ihn seine „Zuneigungen“, die er nicht kontrollieren kann, ständig hin und her reißen und er sich daher ständig in den Falschen verliebt, wird er durch seine Liebesgefühle immer wieder Verletzungen erleiden. Eine Folge, die dem feinstofflichen Organ für Liebe, Zuneigung, Anpassung und Ästhetik, der persönlichen Venus, zuzuschreiben wäre.

Im jetzigen Entwicklungszustand sind bei den meisten Menschen sieben bis zehn Seelenorgane so weit ausgebildet, dass sie als Merkmale der Persönlichkeit und Ausdrucksmittel des wahren ICHSELBST bewusst gehandhabt werden können. Jedes Prinzip verleiht dem menschlichen Geist ein spezielles Seelenorgan mit einer ganz bestimmten Funktion für sein bewusstes SEIN.

Nach der hermetischen Anatomie ist also die menschliche Psyche aus bestimmten Einzelelementen - Seelenorganen - aufgebaut. Jedes Seelenorgan hat eine bestimmte Funktion und wird, seiner Aufgabe entsprechend, mit dem analogen kosmologischen Planetenprinzip in Verbindung gebracht.

Unter Geist und Seele stellt man sich bekanntlich, zum Unterschied zu seinem grobstofflichen Körper, etwas Feinstoffliches vor, welches das Bewusstsein trägt und in Wechselwirkung mit einer Umwelt (die nicht grobstofflich sein muss, man kann sich auch mit Vorstellungen, Gedanken und Gefühlen auseinandersetzen) das Selbstbewusstsein ermöglicht. Dieses eigentliche Dasein des Selbst, von dem man hofft, dass es unsterblich sein kann, wenn man den wunderbaren Mechanismus des sich seines Selbst bewussten und willentlich agierenden Wesens betrachtet, kann nicht ein nebulöses Lichtgespinst sein, als das die Seele allgemein beschrieben wird. Wie der grobstoffliche Körper braucht auch der Seelenleib miteinander sinnvoll verbundene Organe, sonst schwindet das Bewusstsein.

So wie ein funktionierender Regelkreis (zum Beispiel der Thermostat einer Heizung) zumindest drei in der Zielvorstellung vereinte Elemente verlangt (ein fühlendes, ein messendes und ein schaltendes Element), basiert auch die Kybernetik des Bewusstseins auf entsprechenden Sinnesmechanismen. Diese tiefenpsychologischen Zentren als Schaltstellen der Grundfunktionen des Bewusstseins gleichen dabei ganz den überlieferten kreisläufig angeordneten astrologischen Prinzipien, die bekanntlich bereits in der antiken Götterwelt als personifizierte Mächte, die von "oben" lenken, ihren Ausdruck fanden. Auch die Seelenorgane sind miteinander kreisläufig zu einem geschlossenen Ganzen, dem feinstofflichen Bewusstseinsorganismus, verbunden, und jedes Seelenorgan übt auf die anderen Organe einen Einfluss aus.

DIE PLANETENPRINZIPIEN ALS SEELENORGANE DER PERSÖNLICHKEIT

Grob vereinfacht können die Funktionen dieser Seelenorgane folgendermaßen beschrieben werden:

- Die innere SONNE repräsentiert das Organ, welches selbstbewusst das Eigenwertgefühl ins Zentrum des Daseins stellt.
- Der innere MOND beeinflusst über die Phantasie den seelischen Stimmungsbereich.
- Der innere MERKUR schaltet die Vorstellungen und regelt damit die Auffassungsgabe und das Denkvermögen.
- Durch die innere VENUS, das Organ für Harmonie und Zuneigung, wird die Anpassungs- und Ausgleichsfähigkeit, also das Liebesempfinden geweckt.
- Das Seelenorgan der Antriebs- und Durchsetzungsfähigkeit, das sich als Tatimpuls und Willenskraft äußert, entspricht dem astrologischen Prinzip eines inneren MARS.
- Der innere JUPITER ist das sinngebende Prinzip des Urteilsvermögens, das, den Zuwachs ordnend, die Qualität der optimalen Wert- und Zielvorstellungen für den Erfolg bestimmt und damit auch das ethische Niveau und die persönliche Reife prägt. Jupiter ist die Grundlage für das Optimum, für den Bedeutungswert der Werte und bestimmt damit sowohl die Assimilation als auch das Expansionsstreben.
- Der innere SATURN verursacht das Hemmende, das verdichtet, bewahrt und zurückhält (Furcht, Erfahrung, Gewissen) und als Konzentrationsfähigkeit dem persönlichen Willen folgt und Grenzen und Fundamente schafft.
- Der innere URANUS regelt die Fähigkeit der Intuition, um Neuland zu erschließen, und macht von Traditionellem, von Erinnerungen, von alten Denkstrukturen unabhängig. Uranus schafft eine außergewöhnliche Geistesart, eine Art zu denken, die in logischen Prozeduren nicht mehr unterzubringen ist.
- Der innere NEPTUN löst alles Bindende auf, oft auch die Gewissens- und Vernunftgrenzen der die Gedanken tragenden

Strukturen und lässt erahnen, was nicht zu wissen ist, oder vernebelt und verbirgt.

- Durch den inneren PLUTO entstehen zwingende Emotionen, die oft gewaltige Erschütterungen auslösen, was alte Formen (der Persönlichkeit und ihrer Werte) zerstört und Raum und Stoff für Umwandlung und Neugestaltung schafft. Pluto ist das Organ für echte Transformation. Er ist das Übermächtige. Pluto bedeutet nicht zu viel Energie, sondern die zwingende Gewalt. Wenn Mars sagt "ich will", so bestimmt Pluto "ich muss".

Die so genannten äußeren Planetenorgane Uranus, Neptun und Pluto sind nicht bei allen Menschen voll entwickelt. Sie sind für das Bewusstsein im täglichen Alltag und auch für das Dasein im Seelengarten nicht erforderlich. Sie gewinnen erst Bedeutung, wenn man die Grenzen seiner Fähigkeiten und Erkenntnisse, also seines persönlichen Bewusstseinsraumes, überschreiten will.

Pluto ist das Organ für den Mut der Grenzgänger, für Außergewöhnliches, für überdurchschnittliche Leistungen und für magische Macht.

Uranus und Neptun verdanken wir, neben dem normalen Denken des Merkur, die Intuition und Inspiration, die beiden Grundlagen, mit denen man Geniales schafft. Man muss bei den Seelenorganen, die die Denkprozesse steuern, immer unterscheiden:

Merkur nimmt Vorhandenes wahr: Sinneseindrücke, Gedanken, Gedächtnisinhalte, Erinnerungen, Vorstellungen, reagiert darauf, prüft und vergleicht sie mit anderen Wahrnehmungen, ordnet sie logisch nach bereits gemachten Erfahrungen, verbindet sie, registriert sie und gibt sie als Informationen weiter. Ob jemand eine lange Leitung hat oder alles schnell erfasst, viel oder wenig redet, ergibt sich aus dem Merkur. Merkur ist das Organ und Sinneswerkzeug für die Verstandestätigkeit sowohl des Hirndenkens im grobstofflichen Körper als auch für den Umgang mit Elementalen im Seelengarten. Merkur ist aber genauso ein "Aufschnapper von unbedeutenden Kleinigkeiten" (Shakespeares Wintermärchen).

Uranus ist ein Organ, das wie Merkur mehr die elementale, also die bildhafte Seite der Wesenszellen erfasst und das Denken betrifft. Er ist jedoch nicht durch angelerntes Wissen an starre Regeln und Erfahrungen gebunden und blickt daher weiter, sieht über vorhandene Denkinhalte hinaus. Uranus verschafft Einblicke und Einsichten in Bereiche, die nicht mehr zum persönlichen Bewusstseinsraum (Seelengarten) gehören.

Uranus ist nicht auf Erfahrungen oder Assoziationen angewiesen und wird nicht von Vorstellungen, die neuen Erkenntnissen widersprechen könnten, behindert. Uranus ist unvoreingenommen, offen und erschließt eigenständig geistiges Neuland. Uranus erkennt, weil er Leeres oder Behinderndes überspringt und gelangt zu Wahrheiten auch dort, wo keine Gedankenbahnen hinführen. Uranus holt wirklich Neues ins Bewusstseinsfeld.

Uranus ist Intuition, bewirkt also "Einfälle", die scheinbar eingegeben wurden, ist jedoch (im Unterschied zu den Inspirationen des Neptun) daran selbst aktiv beteiligt. Er gebraucht dazu aber nicht wie der Merkur Sinneseindrücke oder Gedächtnisinhalte, sondern holt sich durch sein Interesse, durch die gezielte Aufmerksamkeit in eine bestimmte Richtung, Eindrücke oder fehlende Erkenntnisse als erhellende Antworten auf offene Fragen in sein Bewusstsein. Die Blickrichtung bestimmt aktiv, was aufblitzt und erkannt wird. Er erfasst den ganzen Zusammenhang auf einmal, weil er bereits aus einer größeren Entfernung als andere darauf blickt. Gute Astrologen, Techniker, Forscher und Erfinder haben in der Regel einen Uranus-Merkuraspekt.

Neptun ist ähnlich, aber trotzdem anders. Auch er ist ein Organ, das über den persönlichen Horizont des Bewusstseins hinausführt und erkennen lässt, was dem normalen Verstand verborgen bleibt. Aber dieses Organ funktioniert empfindend, fühlend, passiv wie die Venus, es öffnet sich nach außen, gibt sich hin, vereint sich, verschmilzt und weitet sich und seine Erfahrungen auf diese Weise aus. Was Uranus sieht und erkennt, fühlt und erlebt Neptun und weiß es, weil er es glaubt (auch wenn es falsch sein sollte). Neptun löst sich auf, geht ein in Täuschungen, geht auf in einem Ideal, verliert sich in einem Traum, oder lässt Phantasien, Illusionen. Gedanken und Inspiration in sich hinein. Neptun erfasst alles von innen, sei es, weil er sich auflöst und eingeht in das andere, oder weil er es unbefangen in sich hineinlässt, sich einstimmt auf das andere. Mediale Seher, Künstler, besonders Komponisten, haben zumeist einen Neptun-Venusaspekt.

Damit haben wir zehn Grundfunktionen des persönlichen Bewusstseins, die in ihrem Zusammenwirken die Strebungen und Fähigkeiten der Gesamtpersönlichkeit ergeben:

SONNE: "ich bin" (Selbstbewusstsein)
MOND: "ich fühle" (Gefühlstiefe)
MERKUR: "ich denke" (Verstand)
VENUS: "ich liebe" (Harmonie-Empfinden)
MARS: "ich will" (Leistungskraft)
JUPITER: "ich vollende" (Urteilsfähigkeit)
SATURN: "ich bewahre" (Gewissen)
URANUS: "ich verändere" (Intuition)
NEPTUN: "ich löse auf" (Inspiration)
PLUTO: "ich muss" (Transformation).

Zum besseren Verständnis nachstehend nochmals die Beschreibungen der Seelenorgane aus dem 3. Buch "Die Vier Elemente. Der geheime Schlüssel zur geistigen Macht".

SONNE: das lebensschöpferische Prinzip, das Organ für die Vitalität und Selbsteinschätzungsfähigkeit. Aus ihm quillt die erste Manifestation des ICHBIN. Die solaren Wesenszellen durchstrahlen alle anderen. Sie bilden die feinstoffliche Grundlage der geistigen Erlebnissphäre in Form des inneren Lichts für Wachheit, Erkenntnis und Selbstgewahrwerdung, in dem sich das ICH spiegeln und bewusst werden kann. Im Geistigen ist es die alles erhellende Glaubenskraft (an etwas oder an sich selbst), eine ganz wichtige Fähigkeit, aus der sich dann die jeweiligen Ansichten, Meinungen und

Überzeugungen der Persönlichkeit manifestieren. Im Seelischen sind es die Interessen als Grundlage für die "Zu"- Neigungen, die ja als erste Impulse für jeden Antrieb, in Form von Begeisterung oder Liebe, nötig sind. Im organischen Bereich ist es das lebensschöpferische Prinzip, das die Lebenskraft in Form von Vitalität ins Bewusstsein ruft.

MOND: das gemüthafte Prinzip, das Organ der Gefühls- und Reflexionsfähigkeit. Aus ihm entfalten sich die Wesenszellen, die Grundlage des Fühlens und Spürens sind. Der ganze seelische Stimmungsbereich, angefangen von den instinkthaften Reflexen über die unbewussten Komplexe der Angst bis hin zu den stimmungstragenden Phantasien und Erwartungen, wird über das Seelenorgan Mond geregelt. Die lunaren Wesenszellen bestimmen deren Richtung und Intensität, und über das lunare Organ lassen sie sich erfassen, kontrollieren und formen. Der Mond bestimmt die spezielle Eingebundenheit in die persönliche Innen- oder in die Außenwelt, was sich als Introvertiertheit oder Extravertiertheit äußert. Nämlich die Fähigkeit, mit der man sich von Eindrücken und Wahrnehmungen fesseln lässt, wie man sich ihnen zuwendet und sich von ihnen wieder lösen kann.

MERKUR: das intelligenzhafte Prinzip, das Organ der Bewusstmachungs- und Auswertungsfähigkeit. Dieses Geistorgan bestimmt die Flexibilität, mit der man seine Gedanken und Vorstellungen handhabt. An ihm liegt es, wie man etwas wahrnimmt, auffasst und darauf reagiert und wie man die Wahrnehmungen geistig verarbeitet, sie zweckbegründet zuordnet oder unbeachtet lässt. Der geistige Horizont und die intellektuellen Fähigkeiten hängen weitgehend von der Qualität dieses Seelenorgans ab.

VENUS: das ästhetische Prinzip, das Organ der Anpassungs- und Ausgleichsfähigkeit. Mit dem Venussinn liebt man, empfindet man etwas als harmonisch oder abstoßend und regelt man das Bedürfnis nach Geborgenheit, nach Frieden und Glück. Die Venuszellen bestimmen die Qualität und den Inhalt des Sehnens, des Empfindens und der Zuneigungen sowie den Zustand der inneren Harmonie. Venus bewirkt Bedürfnis nach Ausgleich und Gemeinsamkeit. Ist das Organ für die Liebe: also was wird geliebt, wie wird geliebt, Harmonieempfinden, Freude, Geschmack, zum Beispiel was macht Freude und bereitet Genuss; Geld, Besitz, Luxus, Kleidung, Kunst, Gesundheit. Jeder hat andere Venusbereiche je nach Stand der Venus im Horoskop.

MARS: das dranghafte Prinzip, das Organ der Antriebs- und Durchsetzungsfähigkeit. Mit den "Marsmuskelzellen" bringt man sein Wollen zum Ausdruck und bändigt andererseits die freien triebhaften Impulse der noch nicht transformierten Energien seiner Affekte, Begierden und Leidenschaften. Von der Qualität des inneren Mars hängt es ab. wie weit es einem gelingt, über seine inneren Energien zu gebieten, um diese als Willenskraft einzusetzen, oder ihren Triebformen ausgeliefert ist.

JUPITER: das ethische Prinzip, das Organ der Urteils- und Sinngebungsfähigkeit, welches durch Assimilation und Ordnung den Fortschritt und das Wachstum der geist-seelischen Entwicklung regelt. Es bestimmt die Qualität der ideellen Werte und der persönlichen Moral. Die Jupiterzellen geben das Niveau der Zielvorstellungen, mit denen man seine persönliche Vollendung, aber auch seine irdischen Lebenserfolge anstrebt, vor. Auf ihnen beruht das Gerechtigkeitsempfinden, der Sinn für soziale Ordnung und alles, was sich im Denken, Fühlen, Wollen und Handeln als Weisheit spiegelt. Jupiter bringt den Entwicklungszustand der persönlichen Reife zum Ausdruck.

SATURN: das grenzsetzende Prinzip, das Organ der Konzentrations- und Beharrungsfähigkeit. Diese Wesenszellen sind auf Bewahrung, Kristallisation und Absicherung ausgerichtet, bieten den inneren Halt und durch das Gedächtnis die Erfahrung des Phänomens Zeit. Die Qualität der dazu notwendigen hemmenden und haltgebenden Strukturen und Energien, die einen in Form von Furcht oder aus Erfahrung vorsichtig machen, die einen aus Gewissensgründen hindern, etwas zu tun, oder umgekehrt aus Pflichtgefühl und Verantwortungsbewusstsein dazu drängen, Bestimmtes durchzuführen (und durchhalten lassen), wird von den saturnalen Wesenszellen bewirkt. Jeder Akt der Selbstüberwindung, des Verzichts und der Selbstbeherrschung ist auf sie zurückzuführen.

Mit den Wesenszellen des Saturnprinzips erreichen wir die Grenze des persönlichen Bewusstseinsraumes. Sie umkleiden ihn wie eine feinstoffliche Haut, aus der sich Eindrücke wie Seifenblasen zu Vorstellungen formen, und sie durchziehen das Innere wie ein stabiles Knochengerüst, das aus dem Fels der Erfahrungen gewachsen ist und dem Bewusstsein Halt und Inhalt gibt. Sämtliche Vorstellungen und Gedankenformen sind aus dieser lebendigen Saturn kristallisierten Geistsubstanz gebildet.

Das Organ des Saturnprinzips ist aber nicht das letzte, sondern wird noch von drei weiteren Sinneszentren überlagert und durchdrungen. Diese sind nicht nur für den persönlichen Bewusstseinsinhalt zuständig, sondern reichen über die eigenen Grenzen hinaus. Wer sie ausgebildet hat und ihre Energien beherrscht (Genie und Wahnsinn werden gleichermaßen von diesen drei übersinnlichen Sinnes- Zentren verursacht), dem gewähren sie Einblicke in ein "Jenseits", in die Welten und Ebenen jenseits seines persönlichen Bewusstseinsraumes:

URANUS: das befreiende Prinzip, das Organ der Intuitionen erfassenden Aufnahme- und Umstellungsfähigkeit. Die uranischen Wesenszellen überspringen als "Geistesblitze" logische oder gesetzmäßig gewachsene Gedankenvernetzungen und Strukturen. Sie sprechen auch auf wesensfremde umstrukturierende und Neuland erschließende oder Umbruch bewirkende Impulse an und geben diese an die persönlichen Wesenszellen weiter.

In der Welt des grobstofflichen Körpers, wo Erkenntnisse nur in Form der Gedächtnisinhalte zugänglich sind und nicht gespeicherte Bewusstseinsinhalte höchstens durch das Saturn-geprägte

Gewissen unbewusst aufscheinen, verbinden die Wesenszellen des Uranus, indem sie logische Gedankenfolgen überspringen, direkt mit angepeilten Zielvorstellungen. Das gibt einen größeren Überblick und lässt Zusammenhänge blitzartig, wie Erleuchtungen, erfassen. Geniale Erkenntnisse, die über die eigenen Grenzen des Verstehens hinausreichen können, werden bewusst.

NEPTUN: das grenzüberschreitende Prinzip, das Organ der sensitiven Inspirationsfähigkeit. Auch dieses Geistorgan verbindet das persönliche Bewusstsein mit Inhalten aus anderen Sphären. Während aber die Uranuszellen die persönlichen Grenzen überspringen, öffnen sich die Neptunzellen sanft und vorbehaltlos (gutgläubig), lösen sich auf und verbreiten sich wie Nebel und lockern dadurch auch die festen, schützenden Saturnschichten auf.

Neptunzellen sind die feinsten, flüchtigsten, sensibelsten und reinsten Wesenszellen des Geistes. Sie geben sich allem hin, reichen über das persönliche Wesen hinaus wie feinste Fühler, lebenden Antennen gleich, und empfangen, tragen hinein in das Bewusstsein, was sich mit ihnen "vermählt", auch das Böse oder Falsche. Sie weiten sich aus im Unendlichen, sind offen für alles. Die Folge dieser "Medialität" ist nicht nur Inspiration, Ahnung und Erschauen von Visionen, sondern auch Täuschung, Verirrung, Auflösung des ICHSELBST. Tatsächlich findet man im Horoskop von Drogenabhängigen, von psychisch Kranken und Kriminellen den Neptun genauso häufig als bedeutsamen Wesensfaktor wie im Geburtsbild großer Mystiker, Künstler und medialer Seher.

PLUTO: das gestaltwandelnde und energietransformierende Prinzip, das Organ der überpersönlichen Einwirkungsfähigkeit. Die Wesenszellen des Pluto sind immer Ausdruck von Macht und Gewalt. Massiv beeinflussend, zwanghaft vernichtend wirken durch sie alle persönlichen, aber auch überpersönlichen Schicksalsmächte. In jenen Wesenszellen des Pluto, die nicht bewusst kontrolliert und beherrscht werden, sammeln sich die unterwertigen Energien, die sich dann zu gegebenem Anlass, von "dämonischen Mächten" gezündet, zerstörend entladen. Umgekehrt kann man mit beherrschten überwertigen Plutozellen jeder Schicksalsmacht Einhalt gebieten und sein eigenes Wesen gleichwie in einer Metamorphose von allen negativen Strukturen befreien. Dieses gestaltwandelnde Prinzip wandelt auch das ICHSELBST zur Grundlage einer neuen Persönlichkeit. Ohne Pluto würden sich in jeder Inkarnation immer wieder dieselben persönlichen von Saturn verdichteten und von Jupiter geordneten Wesenszellen inkarnieren. Mit Uranus kann man sie zwar neu schlichten, mit Neptun verfeinern, verfremden oder bedeutungsloser machen, aber nur Pluto vermag sie von innen heraus (wie die Kernenergie der Materie) aufzubrechen. Dass man die dabei freiwerdende Energie als heftigen Einbruch in seine bestehende Ordnung, als Schicksalsschlag, als böse Gewalt erlebt, ist verständlich.

Mit den Plutozellen ist man an die Grenzen seiner schöpferischen Fähigkeiten gelangt. Dieses Organ, das in der Magie unentbehrlich ist, ist nur bei wenigen Menschen voll ausgebildet.

DIE SEELENORGANE ALS WESENHAFTE TEILPERSÖNLICHKEITEN DES ICH

Die "Planetenorgane" als persönliche Wesensteile, Organe und Glieder sind jedoch nur die eine Grundlage der Astrologie. Daneben muss man sich auch das Wesenhafte seiner Seelenorgane vorstellen und in sein astrologisches Weltbild einbeziehen.

Die Seelenorgane sind nämlich auch Seelenwesen und Teilpersönlichkeiten der Gesamtperson. So wie bereits die elementalen Wesenszellen kleine wesenhafte Geister sind, agieren erst recht die aus ihnen gebildeten Organe wie eigenständig wirkende Wesenheiten.

Jedes feinstoffliche Organ ist ein lebendiges Energiezentrum und kann sich in seiner Funktion als Wesensglied unter Umständen wie eine abgespaltete Teilpersönlichkeit bemerkbar machen.

Jedes Seelenorgan will etwas und erfüllt seine Funktion, weil es seinem eigenen Streben folgt und entsprechend agiert. Seine Qualität wird durch die Urqualitäten, aus denen seine Wesenszellen bestehen und die in eine bestimmte Richtung drängen, bestimmt:

- Das persönliche Wesen der inneren SONNE will erkannt, anerkannt, also "angesehen" sein. Es besteht nämlich aus solaren Wesenszellen, die glänzen, wärmen und sich verstrahlen, wodurch sie ihr eigenes Zentrum in den Mittelpunkt der Umwelt stellen.
- Die Zellen vom inneren MOND sind aus dem Wasserelement, kalt und feucht, also still und bewegbar. Der Mond will daher fühlen und sich lieber passiv beeinflussen lassen, ist empfänglich, ist Gemüt, und schwankt, so wie die Launen und Stimmungen eben sind, mit den Ereignissen mit und erlebt sich erst in diesen Phantasien selbst.
- Die Wesenszellen des MERKUR sind neugierig nach Informationen und nehmen das natürlich auch von den anderen Wesenszellen an. Sie wollen daher nicht nur sehen und wissen, sondern auch mitteilen.
- Die VENUS- Zellen wünschen Frieden, Schönheit, Harmonie und Genuss. Sie suchen Kontakt, versuchen sich anzupassen und gleichen aus, wo Spannungen sind. Sie wollen sich vereinen, lieben und Freude verbreiten.
- Die MARS- Zellen sind Ausdruck des Feuerelements, heiß - und trocken. Der Mars empfindet sich als Kraft, ist daher aktiv, will etwas tun, agiert und bewegt, sowohl sich selbst als auch andere. Selbst seine passiven statischen Zellen vom Trocken wünschen nicht, sondern bewirken das aktive Begehren.
- Die JUPITER- Zellen ordnen sich, damit sich anderes eingliedern kann, bewirken Ausweitung durch Assimilation und Vervollkommnung durch gerechte Zuteilung.
- Auch die SATURN- Zellen haben das erdige Element als Grundsubstanz. Das persönliche Saturnwesen will sichern, bewahren und würde sich und damit das ganze Wesen verkrampfen und

verhärten und ausgrenzen, wenn nicht andere Wesensorgane dem entgegenwirken würden.

- Die URANUS- Zellen wollen Freiheit und streben daher danach, Neuland zu erschließen; Grenzen werden übersprungen oder gesprengt.
- Die NEPTUN- Zellen lösen sich selbst und damit Grenzen auf und wollen, indem sie auf diese Weise ausschwärmen und sich verflüchtigen, mit anderem verschmelzen, um direkt neue Ebenen zu erleben.
- Die PLUTO- Zellen verwandeln, transformieren und lassen verschwinden. Sie wollen alte Ebenen überwinden, um neue Ebenen zu erschaffen. Plutozellen kennen keine Grenzen. Weder die behindernden noch die schützenden. Um den Geiststoff und die Geistesenergie für Neues zu gewinnen, lösen sie (so wie die Atomkraft) nicht nur die Grenzen und alten Strukturen, sondern auch die strukturbildenden, gestaltenden Elemente vollständig in ihre Urenergien auf.

DIE TIERKREISZEICHEN ALS STRUKTUREN DER PLANETENKRÄFTE

Jedes Seelenorgan ist in seiner lebendigen wesenhaften Funktion sowohl Energiequelle und Sinnesorgan für die besondere planetare Kraft und Qualität, die es ausdrückt, als auch Wesensglied für seine spezielle Wirkung. Die besondere Art und Weise, wie dabei die Eigenschaft der jeweiligen Energie umgesetzt wird, ergibt sich jedoch durch das Zeichen, in dem sich der Planet befindet, weil erst die Wesenszellen der Tierkreiszeichen dem Wesensglied seine besondere Struktur verleihen.

Neben den Wesenszellen der Planetenkräfte, den energetischen Planetaren, gibt es daher auch die Wesenszellen der Tierkreiszeichen, die strukturierenden Zodiakale. Die einen können ohne die anderen, zumindest im Bewusstseinsraum der Menschen, nicht in Erscheinung treten. So wie die elementaren Wesenszellen - also die Gefühle, die Wunschkraft und die Körpertriebe - weitgehend von den persönlichen Vorstellungen, den elementalen Wesenszellen, ausgelöst, vorgegeben, kanalisiert und gelenkt werden, richten sich die Eigenschaften der planetaren Energien in ihrer Auswirkung nach den Eigenschaften der Tierkreiszeichen.

Auch die Tierkreiszeichen haben eine Funktion und ihre Wesenszellen wollen etwas. Sie können es jedoch erst mit Hilfe einer planetaren Kraft realisieren. Die unterschiedlichen Zellen der zwölf Tierkreiszeichen sind genauso real wie die Zellen der Planetenenergien und streben auch gezielt etwas an. Sie erfüllen damit im Bewusstseinsfeld jene Funktion, welche das charaktertypische Verhalten bewirkt und bestimmte Fähigkeiten verleiht, die in den Eigenschaften der Urqualitäten der vier Elemente begründet sind.

WIDDER- Zellen schieben an, heizen auf; was durch ihr Raster geht, wird feurig heiß, spontan, direkt und schnell. Widderzellen vertreten das Prinzip für Beginn, wollen die Ersten sein und sind es auch. Was sich mit ihnen verbindet, kann damit auch eigenständig agieren. Widderzellen sind daher die Grundlage für alle Eigenschaften, die auf spontaner Energie beruhen.

STIER- Zellen vertreten das gegenteilige Prinzip, sie sind das stofflich Reale, Erdgebundene, in dem sich die Materie begründet. Sie wollen erhalten, bewahren, ansammeln und ruhen. Energien, die sich durch die Eigenschaften des Stierwesens realisieren, agieren dementsprechend geruhsam und werden auf reale Grundlagen achten, oder sie schaffen diese, damit andere darauf ruhen.

ZWILLINGE- Zellen bilden das analytische Prinzip, das wachsam wahrnimmt, vergleicht, urteilt und reagiert. Grundlage ist weder Energie noch Materie, der "Zwillinge-Stoff" ist die luftig-leichte Information, das Wort, der Sinn, das, was wahrgenommen und unbeteiligt weitergeleitet wird. Eigenschaften der Aufgewecktheit und Vielseitigkeit sind die Folge.

KREBS- Zellen sind Gefühl. Der wässrige Stoff, aus dem die Wesenszellen dieses Zeichens bestehen, sind Reflexe, Stimmungen, Gefühle und Phantasien. Krebsstrukturen gestalten den seelischen Empfindungsbereich. Wahrnehmungen, Meinungen, Erfahrungen werden in Gefühlsregungen eingekleidet und gewinnen damit auf der Ebene der Phantasien, vom ursprünglichen Abbild abgehoben, unabhängig Bestand. Vergangenes wird damit einverleibt und gegenwärtig.

LÖWE- Zellen sind und demonstrieren kristallisierte Macht. Diese glühend gespannten, immer zu Aktivität und Bewegung weisenden Wesenszellen überstrahlen alles andere und bewirken dadurch Selbstbewusstsein, Stolz und Dominanz. Eigenschaften aus Löwe-Zellen bilden die natürliche Grundlage für Tätigkeit, Überlegenheit und Macht.

JUNGFRAU- Zellen haben, durch das Erdelement, das konkrete Detail im Auge. Der Blick ist nicht auf große Zusammenhänge, sondern auf das einzelne Element gerichtet. Statt Weitsicht ist Vorsicht und Sorgfalt die Folge. Das bewirkt Eigenschaften, die Genauigkeit und sachliche Prüfung verlangen.

WAAGE- Zellen wollen nichts, streben von sich aus nichts an, wollen nur das Gleichgewicht erhalten. Sie schwanken daher ständig mit und vermeiden jede Konfrontation. Energien, die sich mit diesen luftigen, mitschwingenden Wesenszellen verbinden, werden daher Eigenschaften, die Ausgeglichenheit, Schönheit und Harmonie bewirken, entwickeln lassen.

SKORPION- Zellen sind wässrig-klar, daher leicht verletzbar und reagieren besonders heftig und direkt. Sie nehmen nichts hin. Die klare Sicht der Skorpionzellen dringt in finsterste Tiefen vor und will alles in Frage stellen. Was getrübt oder verschleiert ist, wird schonungslos aufgedeckt. Auseinandersetzungen sind damit vorprogrammiert.

SCHÜTZE- Zellen sind feurig, wollen los und hoch hinaus. Sie zielen auf entfernteste Bereiche ab und bilden die Grundlage für den spontanen, begeisterten, ungehemmten Lebensschwung. Ein Impuls, der wie jeder Auftrieb auch wieder nach unten führt.

STEINBOCK- Zellen haben erdige Eigenschaften. Sie bewahren jedoch nicht, um wie die Zellen des Stiers stoffliche Grundlagen für Wachstum zu schaffen, sondern geben Halt für die Verstrebungen und Strukturen der nötigen Baugerüste, die dem, was sie schaffen, Bestand verleihen.

WASSERMANN- Zellen bilden jene luftigen Eigenschaften aus, die in der Lage sind, alle bindenden Strukturen zu überspringen. Die absolute Ungebundenheit der Wassermannzellen ist darauf ausgerichtet, Altes zu erneuern, Gebundenes zu befreien und den Weg in die Zukunft zu weisen.

FISCHE- Zellen haben wieder wässrig-passiven Charakter und sind der Stoff, aus dem die Träume sind. Wesenszellen dieses Zeichens bilden die feuchte Grundlage für Auflösung, Stillehalten und Hingabe, alles Wesenszellen für Eigenschaften wie Opferbereitschaft, Selbstlosigkeit und Gutgläubigkeit.

Die Mächte der Tierkreiszeichen kann man sich, genauso wie die Planetengenien, als Wesenheiten vorstellen. Auch die Wesenszellen der Zeichen erleben sich im Bewusstsein der Menschen und binden sie damit in ihre Sphäre ein.

Die festen Wesenszellen der Zeichen brauchen jedoch, um sich im Bewusstsein des Menschen zu manifestieren, die energetischen Wesenszellen der Planeten und umgekehrt. So wie es kein Elementar ohne elementale Struktur, also kein Gefühl ohne Vorstellung gibt, ist jede planetare Wesenszelle mit zodiakalen Wesenszellen verbunden. Planetenkraft und Zeichen stehen dabei in Wechselwirkung und beeinflussen sich gegenseitig.

Mit den Planetenzellen strömen unterschiedliche Strebungen in das Leben im grobstofflichen Körper. Durch die Funktion der Planetenorgane geordnet, erwacht mit den Zellen auch das Bewusstsein und wird in die Lage versetzt, etwas wahrzunehmen, zu denken, zu fühlen und zu wollen. Aber erst in Verbindung mit den Zellen der Tierkreiszeichen bilden sich die zum Realisieren und Agieren notwendigen Fähigkeiten der handelnden Glieder. Dass man denkt, fühlt, will und weiß, dass man ist, verdankt man den persönlichen Planetenorganen. Aber wie man denkt, fühlt, will und agiert, wie man liebt und hasst, wie man wahrnimmt und denkt, wie man will und handelt, ergibt sich aus der Qualität der Zellen der Tierkreiszeichen, welche die Strukturen für die Energien der Planetenorgane bilden.

Davon muss man sich ein genaues Bild machen:

- Jeder Mensch hat in sich alle zehn Planetenorgane und ein inneres Umfeld von zwölf unterschiedlichen Tierkreisqualitäten.
- Eine Planetenkraft nimmt immer die Qualitäten des Zeichens an, aus dem sie wirkt.
- Umgekehrt werden die Tierkreisqualitäten besonders augenfällig und im Sinne der Planetenkraft in Erscheinung treten, wenn sie über ein Planetenorgan dem Bewusstseinsfeld eingegliedert wurden.

Am Beispiel des Zeichens Jungfrau:

So hat zum Beispiel jeder Mensch die Struktur des Jungfrauzeichens in sich und kann die Fähigkeit für Fleiß und Genauigkeit entfalten.

Befindet sich jedoch die Sonne in diesem Zeichen, wird der Betreffende diese Eigenschaften zu seinem persönlichen Anliegen machen.

Befindet sich der Mond in der Jungfrau, so ist der freie Fluss der Phantasiekraft durch die nüchterne Kontrolle gehemmt. Ist es der Merkur, wird jede Kleinigkeit erkannt und auch vermerkt, unbestechliche Überprüfung und sinnvolle Kritik, auch Kleinlichkeit, ist zu erwarten.

Ist die Venus in diesem Zeichen, wird die Neigung (Liebe) zur Vorsicht, für Vorsorge im sozialen Bereich verwertet werden können, ein sexuelles Ausleben dagegen wird durch den Blick aufs Detail ernüchtert.

Wirkt der Mars durch die Jungfrau, so wird seine Energie durch die Vorsicht gebremst, er wird aber die Fähigkeit für genaue und exakte Feinarbeit, wie sie ein Zahnarzt oder Werkzeugmacher braucht, entwickeln können.

Wirkt Jupiter, das wert- und sinngebende Organ, aus dem Jungfrauzeichen, wird zur Vorsorge auch das Geringste noch verwertet werden.

Mit Saturn im Jungfrauzeichen kann Gewissenhaftigkeit in Pedanterie ausarten, usw.

Oder anders gesehen am Beispiel Mars: Jeder hat einen Mars, mit dem er sich durchsetzt und agiert. Die Wesenszellen des Mars sagen: "Ich will". Doch ohne Bindung an die Strukturen der Wesenszellen aus den Zeichen wäre Marskraft nur blinder Trieb und Drang.

Befindet sich der Mars im Widder, wird der Betreffende besonders rasch entscheiden und bedenkenlos handeln, wie er will, denn die Beschaffenheit der Widderzellen ist ein besonders guter Leiter für Wesenszellen der Urqualitäten warm und trocken. Die Widderzellen katapultieren die Marszellen ungebremst ins angestrebte Ziel. Ist die Marskraft dagegen an die behäbigen schweren Stierzellen gebunden, wird sie wesentlich langsamer in Bewegung zu versetzen sein.

Wirkt sie über Zwillingzellen, kann der Betreffende verschiedene Ziele gleichzeitig anpeilen.

Mit Krebszellen können die Marsenergien nur über Gefühle realisiert werden.

Die feurigen Löwezellen passen wieder bestens zu den aktiven Marszellen und bewirken enorme Selbstbehauptung und Schaffenslust.

Die Jungfrauzellen dagegen engen das Wirkfeld der Marszellen ein und bündeln die Kraft fürs Detail der Kleinarbeit.

Waagezellen wollen nichts für sich bewirken, schwingen daher mit Impulsen unentschlossen mit und gleichen höchstens aus.

Das wahrhaft Klare der Skorpionzellen reicht in tiefste Abgründe und bietet den Marszellen ein ungeahntes Reich für den Kampf gegen jede Form der Finsternis.

Der weite Bogen, den die Schützezellen überspannen, verleiht den Marsenergien zusätzlichen Überschwang.

Wenn sich die Marskraft auf stabile Steinbockzellen stützen kann, wird sie besonders ausdauernd und zielstrebig in Erscheinung treten können.

Die befreienden Wassermannzellen lassen die Marskräfte auf originelle Weise neue erhabene Aufgaben erfüllen, manchmal auch für wirklichkeitsfremde Ideale verpuffen.

In den nachgebenden wässrigen Fischezellen finden die feurigen Marskräfte wenig Stütze für ihr Wirken, das Wollen bleibt schlaff und wird bestenfalls von selbstlosen Auflösungsbestrebungen getragen.

Man kann sich alles bildlich vorstellen. Jede Konstitution eines Zeichens bewirkt eine andere Auswirkung der Strebung und eine andere Blickrichtung:

Widderzellen sind wie kleine Sprungbretter, die alles, was auf sie trifft, mit Schwung versorgen. Widderreflexe zünden und beschleunigen und lösen jede Form der Hemmung und des Widerstandes auf. Ihr Blick ist nach vorne gerichtet.

Stierzellen denkt man sich als Erdklümpchen. Was sie umkleiden, wird schwer, nimmt Formen an und wird zum gediegenen Nährboden für weiteres Wachsen und Gestalten. Nur was Realität ist, schauen sie an.

Zwillingzellen haben drei Augen: was durch sie blickt, kann daher, ohne sich selbst danach auszurichten, unbeteiligt zwei Seiten der gleichen Lage erkennen. Der Blick wird von allem, das neu in Erscheinung tritt, angezogen.

Krebszellen sind weich, empfindlich und beeindruckbar. Nur was Gefühl verlangt, ist mit Krebszellen gut ausgestattet. Der Blick

richtet sich nach innen auf bereits erlebtes Geschehen und bezieht auch Gefühle anderer mit ein.
Löwezellen bilden sich immer an der Spitze, nehmen die Mitte ein und überragen damit die anderen Wesenszellen. Die Energie, die sich auf sie stützt, wird daher alle Mächte überstrahlen. Im Blickfeld steht das Ich als Zentrum allen Geschehens.
Jungfrauzellen sind wie winzige Mikroskope und richten den Blick aufs Detail. Sie prüfen und bieten die Möglichkeit, das zu versorgen, was sonst übersehen wird. Jungfrauzellen bremsen jede Unvorsicht vorsorglich auf Überschaubares ein.
Waagezellen kann man sich als kleine schwankende Waagebalken denken. Ohne zweite Stütze finden sie keinen Halt, dafür aber gleichen sie vermittelnd aus, wo sonst Einseitigkeiten entstehen würden. Das Du nimmt das gesamte Blickfeld ein.
Skorpionzellen bilden den klaren, unbestechlichen Spiegel, der die geheimnisvollen Wasser der Finsternis bedeckt. Ein Blick in diesen Zauberspiegel bringt unbarmherzig jede Trübung in den Tiefen des Bewusstseins ans Licht der Wahrheit oder lässt sie umgekehrt auf ewig in ihrem Sog verschwinden.
Schützezellen sind wie Fernrohre, die mit dem Durchblick in die Weiten dem Betrachter den Schwung fliegender Pfeile verleiht. Die spontane Begeisterung verbindet mit entferntesten Zielen, hebt aber oft vorschnell ab.
Steinbockzellen bilden das Feste jeder Verstrebung einer Struktur. Sie sichern damit Zukünftiges und bewahren Vergangenes und sind die Grundlage von jedem Fundament. Ihr Blick ist dabei auf Erfahrungen aus der Vergangenheit gerichtet.
Wassermannzellen gehen keine Bindung ein und befördern alles, was sich durch ihre Strukturen leiten lässt, in die befreienden Welten der Ideale des Geistes. Wassermannzellen sehen ausschließlich auf Zukünftiges hin.
Fischezellen sind der Stoff, aus dem die Träume sind. Tropfen im Meer der Schicksalswogen oder dunstige Nebelschleier, die darüber ziehen. Was aus ihnen besteht, gibt sich gutgläubig hin, löst sich auf oder schwimmt wie der Tang in der See.

Wer sich diese grundlegenden Eigenschaften der Tierkreiszeichen einprägt, wird sofort erkennen, welche Eigenschaft eine Planetenkraft in einem Zeichen jeweils entfalten kann. Planetenenergien, die sich mit der Struktur des Zeichens, aus dem sie wirken, decken, werden sich natürlich viel besser entfalten, als wenn diese in eine andere Richtung zielen. Die Eigenschaften der Widder-Struktur decken sich ganz mit den Eigenschaften des Marsprinzips, der Mond findet seine Entsprechung im Krebs, die Sonne im Löwen, usw. Man vergleiche dazu die Angaben der klassischen Astrologie mit der Einteilung der Eigenschaften nach den Urqualitäten, entsprechend der hermetischen Tradition, in meinem 3. Buch "Die Vier Elemente".

DAS WESENTLICHE DER ASTROLOGIE

WICHTIGE REGELN DER ASTROLOGIE

Für jene Leser, die sich mit dem Thema Astrologie noch nicht eingehend beschäftigt haben, nachstehend noch einmal die astrologischen Grundlagen in Kurzform und ein paar TIPPS, wie man Schritt für Schritt die astrologische Praxis erlernt.

Beachte immer das "WESENHAFTE" der astrologischen Mächte und Kräfte.

Nicht nur auf den feinstofflichen Ebenen sind die Bilder der Vorstellungen und Imaginationen als geistige Formen die Grundlage jeder Realität. Auch im grobstofflichen Körper wirkt ein Abbild als Auslöser von Gedanken und Gefühlen, und zwar bereits bevor das Bewusstsein dieses als Wahrnehmung oder Vorstellung erfasst. Es gibt keine verdrängten Gefühle, die im "Unterbewusstsein" ihr Unwesen treiben, sondern es sind immer zuerst die Bilder, die schon einmal Gefühle auslösten, die solche Seelenregungen wecken und ihnen Form verleihen. Das wurde mittels Hirnstrommessungen wissenschaftlich eindeutig nachgewiesen.

Daher muss man sich auch von den astrologischen Mächten und Kräften ein anschauliches Bild machen. Nur damit kann man die Astrologie erfassen und verstehen und die Wesenskräfte richtig einschätzen.

Die gnostische Hermetik verwendet das "Geistermodell" zur Beschreibung aller feinstofflichen Realitäten und erklärt damit auch das Phänomen der Astrologie.

- Auch bei den astrologischen Mächten handelt es sich um Wesen, um innere Bewusstseinskomplexe aus Wesenszellen und um äußere Planetengenien und Intelligenzen der Tierkreiszeichen und nicht um blinde Energien.
- Unterscheide dabei die äußeren kosmischen Intelligenzen, die scheinbar über die Planeten und Tierkreiszeichen auf dich einwirken, von den inneren persönlichen Mächten und Kräften deiner Seelenorgane, die Wesenheiten deines persönlichen Wesens sind.

Die göttliche Vorsehung wirkt und manifestiert sich über einen kosmischen Organismus. Ihre Glieder sind die Intelligenzen der Hierarchie. Diese treten als Mächte der Tierkreiszeichen und Planetenkräfte über deren elementale und elementare Wesenszellen in Erscheinung. Die göttliche Anatomie lässt sich daher in Analogie zu den astrologischen Prinzipien erklären und das göttliche Wirken aus den astrologischen Gezeiten ablesen.

Auch der feinstoffliche Körper, der das Bewusstsein des Menschen trägt, besteht aus lebendigen Wesenszellen (die als Gedanken und Gefühle in Erscheinung treten) und aus Organen und Gliedern, über die sich die persönlichen Fähigkeiten und Eigenschaften realisieren. Dieser Bewusstseinsorganismus ist ein exaktes Abbild des kosmischen Organismus, der im Geburtsmoment auf den Geburtsort eingewirkt hat, und besteht daher aus analogen Wesenszellen. Somit trägt jeder Mensch die kosmischen Mächte auch in sich und bleibt über diese Wesenszellen mit dem göttlichen Organismus verbunden. Die Qualität der persönlichen Seelenorgane entspricht dabei der Qualität der kosmisch-göttlichen Organe, die bei der Geburt Pate standen. Das persönliche Wesen des Geborenen lässt sich daher aus dem kosmischen Zustand, der bei der Geburt vorherrschte, erkennen.

- Die Verbindung zwischen einmal verbundenen Wesenszellen bleibt bestehen. Darauf beruht die Wissenschaft der Transite.

So wie die göttlichen Glieder als selbstbewusste Intelligenzen agieren, agieren auch die persönlichen Wesensglieder wie Wesenheiten, die zeitweise als eigenwillige Strebungen, wie Teilpersönlichkeiten, im Bewusstsein des Menschen in Erscheinung treten. Durch die Verbindung der persönlichen Wesenszellen mit den Wesenszellen der kosmischen Intelligenzen überträgt sich der kosmische (astrologische) Zustand der Hierarchie auf die innere Befindlichkeit der persönlichen Seelenorgane.

Mit der räumlichen Veränderung der Sonne, der Erde und der Planeten verändern sich auch der Zustand der geist-seelischen Mächte und ihr Einfluss auf das irdische Geschehen und die Befindlichkeit des Einzelnen. Die Planeten wandern weiter und erregen bei ihren Übergängen (Transiten) jeweils andere Seelenorgane.

Kennt man die jeweils vorherrschenden Genien und deren Eigenschaften, so kann man bereits im Voraus erkennen, wann und wie eine Seelenregung oder eine bestimmte Eigenschaft im persönlichen Bewusstseinsraum besonders in Erscheinung treten wird oder besonders leicht geweckt werden kann. Darauf beruht die astrologische Prognose.

- Es gibt also sowohl die äußeren kosmischen Kräfte, die Planetengenien und Mächte der Tierkreisintelligenzen, als auch die persönlichen Wesenskräfte und Mächte der Seelenorgane, die das individuelle Bewusstsein tragen.
- Die kosmischen Mächte stehen über die analogen Wesenszellen

mit den bewusstseinstragenden Seelenorganen in Verbindung und können unter bestimmten Umständen, den so genannten Transiten, auf ihre Funktion verändernd einwirken.

DIE VIER BAUSTEINE DER ASTROLOGIE

Die Astrologie verwendet vier astronomisch berechenbare Informationen aus der grobstofflichen Welt und kann damit das feinstoffliche Geistige und Seelische, sowohl der Menschen als auch der Götter und Intelligenzen, beschreiben und erfassen. Es gibt nur diese vier Faktoren, die wirklich von Bedeutung sind:

DIE PLANETEN
DIE TIERKREISZEICHEN
DIE ASPEKTE
DER ASZENDENT UND DAS MC

Dabei ist zwischen Kräften und Mächten zu unterscheiden. Das eine drückt sich in der bestimmten Qualität einer Planetenenergie aus, das andere ist die realisierende Macht der elementaren Strukturen der Tierkreiszeichen.

1. DIE PLANETEN

Die Planeten (und ihr Zusammenwirken bei Aspekten) bedeuten immer eine bestimmte Kraft, die etwas bewirken will: Die Sonne will sein, der Mond will fühlen, der Merkur will wissen, die Venus will Harmonie, der Mars will Bewegung, der Jupiter will aufnehmen, der Saturn will anhalten, der Uranus will Neues, der Neptun will träumen, der Pluto will Gewalt.

Die Planetenkräfte drücken daher stets einen speziellen Energiekomplex aus - jeder Planet einen anderen - der in eine ganz be-

stimmte Richtung drängt und im feinstofflichen Organismus eine bestimmte Aufgabe erfüllt.

Da sie dadurch, so wie die Seelenregungen, das Bewusstsein beleben und den Betreffenden dazu bewegen, etwas ganz Bestimmtes zu wünschen und zu tun, könnte man die Planetenorgane als die Zentren der seelischen Energien sehen. Sie sind jedoch nicht nur Energie, sondern bestehen aus Wesenszellen, den so genannten Planetaren, die ihre bestimmte Qualität, also Antrieb (Mars) oder Hoffnung (Jupiter) oder Liebe (Venus) usw., zum Ausdruck bringen.

2. DIE TIERKREISZEICHEN

Die Qualitäten der Tierkreiszeichen dagegen prägen den Ausdruck und die Richtung dieser Kräfte.

Jeder hat zum Beispiel einen persönlichen inneren Mars und dieser bewirkt bei allen Menschen den Antrieb und das kämpferische Element. Aber wofür jemand kämpft und die Art, wie er seine Anliegen verteidigt, unterscheiden sich und werden bei jedem anders sein. Je nach dem Zeichen, in dem sich der Mars befindet, wird jeder anders reagieren und handeln. Jeder hat eine Venus und damit Empfindungen, Vorlieben und Zuneigungen. Aber was und wie jemand liebt, wird weitgehend von dem Zeichen bestimmt, durch das die Venusenergie ihre Form gewinnt. Das gilt für alle Planetenkräfte, sie bestimmen nur den Inhalt der Energie, die Ausdrucksform ergibt sich aus der Struktur des Zeichens.

Die Wirkung der Zeichen bestimmt die Art und Möglichkeit, wie sich die jeweilige Energie, die durch ein Planetenprinzip vertreten ist, realisiert, also wie und auf welche Weise ihre innewohnende Absicht umgesetzt und verwirklicht wird.

Die Zeichen entsprechen damit den geistigen Strukturen des feinstofflichen Wesens, die, so wie die Gedankenbilder die Gefühle, die Planetenenergien auf ihre Weise formen und lenken. Sie sind die Zellen, aus denen ein Planetenorgan, das in den organischen Zusammenhang der höheren komplizierten Einheit eines menschlichen Wesens eingebunden ist, besteht.

Umgekehrt kann sich die Qualität der feinstofflichen Struktur der Tierkreiszeichen erst über die Planetenkräfte ins Irdische übertragen. Jeder Mensch hat die Urqualitäten aller 12 Tierkreiszeichen in sich und könnte sie durch bewusste Schulung in sich realisieren. In der Regel jedoch entwickeln sich nur jene Eigenschaften, die durch eine planetare Kraft angeregt werden. So wie sich der Geist erst durch das Seelische im Leben des Organischen inkarnieren kann, verwirklichen sich die Mächte der Tierkreiszeichen erst über die Kräfte der Planeten.

Jeder hat Wesenszellen des Widders, des Stiers, des Zwillinge - Prinzips usw. in sich, könnte also aktiv, geduldig und vielseitig sein. Aber nur wenn die Sonne, der Mond oder ein anderer Planet in einem Zeichen steht, werden diese Eigenschaften, entsprechend der Planetenenergie, mit oder ohne Absicht des Betreffenden, mobilisiert.

Erst die Anwesenheit eines Planeten oder des Aszendenten in einem der Zeichen aktiviert die Eigenschaften dieses Zeichens, genauso wie umgekehrt die Eigenschaften eines Zeichens die Möglichkeiten und den Ausdruck der Energie des anwesenden Planeten bestimmen.

Die Planetenenergien drängen in bestimmte Richtungen. Die Struktur der Zeichen bestimmt, wie sich die jeweilige Energie dann realisiert.

Ein Beispiel mit Jupiter mag das verdeutlichen: Die Energien des inneren Jupiter, dem Organ für Zuwachs, Ethik, und Moral, regeln den Gerechtigkeitssinn, beleben die Erwartungen, das Vertrauen, bewirken die Vermehrung und den Erfolg. Wie die Energien das erreichen, wird von der Qualität des Zeichens, durch das die Wesenskräfte des Planeten wirken, bestimmt: Vorsichtig, methodisch, auf Details achtend und sparsam im Gebrauch der Mittel (da werden auch Reste verwertet und eingebaut) durch das Jungfrauzeichen. Spontan das Nächstliegende oder auch Unerreichbares ergreifend (Überschwang der Erwartungen) durch das Schützezeichen. Gewissenhaft, nüchtern auf Erfahrungen bauend (was den geschaffenen Werten Bestand verleiht) durch das Steinbockzeichen. Ideell, die großen Zusammenhänge erfassend, neue Wege, neue Ziele, damit neue befreiende Werte erschließend, durch das Wassermannzeichen. Mitleidvoll, opferbereit, das Wohl und die Hoffnungen der anderen beachtend oder traumhaft mitschwingend, agiert der innere Jupiter, wenn er aus Wesenszellen des Fischezeichens besteht, usw.

Es gibt die kosmischen Planetenkräfte, die im Bewusstsein über die Seelenorgane als deine Strebungen wesenhaft in Erscheinung treten. Und es gibt die Mächte der Tierkreiszeichen, die persönlichen Strukturen der Fähigkeiten und Meinungen, welche diesen Energien die Form verleihen und sie individuell zum Ausdruck bringen und damit deine Möglichkeiten bestimmen, die Energien anzuwenden.

- Unterscheide immer zwischen den planetaren Energien, die in eine Richtung drängen und etwas bewirken wollen, und den Mächten der Tierkreiszeichen, welche diese Kräfte prägen und nach ihrer Art und Weise wirken lassen. Mache dir eine Vorstellung von den Qualitäten einer Planetenkraft und den Eigenschaften, die aufgrund des Tierkreiszeichens, in denen sich der Planet befindet, vorgegeben sind.

Um sich das zu veranschaulichen, kann man das Funktionieren seiner Gesamtpersönlichkeit mit der Regierung eines Staates vergleichen. Dort sind ebenfalls die verschiedenen Aufgaben auf mehrere Minister verteilt.

Der innere Staat: Der innere Mars würde dem Verteidigungsminister, der Mond oder die Venus einer Familien- oder Kulturministerin, der Saturn dem Justiz-, der Merkur dem Unterrichts-, der Jupiter dem Sozial- oder Wirtschaftsminister usw. entsprechen, der Ministerpräsident würde mit der Sonne und das WAHRE ICH-SELBST (das wir im Horoskop nicht sehen) mit dem Bundespräsidenten zu vergleichen sein.

Nun hat man es in manchen Ländern mit einer Mehrparteienregierung zu tun, in der die einzelnen Minister nicht immer die gleichen Methoden oder Interessen verfolgen und sich nur wenn sie der gleichen Fraktion angehören, gegenseitig unterstützen und zusammenarbeiten. Astrologisch gesehen wird das durch die vier Elemente ausgedrückt: Feuerelement radikal, Wasserelement sozial, Luftelement liberal, und Erdelement konservativ.

Wenn man sich die persönlichen Planetenorgane, die ja tatsächlich wie eigenständig wesenhaft wirkende Mächte agieren, als die Minister vorstellt, wären die Tierkreiszeichen, in denen sich die Planeten (Minister) befinden, die Büroräume des Regierungsgebäudes. Die Sekretärinnen und Sekretäre, die in diesen Büros an den Schreibtischen sitzen und bekanntlich die eigentliche Arbeit leisten, sind die Wesenszellen, die als Eigenschaften der Tierkreiszeichen in Erscheinung treten. Ohne diese ausführende Arbeit seiner Sekretärinnen und Sekretäre könnte ein Minister nichts bewirken, und alles, was er bewirkt, trägt im Grunde genommen immer die Handschrift seiner Mitarbeiter. (Bekanntlich kann ein Minister ohne Folgen ausgetauscht werden; hätten wir das Fernsehen nicht - kein Mensch würde es merken.)

Der Minister, die Planetenkraft, bestimmt entsprechend seinem Ressort die Richtung und das Ziel, zum Beispiel Venus die Liebe, Saturn die Gerechtigkeit, Mars die Aktivität, Jupiter den Erfolg usw.

Die Macht der Tierkreiszeichen, die Sekretäre, bestimmen, wie gearbeitet wird, um das Ziel zu erreichen, zum Beispiel Widder zielbewusst, Stier geruhsam, Zwillinge flexibel, Krebs einfühlsam, Löwe bestimmend, Jungfrau vorsichtig, Waage diplomatisch, Skorpion unbestechlich, Schütze begeistert, Steinbock traditionell, Wassermann unkonventionell, Fische verträumt.

3. DIE ASPEKTE

Jeder Ort im Horoskop ist mit jedem anderen Ort verbunden. So wie die Glieder und Organe eines Organismus, steht jeder Grad mit jedem anderen Grad in ständigem Kontakt.

Da jedoch die verbindenden Felder des elektromagnetischen Fluids, die feinstofflichen Nervenbahnen, unterschiedliche Qualitäten haben, werden zwischen den Tierkreiszeichen jeweils andere Eigenschaften übertragen. Bekanntlich wechselt das Fluid mit jedem Zeichen, also alle 30 Grad seine Richtung; Widder ist elektrisch, also bewegend ausdehnend, Stier magnetisch, also beruhigend anhaltend, Zwillinge elektrisch, Krebs magnetisch usw. Genauso bilden auch die vier Urqualitäten warm, kalt, feucht, trocken und die vier Elemente Feuer, Wasser, Luft, Erde feinstoffliche Quantenpakete, die untereinander in einer bestimmten Verbindung stehen und eigene Ebenen bilden. Durch die Vermischung der Fluide auf den drei Ebenen im Bewusstseinsraum ergeben sich die unterschiedlichen Aspekte:

Stehen Planeten in einem bestimmten Abstand zueinander, so vermischen sich die Urqualitäten ihrer Energien jeweils auf eine andere Art. Je nach Planet, also Qualität und Richtung der Kraft, und je nach Aspekt, also miteinander, auseinander oder gegeneinander, wird das entweder als förderlich oder hinderlich empfunden. Man unterscheidet daher Spannungsaspekte und Aspekte, die entspannen können.

Bei einem Abstand von 60° oder 120° werden eher jene Eigenschaften in Erscheinung treten, die miteinander harmonisch zusammenwirken können, der Energiestrom zwischen den verbundenen Planeten wird als positiv verstärkend, gemeinsam fließend empfunden, ein Abstand von 90° und 180° dagegen scheint eher die entgegengesetzten Eigenschaften freizusetzen und wird herausfordern oder hemmen.

Bei allen Aspekten jedoch wollen die daran beteiligten Planetenorgane gleichzeitig agieren. Die Verbindung bewirkt dabei in ihren Energiefeldern Veränderungen. Jeder Planet, der mit einem anderen Planeten durch einen Aspekt verbunden ist, ruft in diesem andere Eigenschaften hervor und reagiert umgekehrt selbst, indem er, je nach Planet, mit dem er verbunden ist, jeweils andere Eigenschaften hervorkehrt. Jede Kraft fördert im anderen Energiefeld bestimmte Eigenschaften oder fordert sie als Reaktion heraus. Dadurch treten Verschiebungen im Spannungshaushalt der Neigungen und in der Wertigkeit von Interessen und Anliegen ein.

Durch Aspekte werden neue Eigenschaften, die sich, allein durch die Anwesenheit eines Planeten in einem Zeichen, sonst nicht entfaltet hätten, geweckt.

Aspekte bedeuten daher immer eine Erweiterung der Möglichkeiten, Chancen, Herausforderungen, Aufgaben und Prüfungen.
Es werden folgende Aspekte unterschieden:

Die Konjunktion: Konjunktionen vermischen die Kräfte. Die vereinten Planetenkräfte wirken zusammen. Das kann als förderlich oder belastend empfunden werden, denn die Energien verbinden sich miteinander, auch wenn sie nicht das gleiche bewirken wollen. Durch diese Koppelung können sie sich verstärken, gegenseitig unterstützen, aber auch behindern. Bei Unvereinbarkeit der Qualitäten (zum Beispiel Saturn Konjunktion Mars) müssen sie daher getrennt werden. Man muss jeder Planetenfunktion gesondert seine Aufmerksamkeit widmen.

Die Opposition: Oppositionen bewirken Konfrontation, Gegensätzlichkeiten, Überanstrengungen. Die Energien stehen sich gegenüber, stehen sich im Weg, können zu Übertreibungen oder Mangel oder Hemmungen also Unterdrückung führen. Die Energien wollen alleine für sich regieren. Die Planetenkräfte streben in entgegengesetzte Richtungen und ignorieren dabei die Qualität des anderen. Es ist, als würde man in eine Richtung hören, aber in die andere sehen wollen. Das zersplittert; Spannung, Lähmung, Entartung oder Übertreibung einer Seite ist die Folge, wenn man die

Bestrebungen der an der Opposition beteiligten Organe nicht vereinigt und aufeinander abstimmt.

Eine Entspannung erzielt man, indem man den entgegengesetzten Kräften zwar bestimmte Bereiche, aber gemeinsamedem Gesamtorganismus dienende Ziele zuweist oder ihre Dominanz zeitlich aufeinander abstimmt und durch diese Wechselwirkung beide Anliegen gleichermaßen fördert und lenkt.

Werden Oppositionen durch ein Trigon mit einem anderen Planeten entspannt, können die solchermaßen geordneten Energien zu außergewöhnlichen Erfolgen führen.

Die Quadrate: Quadrate bewirken Herausforderungen. Die betreffenden Wesenskräfte sind nur schwer vereinbar. Die Energien kommen sich in die Quere. Quadrate sind nicht immer schlecht, werden aber immer als anstrengend, frustrierend und belastend empfunden.

Auf jeden Fall ein Spannungsaspekt, der aber nicht so leicht wie die Opposition ausgeglichen werden kann. Es ist, als entwickle sich zwischen den beteiligten Kräften eine Feindschaft. Sie üben einen ständigen Reiz aufeinander aus. Sie wollen nicht nur etwas anderes, sondern gehen dabei auch ganz anders vor. Teilweise erreichen sie das auch, aber auf Kosten der anderen im Aspekt eingebundenen Planeten. Ein permanenter Kriegszustand ist die Folge.

Trotzdem muss diese Unvereinbarkeit nicht nachteilig für den Betroffenen sein. Gerade Quadrate können durch die ständige Konfrontation eine Herausforderung sein, die sich gegenseitig unterdrückenden oder herausfordernden Energien zu beherrschen und zu zähmen. Durch dieses geistige Fitnesstraining können Leistungen erbracht und Eigenschaften entwickelt werden, die sich sonst nicht entfaltet hätten.

Die Trigone: Werden als harmonisch und unproblematisch empfunden. Die beteiligten Wesenskräfte sind miteinander befreundet. Sie arbeiten zusammen und unterstützen sich, auch wenn sie verschiedene Ziele haben. Dadurch fördern sie, selbst wenn sie unterschiedliche Qualitäten vertreten, gegenseitig die positiven Seiten ihres Wesens. Eigenschaften und Fähigkeiten, die durch Trigone ausgedrückt werden, beherrscht man spielend.

Trigone ergänzen sich, sind fließend, gleichen aus, die Energien arbeiten zusammen, entspannen, was zumeist positive Folgen hat. Das spannungslose Miteinander kann jedoch aufgrund fehlenden Ansporns durch Reize zu Bequemlichkeit verführen und die gebotenen Anlagen, Fähigkeiten und Möglichkeiten brachliegen lassen.

Die Sextile: Wirken ähnlich wie Trigone, nur wesentlich schwächer, und bewirken von sich aus nicht viel. Sie weisen lediglich auf eine Verbindungsmöglichkeit hin, die man nützen kann und soll. Daneben erfüllen Sextile jedoch eine weitere sehr wichtige Funktion: Sie tragen zur Entspannung anderer Aspekte bei. So wird zum Beispiel bei einem Sextil zwischen zwei Planeten eine Opposition auf einen der beiden Orte automatisch durch ein Trigon auf den anderen ausgeglichen und damit diese Planetenfunktion harmonisch in das Gesamtgefüge der Persönlichkeit eingegliedert. Das wird besonders bei Transiten ungemein hilfreich sein und bei Partnervergleichen Möglichkeiten zur Harmonisierung der Beziehung aufzeigen.

Quincunx: Auch dieser Aspekt ist nur schwach und unterschwellig wirksam. Er stellt zwar, wie das Sextil, eine spürbare Verbindung zwischen den beiden Orten her, jedoch ohne dabei eine bestimmte Qualität zu entwickeln. Thomas Ring nennt diesen Aspekt den Tantalus- oder Sehnsuchtsaspekt. Es scheint tatsächlich so, als ob Planeten, die in einem Abstand von fünf Zeichen miteinander verbunden sind, nicht richtig zusammenkommen, sich aber auch nicht voneinander lösen können. Das Thema wird, ohne dass man es merkt, zu einem Lebensthema, so als sollte man die beteiligten Seelenorgane nie aus den Augen verlieren. Ein Gefühl der Sehnsucht, aber auch des schlechten Gewissens (die Hausaufgabe ist nicht gemacht, der Schrank nicht aufgeräumt) kann unterschwellig mit dem betroffenen Lebensbereich in Verbindung stehen und den Betreffenden immer wieder dazu bewegen, sich damit zu beschäftigen. Hinweis für einen Ausweg bietet zumeist der Planet, der die beiden Orte durch einen anderen Aspekt verbindet und über eine kreative Sublimierung zur Transformation der eingespannten Energien führt.

Planeten, die im Horoskop durch einen Quincunx- Aspekt verbunden sind, werden bei den laufenden Transiten gleichzeitig, aber unterschiedlich aktiviert. Herausfordernde Konstellationen werden entspannt und umgekehrt. Möglicherweise ist das die Ursache, dass das Thema nie richtig abgeschlossen wird.

Anderthalbquadrat, Halbquadrat, Halbsextil und andere Feinaspekte werden selten eine deutliche Wirkung entfalten und können deshalb vernachlässigt werden.

4. DIE FELDER

Neben den 12 unterschiedlichen Qualitäten des Raumes, den die Erde bei ihrer Bahn um die Sonne im Laufe von 365 Tagen durchwandert, beschreibt die Astrologie auch die unterschiedlichen Qualitäten des Raums, die einen Ort, aufgrund der Tagesrotation der Erde im Laufe von 24 Stunden prägen. Dazu wird der Raum um die Erde in 12 Abschnitte, auch Felder oder Häuser genannt, eingeteilt und die Bedeutung dieser Felder auf das Horoskop untersucht.

In den letzten 3000 Jahren wurden dafür ein gutes Dutzend verschiedener Berechnungsmethoden ersonnen, die auf unterschiedlichen astronomischen Grundlagen beruhen und unterschiedlich große Felder ergeben. Sie führen auch in der Praxis zu unterschiedlichen Ergebnissen. Eine einheitliche Meinung darüber gibt es bis heute nicht. Die Ansichten der Astrologen gehen auseinander, die Ergebnisse befriedigen nicht. Viele namhafte Astrologen verwenden die Felder gar nicht mehr.

Ralph William Holden, hat die astronomischen und mathematischen Grundlagen für die Konstruktion der Felder in seinem Buch: "Astrologische Häusersysteme" Chiron Verlag, zusammengefasst und die ganze Problematik verständlich erklärt. Bevor man die Felder in seine Deutung mit einbezieht, sollte man unbedingt sein Buch gelesen haben. Wer die den Feldern zugrundeliegende astronomische Idee der Zeit oder des Raumes nicht versteht, wird sich auch über deren Wirkweise kein Urteil bilden können.

- Meine persönliche Erfahrung ist, dass keines der Systeme zuverlässige Aussagen zulässt. Weder bei der Beurteilung eines Horoskops noch bei der Beurteilung einer Prognose. Trotzdem zeichne ich die 12 Felder, die ich nach der Methode des Placidus berechne, in die Horoskope ein. Ein Horoskop ohne Felder ist irgendwie nackt, und manchmal erhält man doch eine Inspiration, die sich als richtig erweist.
- Ganz gleich ob man die Felder deutet oder nicht, und welches System man schlussendlich verwendet, der Aszendent und die Himmelsmitte werden auf den Geburtsort, Ortszeit berechnet und müssen unbedingt in das Horoskop eingetragen werden.

ACHTUNG! Die Auslegung der Felder durch einen Computer führt zu katastrophalen Fehlaussagen über das gedeutete Horoskop.

Forschung. Auch wenn ich den Feldern keine Bedeutung beimesse, finde ich doch, dass jeder selbst seine Erfahrungen damit sammeln soll. Damit man die Funktion, die ihnen von den alten Astrologen zugeschrieben wird, besser versteht, geht man genauso vor wie bei den Tierkreiszeichen. Auch die Felder bilden eine Struktur, nach der sich die Energie einer Planetenkraft ausrichtet. Es gibt aber einen Unterschied:

- Die Tierkreiszeichen bestimmen, wie sich die besondere Energie eines persönlichen Planetenorgans äußern kann.
- Die Felder bestimmen den Lebensbereich, auf den sich dann der Einsatz dieser Energie vorwiegend richten wird.

Um sich die Qualität der Felder einzuprägen, braucht man sich nur die Qualität der Tierkreiszeichen in Erinnerung zu rufen. Die Felder bauen sich nämlich, wie die Zeichen der Ekliptik, nach dem gleichen in sich geschlossenen kreisläufigen System auf und haben daher analoge Eigenschaften: Das erste Feld entspricht dem Prinzip des Widderzeichens, das zweite dem Stier-, das dritte dem Zwilling- Zeichen usw.

Die Felder geben auf zwei Fragen Antwort:
1: Welcher Lebensbereich ist durch die Anwesenheit eines Planeten besonders hervorgehoben und wird, im Sinne der Funktion und Qualität des anwesenden Planeten, auf besondere Weise in Erscheinung treten und ins Bewusstsein gerückt?
2: Von welchem Lebensgebiet werden sich die zehn persönlichen Seelenorgane jeweils besonders angesprochen fühlen und aufgrund ihrer Anwesenheit in dem Feld, ihrer Funktion entsprechend, dort etwas bewirken wollen?

Das erste Feld zeigt an, wie man sich selbst einschätzt, welche Bedeutung man sich beimisst, wie die eigene Persönlichkeit empfunden wird, wie man sich erlebt und in Erscheinung tritt. Sonne im ersten Feld verleiht viel Selbstvertrauen und Eigenständigkeit. Jupiter macht großzügig oder geltungsbedürftig, Saturn eher vorsichtig, streng und zurückhaltend, Venus liebenswert oder eitel, usw.

Das zweite Feld beschreibt, welche Bedeutung materielle Werte, Besitz und Rücklagen, als Sicherheit oder Luxusbedarf, für einen haben. Beschaffung und Umgang mit Geld wird von diesem Feld bestimmt. Jupiter wird Gelderfolg bedeuten. Neptun Gefahr von Täuschung und Verlusten, Saturn Sparsamkeit aus Angst, sein Geld zu verlieren.

Das dritte Feld prägt das Denken und Lernen, die Wahrnehmungs- und intellektuellen Fähigkeiten, einschließlich der Kommunikation; Besuche machen, Schreiben. Reden bis zum Verstehen, was ein anderer meint. Sonne im dritten Feld macht interessiert und aufgeweckt, Uranus zerstreut und gibt vielseitige Interessen und originelle Einfälle.

Im vierten Feld sind die ererbten Wurzeln, der Geist der Familie und Tradition, der man entstammt, verankert und bestimmen die Tiefen der Empfindungen und Gefühle, die ja bekanntlich, ohne dass man es merkt, das Denken und Streben vorgeben, genauso wie den inneren Umraum, in den man sich zurückzieht; das können Träume, aber auch der reale Wohnraum sein. Venus und Jupiter bewirken daher ein schönes, geliebtes, gepflegtes Heim, mit Saturn im vierten Feld fühlt sich der Betreffende oft im Kaffeehaus nebenan wohler als in den eigenen vier Wänden.

Das fünfte Feld richtet die Aufmerksamkeit auf das schöpferische, spontane, heitere Prinzip, auf die Lust und Freude, die Fähigkeit zu hoffen und etwas zu erschaffen. Deshalb entwickelt sich dort die Einstellung zur Liebe und zum Vergnügen gleichermaßen wie zu Kindern, und welche Bedeutung Kinder und Liebe im Leben haben.

Das sechste Feld richtet sich wieder nach innen, wie arbeitet der Organismus, also Gesundheit, Krankheit, wie betätigt man sich selbst, welche Arbeitsmethoden werden bevorzugt, welche Werkzeuge wendet man an. Saturn zum Beispiel kann Erschwernisse, aber auch verantwortungsvolles, gewissenhaftes Arbeiten bedeuten.

Im siebenten Feld stößt man an seine Grenzen oder überwindet sie. Man erlebt die Bedeutung und Macht, die andere Menschen auf einen ausüben. Ehe, Partnerschaft, die Gesellschaft, in der man bestehen muss, aber auch die Art, wie man auf andere Menschen Einfluss nimmt. Mit Jupiter erhofft man sich zu viel vom Partner, mit Mond richtet man seine Gefühle zu sehr nach ihm aus, mit Pluto will man ihn oder die ganze Welt verändern.

Mit dem achten Feld überschreitet man die reale Welt und erlebt die Tatsache der Auflösung, den Verlust, die Vergänglichkeit, den Tod. Themen, die damit in Zusammenhang stehen, wie zum Beispiel Magie und Mystik, aber auch Erbschaft, Opfer und kriminelle Unterwelt, treten in den Vordergrund.

Das neunte Feld eröffnet neue Weiten und Welten, entweder durch ein Studium, in Form von Erkenntnissen in Wissenschaft, Philosophie und Religion oder als Erweiterung des persönlichen Horizontes durch konkrete Reisen ins Ausland und Beziehungen in ferne Länder und zu fremden Kulturen. Merkur, Jupiter, aber auch Neptun können da sehr hilfreich sein und das Streben nach Weisheit und Weitsicht bewirken.

Das zehnte Feld, astronomisch gesehen die Himmelsmitte. Der höchste Punkt, den die Sonne im Laufe eines Tages erreicht. Dieser höchste Ort im Horoskop, bezeichnet auch den Gipfel im Leben, den man anstrebt und wie man ihn erreicht. Das Verhältnis zur Öffentlichkeit, die Bedeutung, die man erlangen will, die sozialen Stufen, die man emporsteigt, Beruf und Berufung, Ehre, Macht und Erfolg, Aufstieg, aber auch Fall, werden von diesem Feld und den dort anwesenden Planeten beeinflusst. Sonne, Jupiter, Mars, auch der Mond bringen Ehrgeiz nach Anerkennung und Popularität, man will und wird eine tragende Säule in der Gesellschaft sein. Auch Saturn bewirkt diese Bestrebung, aber der setzt auch Grenzen und werden diese überschritten, bringt er den Sturz von oben, wie ihn manche mächtigen Politiker oder pleite Unternehmer erleben.

Im elften Feld erlebt man den Zeitgeist, Ideale, Hoffnungen, seine Bereitschaft zu helfen, aber auch Hilfe, die man von Freunden erwarten darf. Jupiter kann Toleranz gegenüber anderen und Protektion durch einflussreiche Freunde bedeuten, Venus lässt Freundschaft und Liebe verschmelzen, Saturn bedeutet oft treue Freunde, die älter sind.

Das zwölfte Feld bewirkt im Gegensatz dazu Isolierung, man ist auf sich selbst gestellt. Das Verborgene, Ausgeschlossene, Abgeschiedene gedeiht dafür umso besser und reift zu geheimen Werten, die keiner Anerkennung bedürfen, um zu befriedigen, oder aus anderen Gründen geheim bleiben müssen. Venus ist oft mit geheimen Beziehungen verbunden, Jupiter oder Merkur mit verborgener Macht oder Forschungen im Geheimen oder in okkulten Bereichen.

- **Das Feld ist immer das Thema.** Die Anwesenheit eines Planeten in einem Feld ist die persönliche Wesenskraft, mit der dieser Lebensbereich dann besonders deutlich aktualisiert und ins Bewusstsein gerufen wird.
- **Ein Planet ist immer die persönliche Wesenskraft.** Das Feld, in dem er sich befindet, bestimmt den individuellen Interessenbereich, auf den sich die jeweiligen Eigenschaften der planetaren Wesensfunktionen hauptsächlich, aber nicht ausschließlich, richten.

Die Sonne in einem Feld zeigt an, wo man seine Eigenpersönlichkeit zum Ausdruck bringen kann und wodurch man sich selbst bestätigt fühlt.
Der Mond, worauf man seine Gefühle besonders richtet und was einen besonders berührt und bewegt.
Merkur in einem Feld lässt die Interessensschwerpunkte erkennen. Was die Gedanken und Vorstellungen auf sich zieht, was einen geistig anregt, beschäftigt und besonders interessiert, wird von diesem Feld bestimmt.
Venus bestimmt den Lebensbereich, von dem man sich besonders angezogen fühlt, weil man sich dabei entspannen kann, und das, was man liebt (1. Feld sich selbst, 2. Feld Geld usw.) und woran man Freude hat.
Mars zeigt, was einen anspornt, reizt und wofür man kämpft. Auf diesen Lebensbereich wird und soll man seine Hauptaktivitäten setzen, für diesen Lebensbereich soll man sich engagieren.
Jupiter weist auf das, was man schätzt, wo man sich viel zutraut

und Erfolg anstrebt und zumeist auch erfolgreich ist, wo man Glück hat und auch durch andere Menschen und die Schicksalsmächte Hilfe erwarten kann.
Saturn in seinem Feld gibt vor, wo man Angst hat, verletzbar und deshalb vorsichtig ist, wo einen das Schicksal treffen kann, mit Behinderungen oder Lektionen und Situationen, in denen man sich bewähren kann, wo man seinen Fleiß einsetzen soll und sich besonders anstrengen und lernen muss, mit dem Thema umzugehen.
Uranus markiert den Lebensbereich, wo man sich besonders auffallend und eigenwillig verhält und auch selbst mit Überraschungen rechnen muss.
Neptun zeigt an, wo man sich verlieren kann, was einen verführt, wo man seine dünnste Bewusstseinsschichtung hat und man sich inspirieren oder fallen lässt.
Pluto bestimmt durch sein Feld, was man völlig umgestalten will oder muss und wo und wodurch man sich verwandeln soll, was einem als eigene oder fremde übermächtige Gewalt gegenübertritt und das, womit man sich identifiziert und worauf man sich stützt, zerstört.

Die zwölf Felder bestimmen, so die These, die ganz persönlichen Interessen, wo und wofür man die Energien, die man zur Verfügung, hat einsetzen will.

Als Beispiel dazu Jupiter in den Feldern:
JUPITER im **ersten Feld** lässt den höchsten Wert in der eigenen Persönlichkeit suchen, Wertschätzung durch andere wird angestrebt, sei es, indem man sich stets großzügig jovial gibt oder Größe nur vortäuscht und blendet. Jupiter im **zweiten Feld** würde das Optimale in materiellen Grundlagen, wie zum Beispiel Geld, Besitz und Sicherheiten erreichen lassen wollen. Im **dritten Feld** wird Wissen und Gedankenaustausch in jeder Form, auch durch Schreiben, angestrebt. Im **vierten Feld** ein gemütliches Heim, Familie und ein Refugium. Wenn Jupiter aus dem **fünften Feld** wirkt, wird der Lebensbereich Liebe, Lust, und Spiel, Kinder und Kunst ins

Bewusstsein gerückt und Freude bringen. Mit Jupiter im **sechsten Feld** findet man durch verantwortungsvolle gewissenhafte Arbeit seine Erfüllung. Im **siebenten Feld** verlagert Jupiter die Hoffnungen auf die Umwelt, den Lebenspartner, die Gemeinschaft mit anderen. Im **achten Feld** sucht man die Werte im Okkulten, in den geheimnisvollen verborgenen Lebensbereichen, oder man hat selbst etwas zu verbergen. Mit Jupiter im **neunten Feld** will man über das Gegebene hinausblicken und erweitert seinen Horizont durch Studien, Reisen und weitreichende philosophische Erkenntnisse. Im **zehnten Feld** verschafft Jupiter Anerkennung seiner Arbeit und Position, öffentlicher Erfolg in Form von Ehre, Macht und Einfluss wird angestrebt, weil man seine Leistungen gewürdigt sehen will. Im **elften Feld** schätzt man Freunde und wird von einflussreichen Freunden gefördert. Im **zwölften Feld** zieht man sich zurück und findet seine Erfüllung und Größe im Verborgenen, man forscht oder übt Macht aus dem Hintergrund aus.

Obwohl ich die herkömmliche Deutung der Felder in Frage stelle, beschreibe ich sie und empfehle die Angaben unvoreingenommen zu überprüfen. Die astrologische Praxis hat gezeigt, dass neben dem kosmischen Einfluss der Planeten und der Einflusssphäre der Ekliptik, auch der terrestrische Faktor im Horoskop eine Rolle spielt. Die stark persönlichkeitsprägende Wirkung des Feldes am Aszendenten und der auf Erfolg und sozialen Aufstieg gerichtete Einfluss des Feldes um die Himmelsmitte bestätigen das. Die Auswirkung der anderen Felder auf die individuelle Ausrichtung der Planeten muss noch weiter untersucht und mit wissenschaftlichen Studien belegt werden.

Eine Übernahme der alten Deutungsregeln wird zu Fehlaussagen führen. Sie stammen aus einer Zeit, da man meinte, das ganze Leben eines Menschen, sein Wesen, sein Umfeld, sein Schicksal, wäre vorherbestimmt und astrologisch zu erklären. Und da sich das alles mit den zur Verfügung stehenden Planeten, Zeichen und Aspekten nicht begründen lässt, wurden auch die Felder und die in einem Feld anwesenden Planeten für die Deutung miteinbezogen. Dabei spielte der kosmische Zustand des jeweiligen Planeten, also ob er erhöht oder im Fall, stark oder schwach ist, und über welche Felder er aufgrund der anderen Felderspitzen in den Zeichen mitbestimmt, eine bedeutsame Rolle. Die sogenannte lokale und die akzidentielle Determination ist eine so komplexe Angelegenheit, dass sie bestenfalls einen Wahrsager zu einer Aussage inspirieren kann.

BUCHTIPP: Wer sich damit näher beschäftigen will, studiere: "Die astrologische Synthese" von Friedrich Schwickert (Sindbad) und Dr. Adolf Weiß. Eine wesentlich vernünftigere, den modernen psychologischen Erkenntnissen angepasste Beschreibung der Felder findet man bei Thomas Ring, "Astrologische Menschenkunde" Band 2.

Aber es geht auch ohne Felder. Eine zuverlässige Auskunft über das Wesen eines Menschen erhält man bereits, wenn man den Aszendenten und die Himmelsmitte seines Horoskops untersucht. Beide Orte werden auf die Länge und Breite des Geburtsortes berechnet, wobei man einen Orbis von 15 Grad nach rechts und links in die Deutung miteinbezieht.

Damit erhält man zwei bedeutsame Felder von je 30 Grad, die dem ersten und zehnten Feld der klassischen Astrologie entsprechen. Diese beiden Felder sind die wichtigsten Orte in einem Horoskop und geben einen zuverlässigen Überblick über die Gesamtpersönlichkeit eines Menschen.

DER ASZENDENT

Der Aszendent bildet nach der klassischen Astrologie die Spitze des ersten Feldes und ist der Beginn des Horoskops. Er wird von jenem Tierkreiszeichen geprägt, das im Augenblick der Geburt am Osthimmel aufgeht. Dieses Tierkreiszeichen bestimmt den

Charakter, das Aussehen, das Wesen und die Persönlichkeit. Wir geben dem Aszendenten einen Umraum von 15 Grad in beide Richtungen von seiner exakten Position.

- Der Aszendent ist der persönlichste und wichtigste Faktor in einem Horoskop. Man wird ein Geburtsbild nur dann richtig erfassen, wenn man die Funktion des Aszendenten versteht.
- Sämtliche im Horoskop enthaltenen Kräfte und Mächte können sich erst über den Aszendenten realisieren und werden in ihrer Ausdrucksform von den Eigenschaften, die seine Struktur bestimmen, geprägt.

Der Aszendent ist aber keine energetische Kraft wie die Planetenenergien, sondern besitzt die Macht einer formenden Struktur, wie die Tierkreiszeichen. Er entspricht dabei ganz der Qualität des Zeichens, aus dem er wirkt. Sollte jedoch ein Planet in seiner Nähe sein, wirkt er ganz nach Art und Absicht dieser planetaren Energie.

- Der Aszendent ist das Tor, aus dem alle im Horoskop enthaltenen Mächte, Kräfte, Anlagen, Eigenschaften und Fähigkeiten hervortreten. Jede Eigenschaft muss dieses Tor passieren und wird dabei nach Art des Aszendenten gefiltert und eingefärbt.

Das ist wie das Mundstück eines Gartenschlauchs: Eine kleine Öffnung kann auch bei geringem Wasserdruck einen starken Strahl bewirken und umgekehrt. Ein überschwänglicher, begeisterungsfähiger Schütze-Aszendent kann einer verträumten Fische-Sonne enormen Lebensschwung verleihen, während umgekehrt ein vorsichtiger Jungfrau-Aszendent einer dynamischen Widdersonne ganz schön den Schwung zensurieren wird.

Das ist der Grund, warum man das Wesen eines Menschen zumeist nicht nach seiner Sonne, sondern so, wie sein Aszendent gestaltet ist, erlebt. Der Aszendent bestimmt, wie man sich gibt und das, was man denkt, fühlt und will, schlussendlich in die Praxis umsetzt.

- Der Aszendent ist der bestimmende Faktor für das Leben in dieser Welt.

Er bildet quasi den feinstofflichen Körper, der die Geist- und Seelenorgane für die Inkarnation (die Fleischwerdung) zusammenhält. Je nach Tierkreiszeichen, oder dem Planeten der eventuell in seiner unmittelbaren Nähe steht, bestimmt seine Qualität, wie die einzelnen Horoskopfaktoren zum Ausdruck gelangen. Er ist die Matrize, welche das Feinstoffliche ins Grobstoffliche überträgt. Der Aszendent wirkt damit direkt auf den Körper ein und prägt das Aussehen, die Handschrift und das Temperament. Er beeinflusst die körperliche Konstitution und damit sämtliche anderen sich daraus ergebenden Körperfunktionen und Regungen.

Es ist wissenschaftlich erwiesen, dass auch Gedanken und Gefühle, zumindest solange man sich und seine Umwelt in seinem Körper erlebt, durch biochemische Vorgänge geregelt und von Molekülen bestimmt werden. Wenn man bedenkt, dass einen der Körper nicht nur die grobstoffliche Umwelt erfahren lässt, sondern auch seine Gedanken und Gefühle, wird einem die besondere Bedeutung, die der Aszendent auf das Bewusstsein ausübt, sofort bewusst.

- Noch bestimmender als das Zeichen am Aszendenten ist ein Planet in seiner Nähe.

Denn dieser wird seine Eigenschaften durch die unmittelbare Nähe zur "Öffnung" besonders deutlich auf den Ausdruck der Gesamtpersönlichkeit übertragen. Befindet sich zum Beispiel der Uranus am Aszendenten, so wird sich der Betreffende, selbst wenn es sich um einen konservativen Steinbock-Aszendenten handelt, nach der exzentrischen unkonventionellen Art, die man sonst nur bei Wassermännern antrifft, benehmen, ganz gleich, wo seine Sonne steht.

Die astrologische Tradition hat das erkannt und misst dem Zeichen am Aszendenten und noch mehr dem Planeten, falls sich einer in unmittelbarer Nähe des Aszendenten befindet, die größte Bedeutung bei.

Der Aszendent ist nur in seiner zweidimensionalen Darstellung im Horoskop ein Strich, im feinstofflichen Körper ist er das gestaltgebende Element, welches den gesamten Seelenraum und jede Wesenszelle ausfüllt. Seine Beschaffenheit bestimmt daher auch die Beschaffenheit jeder Zelle der anderen persönlichen Planetenorgane. Ganz gleich, in welchem Zeichen sich die persönlichen Planeten befinden, der Aszendent beeinflusst durch die Qualität seiner "Substanz" in großem Umfang auch die Qualität und Funktion sämtlicher anderer Planetenorgane und erfüllt damit das ganze Wesen.

Besonders deutlich wird das, wenn sich ein Planet am Aszendenten befindet. Der Aszendent nimmt die Qualität dieses Planeten an und gibt sie an den gesamten feinstofflichen Organismus weiter. Befindet sich ein Planet am Aszendenten, ist es, als würden alle geist-seelischen Wesensglieder der Persönlichkeit, ganz gleich, wo sich die anderen Planeten befinden, aus der mentalen Substanz dieses Planeten bestehen.

Zwei Beispiele, einmal Neptun und dann Saturn am Aszendenten, mögen das verdeutlichen. In Saturn und Neptun drücken sich die beiden feinstofflichen Fluide des Universums aus, die in ihrem gemeinsamen Wirken das Gleichgewicht aller Ebenen bewahren. Saturn entlichtet den Raum und verdichtet die Grenzen der grobstofflichen Welt, und Neptun löst sie auf, durchlichtet und befreit. Beide Mächte, das grenzsetzende und das grenzüberschreitende Prinzip, müssen beherrscht werden, will man nicht verhärten oder sich verlieren.

Befindet sich Neptun am Aszendenten, ist es, als würden alle geist-seelischen Wesensglieder der Persönlichkeit aus Neptunzellen bestehen. Mit Neptun am Aszendenten werden daher sämtliche Abgrenzungen und haltgebenden Strukturen durchlöchert und aufgeweicht. Feste Bezugspunkte zur Orientierung lassen sich nicht mehr fixieren, auch nicht die eigene Identität. Die Neptunmoleküle sind wie flüchtige Nebelflöckchen, und selbst die festesten Wesenszellen in diesem Bewusstseinsträger gleichen glatten kleinen Kügelchen, die nicht zu fassen sind. Diese flüchtigen Geistpartikel sind die Grundlage für das grenzüberschreitende Prinzip.

Daher verleiht Neptun am Aszendenten ein hohes Maß an Medialität, Einfühlungsgabe und Hingabefähigkeit, bis zur totalen Selbstaufgabe, aber auch der Verführbarkeit, weil einfach nichts Hartes, Festes da ist, das bindet, zurückhält oder als Fixpunkt der Orientierung dient.

Wenn es dem Betreffenden nicht gelingt, die Funktion des Aszendenten (Beeindruckbarkeit und Realisierungsfähigkeit) von der Funktion des Neptun (Weichmacher und Fühler) zu trennen (er braucht dazu nur mehr Urqualitäten des Erdelements zu entwickeln), werden sich sein Geist und seine Seele immer wieder in Gedanken und Gefühlen, die nicht zu seinem Wesen und Wollen gehören, verlieren. Die Abgrenzung der persönlichen Wesenszellen, welche die Eindrücke filtern und prüfen sollen, ist aufgeweicht und lässt vieles durch. Das gleiche gilt für die Strukturen des Ausdrucks zur Verwirklichung der persönlichen Absichten, im Denken, Fühlen, Wollen und Dasein.

Das wirkt sich auf alle Wesensorgane aus. Die Sonne, die Eigenpersönlichkeit, bekommt das Bestreben, in anderen Persönlichkeiten aufzugehen. Das Selbst wird seine Eigenständigkeit und Identität aufgeben wie abgelegte Kleider und sich in jeden hineinversetzen, ohne zu merken, dass es dabei jedes Mal die eigene Individualität verliert. Der Mond, die Phantasie, wird in Gefühlen (zumeist Mitgefühl) und Traumwelten (nicht selten Drogenwelten) versinken. Der Merkur, der Verstand, verliert die objektive Kontrolle und wird sich in irrealen Vorstellungen oder Lügen verirren. Die Venus, die Zuneigung, wird sich in Hingebung, sei es aus Liebe oder Opferbereitschaft, auflösen. Der Mars, der Trieb und Drang, lässt sich von jeder Regung verführen. Der Jupiter, das Wertgefühl, verliert den Sinn für Ordnung und Recht und folgt gutgläubig jedem schillernden Schatten. Der Saturn, das Feste, die Grenze, der Rückhalt, wird das, was er schützen und stützen soll, nur schwer halten können und sich immer wieder verlieren.

Befindet sich dagegen Saturn am Aszendenten, wird die Struktur jedes Planeten etwas fester, dichter, zurückhaltender als sonst. Die persönliche **Sonne**, ganz gleich, wo sie selber steht, wird im ganzen Wesen reservierter und dadurch in ihrer persönlichen Ausstrahlung unauffälliger sein. Die Persönlichkeit kann sich schwer von Gewohntem befreien, kann nicht aus ihrer Haut heraus. Der **Mond** wird zu mehr Vorsicht, manchmal Angst, tendieren. Der persönliche **Merkur** wird mehr von Misstrauen geprägt, das Denken verlangsamt sein. Die **Venus** neigt sich nicht allem zu, das sie liebt. Der persönliche **Mars** agiert verhalten, beherrscht. Der **Jupiter** wird Besonnenheit statt Überschwang bewahren. Und der **Saturn** als Geburtsgebieter richtet die anderen Funktionen nach seinem strengen Wesen aus.

BEACHTE: Nicht nur im Geburtshoroskop, auch bei Transiten richten sich während des direkten Übergangs eines Planeten über den Aszendenten die anderen Seelenorgane nach den Eigenschaften des transitierenden Planeten aus. Geht zum Beispiel Saturn über den Aszendenten, wird das ganze Wesen (Sonne und Mond) ernster, werden die Denkprozesse (Merkur) konzentrierter, das Liebesverlangen (Venus) herabgesetzt, die Wertvorstellungen und Erwartungen (Jupiter) bescheidener, das Gewissen (Saturn) gewissenhafter.

DIE HIMMELSMITTE, DAS MC

Das MC markiert den höchsten Punkt, den die Sonne im Lauf des Tages erreicht. Es ist der Ort, an dem die Mittagsonne steht, oder im Horoskop stehen würde, wenn der Betreffende zu Mittag Ortszeit geboren wird. Es ist der Ort, wo die Sonne am stärksten Licht und Wärme spendet. Aufstieg.

- Auch im Horoskop zeigt das MC den Gipfel, den man erreicht, das Ziel, das man anstrebt, die Möglichkeiten, wie weit man seine Mitmenschen überstrahlt. Anerkennung, Ehre, soziale Position. Die Energie und den Ehrgeiz für sozialen Aufstieg. Wie hoch will der Geborene aufsteigen?

- Welche Energien, also welche Planeten (Seelenorgane), wird er dazu einsetzen? Welche Planeten stehen am MC? Sonne am MC mit Selbstbewusstsein. Mond am MC mit Einfühlung. Merkur mit Verstand. Venus mit Schönheitssinn. Mars mit kämpferischer Energie. Jupiter schafft es mit Würde und Protektion. Saturn mit Zähigkeit. Uranus mit originellen Einfällen. Neptun mit Phantasie. Pluto mit Gewalt.

Wie beim Aszendenten sind auch beim MC 15 Grad nach rechts und links von der Himmelsmitte wirksam.

Fassen wir zusammen:

- Die Wesenszellen der Planetenkräfte repräsentieren eine Energie, die in eine Richtung drängt.
- Die Wesenszellen der Tierkreiszeichen setzen diese Energie auf ihre Art und Weise in die Tat um.
- Die Wesenszellen der Felder beeinflussen den persönlichen Interessensbereich für die Realisierung.
- Die Struktur des Aszendenten fasst alle Bestrebungen zusammen.
- Das MC zeigt, wie und was und ob man es erreicht.

DIE QUANTITÄT UND QUALITÄT DER KOSMISCHEN ELEMENTE

Eine Planetenkraft wird durch zwei Faktoren verändert. Erstens durch das Zeichen, in dem sich der Planet befindet, und zweitens durch die Planeten, mit denen er durch Aspekte verbunden ist. Das hat aber jeweils andere Ursachen und auch die Folgen werden, obwohl sie ähnlich erscheinen, trotzdem nicht die gleichen sein.

Jede Planetenkraft wird in jedem Zeichen anders in Erscheinung treten. Dabei spielt die Übereinstimmung der Mischung der Urqualitäten des Planeten und der des Zeichens eine zusätzliche Rolle. Auch die Eigenschaften, die von den Tierkreiszeichen geprägt werden, gehen bekanntlich aus den Urqualitäten der vier Elemente hervor.

Ein Saturn im Fische-Zeichen wird nicht mehr die gleichen stabilen, haltgebenden Wesenszellen bieten können, die er zum Beispiel im Steinbock- oder Stierzeichen aufweisen würde. Das feste Trocken seiner Wesenszellen wird von den feuchten kalten Urqualitäten des wässrigen Fische- Zeichens geschwächt und aufgeweicht; Unsicherheit, aber auch Flexibilität kann die Folge sein. Auch ein Neptun im Steinbock verändert scheinbar seine typischen Eigenschaften, wird von den festen Wesenszellen dort ernüchtert und kaum zum Phantasieren neigen und wenn doch, dann nur konkrete, "logische" Ahnungen und Visionen zeichnen.

Ähnliche Folgen hat das Zusammenwirken von Planetenkräften, wenn sie durch einen Aspekt miteinander verbunden sind. Sobald Planetenenergien zusammenfließen, vermengen sich deren Wesenszellen und verändern damit gleichfalls ihre Qualität.

Auch wenn Saturn mit Neptun einen Aspekt bildet, wird seine Straffheit erschlaffen. Gleichzeitig werden die fluidalen Neptunzellen verdichtet und gespannt und können sich als Antennen für Inspirationen nicht mehr so weit ausdehnen oder verflüchtigen, um ahnend Informationen zu erlangen, wie es ihrem Wesen entsprechen würde. Zweifel werden sich bei Ahnungen einstellen, auch Angst, je nach Aspekt, wenn noch weitere Spannungen in diese Konstellation miteinbezogen sind.

Aber diese Folgen lassen sich korrigieren. Die ursprüngliche Absicht, die hinter den Planetenkräften steht und sich auf die Elementale des Zeichens stützt, bleibt erhalten und kann sich, wenn der Betreffende es versucht und will, gegenüber den verzerrenden Strebungen der Aspekte durchsetzen.

Es besteht also ein gravierender Unterschied zwischen den Qualitäten, die sich aus einem Planeten in einem Zeichen ergeben und den Eigenschaften, die sich aus einer Vermischung der gleichen Urqualitäten bei Planeten in einem Aspekt ergeben.

Unterscheide daher zwischen der Qualität einer Planetenkraft, die sich durch das Zeichen, in dem sich der Planet befindet, ergibt, und der Planetenkraft, die durch einen Aspekt, also durch eine Verbindung mit einem anderen Planeten verändert wird.

- Eigenschaften, die eine Planetenenergie aufgrund der Urqualitäten des Zeichens, aus dem sie wirkt, entfaltet, sind wesensecht, sind geistig einverleibt. In dieser Haut steckt man drin, aus dieser Haut kann man nicht heraus. Sie bestimmen mehr das Geistige seines Wesens. Eine Planetenkraft ist durch die Wesenszellen eines Zeichens völlig eingekleidet. Die Wesenszellen des Planeten und des Zeichens verschmelzen miteinander zu einer neuen geistigen Legierung mit ganz bestimmten persönlichen Eigenschaften.
- Anders bei den Eigenschaften, die sich durch einen Aspekt ergeben. Da sind die unterschiedlichen Wesenszellen nicht miteinander verschmolzen, sondern nur aneinander gekoppelt oder miteinander vermengt. Das hat zur Folge, dass man sie auch leichter voneinander lösen kann. Diese Eigenschaften an sich kann man ändern. Die Energie dieser Qualitäten kann man transformieren. Diese Schwerpunkte schieben sich zwar aufdringlich in den Vordergrund, sind aber nicht lebensbestimmend zwingend wie die Qualitäten, die sich aus den zodiakalen Strukturen ergeben.

Die Venus im Widder wird leidenschaftlich lieben und ohne viel Überlegung zur Sache kommen; aber nicht weil, wie bei einer Venus-Mars Verbindung, die Leidenschaft dazu zwingend drängt, sondern weil sie keinen Sinn darin sehen würde, lange zu zögern, und sie selbstverständlich zu lieben wagt, was sie liebt.

Die Venus im Steinbock wird mit Gefühlsäußerungen zurückhaltend sein. Aber nicht weil sie, wie zum Beispiel die Venus mit Saturn im Aspekt, Angst vor der Liebe hat, gehemmt ist oder aufgrund schlechter Erfahrungen misstrauisch wäre, sondern weil sie von sich aus beherrscht, überlegt und vorsichtig liebt und ihre Empfindungen zuerst kontrolliert, die Folgen abwägt und sich erst dann zur Liebe entschließt.

Die Sonne im Wassermann wird das ganze Wesen mit überzeugter innerer Freiheit erfüllen. Der Betreffende wird sich auch entsprechend unkonventionell, also unabhängig von herrschenden Meinungen und Sitten ausdrücken. Die Sonne in Aspekt mit Uranus wird zwar genauso exzentrisch und unabhängig erscheinen lassen, es ist jedoch nicht die innere Freiheit selbst, die sich zum Ausdruck bringt, sondern nur deren loslösende, nach Neuem Ausschau haltende Bestrebung. Das persönliche Wesen wird sich damit nicht immer identifizieren und kann mitunter völlig anders geartet sein. Nicht immer ist das aber dem Betreffenden bewusst (ein wichtiger Hinweis für eine Psychotherapie, die mit ihren Mitteln das niemals erkennen würde).

- Die Vermischung mit einer anderen Energie, die eintritt, sobald sich Planeten durch einen Aspekt verbinden, fügt dem Wesen etwas Neues hinzu. Das wird, weil es einen scheinbar bedrängt, oft sehr heftig und intensiv empfunden. Aber mit diesen Regungen, Energien und Eigenschaften kann man experimentieren, die kann man verwenden oder überwinden, die kann man ändern, und mit ihnen kann man auch sich selbst verändern.
- Eigenschaften dagegen, die sich aus einer Planetenkraft in einem Zeichen ergeben, sind einem eingebrannt, das ist man selbst, zumindest in der jeweiligen Inkarnation.

BEACHTE:

- Bei einer Planetenkraft aus einem Zeichen wird immer die ganze Planetenenergie im Sinne der zodiakalen Eigenschaften des Zeichens wirken.
- Bei einem Aspekt dagegen werden, je nach den zusammenwirkenden Planeten, immer nur bestimmte Seiten der beteiligten Energien angesprochen und thematisiert. Jeder Planet streckt dem anderen nur bestimmte Fühler oder Glieder entgegen und wird

von jedem Planeten an einer anderen Stelle berührt und angeregt. Siehe dazu die Stichworte aus dem Inhaltsverzeichnis von Thomas Rings drittem Band: "Astrologische Menschenkunde".

WIE MAN EIN HOROSKOP BEGREIFEN LERNT

WIE BEGINNT MAN DAS STUDIUM DER ASTROLOGIE?

Für das Verständnis eines Horoskops ist es notwendig, dass man sich ein möglichst anschauliches Bild von den dargestellten Kräften und Mächten, die hinter den Symbolen stehen und das Wesen des Geborenen bilden, macht. Fachwissen alleine genügt nicht. Mit abstrakten Begriffen lässt sich dieser lebendige feinstoffliche Hintergrund nicht erfassen. Nur konkrete bildliche Vorstellungen, ganz gleich, wie behelfsmäßig diese auch sein mögen, werden das Geistseelische wirklich begreifen lassen. Nur wer sich eine Vorstellung von den wirkenden Mächten und Kräften und dem feinstofflichen Körper, auf den diese einwirken, macht, wird diese auch verstehen.

Die Wesenslehre der "Magie und Mystik im 3. Jahrtausend" mit dem "Geister-Modell" und den lebendigen Wesenszellen des Seelenorganismus mit den Planetenorganen lässt auch das Wesen der Astrologie leichter verstehen. Astrologie ist die königliche Kunst, ist ein magisches Instrument, das man wie ein Künstler gebrauchen lernen muss.

Aber bevor man sich mit ihr praktisch beschäftigt und ein Horoskop deutet oder die kosmischen Mächte und Kräfte für magische Zwecke nützt, muss man auch die astronomischen und astrologischen Grundlagen kennen und beherrschen. Die Astrologie ist keine esoterische Spielerei, sondern ein ernsthafter Studienzweig der Geisteswissenschaft.

Bücher zum Thema: Was ist Astrologie?

Dr. Heinz Fidelsberger hat die alten, zum Teil überholten, Überlieferungen auf den neuesten Stand der Wissenschaft gebracht. Seine Bücher: "Astrologie 2000", "Astrologie 2001" und "Sterne und Freiheit" geben eine umfassende, verständliche Einführung in die Grundlagen der modernen Astrologie.

Peter Niehenke vermittelt in seinem Buch "Astrologie. Eine Einführung", tatsächlich eine Einführung, die sämtliche Bereiche der Astrologie erhellt. Ganz gleich, wie viel oder wie wenig man über Astrologie gelesen hat, die Bücher dieser beiden Autoren werden das Wissen bereichern und das astrologische Weltbild, das wir heute am Beginn des 3. Jahrtausends vertreten können, erklären. Sie sollten von jedem, der sich mit Astrologie beschäftigt, oder vorhat, sich mit dieser Wissenschaft zu beschäftigen, gelesen werden.

Astrologie soll eine Lebenshilfe sein, die jeder sofort versteht und in der Praxis anwenden kann. Deshalb fehlen in meinem Buch einige Thesen und Regeln, die in anderen astrologischen Lehrbüchern zu finden sind.

Ich erwähne nicht die energetischen Qualitäten der Tierkreiszeichen: kardinal, fix und veränderlich. Ich erwähne nicht die Elemente- Qualitäten der Tierkreiszeichen: Feuer Wasser Luft und Erde. Ich erwähne nicht die so genannten Würden und Schwächen, die Erhöhung oder den Fall eines Planeten in den Zeichen. Ich teile den Tierkreiszeichen keine Planeten und den Planeten keine Tierkreiszeichen zu. Ich behaupte nicht, dass ein Planet als Herr von einem Haus, in einem anderen stehend, eine weitere Bedeutung bekommen kann. Ich beschreibe keine Direktionen, Progressionen oder andere fragwürdige Prognosemethoden, sondern vertrete ausschließlich die Lehre von den Transiten. Und bei den Aspekten gehe ich nur auf die Konjunktionen, Trigone, Quadrate und Oppositionen ein.

Wenn man das Wesentliche beachtet, kann Astrologie ganz einfach sein. Wer dagegen zu viele Regeln kennt, (die meisten sind sowieso sinnlos oder falsch), findet erst recht keinen Zugang zu einem Horoskop und sieht den Wald vor lauter Bäume nicht.

Viele Astrologieschüler haben sich ein umfassendes astrologisches Wissen angeeignet, aber wenn sie dann ein Horoskop vor sich liegen haben, wissen sie nicht, wo sie beginnen sollen. Die unterschiedlichen, oft einander widersprechenden Aussagemöglichkeiten werden für den Anfänger, der die Gewichtung der einzelnen Faktoren nicht kennt, tatsächlich verwirrend sein. Dabei gibt es einfache Regeln. Wer die kennt und beherrscht, wird bei der Auslegung eines Horoskops keine Probleme haben.

- Um ein Horoskop zu begreifen, muss man das Wesenhafte seines Inhalts zuerst einzeln und erst dann in seiner Gesamtheit erfassen. Man muss sich in das Horoskop hineinversetzen. Es nachfühlen. Die lebendigen Eigenschaften der einzelnen Planeten spüren, als wären es die eigenen.
- Damit das gelingt, muss man systematisch und schrittweise vorgehen. Die Auslegung des Aszendenten, der Sonne und des Mondes zum Beispiel stehen immer an erster Stelle.
- Es gibt Konstellationen, die bedeutsamer sind, weil sie andere Konstellationen überlagern und im Wesen des Horoskops stärker in Erscheinung treten. Das werden in der Regel exakte Spannungsaspekte von Pluto, Uranus, Neptun oder Saturn zu Sonne, Mond oder dem Aszendenten sein.

VIER SCHRITTE ZUM VERSTÄNDNIS EINES HOROSKOPS

ERSTER SCHRITT

Wie zeichnet man ein Horoskop. Trotz Computer sollte man lernen, wie man ein Horoskop berechnet und auf welchen astronomischen Gegebenheiten es beruht. Wer, ohne dass er weiß, wie ein

Horoskop entsteht, gleich den Computer statt seinen Kopf verwendet, macht einen Fehler. Ein Horoskop ist in zehn Minuten erstellt. Und diese zehn Minuten sind die zehn wichtigsten Minuten für die spätere Deutung. Es ist eine magische Evokation der Planeten- und Tierkreismächte, die du auf das Papier bannst und gleichzeitig in deinem Bewusstsein zum Leben erweckst.

Ein Horoskop zu berechnen und dann zu zeichnen, weckt den Geist der Symbole, die du darstellst. Sie erwachen einzeln in dir und verbinden sich dann zu einem lebendigen Wesen, von dem du dir eine Vorstellung machen kannst.

Wenn du solchermaßen selbst die einzelnen kosmischen Kräfte und Mächte herausarbeitest und der Reihe nach auf der Zeichnung zusammenfügst, wirst du die Qualitäten, die da miteinander zusammenwirken, der Reihe nach erfassen und in dir selbst nachempfinden. Die Glieder verbinden sich zu einer Persönlichkeit. Schritt für Schritt lernst du das Horoskop vor dir kennen und kannst es so leichter verstehen. Das Horoskop muss langsam wachsen. Symbol für Symbol.

Bereits wenn du den Aszendenten notierst, erfüllt dich das Wesen des Menschen, dessen Horoskop du gerade berechnest. Du spürst und weißt sofort, wie er sich und die Welt erlebt. Da ist noch kein Planet, der zu weiteren Überlegungen führt, und keine widersprüchliche Konstellation, die Fragen aufwirft. Du ziehst einen Strich, den Aszendenten, und kennst die Grundstruktur der Person, die du vielleicht noch nie gesehen hast. Dann kommen die Planeten an die Reihe. Die Sonne, das geistige Wesen seiner Persönlichkeit. Der Mond, die Art seines Fühlens, seine Stimmungen, seine Seele. Der Merkur, wie denkt dieser Mensch? Die Venus, wie erlebt er die Liebe, ist sie verletzt oder hat sie gute Aspekte von Jupiter oder Saturn? Wie ist sein Mars? Was kann und will der Betreffende, wie geht er vor, welche Energien bewegen ihn? Was erhofft sich sein Jupiter? Wie versucht er es zu erreichen MC. Wie bremst und stützt ihn sein Saturn? Uranus, seine innere Freiheit, befruchtet er ein persönliches Planetenorgan? Neptun, verliert er sich in Illusion oder erlangt er Visionen? Pluto, welche Gewalt kann ihn bezwingen?

Während du die Symbole einzeichnest, beginnt das Horoskop zu leben. Ein Geist entsteht vor dir. Du zitierst das Wesen eines Menschen vor dich, erschaffst ihn quasi noch einmal. Du durchschaust ihn und seine Wesensteile, findest Eigenschaften und Fähigkeiten, die er vielleicht selbst noch gar nicht kennt, und verstehst Schritt für Schritt, wie seine Geist- und Seelenglieder geartet und zusammengefügt sind.

ZWEITER SCHRITT

Die Sprache der Planeten und Tierkreiszeichen erlernen. Eigne dir ein umfassendes astrologisches Vokabular an, nur dann wirst du die Sprache der Intelligenzen verstehen. Je mehr Eigenschaften du einem Planeten oder einem Tierkreiszeichen zuordnen kannst, umso besser wird es dir gelingen, das Gesamtbild des Wesens, das sich daraus bildet, in seinem Zusammenhang zu verstehen.

Drei Autoren möchte ich dazu besonders empfehlen, weil sie die kosmische Sprache sehr klar und treffsicher übersetzten. Diese Standardwerke der Astrologie sollte jeder, der sich mit dieser Wissenschaft praktisch auseinandersetzt, zuerst studieren.

Linda Goodman "Astrologie Sonnenklar". Niemand schildert die Eigenschaften der zwölf Tierkreiszeichen lebendiger als sie. Der Anfänger bekommt spielerisch einen umfassenden Einblick über die unterschiedlichen Ausdrucksformen der Tierkreiszeichen und deren konkrete Auswirkungen als Dispositionen, Charakter und Eigenschaften im Wesen der Menschen.

Thomas Ring: "Astrologische Menschenkunde", vier Bände. Im ersten und zweiten Band erklärt der Autor die tiefenpsychologischen Zusammenhänge der Planetenkräfte und Tierkreiszeichen im Bewusstsein des Menschen. Im dritten Band werden die Eigenschaften der Planeten und ihr Zusammenwirken bei Aspekten beschrieben. Allein die Stichworte im Inhaltsverzeichnis dieses Bandes liefern bereits wertvollste Erkenntnisse für das Verständnis der Verschiebung der Kräfte durch die Vermischung der Elemente.

Stephen Arroyo: "Astrologie, Psychologie und die vier Elemente", "Astrologie und Partnerschaft", und, - obwohl ich der Meinung bin, dass Astrologie mit Karma überhaupt nichts zu tun hat und die Karmathesen zu hinterfragen sind, - "Astrologie, Karma und Transformation". Für die richtige Handhabung der Astrologie in der Praxis bieten seine Werke eine der besten Grundlagen.

- **Vokabeln lernen und einen umfassenden Sprachschatz aneignen.**

Es gibt eine Menge Bücher über das Thema Astrologie. Man kann in jedem etwas Brauchbares finden. Lies soviel wie möglich, aber glaub nicht alles. In jedem Astrologiebuch sind auch unsinnige Behauptungen zu finden. Das wichtigste Lehrbuch schreibt daher die eigene Praxis. Astrologie ist eine Erfahrungswissenschaft.

TIPP: Merkkarten anlegen

Leg dir ein Stichwortverzeichnis in Form von Merkkarten an. Notiere aber nur das, was du verstehst und logisch findest. Nur das, womit du dich identifizieren kannst, wird dir auch in der Praxis dienen.

- Eigenschaften der Tierkreiszeichen
- Eigenschaften der Planeten
- Eigenschaften der Planeten in den Zeichen
- Eigenschaften der Planeten in den verschiedenen Aspekten zueinander
- Eigenschaften der Planeten am Aszendenten und am MC
- Eigenschaften der Felder

1. **Welche Charaktereigenschaften verleihen die 12 Tierkreiszeichen.** Löwe Geltungsdrang, Stolz - Wassermann Freiheitsdrang, Exzentriker usw.
2. **Welche Funktion hat ein Planet als Seelenorgan.** Venus Liebe, - Mars Antrieb, - Saturn Bremse usw.
3. **Wie entfaltet sich ein Planet in jeweils einem anderen Tierkreiszeichen.** Merkur im Steinbock Gedankentiefe, - Merkur im Fisch Phantasie usw.
4. **Wie wirkt ein Planet in Verbindung mit einem anderen Planeten.** Venus Konjunktion Mars Leidenschaft, - Venus Konjunktion Saturn Schüchternheit usw.

Diese Gedächtnisstütze und Lernhilfe, die du aus Büchern rausschreibst, ergänze laufend mit eigenen Erkenntnissen und Erfahrungen. Beobachte die kosmischen Einflüsse auf dein eigenes Horoskop. Studiere die Horoskope von Menschen, die du kennst und beobachten kannst, auch Persönlichkeiten aus der Politik und Wirtschaft, über die in den Medien berichtet wird. Notiere alle neuen Erfahrungen.

- Je mehr Stichworte du zu den vier Aussagemöglichkeiten im Kopf gespeichert hast, umso leichter wird es für dich, aus den Teilaussagen das gesamte Wesen eines Horoskops zu erkennen. Gleiches wird sich gegenseitig verstärken, aber Widersprüche lösen sich nicht gegenseitig auf. Sie können zu unterschiedlichen Zeiten oder für unterschiedliche Angelegenheiten wirksam sein.

Gehe beim Lernen systematisch und schrittweise vor:

1. **Die Namen, die Symbole und die Anordnung der 12 Tierkreiszeichen.** Die zwölf Zeichen sind die Bausteine der Astrologie, die Grundlage für die Mächte der geistigen Strukturen, welche den seelischen Energien der Planetenmächte Ausdruck verleihen. Die Reihenfolge und Position der 12 Tierkreiszeichen

auf der Ekliptik ist das Gerüst in einem Horoskop. Es ist ganz wichtig, dass man die Lage der Tierkreiszeichen zueinander auswendig kennt.

Wie sind die zwölf Tierkreiszeichen zueinander geordnet. Wie ist ihre Reihenfolge, ihre Position im Tierkreis und ihre Lage zueinander. Du musst auf Anhieb wissen, welche Tierkreiszeichen zueinander in Opposition stehen. Welche ein Quadrat bilden und welche ein Trigon oder Sextil. Nur so erfasst du sofort die Qualität der Aspekte zwischen den Planeten. Wenn man zum Beispiel an Widder denkt, muss man gleichzeitig, als geistigen Reflex, gegenüber die Waage, auf einer Seite im Quadrat dazu das Krebs- und auf der anderen Seite das Steinbockzeichen wissen und sich im Trigon-Aspekt dazu die Zeichen Schütze und Löwe ins Bewusstsein rufen. Jedes Zeichen muss sofort auch in seiner Beziehung zu den anderen Zeichen erfasst werden. Man muss den Tierkreis immer als ganzes sehen und in sich erleben.

Wenn du für eine Prognose die gerade vorherrschenden oder zu erwartenden Planetenstände untersuchst, wird dir dann sofort jeder Aspekt in seiner gesamten Auswirkung auf alle eventuell möglichen Planeten bewusst. Du hast wie ein Schachspieler das ganze kosmische Spiel vor Augen. Wer die Qualität jeder Aspektstelle zu einem bestimmten Grad kennt, erfasst sofort, was ein Planet dort, wo er in einem Horoskop steht, bewirkt.

Nehmen wir an, du zeichnest die Venus auf zehn Grad Waage und dann den Mars auf zehn Grad Widder, eine Opposition also, so spürst du sofort die Leidenschaft und sexuelle Spannung, mit der der Betreffende die Liebe konsumiert. Zeichnest du dann zum Beispiel den Saturn auf ca. 10 Grad Zwillinge, also im Trigon zur Venus, dann weißt du, er wird seine Regungen kontrollieren können. Würde aber der Uranus auf 10 Grad Krebs stehen, würde das die Leidenschaft noch zusätzlich steigern, was zu Problemen in Liebesbeziehungen führen kann.

2. **Die grundlegenden Qualitäten der zwölf Tierkreiszeichen.** Jedes Zeichen hat die Urqualitäten (also warm, kalt, leicht, schwer) zu ganz bestimmten Eigenschaften vermischt und unterscheidet sich damit grundlegend von den anderen. Dabei wird man bemerken, dass manche Tierkreiszeichen, aufgrund ihrer aus den Urqualitäten gebildeten Elemente, ähnliche Eigenschaften wie die Planetenenergien ausdrücken. Die Urqualitäten des Steinbocks zum Beispiel entsprechen auch dem Wesen des Saturn, Eigenschaften, die dem Widder zugeordnet werden, finden wir im Mars usw. Es besteht jedoch trotzdem ein grundlegender Unterschied, denn die Eigenschaften der Zeichen zwingen den Planetenenergien ihren Duktus auf und verändern damit deren Wirkung. Eine Übereinstimmung der Urqualitäten wird diese auch besser zum Ausdruck bringen.

   TIPP: Die wichtigsten Vokabeln sind die Eigenschaften der 12 Tierkreiszeichen. Wer alle Qualitäten der Zeichen im Kopf hat, wird sofort auch die Eigenschaften eines Planeten beschreiben können, die dieser aufgrund der Struktur des Zeichens, in dem er sich befindet, annimmt.

3. **Die Symbole der Planeten und deren Bedeutung.** Hinter jedem Planetensymbol steht eine Kraft, die eine ganz bestimmte Wirkung hat. Jedes Planetensymbol ist eine magische Glyphe, die das Motiv und das Ziel der Bestrebung dieser Energie ausdrückt. Man muss sämtliche Eigenschaften jeder Planetenenergie kennen und sie in Meditationen so lange mit dem Planetensymbol verbinden, bis man sie, sobald man das Symbol erblickt oder zeichnet, automatisch in sich empfindet. Sobald man zum Beispiel das Venussymbol sieht, muss man automatisch an Liebe, Harmonie, an Freude und Freunde, an Lust, Genuss und Schönheit denken. Die Planeten sind die Glieder und Organe deines feinstofflichen Körpers.

   Tipp: Wer alle Funktionen eines Planeten im Kopf hat, wird sofort auch die Wirkung, die der Planet durch Aspekte auf andere Planeten, sei es im Horoskop oder im Transit, ausübt, beschreiben können.

4. **Die Auswirkung der Planeten in einem Zeichen.** Je mehr Eigenschaften man einem Zeichen und einem Planeten zuordnen kann, umso besser wird einem die Deutung der Kombination eines Planeten in einem Zeichen gelingen. Es ist naheliegend, dass ein Planet in einem Zeichen, das den Urqualitäten seiner Energie entspricht, seine Eigenschaften besser entfalten kann, als wenn sich diese widersprechen würden. Ein Saturn zum Beispiel wird seine Eigenschaften durch die Wesenszellen des Steinbocks besser zum Ausdruck bringen können als durch Wesenszellen des Widders, in dem sich der Mars wieder besser entfalten kann.

5. **Die Kombination der Planetenkräfte durch Aspekte.** Auch hier entscheiden die Urqualitäten der Eigenschaften und Elemente, sowohl der Zeichen als auch der Planeten, über die Verträglichkeit und bestimmen damit die Auswirkung der Verbindung und die daraus entstehenden Eigenschaften.

6. **Mach dir die Bedeutung des Aszendenten und der Himmelsmitte bewusst.** Ganz gleich, was im Horoskop veranlagt ist, der Aszendent färbt alles nach seiner Struktur und das MC bestimmt die Richtung für das Ziel.

Verwende beim Lernen die vorgegebenen Aussagen aus Lehrbüchern nicht mechanisch wie ein unintelligentes Computerprogramm, sondern kombiniere die einzelnen Elemente immer selbst.

- Jedes Zeichen wird aufgrund seiner elementaren Beschaffenheit für eine andere Planetenenergie die beste Grundlage bieten oder sie verfälschen.
- Jeder Planet wird, aufgrund seiner Urqualitäten, mit jeweils einem anderen gut oder schlecht zusammenwirken.

- Spannungsaspekte werden eher die negativen Seiten eines Planeten hervorkehren, harmonische Aspekte dagegen die guten Eigenschaften beleben.

DRITTER SCHRITT

Die Praxis. Horoskope zeichnen. Horoskope analysieren. Den Einfluss der Transite beobachten und Erfahrungen notieren.

Üben, üben, üben! Täglich! Berechne und studiere die Horoskope aller Menschen, die du kennst. Übung macht den Meister. Die Praxis gibt dir bald das richtige Gefühl für den optischen und geistigen Zusammenhang. Zeichne die Planeten groß. Die Aspektlinien ziehe von Planetensymbol zu Planetensymbol. Wegen des unbewussten Reflexes wähle die Farbsignale einer Verkehrsampel. Die harmonisch verbindenden Trigone und Sextile grün, Oppositionen und Quadrate, also die gespannten, Vorsicht mahnenden, rot. Konjunktionen, je nach Planet, rot oder grün. Den Orbis beschränke auf ca. vier Grad. Bei Sonne und Mond etwas mehr.

VIERTER SCHRITT

Magie mit Astrologie. Wer das Horoskop eines Menschen erstellt und versteht, versteht und erfasst auch das Wesen dieses Menschen. Die Schicksalsengel sprechen astrologisch. Du wirst sehen, wenn du wirklich die Vokabeln gelernt hast, machst du dir bereits beim Erstellen des Horoskops ein Bild vom Wesen des Betreffenden. Mit jedem Symbol, das du einzeichnest, erkennst du ein weiteres Organ und Glied von seinem Geist und seiner Seele. Es ist, als würde der Betreffende noch einmal geboren werden, aber dieses Mal entsteht sein Geist in deinem Bewusstseinsraum. Die Zeit, die du für die Arbeit aufgewendet hast, hat sich gelohnt. Du weißt, wen du vor dir hast. Kommt dagegen das Horoskop aus dem Drucker, hast du nur fremde Linien vor dir, nicht dein Werk, nicht seine Seele, die du in deinem Wesen mit deinen Gedanken nachgezeichnet hast. Es wurde bereits am Anfang dieses Buches erwähnt:

Ein Horoskop berechnen und zeichnen ist ein magischer Vorgang. Du kannst damit den Geist eines Menschen evozieren. So wie der Mönch, der eine Ikone, ein Mandala oder einen tibetischen Tangka malt, den Geist, den er darstellt, in seinem Bild zum Leben erweckt, erwacht eine Kopie von dem Geist deiner Horoskopzeichnung in deiner Phantasie.

Wer ein Horoskop für magische Zwecke erstellt und dazu einen Computer verwendet, wird weder den Geist des Betreffenden noch die Geister, die hinter den Konstellationen stehen, erfassen.

Für Studien und den raschen Gebrauch wird man natürlich einen Computer verwenden. Es ist besser, täglich einige Horoskope auf dem Bildschirm zu überprüfen, als nur ab und zu ein selbstgezeichnetes Geburtsbild auf dem Papier. Die Kontrolle der Transite und die Beobachtung der täglichen Übergänge des laufenden Aszendenten über die persönlichen Planeten, wäre ohne Astro Uhr schwer möglich. Für die astrologische Forschung ist ein Computer unentbehrlich.

WIE BEGINNT MAN MIT DER AUSLEGUNG EINES HOROSKOPS

- Konzentriere dich auf das Wesentliche. Beachte nur die starken, exakten, auf den ersten Blick erkennbaren Konstellationen und Aspekte.
- Unterscheide zwischen den planetaren Energien, die in eine Richtung drängen und etwas bewirken wollen und den Mächten der Tierkreiszeichen, welche diese Kräfte prägen und nach ihrer Art und Weise wirken lassen. Mache dir eine Vorstellung von den Qualitäten einer Planetenkraft und den Eigenschaften, die

aufgrund der Tierkreiszeichen, in denen sich der Planet befindet, vorgesehen sind.

- Unterscheide zwischen der Qualität einer Planetenkraft, die sich durch das Zeichen, in dem sich der Planet befindet, ergibt, und der Planetenkraft, wie sie durch einen Aspekt verändert wird.
- Mache dir bei der Auslegung eines Horoskops immer ein lebendiges Bild von diesen kosmischen Mächten und Kräften. Personifiziere sie, sowohl die Energien und Strukturen der Planeten und Tierkreiszeichen als auch die analogen persönlichen Kräfte und Mächte, die als wesenhafte Seelenorgane das Bewusstsein tragen. Was wollen sie bewirken? Wie kommen sie miteinander zurecht?

1. Wie ist der Aszendent beschaffen?

Zuerst beurteile den Aszendenten und die Planeten in seiner Nähe. Der Aszendent entfaltet seine Wirkung 15 Grad in beide Richtungen. Steht dort ein Planet ist er von größter Bedeutung.

- Beginne immer mit der Frage, wie erlebt der Geborene seine Umwelt und wie reagiert er darauf, also wie erleben ihn die anderen? Die Antwort gibt der Aszendent.

Selbst erfahrenen Astrologen ist oft die wahre und überragende Bedeutung des Aszendenten nicht bewusst. Mache dir klar, ganz gleich, was im Horoskop ausgedrückt ist, es kann sich ohne den Aszendenten nicht realisieren. Jede hervortretende Eigenschaft, jede Gefühlsäußerung, jede gezeigte Seelenregung, jede geäußerte Meinung, Handlung oder persönliche Reaktion muss das Filter des Aszendenten passieren und wird von ihm nach seinen Qualitäten eingefärbt.

Dabei wird der Aszendent seinerseits von Planeten in seiner unmittelbaren Nähe oft stärker geprägt als von seinem Zeichen. Ein Saturn am Aszendenten, ganz gleich, in welchem Zeichen, wird das Verhalten des Betreffenden ernst und zurückhaltend machen, als wäre es ein Steinbock-Aszendent. Die Venus am Aszendenten macht den Betreffenden umgänglich und sympathisch, als wäre es ein Waage-Aszendent, die Sonne am Aszendenten macht selbstbewusst im Auftreten wie ein Löwe- Aszendent, usw.

BEACHTE: Befindet sich ein Planet in der Nähe des Aszendenten, wird dieser zu einem bedeutenden Faktor im Horoskop.

2. Die Sonne

In welchem Zeichen steht die Sonne? Was erhellt und durchstrahlt das Horoskop? Welches ICH steht hinter den im Horoskop dargestellten Strebungen?

- Wie sieht und erlebt sich der Geborene selbst? Besteht ein Widerspruch zwischen Sonne und Aszendent? Zwischen Sonne und Mond? Mit welchen Planeten ist die Sonne unmittelbar verbunden und in welchem Aspekt?

BEACHTE: Stehen Sonne und Mond im selben Zeichen, so wird dieses Zeichen die Merkmale der Persönlichkeit besonders prägen. Der Geborene ist im Einklang mit sich selbst.

3. Der Mond

In welchem Zeichen steht der Mond, mit welchen Planeten hat er Aspekte?

- Wie fühlt der Geborene? Welche Rolle spielen für ihn die Gefühle? Wie ist sein seelischer Stimmungsbereich?

Welcher Planet wirkt im Aspekt auf den Mond ein? Schwermut oder Optimismus, Ausgeglichenheit oder Reizbarkeit? Waches Erleben oder Gleichgültigkeit werden weitgehend vom Zustand des Mondes und den Planeten, mit denen er verbunden ist, geprägt. Welche Aspekte bilden die beiden Lichter zueinander? Widersprechen sich die Zeichen, in denen Sonne und Mond stehen oder stimmen ihre Qualitäten überein?

BEACHTE: Ein Mond ohne Aspekte ist wie ein Fernseher ohne Bildschirm. Mond und Merkur brauchen Verbindungen zu anderen Planeten, damit sie angeregt werden.

4. Jupiter, Venus, Mars und Merkur und deren Aspekte mit den anderen Planeten. Je exakter ein Aspekt, umso mächtiger wird die Kraft, die er ausdrückt, spürbar. Die Planeten **Saturn, Uranus, Neptun und Pluto** wirken besonders stark auf das Wesen eines Planeten ein und können dessen Qualität massiv in ihrem Sinn beeinflussen und verändern.

5. Die Himmelsmitte: das MC

Auch hier sind 15 Grad in beide Richtungen wirksam. Was will der Geborene erreichen? Welche Energien, also welche seiner Seelenorgane, wird er dazu einsetzen? Wie hoch will er aufsteigen? Was motiviert und erfüllt ihn bei seiner Arbeit? Venus will Harmonie. Mars will Kampf. Jupiter will Würde. usw.

6. Welche Aspekte dominieren das Horoskop?

Was bewegt den Geborenen? Was berührt ihn, was treibt ihn an oder lähmt seine Kraft? Welche Dynamik steckt in dem Horoskop, welche Spannungen, welche Energien prägen das Lebensthema?

Quadrate: Welche Seelenkräfte sind miteinander verfeindet und fordern ihn ständig heraus?
Opposition: Welche Seelenkräfte haben sich voneinander entfremdet, drängen in unterschiedliche Richtungen und zersplittern ihn?
Konjunktionen: Welche Seelenkräfte treten gemeinsam in Erscheinung, wie passen sie zusammen, fördern sie einander oder würgt eine die andere ab?
Trigone: Welche Kräfte sind miteinander befreundet, was fällt leicht und entspannt das Horoskop?

- Aspekte auf die Sonne, den Mond und die Venus empfindet man extrem "hautnah" und persönlich.

- Aspekte von Pluto, Uranus, Neptun und Saturn sind dabei besonders zwingend.
- Aspekte auf den Merkur, den Mars und den Jupiter betreffen mehr die intellektuellen und moralischen Werte.
- Aspekte zwischen Pluto, Neptun, Uranus, Saturn und Jupiter sind so genannte Generationsaspekte und haben, wenn sie nicht durch andere Konstellationen hervorgehoben werden, nur zweitrangige Bedeutung.

BEACHTE: Je exakter ein Aspekt ist, umso stärker werden die beteiligten Planeten damit verbunden und umso mächtiger wird die entsprechende Wirkung in Erscheinung treten. Konjunktionen wirken in der Regel am stärksten.

7. In welchen Zeichen stehen die Planeten?
Wie sind die Seelenglieder des Geborenen gewachsen? Welche Möglichkeit bieten ihnen die Zeichen, in denen sie stehen, ihren Aufgaben nachzukommen und ihre Funktionen zu erfüllen? Stimmen die Urqualitäten der Planetenkräfte mit den Urqualitäten der Zeichen, durch die sie wirken, überein oder widersprechen sie sich?

8. Was sind die Stärken und wo liegen die Schwächen des Geborenen?
Auf was kann er sich stützen, was fordert ihn heraus? Spannungsaspekte, besonders zu den persönlichen Planeten (Sonne, Mond, Merkur, Venus, Mars), wirken immer stärker als die harmonischen und bilden das Leitmotiv im Leben. Sie sind der wahre Antrieb für den Erfolg im Leben.

9. In welchen Feldern stehen die Planeten?
Auf welche Interessengebiete sind die Bewusstseinszentren ausgerichtet?

BEACHTE: Mit Ausnahme des ersten, zehnten und eventuell siebenten Feldes haben sich die überlieferten Deutungsregeln für die

Felder in der Praxis nicht bewährt. Sie boten vielleicht im Mittelalter, bei den eingeschränkten Möglichkeiten, die selbst den gebildeten Menschen eine Entfaltung ihrer Strebungen verwehrten, einen Hinweis, in der heutigen Zeit werden sie zu Fehlaussagen führen. Trotzdem ist ein Horoskop ohne die eingezeichneten Felder unvollständig. So wie die 12 Raumabschnitte der Ekliptik, haben die 12 Raumabschnitte der Erde unterschiedliche Qualitäten, die sich auf den Geborenen übertragen und noch zu erforschen sind.

ASTROLOGIE - DIE GÖTTER - UND DIE WESENSGLIEDER

DAS HOROSKOP ALS SCHALTPLAN FÜR DIE GÖTTER

Die 360 Grade der Ekliptik bilden die Seelenhaut des Bewusstseins. Dabei wird jeder Grad, hinter dem ein Planet steht, und die Aspektstellen darauf, zu einem Tor in den persönlichen Bewusstseinsraum.

Ein Horoskop beschreibt den Schaltplan, über den die feinstofflichen Mächte die jeweiligen Funktionen des persönlichen Seelengefüges beeinflussen können. Genauso erlangt auch ein Magier durch Kenntnis eines Horoskops Zugang zu einem anderen Menschen, weil er über diese "Tore" in sein Seelengefüge eingreifen kann. So wie die grobstofflichen Gene, Proteine, Viren usw. nur über bestimmte Schlüssel, die auf eine Andockstelle oder in eine Öffnung passen, in eine Zelle eindringen können, ist eine Einwirkung auf andere Wesen nur über die astrologisch erkennbaren und kosmisch geregelten Rezeptoren und Synapsen (Grade der Ekliptik und zodiakale und planetare Wesenszellen) möglich.

Wenn zum Beispiel jemand den Jupiter auf 10° Fische hat, dann wird das nicht nur sein Seelenorgan für Ethik, Moral und persönliche Reife nach Art der Fische-Qualitäten prägen, sondern dieser Grad und seine Aspektstellen werden auch Zugang zu seinem Urteilsvermögen, seiner Großzügigkeit, seinen Hoffnungen und Erwartungen gewähren. Über diese Grade sind alle persönlichen Jupiter-Qualitäten des Betreffenden zu erreichen und zu beeinflussen.

- Im Mechanismus der Aspekte liegt das Geheimnis des ganzen Schicksalsverlaufs verborgen. Jede Aspektstelle im Horoskop ist ein Ort, an dem fremde Wesensmächte in den Bewusstseinsraum dringen können.

Auch die Schicksalsmächte können nur über diese offenen Stellen deines Wesens auf dich einwirken. Sowohl die hilfreichen Inspirationen der positiven Intelligenzen als auch die verwirrenden, verführenden Einflüsterungen der zerstörenden Mächte können dich nur über die Aspektstellen deines Horoskops erreichen.

Das gilt für das ganze Leben. Schicksalsschläge werden dich in der Regel nur treffen, wenn entsprechende Konstellationen auf offene Tore in deinem Wesen stoßen, und eine glückliche Wende wird erst eintreten, wenn eine entsprechende Planetenkraft durch eines deiner Tore in dein Bewusstsein dringen kann. Die Schicksalsmächte nützen diese empfindlichen Stellen und auch die anderen Genien und Dämonen bewegen sich mit den Gezeiten der Macht.

- Und genauso kann auch jeder selbst die Tore und die Gezeiten für seine Vorhaben benützen. Transformation bestimmter Wesenszellen, Entwicklung bestimmter Eigenschaften, bewusste Lebensgestaltung, magische Arbeiten, jedes Vorhaben wird sich leichter und erfolgreicher durchführen lassen, wenn man sie im Einklang mit den kosmologischen Gegebenheiten auf die jeweils vorherrschenden astrologischen Qualitäten abstimmt.

DER CODE DER KOSMISCHEN HIERARCHIE

Durch die Bewegung der Erde um ihre Achse und um die Sonne verschieben sich die Einflussbereiche, über die die kosmischen Mächte auf das feinstoffliche Umfeld der Erde einwirken können. Damit verändert sich ständig die Möglichkeit für den Durchgang der entsprechenden Elementale und Elementare, der kosmischen Wesenszellen, die zwischen den Ebenen zirkulieren.

So wie man aus einem fahrenden Zug auf ein wechselndes Landschaftsbild blickt, kann man zu jeder Zeit andere "astrologische" Geist- und Seelenlandschaften wahrnehmen, die sich im Falle einer Inkarnation (bei der man aus dem Zug steigt) als Ausgangsbasis für das weitere Leben erweisen.

So wie sich bei einer Zellteilung auch der DNA-Strang mit dem genetischen Code teilt, die fehlende Seite sich jedoch wieder ergänzt und in der neuen Zelle genauso vorhanden ist, teilt sich die jeweils bei einer Geburt vorhandene kosmische Situation. Die am Ort und zur Zeit gerade wirksamen Elementale und Elementare der jeweils wirkenden kosmischen Intelligenzen schnüren sich ab, teilen sich und bestimmen als individueller Wesenskern das Konzept für das Entstehen der vitalen Wesenszellen im wachsenden Leben des Kindes.

Durch die Geburt in einem grobstofflichen Körper wird das gerade vorherrschende geist-seelische kosmische Gemisch als Bewusstseinsträger übernommen. Aus dem kosmischen Topf wird eine Portion Wesenszellen in das persönliche Bewusstseinsgefäß gefüllt. Moderner ausgedrückt: Auf dem Weg zum grobstofflichen Körper wird beim Durchgang durch die Erdgürtelzone die Software des gerade vorherrschenden Programms übernommen. Dabei ist anzunehmen, dass dieses solchermaßen eingebrannte persönliche Wesensgefüge nicht zufällig dem sich inkarnierenden Geist entspricht, sondern umgekehrt eine Geburt nur dann stattfindet, wenn sich das jeweilige individuelle Bewusstsein mit dem kosmischen Landschaftsbild identifiziert oder sich sonstwie davon angezogen fühlt.

Ein Horoskop zeigt aber trotzdem nicht das wahre ICHSELBST, das nicht zu beschreiben ist, sondern immer nur seine Wesensteile oder Teile davon, die in der jeweiligen Inkarnation in Erscheinung treten und das Verhältnis, in dem sie zueinander stehen. Genialität, Adeptschaft und Heiligkeit sind aus einem Horoskop nicht zu ersehen.

Was sich in der Gesamtheit erkennen lässt, ist wieder nur ein "Körper" mit seinen Gliedern, eine belebte Struktur, feinstofflich zwar, aber in dieser besonderen Form genauso veränderlich und vergänglich wie der grobstoffliche Körper. Es sind sowohl die seelischen Energiekomplexe und Ströme der Triebe, Regungen und Gefühle, welche die Geistesformen des Bewusstseins, die Vorstellungen, Ideale, Meinungen und Gedanken beleben und verändern, als auch die geistige Lichtstruktur, welche in Form der vorgestellten Bilder den Seelenkräften Richtung weist und sie zusammenhält.

Genauso wie Qualität und Quantität, also Macht und Kraft, oder Energie und Materie eine Einheit bilden, können auch Geist und Seele im Horoskop nicht getrennt, sondern immer nur in ihrer Einheit betrachtet werden. Weder die Sonne oder der Merkur noch die so genannten Luftzeichen beschreiben den Geist, und der Mond oder die Wasserzeichen erklären nicht die Seele. Auch wenn man Seele mit Gefühl und Geist mit intellektuellen Fähigkeiten gleichsetzt und aus einem Horoskop der Verstand und das Temperament, also emotionales Engagement oder distanziert überlegtes Verhalten ersichtlich ist, beschreibt das nicht Geist und Seele, sondern nur die jeweiligen Grundlagen für den Ausdruck des Geistigen und Seelischen. Die Überbetonungen einzelner astrologischer Faktoren oder Elemente wirken sich immer auf Geistiges, Seelisches und Organisches gleichermaßen aus.

Das Horoskop zeigt ein feinstoffliches Gerüst aus Zellen, Gliedern und Organen, beschreibt die Mechanismen, die dem Bewusstsein dienen, zu wollen, zu fühlen, zu sein und sich im Dasein zu erleben. Es stellt, wie ein Röntgenbild, die geistseelische Struktur eines Menschen dar und zeigt auch den feinstofflichen Blutkreislauf, den seelischen Blutdruck und die besondere Durchgeistigung der einzelnen Seelenorgane, aber nicht das Bewusstsein selbst.

Ein Horoskop ist die symbolische Darstellung der zu einem bestimmten Zeitpunkt auf einem bestimmten Ort gerade vorherrschenden und zu einer bewussten Einheit verbundenen Mächte und Kräfte. Es beschreibt damit die Grundlagen für die Eigenschaften eines Menschen, der zu dieser Zeit an diesem Ort geboren wurde, aber nicht sein wahres ICHSELBST.

Aus einem Horoskop kann man genauso wenig das wahre ICHSELBST erkennen wie aus einem Auto den Fahrer. Aber man wird an einem Auto ersehen, welche Möglichkeiten der Chauffeur hat, voranzukommen und kann daraus Rückschlüsse auf den Besitzer ziehen: Ein Porschefahrer wird mit seinem Wagen nicht nur schneller vorankommen als der Besitzer eines Polos, sondern wird vermutlich auch tatsächlich rasanter fahren. Genauso hat ein Mensch, der sich mit Mars am Widder-Aszendenten inkarniert, nicht nur mehr Energien zur Verfügung als jemand, der mit einer Venus am Fische-Aszendenten geboren wurde, sondern wird die Dynamik auch voll nützen. Er wird nicht nur von den energischen Elementaren zu mehr Aktivität gedrängt werden, als jemand, der die Venus am Aszendenten hat, sondern wird diese auch zum Ausdruck bringen wollen.

DIE ASPEKTSTELLEN ALS SENSITIVE ORTE

Es ist aber nicht der Jupiter oder der Saturn oder sonst ein Planet, der irgendwo steht und etwas verursacht, sondern es sind immer die Seelenorgane, die lebendigen Wesenszellen der analogen Energiezentren, des persönlichen Selbst, die schlussendlich etwas bewirken. Und es ist nicht der kosmische Tierkreis (den man sich richtig ganz eng um die Erde gespannt und nicht bei den Fixsternen denkt), der wirkt, sondern der innere Tierkreis, und zwar im ganzen, als feinstofflicher Organismus und nicht nur der Grad, der durch die Anwesenheit eines Planeten aktiviert wird. Denn auch wenn ein Planet scheinbar von einem bestimmten Ort aus wirkt, ist er gleichzeitig auf allen anderen Winkelorten, aus denen ein Aspekt wirksam wird, "anwesend" und reagiert entsprechend, wenn dieser andere Ort aktiviert wird. Hat jemand zum Beispiel seinen Mars auf 10° Widder, so wird er seine inneren Energien und seine Leistungskraft auch angesprochen fühlen, wenn ein Planet auf 10° Waage, Steinbock, Krebs oder auf anderen Aspektstellen steht, oder wenn ein Planet über eine dieser Aspektstellen transitiert.

Die Planetenorgane werden durch den inneren Umraum der 360 Grade zu einer organischen Einheit zusammengefasst. So wie die Sinnesorgane über die Nervenzellen und das Gehirn miteinander vernetzt sind, hängen die Planetenorgane über die Urqualitäten der Zodiakale miteinander zusammen. Jeder Grad ist mit jedem anderen Grad verbunden. Bestimmte Grade (Aspektstellen) werden dabei aufgrund der Anwesenheit eines Planeten an dieser Stelle oder einem bestimmten Abstand zu diesem Ort besonders sensibel.

Genau genommen handelt es sich nicht um einen Kreis, sondern um eine Kugel aus Zeit und Raum; gebildet aus den Sonnenbögen des täglichen Sonnenlaufs einerseits - sie ergeben sich aus der Drehung der Erde um ihre Achse und markieren zwischen der Winter- und Sommersonnenwende die eine Dimension, die Breite des Erdzonengürtels - und der Bewegung der Erde um die Sonne andererseits, welche diese Bögen - jeder Tag ist cirka ein Grad - als Orte kreisförmig auf die Ekliptik projiziert und einen scheinbaren Umfang abgrenzt.

Jeder Mensch hat das gesamte zodiakale Ordnungsschema in sich. Mit jeder Geburt entsteht ein neuer geistiger Mikro-Kosmos. Jeder Mensch ist ein lebendiges Abbild der geistigen Qualitäten und Kräfte, die gerade auf den Bewusstseinsraum seines Geburtsortes einwirkten. Dadurch wird der bei einer Geburt vorherrschende kosmische Zustand, den wir im Horoskop beschreiben, zu einer neuen Realität, die auch entsprechend eigenständig und im Vergleich zu anderen Horoskopen auf weitere kosmische Einwirkungen unterschiedlich reagiert.

Jeder Mensch hat einen Bewusstseinshorizont von 360 Grad, der auf die Ekliptik projiziert wird. Jeder hat die zwölf unterschiedlichen Qualitäten der Tierkreiszeichen, hat einen Jupiter, eine Venus, einen Mars usw., und zwölf richtungsweisende Felder, die sich aus dem Himmelskreis seines Ortes ergeben. Aber trotzdem wird jeder Faktor für jeden eine andere Bedeutung und Qualität haben und auf weitere kosmische Einwirkungen durch die Fortbewegung der laufenden Planeten anders reagieren.

GÖTTER, GENIEN, SCHICKSALSMACHT

So wie sich in jeder Wesenszelle ein eigenständiges Elemental verbirgt, jedes Seelenorgan auch als eine Wesenheit, die einem Planetenprinzip entspricht, agiert, sind auch die zwölf zodiakalen Eigenschaften der Intelligenzen, die hinter der Erdzone wirken, als Gesamtkomplexe in jedem Menschen vorhanden.

Und so wie sich die Geister der Elemente, der Planeten und des Zodiaks über ihre Wesenszellen im Wesen des Menschen erleben, erleben sich diese kosmischen Mächte als Urintelligenzen, natürlich auch außerhalb des Bewusstseinsraumes der Menschen, auf ihren eigenen Ebenen. Und sie wirken auch von außen auf ihre analogen Wesenszellen im Menschen und damit auf den Menschen ein.

Die 360 Grade der Ekliptik sind die Tore, sowohl in die Seelengärten der Menschen als auch in die jeweilige Ebene einer Intelligenz der Hierarchie. Aber in jedem Horoskop verbirgt sich aufgrund der unterschiedlichen Planetenpositionen bei der Geburt hinter jedem Grad eine andere Eigenschaft. Und da jede Eigenschaft über die Urqualitäten mit jeder anderen Eigenschaft entweder in harmonischer oder in gespannter Verbindung steht, hängt jeder Grad mit jedem anderen zusammen.

Auch Geist und Seele sind in sich und gegenüber anderen Geist- und Seelenwesen abgegrenzt und nur über bestimmte Andockstellen, die wie geistige Synapsen funktionieren, für bestimmte Qualitäten erreichbar. Es ist ein in sich geschlossenes kreisförmiges System, in dem jedes Element auf das Ganze einen Einfluss nimmt und selbst, entsprechend seiner Qualität, auf Impulse reagiert.

Kenne ich die Eigenschaft der Orte, so kann ich das nützen, weil sich durch die Bewegung der Erde und der Planeten die Eigenschaft der Zeit verändert und laufend andere Orte (Seelenorgane) angesprochen werden. Die Eigenschaften der persönlichen individuellen Orte ersieht man aus dem Horoskop, sie ergeben sich durch die Prägung bei der Geburt. Die Eigenschaften der Zeit erkennt man aus dem Stand der Planeten in Verbindung mit der Ekliptik. Zur Berechnung verwendet man die Ephemeriden.

Durch die Bewegung der Erde um ihre Achse und um die Sonne verändert sich ständig das Verhältnis der persönlichen Qualitäten zu den jeweils wirkenden kosmischen Energien. So wie man aus einem fahrenden Zug auf ein wechselndes Landschaftsbild blickt, aber nicht jeder Reisende aus dem selben Fenster blickt und daher etwas anderes wahrnimmt, wird man, je nach persönlichem Ausblick, zu jeder Zeit andere "astrologische" Geist- und Seelenlandschaften erleben.

Auf dieser Erkenntnis beruhen die sogenannten astrologischen Prognosen, die aufgrund der Transite berechnet werden.

Damit begeben wir uns bereits in den Bereich der Magie. Denn sowohl die Einwirkung der Planetenintelligenzen auf das Bewusstsein des Menschen, mit allen Folgen, die sich daraus ergeben, als auch umgekehrt das Wissen, wie man sich darauf einstellt, sich davor schützt oder die Strömungen nützt, bedeutet einen schöpferischen Eingriff; man kann nicht nur das, was solchermaßen vorhersehbar wird, sondern manchmal auch das, was vorgesehen ist, verändern.

DIE ASTROLOGISCHE TRANSFORMATION

KARMA, SCHICKSAL ODER FREIER WILLE?

So stellt sich abermals die Frage: Wie kommt man nun zu seinen Wesenszellen, die ja die Ursache sind, dass man etwas so oder so erlebt und darauf so und nicht anders reagiert? Was war es, das einen gerade zu jenem Zeitpunkt, in dem sich diese besonderen Anlagen, mit denen man sich identifiziert, entwickeln konnten, in einen Körper drängten oder nach dem Leben in einem Körper streben ließ? Eine Antwort würde auch das Thema Reinkarnation erhellen.

Früher beschäftigte die Philosophen mehr die unlösbare Frage: Willensfreiheit oder Schicksalszwang. Heute, im Zeitalter des Liberalismus und der Ambivalenz, weiß man, alles hat zwei Seiten: Energie und Materie, Welle und Teilchen, Geist und Seele, Grobstoffliches und Feinstoffliches, Gut und Böse, es handelt sich immer um die beiden Seiten eines Ganzen, das nicht zu teilen ist.

Die Unschärferelation der Atome betrifft nicht nur die Physik, sondern auch die Natur des Lebens, des Bewusstseins und des feinstofflichen Geschehens. Wir wissen zwar, dass Gene die Gefühle, den Charakter, das ganze Wesen des Menschen bestimmen, aber was das Wesen der Gene prägt, wissen wir nicht.

Dafür hat man erkannt, dass die Chemie, die letztlich die Bewusstseinsvorgänge regelt, genauso von geistigen und seelischen Elementen, wie zum Beispiel der Vorstellungskraft, des Glaubens und der gefühlsbetonten Einstellung und Erwartung, beeinflusst wird wie von den grobstofflichen Mechanismen der molekularen Welt.

Heute akzeptiert der Denker, dass der Standpunkt nicht nur die Sicht, sondern auch die Realität verändert. Karma und freier Wille widersprechen sich nicht. Weiß man von zwei Ebenen, ist der Entwurf einer Seite für die andere kein Zwang. So wie das Denken ein Probieren im Geiste ist, ist umgekehrt jede Inkarnation eine Chance für einen Versuch in der grobstofflichen Welt.

Der Geistesforscher fragt daher nicht nach dem Woher und Weshalb, sondern: Wie kann ich das, was ich als Charakter an mir habe, zu meiner weiteren Entwicklung nützen? Wie soll ich damit umgehen? Wie kann ich die negativen Eigenschaften ändern? Wie kann ich positive Eigenschaften antrainieren?

Er ist sich seiner Freiheit bewusst, ja oder nein zu den Regungen zu sagen, zu entscheiden, ob er ihnen folgt oder nicht. Er kennt die Macht seines Denkens, mit der er seine Vorstellungen und Meinungen, die ihn entscheiden lassen, bildet und nützt sie auch.

In jedem Augenblick hast du die Freiheit, ja oder nein zu sagen. Warum die meisten dennoch scheitern, hängt nicht nur am Problem des Wollens oder Könnens, man muss auch wissen, was das Rechte ist, das getan werden soll. Das Gewissen allein ist als Kompass nicht genug, bleibt aber im Zweifelsfall als Seelenlicht eine erhellende Instanz.

Daneben ist Wachsamkeit genauso wichtig. Regungen, die gegen Vernunft und Wollen drängen, die verführen und versuchen, entstehen langsam. Sie wachsen unbemerkt, bis sie dann, im entscheidenden Moment, als machtvoller Komplex nicht mehr zu überwinden sind.

Ich habe in meinen Büchern oft genug darauf hingewiesen, wie sich aus den vielen nachgegebenen kleinen Versuchungen machtvolle Schemen bilden, die dann nur mühsam wieder aufzulösen sind, und welche bedeutsame Rolle dabei den Denkstrukturen, die sich genauso langsam und unbemerkt aus Gewohnheiten bilden, beizumessen ist. Nur ständige Gedankenkontrolle verhindert, dass sich neue Keime einnisten. Mit Wachsamkeit lassen sich solche Ansammlungen vermeiden. Mit Ausdauer und Willenskraft wird man bestehende Schemen auflösen.

Aber mit der Astrologie kann man die Grundlagen der Eigenschaften, die Urqualitäten, aus denen die Wesenszellen quellen, und den Zeitpunkt, wann sie besonders in Erscheinung treten, herausfinden.

Mit der Astrologie kann man bereits im Voraus erkennen, zu welchen Denkstrukturen man geneigt ist und wann sich welche Regungen rühren werden. Und wenn man in den Eigenschaften, die sich aus den Aspekten ergeben, etwas seinem persönlichen Wesen Hinzugefügtes sieht, dann gewinnt man daraus die Einsicht, wie man mit seinen Anlagen richtig umgehen soll, um erstens mehr daraus zu machen und zweitens die Möglichkeiten zur Transformation voll auszuschöpfen. Gerade aus der Überwindung seiner negativen Anlagen gewinnt man die zur Vervollkommnung nötige Geisteskraft.

BEWUSSTSEINSSTRUKTUREN - DIE ANATOMIE DER GEIST- UND SEELENGLIEDER

Auch wenn, wie wir bereits feststellten, der Geist und die Seele eines Menschen aus seinem Horoskop nicht in vollem Umfang sichtbar werden, Geistiges und Seelisches sind darin ausgedrückt. Die Wesenszellen der Planeten drücken immer bewegende Energien aus und entsprechen damit den seelischen Regungen, und die Wesenszellen der Zeichen bilden die Grundlage der festen Strukturen, welche diese Energien in einer bestimmten Weise modifizieren, kanalisieren, einfärben und filtern, was dem geistigen Prinzip entspricht. Die Planetenkräfte wollen etwas Bestimmtes bewirken, drängen in eine Richtung, sind die Regungen, die wie die Triebe Wünsche und Gefühle beleben und bewegen, während die Macht der Zeichen diesen Energien Ausdruck und Form verleiht, indem sie diese - so wie die Gedankenbilder die Gefühle - in ihre Strukturen und Formen zwängt und damit lenkt.

Somit entsprechen die Planetenkräfte dem seelischen und die Zeichen dem geistigen Prinzip. Das eine könnte ohne das andere nicht sinnvoll in Erscheinung treten. Man könnte die Planetenkräfte auch als die Seelenorgane und die Strukturen der Zeichen mit der Funktion von Seelengliedern vergleichen.

Das bedeutet jedoch nicht, dass mit einem Geburtsbild das gesamte Wesen eines Menschen erfasst wird. Was sichtbar ist, sind die Wesenszellen, Organe und Glieder für die jeweilige Inkarnation, aber nicht das ganze wahre ICHSELBST, das nicht definiert und daher auch nicht beschrieben oder erfasst werden kann. Es ist wie die Spitze eines Eisberges: Aus dem Seelengarten ragen die kristallisierten, fleischgewordenen Wesenszellen ins Dasein der Zeit.

Es ist mit Sicherheit anzunehmen, dass das mit den Wesenszellen inkarnierte individuelle Bewusstsein in seinem Seelengarten auch andere Wesenszellen zur Verfügung hat, mit denen es sich hätte umkleiden können, dass das jedoch aufgrund der astrologischen Voraussetzungen zum Zeitpunkt der Geburt nicht möglich war.

Und es ist nicht sicher, ob alle Wesenszellen, mit denen man geboren wird, auch tatsächlich zum persönlichen Wesensgefüge gehören oder einem, ganz gleich aus welchen Gründen, durch den Geburtsmoment mit aufgebürdet werden.

Auch die Generationsaspekte werfen Fragen auf. Geht man nämlich davon aus, dass man sich seinen Charakter, mit dem man geboren wird, nicht aussuchen kann und nicht in jedem Leben andere Eigenschaften und Fähigkeiten in seine Inkarnation mitnimmt, sondern dass dieser die Folge seiner vergangenen Leben ist, dann wären bestimmte Eigenschaften, die sich aus langsam laufenden Planeten in bestimmten Zeichen ergeben, nur durch eine Geburt zu bestimmten Perioden möglich. Die technisch-mathematische Begabung zum Beispiel, die von Wesenszellen des Saturn im Zeichen Zwillinge vorgebildet werden, kann nur in jenen Jahren ins Leben genommen werden, in denen Saturn in den Zwillingen steht - das ist cirka alle 29 Jahre etwa 30 Monate lang der Fall -zu anderen Zeiten muss sie mühsamer erarbeitet werden.

Will man also in einem Leben über bestimmte Fähigkeiten verfügen, so wird man dafür auf andere, astrologisch bedingte Eigenschaften verzichten müssen oder wesensfremde Anlagen in Kauf nehmen.

Ob das Bewusstsein aufgrund besonders intensiv gepflegter Zuneigungen eine einseitige Entwicklung mit bestimmten Strebungen und Interessen durchmachte und von diesen Wesenszellen erneut zu einer Inkarnation, die diese Möglichkeiten bietet, gedrängt wird, oder ob im Gegenteil der gebildete Überhang zum Ausgleich Wesenszellen entgegengesetzter Natur ins Bewusstsein ruft und damit inkarnieren lässt, ist nicht bekannt.

Was wir sicher wissen, ist, dass man Einseitigkeiten, auch die positiven, ausgleichen muss, weil man sonst aus seiner Mitte gedrängt wird und die Kontrolle über sich verliert. Und die Erfahrung zeigt, dass man dann durch diese bewusste Arbeit an sich und seinen Eigenschaften neue Eigenschaften und Fähigkeiten erlangt. Es liegt an dir selbst, die Magie der kosmischen Mächte zu nutzen.

SPANNUNGSASPEKTE ALS KRAFTQUELL FÜR DEN GEIST

Jeder ist ständig den kosmischen Einflüssen ausgesetzt. Die meisten inneren Regungen folgen, wenn man ihnen nicht bewusst gezielt entgegensteuert, den astrologischen Impulsen. Genau genommen sind alle Eigenschaften, Fähigkeiten, Absichten und Meinungen von ihnen eingegeben oder Folge ihres Wirkens.

Das Wesen des Menschen ist aus "astralen" Elementen aufgebaut und wird von astralen Energien angeregt. Jeder ist aufgrund seiner Konstitution in das kosmische Wirken eingebettet, steht in Wechselwirkung mit den Mächten und reagiert entsprechend auf die Veränderungen in ihrem Kräfteverhältnis.

Die Gezeiten der kosmischen Macht sind auch die Gezeiten der persönlichen Seele. Man ist immer in ihr Spannungsfeld einbezogen.

Diese Spannung kann man nützen: Die Spannungsenergie der Aspekte ist die Grundlage jeder Transformation. Ganz gleich, ob man dazu die Konstellationen, die im Geburtshoroskop als "Dauerkraftwerk" verankert sind, verwendet oder die Anregungen, die sich durch die Aspekte aus den laufenden Transiten bilden und von außen auf die persönlichen Strebungen einwirken, nützt: Ohne diese Vermischung der Energien aufgrund der Planetenverbindungen gäbe es keine Transformation der Lebenskraft in geistige Energie, keine charakterliche Entwicklung, wäre geistiger Fortschritt durch Umstrukturierung mentaler Elemente nicht möglich.

Das elektrische und magnetische Fluid bewegt sich schlangenförmig durch die zwölf Tierkreiszeichen, Widder elektrisch, Stier magnetisch usw., und aus den sich bildenden Aspekten der Vierpoligkeit kristallisieren sich dreimal die vier Elemente. Die persönlichen Eigenschaften, die sich aus den Urqualitäten ergeben, sind genau genommen Eigenschaften der kosmologischen Mächte, deren Geistmoleküle, die sich über die Elemente im Bewusstseinsraum der Menschen verdichten und manifestieren. In Wechselwirkung mit den Göttern und Genien wächst der Mensch.

Den meisten Menschen ist diese Möglichkeit, mit der sie ihre Anlagen und die einwirkenden kosmischen Einflüsse richtig nützen können, nicht bewusst. Im Gegenteil: Sie fühlen sich als Opfer ihrer Spannungsaspekte und die angepassten Konstellationen werten sie nicht aus. Bestenfalls schlagen sie sich wie Don Quixote ein Leben lang mit ihren Eigenschaften herum oder versuchen sich an Spannungsaspekten vorbei zu schwindeln, bei angepassten Konstellationen ruhen sie sich auf ihren Lorbeeren aus. Dabei findet man in den Regalen des kosmischen Supermarkts täglich neue Eigenschaften, Regungen und Urqualitäten, die man in seinen eigenen Bewusstseinshaushalt einbringen kann, wenn man die Angebote kennt und nutzt.

Es gibt keine guten oder schlechten Aspekte. Jede Planetenkraft hat eine wichtige Funktion für das Bewusstsein. Im Widerstreit miteinander bleibt die Entscheidung für Ja oder Nein immer dem Menschen überlassen. Die Spannung eines Aspekts wird keinem aufgezwungen. Schlecht ist immer nur ein Zuviel oder ein Zuwenig. Ein guter Aspekt kann zu Bequemlichkeit geneigt machen, ein Spannungsaspekt kann anspornen, herausfordern, etwas zu meistern und damit helfen, neue Eigenschaften und neue Fähigkeiten zu entwickeln.

HINWEISE ZUM RECHTEN UMGANG MIT TRANSITEN

Durch einen Transit, also den Übergang eines laufenden Planteten über den Aszendenten oder einen Planetenort im persönlichen Horoskop, wird dem Seelenorganismus für die Dauer des Übergangs etwas hinzugefügt. Das kann sich positiv förderlich auswirken oder negative Folgen haben.

Positive Aspekte stärken das angesprochene Seelenorgan und unterstützen seine Funktion. Aus der einwirkenden Ebene können zusätzliche Qualitäten einfließen, dadurch erweitern sich die Ausdrucksmöglichkeiten des stimulierten Organs. Neue Erkenntnisse, Fähigkeiten und Möglichkeiten entwickeln sich, vorhandene Anlagen werden aktiviert und bestehende Spannungen im Seelengefüge entkrampft.

Negative Aspekte dagegen bewirken stets ein Zuviel oder ein Zuwenig. Die einwirkenden Qualitäten fordern heraus und verleiten zu Übertreibungen des angesprochenen Seelenorgans oder es wird durch die mit dem Transit einströmenden Wesenszellen in seiner Funktion behindert und unterdrückt.

- **Die Hierarchie ist in ständiger Zwiesprache mit dir. Es liegt an dir, ob du auf die Genien, die über Transite zu dir sprechen, hörst.**

Auch Spannungsaspekte bedeuten gutgemeinte Hinweise und bieten Chancen für neue Erkenntnisse und Entwicklungsmöglichkeiten. Es ist deine eigene Einstellung, die aufgrund der Ausrichtung deiner Wesensorgane auf der Ekliptik in Widerspruch zu den einströmenden Eigenschaften steht und sich davon herausgefordert oder unterdrückt fühlt. Derselbe Saturn, der dich deprimiert, weil er gerade über deinen Mond transitiert, verleiht gleichzeitig einem anderen Menschen, dessen Mond die Struktur eines anderen Zeichens hat, Zuversicht und Duldsamkeit. Betrachte daher keinen Transit als negativ, sondern versuche aus jeder Lebenssituation etwas zu lernen, und sei es nur, dass du dich davon nicht verwirren lässt.

Wenn zum Beispiel der Saturn über deinen Uranus transitiert, erscheint dir dein Tor zur Freiheit verschlossen, Veränderungswünsche werden unterdrückt oder behindert, was dein Bedürfnis nach Unabhängigkeit und Erneuerung erst recht herausfordert. Schlecht ist aber immer nur das Zuviel oder Zuwenig. Es liegt an dir, ob du auch in dieser Spannungszeit das Gleichgewicht bewahren kannst und von Saturn das Prinzip der Geduld, der Pflicht, der Vernunft - Eigenschaften, die in dieser Zeit von dir gefordert werden -, annehmen und mit deinem Erneuerungsdrang zu einem sinnvollen Vorgehen zu einem späteren Zeitpunkt verbinden kannst.

- **Transite wollen genützt werden.**

Jede Lebensperiode bietet andere Ausblicke und Einsichten. Wenn man sich darauf wie auf eine Reise oder Prüfung vorbereitet und das Gebotene bewusst als Chance zum Handeln oder um Erkenntnisse zu sammeln, nützt, wird man aus jeder Situation etwas lernen können. Wer sich davon nur erregen und bewegen lässt, verliert wertvolle Lebenskraft.

- **Jeder Transit birgt zwei Möglichkeiten: Aussaat und Ernte**

Erstens erlebt man die Folgen von dem, was man im letzten Zeitraum verursacht oder angestrebt hat, und zweitens bilden sich Zielvorstellungen und Möglichkeiten für zukünftiges Geschehen. So ist man ständig dabei, neue Grundlagen für sein weiteres Leben zu schaffen. Inspiration und Impuls dazu kann von fremden genauso wie von eigenen, durch den Transit stimulierten Wesenszellen kommen. Die Planung, Beurteilung und das Gebot zum Handeln liegen jedoch immer bei dir selbst.

- **Transsite sind Botschaften. Transite sind Aufforderungen. Transite bewirken Einsichten, wenn man bewusst auf sie hört.**

Um richtig zu entscheiden, reicht Gedankenkontrolle nicht aus. Eine kurze tägliche Bewusstseinsbilanz kann jedoch Klarheit schaffen. Frage dich: Was drängt mich, dieses oder jenes zu wünschen oder zu befürchten? Ist es eine Stimmung, eine Meinung oder eine Notwendigkeit? Worauf beruht der Impuls, der mich bedrängt, dieses oder jenes zu denken, zu wünschen, zu tun?

Wenn man dann die Arbeit an sich und seiner Zukunft auf die Qualität der jeweiligen Transite abstimmt, wird es einem viel leichter gelingen, auch die entsprechenden Konsequenzen zu ziehen. Man wird bewusst bestimmte Strebungen abbauen, Vorstellungen auflösen oder durch andere ersetzen und tun, was zu tun ist, damit die gemachten Erfahrungen und die gebotenen Möglichkeiten auch genützt werden.

- **Transite sind Begegnungen mit einer kosmischen Wesensmacht.**

Bei einem Transit ist man immer mit der Ebene des transitierenden Planeten verbunden. Aus dieser Sphäre strömen Wesenszellen in den persönlichen Bewusstseinsraum ein. Die jeweiligen Planetengenien sprechen dich über das Organ, das sie berühren, an und wollen dich zu etwas bewegen. Umgekehrt bist du über das durch den Transit erregte Organ mit ihrer Ebene verbunden, und es strömen Wesenszellen von dir in diese Ebene zurück.

Moderne Telefonapparate haben ein Display, auf dem man ablesen kann, wer einen gerade anruft. Das kosmische Display befindet sich auf der Ekliptik. Du brauchst nur die jeweiligen Transite zu berechnen und weißt sofort, welche kosmische Intelligenz zu dir spricht und welche deiner Wesenszellen darauf antworten werden.

- **Personifizierung bedeutet Veranschaulichung**

Wenn die hermetische Astrologie die kosmischen Mächte der Hierarchie und die eigenen Wesenszellen des persönlichen Selbst personifiziert, so hat das zwei Gründe. Zum einen entspricht es der Realität, jede Unterteilung teilt auch das kosmische Bewusstsein, welches auf dem Akasha ruht, und macht es erfassbar, zum anderen aber bedeutet jede Personifizierung immer auch Konkretisierung. Diese Aufteilung erleichtert sowohl die Kontrolle über die eigenen Wesenskräfte als auch den Überblick und damit das Verständnis für die einzelnen Genien der Hierarchie.

Ein Schwamm im Ozean ist vom gleichen Wasser durchtränkt, das die Weiten des Meeres erfüllt, bildet aber dennoch eine eigene Welt. Das persönliche Akasha ist das gleiche wie das göttliche, wird jedoch durch die Struktur der persönlichen Wesenszellen, die Bewusstseinsinhalte, auf einen Umraum begrenzt und hebt sich dadurch als ICH des Einzelnen ab. Komplexe Gebilde persönlicher Wesenszellen sind Iche der Persönlichkeit und in Form personifizierter Seelenorgane leichter zu überschauen und zu beherrschen als nebulose Schatten des Unbewussten (die Gestalttherapie macht sich das zunutze). Und die kosmischen Mächte, die Planetengenien, sind wie Iche der Vorsehung und als personifizierte Intelligenzen leichter anzusprechen als undefinierbare, unfassbare Urenergien, aus denen sie zweifellos ebenfalls bestehen, genauso wie sich das menschliche Bewusstsein, im Gehirn, auf elektromagnetische Frequenzen stützt.

- **Stellt man sich während eines Transits bewusst auf die einströmenden Wesenszellen ein und betrachtet die dahinter wirkende Planetenmacht als eine individuelle Intelligenz, so entspricht das einer Umarmung und geistigen Befruchtung, von der beide gleichermaßen profitieren.**

Man braucht daher, um mit den Genien in Kontakt zu kommen, weder eine magische Evokation durchzuführen, noch muss man sich dazu auf ihre Ebene versetzen. Man ist nahezu ständig mit irgendeiner Planetenintelligenz in Kontakt. Mit den Transiten gewinnen die Wesen der Planetenhierarchie entscheidenden Einfluss auf das Leben, und umgekehrt hat jeder selbst die Möglichkeit, die Zeiten einer entsprechenden Konstellation zu nützen, um sich gezielt auf die Eigenschaften der jeweiligen Intelligenzen einzustellen. Man kann auf diese Weise bequem mit Wesenheiten kommunizieren, ihre Wesenszellen verwenden und auch persönliche Anliegen einbringen.

Diese Technik der Invokation erfordert wesentlich weniger Aufwand, bringt jedoch weitaus mehr Erfolg als magisches Arbeiten, also die Arbeit mit dem Geist, zu astrologisch bedeutungslosen Zeiten.

GEZEITEN DER MACHT, GEZEITEN DER SEELE

Wenn man an einen Sinn des Daseins glaubt und seinem Dasein Sinn gibt, indem man bewusst an sich und der Welt arbeitet, wird man die Möglichkeiten, die einem die Gezeiten der Transite bieten, besonders schätzen.

So wie Tumore, wenn ihr Wachstum nicht gestoppt wird, wie Schmarotzer auf Kosten des ganzen Organismus gedeihen, ziehen die Wucherungen des feinstofflichen Körpers, also die zu Schemen entarteten Gedanken, Vorstellungen und Leidenschaften, wertvolle Lebens und Geisteskraft auf sich. Dass dann diese Energie dem Bewusstsein fehlt, merkt man spätestens, wenn man mit seinen Trieben, Regungen und Emotionen nicht mehr fertig wird, weil sie einem über den Kopf gewachsen sind.

Die gnostische Hermetik kennt verschiedene Transformationstechniken, mit denen man sein Wesen reinigt, veredelt und gebildete Schemen und Komplexe auflöst, um die gebundene Energie in Geisteskraft zu transformieren. In meinem Buch "Die Vier Elemente. Der geheime Schlüssel zur geistigen Macht" habe ich das ausführlich beschrieben.

Mit der Astrologie hat man eine zusätzliche Möglichkeit. Man kann sich bereits im Voraus ein Bild über das Gedeihen bestimmter

Qualitäten und Wesenszellen in seinem Bewusstseinsraum machen. Je früher man einem Schemen entgegentritt, umso leichter ist er wieder aufzulösen. Und wenn man dazu die kosmischen hilfreichen oder entgegensetzten Eigenschaften, die bei Transiten zusätzlich einströmen, nützt, wird man sich bei seiner Selbstvervollkommnung leichter tun.

Jede Planetenverbindung im Geburtshoroskop bildet, entsprechend der Planetenkraft und der Qualität des verbindenden Aspekts, die Struktur für bestimmte Eigenschaften. Die Neigung zur Herausbildung von Auswüchsen ist daher astrologisch vorgegeben.

Ein Spannungsaspekt zwischen Uranus, Pluto, Neptun oder Mars mit der persönlichen Venus wird das Wachstum von Erosschemen begünstigen und in den Zeiten, wo dieser Aspekt durch einen entsprechenden Transit angeregt wird, können sich diese Auswüchse von Lust auf Liebe, Sehnsucht oder sexuelle Neigungen verstärkt bilden. Spannungsaspekte von Saturn, Uranus oder Pluto zum Mars können das Entstehen von Schemen, die Ungeduld, Wut und Gewalt auslösen, verursachen. Spannungsaspekte vom Saturn auf den Mond oder auf die Sonne bilden die Strukturen und Keime für alle hemmenden Schemen und Komplexe der Angst und Minderwertigkeit.

Die Lehre von den Transiten bietet nun zwei Möglichkeiten. Man kann in Zeiten, wo die Schemen aufgrund entsprechender Konstellationen angeregt werden und sich bemerkbar machen, besonders diszipliniert und wachsam sein und sie bewusst isolieren. Und man kann seine persönlichen Auswüchse gezielt transformieren, wenn man dazu die Zeiten der Macht, welche die unliebsamen Eigenschaften ausgleichen, wählt.

Alles hat seine Zeit. Wenn der Jupiter über den Aszendenten, die Sonne oder die Venus transitiert, werden Fress-Schemen besonders gut gedeihen und bei entsprechender Veranlagung ist in dieser Zeit mit Gewichtszunahme zu rechnen. Bei einem Transit vom hemmenden Saturn dagegen gelingen Diäten und Fastenkuren besonders leicht. Erosschemen wachsen verstärkt unter allen Aspekten von Uranus, Mars oder Neptun zur Venus, lassen sich aber während Saturntransiten auf die Venus, Sonne oder Mond leichter auflösen. Emotionsschemen der Ungeduld und Wut entstehen vorwiegend unter dem Einfluss von Spannungsaspekten zwischen Pluto, Mars, Uranus oder Saturn, besonders wenn die persönliche Sonne oder der Mond mit eingebunden sind; Aspekte von Venus und Jupiter dagegen beruhigen und wirken entspannend auf sie. Auch Minderwertigkeitskomplexe und Angstschemen löst man am leichtesten während Jupitertransiten auf.

Man kann also seine Veranlagung zu bestimmten Schemenbildungen aus den Aspekten in seinem Horoskop erkennen und auch die Zeiten vorhersehen, in denen sie aufgrund entsprechender Transite wachsen werden. Genauso kann man aber auch die geeigneten Transite zu ihrer Auflösung erkennen und verwenden und die Perioden nützen, in denen wünschenswerte Anlagen und Eigenschaften durch Transite angeregt werden.

Die astrologischen Gezeiten der Seele führen dich im Laufe des Lebens an bestimmte Orte im Seelengarten und konfrontieren dich jeweils mit anderen Wesenszellen, die es zu bearbeiten gilt. Wer ohne Bewusstsein dafür durch seine Seelenlandschaft stapft, wird am Ende seines Lebens nicht viel an sich verändert haben. Wer jedoch gezielt, der Seelenwetterlage entsprechend, Eigenschaften sät und erntet, hat den Sinn des Daseins erfasst und sein Leben voll genützt.

ANLAGEN, FÄHIGKEITEN UND TRANSITE

Nicht jeder, der mit den gleichen oder ähnlichen Anlagen geboren wird, ist in der Lage, damit das gleiche zu leisten. So wie ein guter Koch aus wenigen Zutaten das köstlichste Gericht bereiten kann, während ein anderer mit den kostbarsten Ingredienzien nichts Schmackhaftes zuwege bringt, kommt es nicht so sehr auf die Wesensteile an, mit denen man sich inkarniert, sondern auf die Absicht für das gesteckte Lebensziel und die Kraft und Ausdauer, mit der man seine Erfüllung anstrebt und verwirklicht.

- Mache dir klar und frage dich: Was ist mein Ziel? Was will ich erreichen und warum? Wie will ich mein Ziel ansteuern? Was bewegt mich dazu? Ein Ideal? Eitelkeit? Leidenschaft? Wenn du kein Ziel hast, dann frage dich: Was habe ich bereits erreicht? Worauf treibe ich jetzt zu? Und dann setze dir ein Ziel; auch wenn es nur gezieltes Nichtstun ist. es soll bewusst geschehen.

Aufgrund des Zeit- und Raumprinzips werden sich je nach Lebensalter und den gemachten Lebenserfahrungen unterschiedliche Schwerpunkte ergeben. Nicht nur was die Thematik betrifft, sondern auch die Ebene - die geistige, die seelische, oder die grobstoffliche - die im Vordergrund der Aufmerksamkeit steht, wird wechseln. Aber immer geht es darum:

- Erkenntnisse zu sammeln
- Gefühle zu erleben
- Erlebnisse zu verarbeiten
- Fähigkeiten zu entwickeln
- Leistungen (auf allen drei Ebenen) zu erbringen

Aus dem Horoskop sind sowohl die persönlichen Stärken, die einem helfen, dem vorgegebenen Weg zu folgen, als auch vorhandene Schwächen, die einen von seinem Ziel ablenken oder abbringen können, ersichtlich; und auch die Zeiten, wann diese stärker hervortreten werden, kann man aufgrund der Transite erkennen. Die Stärken müssen jedoch bewusst erfasst und die Schwächen gezielt aufgelöst werden.

Nur was gepflegt wird, kann sich entfalten. Das gilt für die positiven Eigenschaften gleichermaßen wie für die schlechten Angewohnheiten. Das Problem dabei ist, man merkt ihre Regungen am Anfang fast nicht. Und das Negative, das bekanntlich immer ein Zuviel oder Zuwenig bedeutet, entwickelt sich leichter und ab einer bestimmten Größe von selbst. Das Positive bleibt daher zumeist im Hintergrund, während sich die negativen Wesenszellen rascher in den Vordergrund drängen. Sei es, weil sie weniger Anstrengung kosten, angenehmer sind und Genuss bereiten, oder angstgenährt und emotionsgeladen einfach stärker sind.

- Das Werkzeug des Bewusstseins ist in jedem Fall die Gedankenkraft. Kleinweise wächst das Übel, sobald es gepflegt wird, und langsam wachsen die Stärken, wenn man sie in Gedanken kleidet und damit auf der geistigen Ebene vorbildet, was sich entwickeln soll. Sowohl der Aufstieg als auch der Abstieg beginnt mit kleinsten Schritten.

Sicher ist, dass es, trotz vieler Möglichkeiten und Anlagen, in jedem Leben, sei es aus Neigung oder Bequemlichkeit, zu einseitigen Entwicklungen von Meinungen, Strebungen oder Vorlieben kommt. Das muss verhindert oder durch Umwandlung der negativen Regungen zeitgerecht ausgeglichen werden. In meinem Buch "Die Vier Elemente. Der geheime Schlüssel zur geistigen Macht" wurde, in Verbindung mit den verschiedenen Techniken der Transformation, bereits eingehend darauf hingewiesen. Man schränkt damit nicht nur den Verlust von Seelenenergie ein, sondern gewinnt auf diese Weise zusätzliche Geisteskraft. In meinem Buch "Diät-Yoga" beschreibe ich ausführlich, wie man aus seinen Schwächen Geisteskraft gewinnt.

Mit der astrologischen Transformation ergibt sich eine zusätzliche Möglichkeit der bewussten Mitgestaltung seines Wesens und des Lebensweges, dem man folgt. Man kann durch Analyse seiner Planetenverbindungen die wahren Hintergründe seiner verborgenen Triebkräfte und Regungen besser verstehen und kanalisieren und erkennt aufgrund der Transite bereits im Voraus, wann welche Strebungen besonders stark hervortreten werden.

TIPPS FÜR DIE PRAXIS IM UMGANG MIT ASPEKTEN UND TRANSITEN

KONJUNKTIONEN:
Die miteinander verbundenen Planetenenergien werden von den gleichen zodiakalen Wesenszellen getragen. Das wäre, als müssten sich zwei Minister ein Büro und die selben Sekretäre teilen. Handelt es sich zum Beispiel um den Unterrichts- und die Kulturministerin (Jupiter und Venus), wird das von Vorteil sein, die beiden können ihre Ziele sehr gut aufeinander abstimmen und werden davon sogar noch profitieren. Handelt es sich aber zum Beispiel um den Justizminister und die Familienministerin (Saturn und Mond), gibt es Probleme. Die Mitarbeiter müssen aufgeteilt werden. Agenden, die Mitgefühl verlangen, müssen von anderen Sekretären ausgearbeitet werden als Anliegen, die strenges Recht erfordern. Astrologisch gedacht, der Betreffende muss seine Gefühle (Mond) von starrer (Pflichterfüllung) trennen, sonst geraten seine Gefühle ins Stocken.

- Weist dein Horoskop Konjunktionen auf, so fließen Energien zusammen, um gemeinsam zu wirken. Wenn diese nicht zusammenpassen, so versuche sie zu trennen. Mache dir klar, was jedes Planetenorgan bewirken will und soll, und sorge dafür (als Präsident deines Staates), dass sich der eine Minister vom anderen nicht ablenken, vereinnahmen oder unterdrücken lässt oder die zwei gemeinsame Sache auf Kosten der anderen Regierungsmitglieder machen.

Zum Beispiel können bei einer Konjunktion von Venus (Liebeslust) und Mars (Antrieb) die beiden Energien die ganze Aufmerksamkeit auf sich lenken, wodurch der Betreffende verleitet wird, immer mehr entsprechende Elementale, also Gedanken an Liebe, Lust und Leidenschaft, in sich zu dulden. Diese verbinden sich zu mächtigen Schemen, wodurch das Bestreben nach sexueller Lust gesteigert wird und natürlich auch die Bereitschaft, sie zu erfüllen, wächst. Der Betreffende wird sich bei jeder sich bietenden Gelegenheit heftigst verlieben.

Man muss daher den Sekretären dieser Minister unterschiedliche Aufgaben, ihrem Ressort entsprechend, zuteilen. sie auseinanderbringen und jedem seinen eigenen Schreibtisch geben. Mit einer Mars-Venuskonjunktion konzentriert man dann einerseits seine Mars-Energien ganz bewusst immer nur auf jenes Vorhaben, das man gerade plant, und wenn man nichts vorhat, dann macht man eben etwas, das einen auf andere Gedanken bringt als Sex. Und zweitens kontrolliert man die Energien seiner Venus, die sich ständig etwas wünschen und sich nach etwas sehnen, indem man ihnen eine eigene, vom Trieb und Drang unabhängige Richtung weist.

Die Psychologen nennen das Sublimieren und natürlich funktioniert das nicht so, wie sie es meinen. Du wirst deine Triebe nicht los, wenn du Sport bis zum Umfallen betreibst, in die Oper rennst oder kunstvoll Seidentücher bemalst. So einfach ist das natürlich nicht. Du überträgst damit die Liebe auf die Körperertüchtigung oder die Schaffenskraft auf die Kunst, die beiden Seelenfunktionen bleiben vereinigt und werden dich bei nächster Gelegenheit wieder gemeinsam bedrängen. Diese Taktik kannst du anwenden bei einer Opposition, da sind die betroffenen Mächte, die auseinanderstreben, zu verbinden.

Bei einer Konjunktion von Mars und Venus ist die zu enge Verknüpfung von Antrieb und Lust zu lösen. Dazu musst du den Mars, also deine Energien, auf etwas richten, das dir kein lustvolles Vergnügen bereitet, zum Beispiel auf Saturn, indem du gezielt eine Pflicht erfüllst, oder auf Jupiter, indem du neue Werte suchst oder bewusst etwas Wertvolles für andere tust. Das gleiche, aber anders gehandhabt, gilt für deine Venus, also deine Zuneigungen: Nicht indem du neue Vorlieben suchst, löst du sie vom Trieb des Mars, sondern hier gilt es, sie ganz von den Energien, die sie tragen, zu trennen. Du musst also im Gegenteil alle Vorlieben einschränken und so die Venusenergien von den dranghaften Marsenergien lösen. Dann kannst du die Wünsche und Bedürfnisse emotionslos und nüchtern sehen und zwischendurch gezielt Bedürfnislosigkeit pflegen oder die Bedürfnisse anderer befriedigen und Bedürftigen helfen. Wenn dagegen zum Beispiel Saturn, statt Mars, in Konjunktion mit deiner Venus steht, müsstest du das Gegenteil machen. Die Lust sollte dann bewusst gepflegt werden. Denn Saturn würde mit seinem Pflichtbedürfnis jedes Vergnügen schon im Keim mit Zweifel, ob es auch recht so ist und mit Gedanken an die Folgen abwürgen. Ein entsetzlicher Aufpasser im selben Raum für Liebe und Lust. Übrigens findet man nicht selten im Horoskop von Prostituierten den Saturn in Aspekt mit Venus, das macht die Lust zur Arbeit.

- Aber auch bei Konjunktionen zwischen so genannten Wohltätern ist für eine klare Trennung der beteiligten Kräfte zu sorgen, damit die eine Macht die andere nicht überlagert und beeinträchtigt.

So besteht zum Beispiel bei einer Sonne-Venus Konjunktion die Gefahr, dass das Harmoniebedürfnis größer ist als die Lust auf Selbstbehauptung und der Betreffende aus Bequemlichkeit, oder um Konflikte zu vermeiden, nachgibt, um des Friedens willen lieber auf sein Recht verzichtet, sich zurückzieht, wo er eigentlich bewusster auftreten sollte. Die Fähigkeit der Anpassung und die wertvolle Begabung, mit dem, was möglich ist, zufrieden zu sein, können dann in Bedürfnislosigkeit, aber nach dem Motto: "Die Trauben sind mir viel zu sauer“, entarten. Setzt sich dagegen, aufgrund des Zeichens oder anderer Aspekte, die Sonne stärker durch, kann Eigenliebe und Eitelkeit das ICH zu sehr in den Mittelpunkt rücken, statt Schönes zu suchen und zu genießen, will man selber schön sein und neigt sich nicht mehr den anderen schönen Dingen des Lebens zu, sondern liebt sich am liebsten selbst.

KONJUNKTIONEN IM TRANSIT:
Diese erlebt man immer wie eine Vermählung mit der betreffenden Planetenkraft, besonders wenn davon die persönliche Sonne, der Mond oder der Aszendent betroffen ist. Für die Zeit der Konjunktionen hat man das Gefühl, als hätte man ein zusätzliches Wesensglied. Genau genommen ist das auch der Fall, denn man wird ja

unmittelbar von der jeweiligen Planetenintelligenz berührt und in ihre Sphäre miteinbezogen. Deshalb ist es bei Konjunktionen im Transit besonders wichtig, darauf zu achten, wie weit man sich der betreffenden Wesenskraft hingibt, ihr vertraut, oder man sich besser gegen den Einfluss abgrenzt und das betroffene Organ, indem man es besonders wachsam kontrolliert, vor der Verbindung isoliert. Die direkten Planetenübergänge werden, zumindest für die Dauer der Konstellation, das ganze persönliche Wesen verändern, nicht nur das jeweilige Seelenorgan.

OPPOSITIONEN:

Anders bei der Opposition. Da sitzen die Sekretäre nicht im selben Büro, sollten aber trotzdem zusammenarbeiten. Sie gehören derselben Regierung an, dienen jedoch einer anderen Partei. Sie ignorieren den anderen, und jede Seite will das Ziel mit anderen Mitteln erreichen. Jeder will mehr Kompetenzen, es kommt zu einseitigen Übertreibungen in den Forderungen.

Astrologisch gesehen ist die Opposition jedoch kein Gegeneinander, sondern im Gegenteil, jede Kraft zielt in eine andere Richtung und denkt nicht daran, dass sie mit der anderen zusammenhängt. Das führt zu Spannungen und zu einer Polarisierung, bei der die positiven Eigenschaften der einen Seite auf der anderen Seite fehlen.

Jupiter Opposition Venus zum Beispiel bewirkt Luxusbedarf und Verschwendungssucht. Warum? Weil die Venus sich hingibt, Vergnügen sucht - das tut sie zwar immer -, aber in Opposition zu Jupiter, also ohne Jupiter, verliert sie den Sinn für das Maß und die Ordnung, Eigenschaften, die von Jupiter geregelt werden. Die beiden Kräfte müssten also aufeinander abgestimmt werden, dann könnten besonders anspruchsvoller Komfort und höchster Genuss aus dieser Opposition gewonnen werden.

Oder Mars (das Triebhafte) in Opposition zur Venus (die Zuneigung). Das ist Begehren ohne Liebe, ein rasches Entflammen der Leidenschaft, die jedoch zumeist als Strohfeuer sehr bald erlischt.

Oder Mars (der Antrieb) in Opposition zu Jupiter (das Maß und

Ziel). Arbeiten diese Kräfte nicht zusammen, wird jeder Impuls zur Übertreibung und sinnloses, fruchtloses Agieren oder bequemes Nichtstun und Besserwissen ist die Folge. Stichwort: der klassische Anarchist, der Protestierer, der präpotente Angeber. Bringt man jedoch die beiden Kräfte zusammen, können gerade dieser Übermut und Leichtsinn im entscheidenden Moment hinderliche Bedenken überwinden und rasche gewagte Entscheidungen überdurchschnittliche Erfolge bescheren.

Wer zum Beispiel Uranus (Freiheit) und Venus (Verbindung) in Opposition hat, wird sich schwer für eine Dauerbeziehung entscheiden können. Die betreffende Person wird in der Regel Partnerschaften, die das Gefühl der Unabhängigkeit bestehen lassen, einer Ehe vorziehen oder Signale aussenden, die vermitteln: „Ich brauche dich eigentlich gar nicht", was für den Partner enorm frustrierend sein kann. Immer wieder stellt sich die Frage: Einsam oder gemeinsam? Ist ein Lebenspartner gefunden, wird dieser bald als Einschränkung der persönlichen Freiheit empfunden, und ist die Beziehung gelöst, kommt Sehnsucht auf. Ein übergeordneter verbindender Sinn für die Beziehung, gleiche Interessen, gemeinsame Kinder oder ein Kompromiss müssen gesucht werden, am besten ein Partner mit einer gefestigten Venus, der aber trotzdem, aufgrund anderer Konstellationen, Verständnis für den Freiraum hat, den der Betreffende braucht.

Befindet sich der Uranus in Opposition zur persönlichen Sonne, so kann das, aufgrund einer stark ausgeprägten Individualität und eines entsprechend eigenständigen exzentrischen Verhaltens in manchen Lebensbereichen (nicht in allen, wie das bei einer Konjunktion der Fall wäre) den Freiraum, den Uranus-betonte Menschen brauchen, noch vergrößern. Selten jedoch wird das dem Betroffenen bewusst. Freiraum (Uranus) und Persönlichkeit (Sonne) sind aufgrund der Opposition getrennt, nicht koordiniert und gehen eigene Wege, wenn sie nicht bewusst aufeinander abgestimmt werden.

Das betrifft natürlich genauso die Anerkennung des Freiraums eines Partners, der im Erleben der eigenen persönlichen Ungebundenheit völlig übersehen wird. Auch die Zuwendungen, die ein Partner wünscht, werden leicht übersehen, weil das eigene Bedürfnis danach nicht sehr ausgeprägt ist. Uranus (Freiheit) Opposition (Getrenntheit) Sonne (Ich-Bewusstsein) ist sich oft der persönlichen Unabhängigkeit gar nicht bewusst. Dieses Ich genügt sich selbst und nimmt das automatisch auch von anderen Menschen an.

- Weist dein Wesensgefüge Oppositionen von Planetenkräften auf, musst du diese entweder auf einen gemeinsamen Nenner bringen - das kann ein übergeordnetes Ideal sein -, oder jeder Kraft eine Aufgabe zuweisen und ihr Agieren zeitlich aufeinander abstimmen.

Man kann sich den Zustand einer Opposition auch mit der Warmwasserversorgung in einem Einfamilienhaus veranschaulichen. Wenn im Dachgeschoss jemand duscht und dann im Bad in der unteren Etage ebenfalls die Dusche benützt wird, dann werden sich oben der Druck und die Temperatur verändern.

Prinzipiell gilt für alle Oppositionen: Sie sind problematisch, aber nicht schlecht und können sogar Überdurchschnittliches bewirken, wenn das einseitige Agieren der Kräfte erkannt und die Ziele gemeinsam gesetzt werden.

Eine bewusst erlebte und transformierte Opposition macht einem das WAHRE ICHSELBST bewusst. Dazu ist Objektivität erforderlich. Man ist weder die eine noch die andere Kraft, sondern jene Macht, die über beide Wesensglieder gebieten kann. Selbst wenn die Sonne in eine Opposition eingebunden ist, wird einem, sobald man sich aus dem Spannungsfeld befreit und beiden Polen ihre Rechte einräumt, klar, dass sich im persönlichen Standpunkt zwar das Eigenwertgefühl fokussiert, dieser aber nur einen Teilaspekt des SELBST und nicht das WAHRE ICHSELBST repräsentiert.

OPPOSITIONEN IM TRANSIT:

Diese Perioden müssen besonders gut beobachtet werden, sonst bricht, was zuvor mit hilfreichen Konstellationen aufgebaut wurde, auseinander. Das betroffene Seelenorgan wird von der in Opposition befindlichen Kraft zwar angesprochen, reagiert jedoch einseitig, ohne alle seine Möglichkeiten für eine Synthese auszuschöpfen. Das bewirkt, dass von beiden Energien nur die entgegengesetzten Qualitäten zum Ausdruck kommen, das jeweils Negative wird herausgefordert. Lähmung oder Übertreibung wird die Folge sein. Die gebotenen Chancen der Erkenntnis, wie Unvereinbares verbunden werden könnte, werden nicht genützt. In dieser Zeit sollten Entscheidungen, wenn überhaupt, dann nur nach reiflicher Überlegung und ohne Emotionen getroffen werden. Neue Fundamente haben selten Bestand.

QUADRATE:
Diese Spannungen sind in der Regel nicht so leicht zu meistern und viel schwieriger in sein Leben einzubauen als Konjunktionen oder Oppositionen. Ein Quadrat ist wie Zahnweh, wie ein unangenehmer Mitbewohner im Haus, oder ein streitsüchtiger Nachbar, mit dem man nicht in Frieden leben kann; man kommt sich immer wieder in die Quere, weil ständig einer den anderen stört. Am Beispiel mit der Regierung erklärt, würde ein Quadrat bedeuten, dass sich zwei Minister entgegensetzter Fraktionen, sagen wir von der konservativen und der sozialistischen Partei, die Büroetage und das Personal teilen müssen und dass diese beiden darüber hinaus auch noch persönlich miteinander verfeindet sind.

Da hilft nur eines, man muss sich arrangieren, man muss versuchen, miteinander auszukommen. Man muss es immer wieder versuchen. Sobald man sich bewusst darum bemüht, wird auch aus dieser Spannung etwas Positives gewonnen werden: nämlich Einsicht und Erfahrung. Man gewinnt Einblicke in Bereiche, die einem, weil das Interesse dafür fehlte oder weil man sich aufgrund von Vorurteilen dagegen sträubte, sonst niemals zugänglich gewesen wären. Durch die aufgezwungene Verbindung kann die eine Energie vom Wesen der anderen etwas lernen. Aufgrund der ständig notwendigen Überwindung gewinnt man Abstand zu Behinderungen, die in einem selbst verankert sind und erlangt im Laufe der Zeit

Fähigkeiten, die am Beginn des Lebens vielleicht als Chance zur Entfaltung, aber nicht als Anlage, vorhanden waren. Im nächsten Leben könnten daraus Fähigkeiten werden.

- Bei Quadraten in deinem Horoskop überlege immer, was du daraus lernen kannst und was du in dir selber ändern sollst. Lass dich von den Spannungen in deinem Wesen nicht aus dem Gleichgewicht bringen, sondern akzeptiere sie und baue sie bewusst, indem du immer damit rechnest, in dein Wesen ein. Indem du gezielt damit arbeitest und sie somit besser kennen lernst, veränderst du gleichzeitig selbst die Grundlagen deines Wesens, auch wenn du diese Energien nicht völlig beherrscht.

Quadrate sind die idealen geistigen Fitnessgeräte. Sowohl zur persönlichen Selbstvervollkommnung als auch zur Gewinnung von Geisteskraft. Sobald es einem gelingt, sich seinen Standpunkt als WAHRES ICHSELBST bewusst zu machen und man sich dadurch aus den Strebungen seiner verspannten Wesensglieder befreit, wird man sie auch aufeinander abstimmen und für seine Zwecke gebrauchen können.

Mit Quadraten muss man leben, also muss man mit ihnen leben lernen. Das gelingt nur, wenn man sich ganz bewusst und gezielt mit ihnen auseinandersetzt. Mit der Thematik seiner Quadrate muss man sich beschäftigen. Macht man das nicht, dann werden umgekehrt sie einen selbst immer wieder beschäftigen.

Bei keinem Aspekt ist die übergeordnete Sicht, die das Gemeinwohl über die eigenen Ziele stellt, so wichtig wie bei der Transformation der Quadrate. Wenn heute so gerne von Selbstfindung und Selbstentfaltung die Rede ist und das perverse Ziel jeder Psychotherapie die Stärkung und Festigung des egozentrischen Wesensgliedes im Auge hat - eine einseitige Selbstbehauptung über Eigenschaften, die im Quadrat miteinander in Spannung stehen, würde erst recht neue Probleme schaffen.

Zwei Beispiele mögen das erklären:

Mond (Erwartung) Quadrat Saturn (Tatsache): Saturn will abgrenzen und sichern, der Mond will sich den Gefühlen öffnen. Ein Zustand ständiger Unzufriedenheit wird sich daraus entwickeln. Sorge und Angst und Unsicherheit werden die Folge sein. Die Angst, Saturn, darf nicht verurteilt werden, sondern muss als notwendiger Faktor akzeptiert und bewusst als Sicherheitsmechanismus ins Leben eingebaut werden; und die gehemmten Gefühle, Mond, dürfen nicht unterdrückt, sondern sollen als Gefühlstiefe und vermehrter Lebensernst für entsprechende Aufgaben, die diese Einstellung erfordern, zum Beispiel psychosoziale Dienste, genützt werden.

Venus (Sinnesreiz) Quadrat Uranus (Neuland): Die Problematik ist zwar ähnlich wie bei der Opposition, muss jedoch anders gelöst werden. Dieser Aspekt braucht nicht Freiheit, sondern Befreiung von Gewohntem, das sehr rasch langweilig wird. Die Ungebundenheit, die oft gesucht wird, entspringt weniger dem Bedürfnis nach Unabhängigkeit, sondern einer reizlosen Langeweile und dem Wunsch, frei zu sein für neue Reize. Oft ist man zu freizügig, sucht Ausgefal- lenes oder fordert den Partner heraus, um auf diese Weise neue Reize zu erzeugen. Gelingt es innerhalb einer Beziehung, für Abwechslung zu sorgen, lassen sich vorschnelle Trennungen vermeiden. Von Vorteil ist es, wenn man sich gleich eine ausgefallene Persönlichkeit sucht, die immer wieder für neue Überraschungen sorgt.

Quadrate haben noch eine andere wichtige Funktion im persönlichen Wesensgefüge. Sie geben nicht nur die nötige Spannung für Dynamik, sondern können auch andere Planetenverbindungen, zum Beispiel verknüpfte Konjunktionen entflechten, auseinanderstrebende Oppositionen kanalisieren oder langweilige Trigone in ihre Thematik einbinden und aktivieren. Natürlich machen sie das nicht von selbst, sondern nur, wenn man sie als Werkzeug verwendet und sich selbst damit auseinandersetzt.

- Quadrate fordern heraus und belasten. Man darf sich von ihnen aber nicht herausfordern oder entmutigen lassen. Findest du eine Spannung unerträglich, musst du deine Einstellung zur Problematik ändern. Sage nicht, das halte ich nicht mehr aus, sondern nimm zur Kenntnis, dass es so ist, gib zu: Leider ist es so, diese Energien in mir liegen im Streit, aber ich lasse mich davon nicht zerreißen. Das gilt auch für Quadrate im Transit.

QUADRATE IM TRANSIT:
Auch die Quadrate im Transit kommen einem in die Quere. Sie können aber genauso Anlass sein, etwas, das einem schon lange im Wege ist, endlich zu bereinigen. Bestimmte Situationen spitzen sich zu und wollen gelöst werden. Lass dich von den Emotionen nicht überrumpeln, aber nütze den Schwung. Überlege die Ursachen der Spannung und die Möglichkeiten, diese gerecht und vernünftig zu lösen oder löse dich endgültig aus dem gesamten Spannungsfeld.

TRIGONE:
Trigone verbinden harmonisch. Die beteiligten Energien vertragen sich, was jedoch zur Trägheit verleiten kann. Ohne Spannungsaspekte bringen sie genauso viel wie ein fauler Tag am Strand, nämlich Erholung. Sind sie dagegen in widerstreitende Aspekte eingebunden, so werden sie dadurch aktiviert und können gleichzeitig die Problematik entspannen und bieten Lösungen an.

Am Beispiel des inneren Staates erklärt, sind die Minister, die zusammenkommen, nicht nur von derselben Partei, sondern auch noch miteinander befreundet. Sie verstehen und vertrauen einander, wissen, dass sie dasselbe Ziel im Auge haben, und einer wird den anderen unterstützen. Man muss ihnen jedoch ein gemeinsames Projekt als Aufgabe übertragen, von allein machen sie nichts.

Achtung: Trigone von Pluto, Uranus und Neptun können sich unter Umständen auch nachteilig auswirken. Nicht jeder ist imstande, mit diesen ungewöhnlichen Energien richtig umzugehen.

TRIGONE IM TRANSIT:
Die fruchtbringende Wirkung von Trigonen wird besonders bei Transiten deutlich. Aber wo nichts gesät wurde, ist auch nichts zu ernten. Und nach der Ernte muss sofort wieder gesät werden, auch dazu ist die Periode mit Trigonen besonders geeignet. Man muss daher sehr bewusst auch tatsächlich auf die Zukunft gerichtete Handlungen überlegen und entsprechend agieren.

SEXTILE:
Das gleiche gilt für Sextile. Auch sie erfordern besondere Aufmerksamkeit und Pflege, damit sie Wirksamkeit erlangen. Sextile können jedoch, wenn sie in einen Oppositionsaspekt eingebunden sind, sehr viel zur Entspannung beitragen. Ansonst entfalten sie sich erst durch bewusste Aktivierung oder werden durch Transite belebt.

SEXTILE IM TRANSIT:
Auch im Transit entfalten Sextile keine große Wirkung. Es sei denn, der transitierende Planet steht gleichzeitig in Opposition zu einem anderen. Denn dann wird diese Verbindung gleichzeitig durch ein Trigon auf den anderen Ort entspannt, wodurch eine höchst fruchtbringende kreative Spannung zwischen den drei eingebundenen Energien entsteht, die für erfolgreiche Arbeit genützt werden kann. Aus diesem Grund können Sextile auch bei Partnervergleichen eine größere Rolle spielen.

GEMISCHTE ASPEKTE:
Nicht selten sind mehrere Planeten über unterschiedliche Aspekte miteinander verbunden. In der Regel wird sich das auf das Kräfteverhältnis der Seelenenergien positiv auswirken. Spannungen werden entspannt oder ins Gleichgewicht gebracht und ungenützte Eigenschaften bekommen dynamischen Schwung. Das Leben wird damit zwar nicht glücklicher, aber ereignisreicher und erfüllter, weil es mehr Chancen bietet als ein aspektloses Horoskop. Ein geschlossenes Quadrat, gebildet aus vier Planeten, wodurch

sich automatisch zwei Oppositionen ergeben, kann sogar mehr Erfolg bedeuten, als wenn nur einseitige Spannungen vorhanden sind.

GEMISCHTE ASPEKTE IM TRANSIT:
Ein Transit kommt selten allein. Dabei kann entweder ein Planetenorgan gleichzeitig von zwei verschiedenen Planeten angesprochen werden oder es werden zwei oder mehr Planetenorgane von demselben transitierenden Planeten durch unterschiedliche Aspekte aktiviert. Die Auslegung dieser Konstellationen fällt nicht nur Anfängern schwer.

In der Regel gilt: Die so genannten "persönlichen" Planetenzentren, mit denen man sich mehr identifiziert, also Sonne, Mond, Merkur, Venus und Mars, sowie der Aszendent, werden sich stärker angesprochen fühlen und deutlicher auf Transite reagieren als die Planetenorgane Jupiter und Saturn; die äußeren Planetensinne Uranus, Neptun und Pluto haben, wenn sie durch einen Transit angeregt werden, in der Regel überhaupt nur für langfristige Umschichtungen (bei den persönlichen Ansichten und Aussichten) Bedeutung.

Bei der Beurteilung der transitierenden Planeten ist es gerade umgekehrt. Je entfernter der Planet, von dem die Wirkung ausgeht, ist, umso nachhaltiger wird die Auswirkung sein und eventuell andere Aspekte übertönen. Einen belastenden Aspekt von Uranus auf einen persönlichen Planeten wird man deutlicher bemerken als einen gleichzeitig positiven Transit von Jupiter. Ein harmonischer Jupitertransit wird stärker zur Geltung kommen als ein gleichzeitig wirksamer ungünstiger Merkurtransit. Transite von Sonne und Mond sind überhaupt bedeutungslos.

Anders als bei der Beurteilung im Geburtshoroskop bedeutet jede Häufung von Quadraten und Oppositionen bei Transiten immer eine zusätzliche Belastung.

Sowohl im Geburtshoroskop als auch bei gemischten Aspekten im Transit wirken sich die Spannungsaspekte in der Regel stärker aus als die harmonischen. Dabei sind Aspekte von Pluto, Neptun, Uranus und Saturn deutlicher spürbar als Aspekte von Jupiter, Mars, Venus oder Merkur.

TRANSITMAGIE

Transit bedeutet nichts anderes als Übergang; Übergang eines Planeten über den Ort oder über eine Aspektstelle zu diesem Ort, auf dem sich ein Planet im Horoskop befindet. Diese Orte sind ja sensible Stellen, geistige Synapsen der Seelenorgane, Nervenenden des dort anwesenden Planeten, der die Qualität seiner Energie nach der Qualität des Ortes, an dem er sich befindet, ausdrückt.

Mit der Geburt entsteht ein exaktes, lebendiges Abbild der kosmischen Hierarchie, ein Mikrokosmos. Dieser Mikrokosmos wird im Horoskop dargestellt. Die Planeten wandern aber bekanntlich weiter. So kommt es, dass sie im Laufe der Zeit Stellen passieren, an denen sich zur Zeit der Geburt ein Planet befand. Dieser Planet, besser gesagt dieses Planetenorgan, wird durch den Transit angeregt, und zwar nach der Qualität des transitierenden Planeten und nach der Art des gebildeten Aspektes. Die Wesenszellen des angesprochenen Seelenorgans verbinden sich dabei mit den Wesenszellen der einwirkenden Planetenkraft der Hierarchie und agieren entsprechend.

Mit Hilfe der astrologischen Transite erhält man noch eine weitere Möglichkeit, sein Leben und sein Wesen selbst und bewusst zu gestalten. Man kann die Qualität der Zeit, in der bestimmte Wesenszellen reifen, erkennen und nützen.

Die Wissenschaft der Transite bietet zwei Einsichten:
Erstens erkennt man schon im Voraus, wann eine bestimmte kosmische Macht auf das Bewusstsein einwirken kann und ob das förderlich oder nachteilig empfunden wird. Und zweitens erkennt man, wann eine bestimmte Seelenfunktion stärker in Erscheinung tritt und wie das entsprechende Seelenorgan dabei jeweils funktioniert.

- Transite bedeuten immer Berührungen mit einer kosmischen Macht. Weiß man, wann einen welche Macht berührt, kann man diese wesensfremden Kräfte wie seine eigenen gebrauchen.

Während das Geburtsbild erkennen lässt, wie das persönliche Wesen gestaltet ist und welche Anlagen und Möglichkeiten sich daraus entfalten können, lässt sich aufgrund der Transite berechnen, wann und wie die vorhandenen Anlagen zu gewissen Zeiten funktionieren und genützt werden können und wann sich bestimmte Stimmungen, Strebungen oder Absichten stärker in den Vordergrund drängen, die eher Nachteile bringen.

Darüber hinaus bieten die Transite Einblicke in das Walten der Schicksalsmächte und lassen erkennen, wann eventuell mit einem Schicksalsschlag oder mit schicksalhafter Hilfe zu rechnen ist.

Der Einfluss der Intelligenzen auf den Menschen ist nämlich zweifach. Zum einen geben sie über die Aspekte der Transite die Qualität und Richtung vor, in der bestimmte persönliche Wesensglieder angeregt werden, sie können jedoch darüber hinaus auch mit Ereignissen konfrontieren, die nicht „hausgemacht", aufgrund eigenen Agierens entstanden sind, sondern tatsächlich von außen auf einen zukommen, ohne dass man sich dagegen wehren kann. Ein Teil davon wird sich bei genauerem Hinterfragen trotzdem als selbst verschuldet erklären lassen, man hat nur die Aussaat des Keims, dessen Frucht man erntet, bereits vergessen. Ein anderer Teil scheint jedoch wirklich schicksalhaft zu sein.

Dazu gehören sowohl der Brief mit der enttäuschenden Absage, der genau am Tag mit dem ungünstigen Merkurtransit eintrifft, als auch der Trauerfall in der Familie, gerade im Jahr, wo Saturn über die Venus oder den Mond transitiert. Das betrifft die unerwartete Kündigung des Jobs, während der Uranus über die Sonne ging, den Kühlschrank und die Waschmaschine, die beide exakt mit dem Jupiterquadrat zum Uranus ihren Geist aufgeben, der Zahn, der mit Mars am Saturn zu schmerzen beginnt, der gemeine Einbruch in der Wohnung, der exakt mit dem Plutotransit stattfand. Aber auch positive Ereignisse, erhoffte Schicksalshilfen stellen sich oft, trotz eifrigsten Bemühens, erst zu astrologisch günstigen Perioden ein. Der neue Job, der einem mit Jupiter auf der Sonne angeboten wird, der lang ersehnte Liebespartner, den man endlich mit dem günstigen Transit zur Venus trifft, usw.

Aber nicht bei jeder Konstellation treten die Schicksalsengel in Erscheinung. Auch die elementaren dämonischen Mächte nützen die Gezeiten der Macht und die offenen Tore eines Seelengartens, die ihnen Zugang zum persönlichen Wesensgefüge des Betreffenden verschaffen. Wer die Qualität der Zeiten kennt, wird sich, zumindest gegen die Einflüsse aus den Unterwelten, vorsehen können. Durch Beachten der Transite kann man sich einem großen Teil ihrer Einwirkungen entziehen.

Und wie die Intelligenzen kann man natürlich auch selbst die kosmologischen Energien der Konstellationen nützen. Man kann sein Schicksal besser mitgestalten und sein Leben richtig planen, wenn man auf die unterschiedlichen Zustände seiner Seelenorgane achtet. Man wird in Zeiten des optimalen Funktionierens seiner Fähigkeiten durch gezielten und gut vorbereiteten Einsatz seiner Kräfte besonders erfolgreich sein und in kritischen Perioden durch Vorsicht und Zurückhaltung Verluste und Fehlentscheidungen weitgehend vermeiden können.

Man wird nicht mit einem Uranustransit zur Venus eine Ehe eingehen, sondern warten, bis ein günstiger Saturnaspekt die Gefühle vertieft und sicherer macht. Man wird den Beruf nicht wechseln und die Aktien nicht ordern, wenn der Neptun mit einem Quadrat zum Jupiter das Urteilsvermögen vernebelt. Man wird das neue Auto oder die neue Wohnung besser mit einem günstigen Jupitertransit kaufen, weil man dann seine Möglichkeiten richtig einschätzt und weiß, was man will, und weil einem dann auch das Schicksal entgegenkommt, während die negativen Mächte keine Angriffsflächen finden.

Genauso wird man seine Mitmenschen besser einschätzen können, wenn man deren Horoskope kennt, und vor allem wird man mit ihnen leichter auskommen, wenn man weiß, wann sie ihre guten und schlechten Zeiten haben. Dieses Wissen ist Macht. Der Grund, warum die Priester der alten Tradition die Astrologie als Geheimnis hüteten, war, dass sie sich damit ihre eigene Machtposition gegenüber den Herrschenden sicherten. Wer die Zeiten der Schwächen seines Gegners kennt und die Perioden seiner persönlichen Stärken mutig nützt, wird immer im Vorteil sein.

Das muss kein regierender Herrscher sein. Wer den Seelenzustand seines Chefs, seiner Kollegen, seines Ehepartners kennt, kann, wenn er deren Stimmungslage berücksichtigt, viel Frust und sinnlosen Kleinkrieg vermeiden.

DER VERKEHR MIT DEN GENIEN

Wir unterscheiden die Gezeiten der Macht und die Gezeiten der Seele. Die Astrologie beschreibt sowohl den kosmologischen Zustand der Hierarchie, so wie sie jeweils zu einer bestimmten Zeit, von einem bestimmten Ort aus eingesehen werden kann und in Erscheinung tritt, als auch den persönlichen geist-seelischen Zustand, den Seelenspiegel jedes einzelnen Menschen, der sich aufgrund der wechselnden kosmischen Umstände ständig verändert.

Wenn man sich ein vollkommenes Wesen vorstellt - die Religionen bezeichnen diese universale Bewusstseinsform als Gott -, dann wären die Planetengenien die Organe und Glieder dieser Intelligenz, mit denen sie imstande ist. auf allen Ebenen und zu jeder Zeit gleichzeitig gegenwärtig zu sein und zu wirken.

- Unterscheide daher immer zwischen dem Einfluss einer kosmischen Intelligenz und der analogen Wirkung eines Seelenorgans, das als persönlicher Wesenskomplex deiner Macht untersteht.

Mit der Inkarnation entsteht ein Abdruck der kosmischen Gegebenheiten und dieser bleibt als ganz persönliches eigenes Universum weiterbestehen. Jeder hat einen eigenen Bewusstseinsraum mit einem Horizont von 360°, der in gleich großen Abschnitten zwölf unterschiedliche Qualitäten zum Ausdruck bringt. Und jeder hat zehn verschiedene Planetenorgane und einen Aszendenten als Ausgangspunkt für die persönliche Ausrichtung seiner 12 Interessensfelder. Jeder hat die Eigenschaften des Widders, des Stiers, des Zwillings usw. in sich, und jeder hat eine Sonne, einen Mond, einen

Merkur, eine Venus, aber für jeden werden die einzelnen Grade seines Horoskops und seine Planeten eine andere Bedeutung, Qualität und Richtung ihres Strebens aufweisen.

- Es besteht daher ein Unterschied zwischen dem "persönlichen" Jupiter (Venus, Mars, Saturn usw.) im eigenen Horoskop und dem Jupiter (und anderen Planeten), die als "Transite" täglich ihre Position im Raum und damit dessen Qualität verändern.
- Das eine sind die persönlichen Wesensglieder und Seelenorgane, und das andere sind die "Organe und Wesensglieder" der Göttlichen Vorsehung, die als Wesenskräfte der Hierarchie (Vorsteher, Intelligenzen und Planetengenien) in Erscheinung treten und auf die persönlichen Seelenorgane verändernd einwirken können.

Wenn zum Beispiel jemand seinen Jupiter, also das Seelenorgan für sein Optimum, für Ausweitung, Erwartung, Hoffnung und Urteilsfähigkeit, auf 10° Fische hat und ein Planet geht über diese Stelle oder bildet einen Aspekt dazu, dann wird der Betreffende davon in seinen Hoffnungen, Erwartungen und persönlichen Weltvorstellungen berührt. Je nach Planet und Aspekt, der auf diese Stelle einwirkt, kann das positive oder negative Auswirkungen auf seine Befindlichkeit und sein Verhalten haben.

Ist es zum Beispiel der laufende Merkur, das kosmische Organ für Übermittlung, kann an diesem Tag eine gute Nachricht eintreffen, eine erfolgreiche Besprechung geführt werden oder man hat eine gute Idee, die sich später erfolgreich realisieren lässt.

Transitiert die Venus, das kosmische Organ für Zuneigung, Harmonie und angenehme Empfindung, über den Jupiter (persönliche Werte), wird man sich an diesem Tag wohlfühlen, gesellig sein, vielleicht lieben, sich etwas Schönes leisten oder einfach mit Gegebenem Zufriedenheit empfinden.

Transitiert der Mars, das kosmische Organ für Leistungskraft, über den persönlichen Jupiter, wird man sich herausgefordert fühlen, seine Rechte (Jupiter) durchzusetzen oder zu verteidigen.

Transitiert der kosmische Jupiter (Bewertung und Vollendung) über den Ort des persönlichen Jupiters (Wertvorstellung für Glück und Erfolg), wird man Erfolg haben und Anerkennung und Würdigung seiner Arbeit aus den letzten zwölf Jahren ernten.

Geht dagegen Saturn, das kosmische Organ für Grenzsetzung, über diese Stelle, so werden die persönlichen Hoffnungen und Erfolgserwartungen auf Widerstand stoßen; Enttäuschungen, Behinderungen, Verzögerungen und Zweifel am Gelingen sind für diese Zeitspanne zu erwarten.

Würde umgekehrt der persönliche Saturn, das Seelenorgan für Konzentration, Ehrgeiz und Fleiß (Urqualitäten, welche die Wurzeln und Fundamente für jeden Erfolg schaffen), auf 10° Fische stehen und der kosmische Jupiter, also die Wesensmächte, die erfüllen, vollenden, reifen und ernten lassen, diese Stelle passieren, dann würde das die gesetzten Bestrebungen fördern und dem Betreffenden helfen, seine Lage und die Umstände richtig einzuschätzen, sinnvoll zu agieren, und die gesetzten Unternehmungen aus dieser Zeit würden sich später als wertvolle Fundamente erweisen.

- Jeder Grad des persönlichen Bewusstseinsraumes ist wie ein Tor, durch das kosmische Mächte ein und aus gehen können, und sie tun es auch, sobald sie einen Grad passieren, der ihnen Zugang zu einem persönlichen Seelenorgan bietet.
- Indem sich solchermaßen die Elementale der kosmischen Wesenskräfte mit den persönlichen Wesenszellen verbinden, bedeutet das, je nach Planet, Zeichen und Aspekt, dass sie entweder hilfreich oder störend auf das Leben des betreffenden Menschen einwirken.
- Das betroffene Seelenorgan wird dadurch entweder positiv angeregt oder es fühlt sich herausgefordert oder unterdrückt und reagiert entsprechend gespannt oder heftig.

Dabei darf man nicht vergessen, dass es sich bei den Urqualitäten um die feinstofflichen Wesenszellen sowohl der Menschen als auch aller anderen Wesen und Intelligenzen handelt. Man studiere dazu nochmals eingehend die in meinem Buch "Die Vier Elemente" angeführten Tabellen der Urqualitäten. Da diese Wesensgeister ein Eigenleben führen, miteinander ständig in Wechselwirkung stehen und, je nach der Ausgerichtetheit ihrer Qualität, entweder in dieselbe Richtung streben und sich vertragen und ergänzen oder sich gegenseitig behindern, wird auch der Geborene in diesen inneren Widerstreit mit hineingezogen. Es liegt an ihm, für Ausgleich zu sorgen. Kraft seiner Konzentrations-, Imaginations- und Transformationsfähigkeit hat er die Möglichkeit, bis zu einem gewissen Grad auf seine Wesenszellen verändernd einzuwirken.

Wer das richtig versteht, wird bei der Auslegung von Konstellationen keine Probleme haben und die Folgen der Vermischungen der persönlichen und fremden Wesenszellen richtig einschätzen können.

Man muss nur unterscheiden, welche Funktion das jeweilige persönliche Seelenorgan hat, das einer Berührung mit einer kosmischen Macht ausgesetzt ist, und welche Eigenschaften die jeweilige auf das Seelenorgan einwirkende kosmische Macht vertritt. Daraus ergibt sich dann immer der Zustand seiner persönlichen geistigen, seelischen und körperlichen Befindlichkeit, also seiner Stimmungen, Absichten und Fähigkeiten.

Man kann berechnen, wann jeweils eine bestimmte persönliche Wesenskraft durch eine kosmische Macht angeregt wird und in welcher Weise sie beeinflusst wird. Daher lässt sich bereits im Voraus erkennen, ob es sich um eine förderliche oder nachteilige Verbindung handelt und welche Folgen sich daraus ergeben können.

Zum einen verändern sich aufgrund astrologischer Einflüsse die persönlichen Wesenszellen, so dass, entsprechend der jeweiligen Konstellation, jeweils andere persönliche Strebungen und Eigenschaften stärker zum Ausdruck kommen und einen richtig oder falsch agieren lassen, und zum anderen scheint es so, als würde man - und zwar nicht als Folge davon, sondern auch von außen - mit analogen, von den Schicksalsmächten in die Wege geleiteten

Erlebnissen konfrontiert werden. Da aber Lebensereignisse symbolisch das Geistseelische ausdrücken (siehe Kapitel Schicksalsfrage) und zumeist die Folge von vergangenem Denken, Wünschen, Fürchten und Begehren sind, bewirkt, auch wenn es einem nicht immer bewusst wird, die scheinbar äußere "schicksalhafte" Einwirkung in der Regel nur die Auslösung der bereits durch die eigenen Phantasien und Imaginationen vorbereiteten Elementale.

Man kann nie mit Sicherheit erkennen, ob ein Elemental, also ein Gedanke, der einem kommt und zu einer beabsichtigten oder ungewollten Handlung führt, eine "schicksalhafte" Eingebung war oder als Folge eigenen Denkens und Überlegens bewusst wurde. Genauso wie er vom Schicksalsengel oder vom großen Versucher geweckt werden kann, kann er von persönlichen Regungen und Schemen aus dem Gefühlsbereich belebt, verursacht oder angezogen worden sein. In der Regel wird er aus dem eigenen Bewusstseinsraum stammen und im Laufe der Zeit, zuerst unbeachtet, später jedoch in den Phantasien der Tagträume spielerisch gepflegt, immer größer und mächtiger angewachsen sein. Ein solcher Wunschgedanke braucht dann keine starken Impulse mehr von außen, um bei gegebenem Anlass oder einer entsprechenden Konstellation, zum Handeln zwingend, in Erscheinung zu treten.

Das erklärt, warum zum Beispiel die meisten Ehen am Arbeitsplatz (wenn nicht zuvor am College) gezündet, aber auch gebrochen werden. Man sieht sich täglich. Phantasien werden geweckt, aus dem Flirt wird Liebe, und bei den nächsten entsprechenden "schicksalhaften" Konstellationen beschließt man zu heiraten.

Der Schicksalsengel war in Wirklichkeit ein simpler Eros-Schemen, und bis die beiden es merken, ist es in der Regel schon zu spät.

Es genügt daher nicht, die kosmologischen Gezeiten der Macht zu berechnen, man muss auch seine innere Ansprechbarkeit dafür berücksichtigen. Wer sein Horoskop kennt und weiß, dass er, zum Beispiel aufgrund einer Mars-Venuskonstellation in seinem Geburtsbild, sehr rasch entflammt oder wegen einer Neptun-Venusverbindung ständig in Liebesphantasien schwelgt, der soll in Zeiten, wo diese Konstellation durch einen Transit noch mehr aktiviert wird, keine voreiligen Entscheidungen in Liebesangelegenheiten treffen und besonders wachsam sein, damit sich während dieser Periode nicht neue Schemen bilden.

GEISTBEFRUCHTUNG, GEISTVERSCHWENDUNG

Die verschiedenen Transformationstechniken bewirken nicht nur die Freisetzung der Seelenkraft der überwundenen Schemen, sondern auch der damit verbundenen Geistpartikel, welche die Emotionsenergie bildlich formen, umkleiden und ihnen Gestalt verleihen.

Zumeist wird dem Verlust von Energie und Geisteskraft viel mehr Aufmerksamkeit gewidmet als der Vergeudung von Geistesstoff. Jede Vorstellung, also jedes Elemental, ist aus Lichtstoff gezeichnet, und dieser steht einem - genau sowenig wie die belebende elementare Energie - nicht unbegrenzt zur Verfügung. Lichtstoff wird nur mit den Eindrücken, die man wahrnimmt, aufgenommen. Mit dem Wachstum von Schemen geht er wieder verloren.

Nur durch die Übungen der Transformation wird, neben der Überführung der Geisteskraft, auch die Geiststofflichkeit aus ihrem komplexen Verband gelöst und wieder der persönlichen Vorstellungskraft unterstellt. Man ist also entweder auf den Geiststoff der Elementale - die einem durch die Eindrücke der Sinnesorgane zuströmen und die sich, wenn man sie nicht durch seine konzentrierte Aufmerksamkeit oder Zuneigung zu lange im Blickfeld hält, umkneten lassen oder von selbst verblassen - angewiesen oder man holt sich den Lichtstoff, so wie die Geisteskraft, durch gezielte Transformation zurück.

Schwelgen in Phantasien, sich seinen Träumereien hingeben, sich Situationen oder Lustempfindungen vorzustellen, verbraucht neben Seelenenergie und Geisteskraft auch viel von dem Lichtstoff, der zur Aufrechthaltung des Bewusstseins benötigt wird.

Wenn in den Schriften von Onanie die Rede ist, so ist damit nicht nur die sexuelle Selbstbefriedigung oder Lustgewinn ohne Befruchtung gemeint, sondern die Hingabe an Schemen und die

Bildung von Elementalen, die für das persönliche Wesen (oder den Gott, an den man glaubt und dem man dient, weil man sich von ihm befruchten lässt und seinen Idealen folgt) nicht notwendig sind.

Der Samenerguss bringt keinen großen Verlust an Lebenskraft, wie manche Tantriker meinen, und für den, der es glaubt, gibt es Techniken, mit denen er diese sofort wieder einfangen kann. Auch die in den Lustgenuss fließende Seelenkraft bedeutet, soweit damit nicht Suchtschemen genährt werden, keinen großen Verlust.

Was verloren geht und vergeudet wird, ist der Lichtstoff und die mit ihm verbundene Geisteskraft, mit dem die verführerischen Elementale gezeichnet werden. Damit hätte man sich, anstelle der Geistschmarotzer, genau so gut Wesenszellen für Eigenschaften und Fähigkeiten, die einem helfen, seine Vorhaben zu realisieren, aufbauen können.

In der Alchemie gibt es die sehr aufschlussreiche Darstellung eines Königs, der auf seinem Thron sitzt und seine Kinder verschlingt. Man wird das unterschiedlich deuten, aber eine mögliche Auslegung ist: Die Elementale, die man durch sein Denken schafft, muss man sich wieder einverleiben, sonst fressen sie einen selbst oder es frisst sie ein anderer und entzieht einem damit Energie und Substanz.

Auch wenn man es im normalen Tagesverlauf nicht merkt, spätestens im Traumleben und im Seelengarten zeigt sich, dass selbst die bedeutungslosesten Gedankensplitter als Teil des Bewusstseins weiter existieren und ganz gleich, wonach sie sich ausrichten und wohin sie fließen, mit einem selbst verbunden bleiben.

Das ist die Ursache für den Verlust von Geistesstoff durch gezielte Verführung von anderen Intelligenzen. Wenn sich Intelligenzen mit den Menschen vereinigen und „paaren“, werden Elementale gezeugt. Die "Befruchtung" wird zwar durch eine Eingebung der Wesenheit bewirkt, das kann ein Bild oder eine Regung sein, aber das, was daraus erwächst, geht in der Regel auf Kosten der menschlichen Energie- und Lichtstoffreserven. Die gezeugten Wesenszellen sind nämlich, aufgrund der Urqualitäten, auch mit den analogen kosmischen Intelligenzen verbunden und binden einen in die Ebene dieser Wesenheiten ein.

Der Verkehr mit den Genien findet ständig statt, auch wenn sich die wenigsten dessen bewusst sind. Stimmungen, Regungen, Vorstellungen und Meinungen, sämtliche Interessen, die man sich selbst zuschreibt, sind in Wahrheit zumeist die Folge von Befruchtungen durch eine feinstoffliche Wesenheit. Qualität und Einflusssphäre richten sich dabei weitgehend nach den jeweils vorherrschenden astrologischen Konstellationen.

Wer die astrologischen Konstellationen beachtet, weiß daher genau, wann ihn welche Intelligenzen mit ihren geistigen Samen befruchten werden. Und er erkennt bereits im Voraus, wann sich welche persönlichen Schemen in seinem Wesen regen werden und kann sich dagegen abschirmen. Nur wenn sich der Betreffende darauf bewusst und willentlich einstellt, wird eine kontrollierte gegenseitige Befruchtung mit anderen Wesenheiten und ein gezielter Austausch von Wesenszellen stattfinden. Ansonst bedeutet es immer einen Verlust persönlicher Energie- und Lichtstoffreserven.

PSYCHORHYTHMIK - DIE GEZEITEN DER SEELE

Wesensorgane können, wenn sie durch Transite angeregt werden, besonders stark hervortreten und die anderen überlagern. Das erregte Seelenglied hat dann das Bestreben, die ganze Geisteskraft für seine Anliegen zu verwenden. Einem gedehnten Muskel fließt bekanntlich automatisch mehr Kraft zu. Das gilt auch für die Geistesmuskeln, was dann in der Regel auf Kosten der anderen geistseelischen Funktionen geht und diese in den Hintergrund drängt.

Im Grunde genommen ist jeder Mensch eine multiple Persönlichkeit mit unterschiedlichen Schwerpunkten seiner Interessen und Neigungen, mit denen man sich, einmal mehr, einmal weniger, identifiziert. Je nachdem, welches Seelenorgan gerade durch einen Transit stimuliert wird und dadurch besonders in Erscheinung tritt, verlagern sich das Zentrum der Aufmerksamkeit und die Bedeutung der Anliegen, die man verfolgt.

Dabei sind drei Faktoren wirksam und zu beachten:

1. Das angesprochene persönliche Seelenorgan.
2. Die auf das Seelenorgan einwirkende Planetenmacht.
3. Die elementare Qualität des Aspekts aufgrund des Winkels.

Erstens ist zu untersuchen, welches persönliche Seelenorgan, welcher Planet im Horoskop durch einen Transit angesprochen wird, also welche Seelenfunktion angeregt, gereizt oder unterdrückt wird:

Zum Beispiel das Körperempfinden (Aszendent), die Gesamtpersönlichkeit (Sonne), das Gefühlsleben (Mond), die Denkprozesse (Merkur), das Liebesempfinden (Venus), der Schaffensdrang (Mars), die Ziel- und Wertvorstellungen (Jupiter), die Vorsorgebestrebung (Saturn), die Veränderungsbereitschaft (Uranus), die Traumwelten (Neptun) oder die Unterwelten (Pluto). Transite über die Sonne und den Mond wird man in der Regel am deutlichsten spüren.

Zweitens ist zu klären, welche kosmologische Energie der transitierende Planet darstellt, also welche Qualität und Strebung die einwirkende Planeten-Intelligenz vertritt und auf das angesprochene Seelenorgan überträgt:

Die Genien der Plutosphäre werden immer etwas Machtvolles, schicksalhaft Zwingendes vermitteln. Die Wesenszellen von Neptungenien sind sanfter, lösen Strukturen auf oder vernebeln und bewirken Verirrungen der Funktion des betroffenen Organs. Von den Wesen aus der Uranussphäre werden Wesenszellen, die Veränderungen und unerwartetes Verhalten bewirken, eingegeben. Agieren Genien des Saturn, ist aufgrund der stabilen Saturnzellen eher mit einer Verlangsamung und Behinderung der Vorhaben und Lebensprozesse zu rechnen. Kommen die astralen Keime aus der Ebene der Jupitergenien, ist Zuwachs oder Auswuchs der Anliegen der betreffenden Seelenfunktion zu erwarten. Marsintelligenzen werden das betroffene Wesensorgan mit extremer Leistungskraft versorgen und zu Aktivitäten stimulieren, was zu Übertreibungen führen kann. Venuswesen stimmen in der Regel friedlich und passen die betroffene Seelenfunktion harmonisch den Gegebenheiten an. Merkurgenien lockern, machen wachsam dort, wo sie harmonisch wirken, können aber auch zersplittern und die Aufmerksamkeit zerstreuen.

Drittens ist der Einfluss, der sich aufgrund des Aspektes ergibt, zu beachten:

Die angesprochene Seelenfunktion kann durch einen Transit entweder harmonisch stimuliert werden und reagiert auf diesen positiven Reiz mit einer sinnvollen, der Situation angepassten Aktion. Sie kann aber auch unterdrückt oder herausgefordert werden, die Folge ist dann eine Erregung dieses Seelenorgans mit einer unangepassten, heftigen, übertriebenen oder gespannten Reaktion. Transite von Sonne und Mond haben in der Regel keine deutliche Auswirkung, machen jedoch manchmal das betroffene Seelenorgan bewusst.

DIE FEINSTOFFLICHEN BOTENSTOFFE

REZEPTOREN UND SYNAPSEN

Die Abbildung der "kosmobiologischen Struktur der psychophysischen Kraftfelder" mag den Mechanismus des kosmologischen Stoffwechsels, der das Bewusstsein am Leben hält, veranschaulichen. Oben links tritt, vom Aszendenten gefiltert, ein Sinneseindruck in das Bewusstsein. Im normalen Fall, wenn kein Seelenorgan aufgrund eines Transits (oder eigener Bestrebung durch vorhandene Aspekte) besonders aktiviert ist, wird die Wahrnehmung, die ja dem Energiequant einer geistigen Nahrung entspricht, der Reihe nach alle Seelenorgane in absteigender und aufsteigender Reihe passieren und von dem seiner Qualität entsprechenden Organ verarbeitet. Was vom Bewusstsein nicht vollständig absorbiert und transformiert wurde, wird in Form einer Vorstellung, Absicht, Bestrebung oder Handlung über den Aszendenten, oben rechts, wieder ausgeschieden.

Wird jedoch ein Organ durch einen Transit stimuliert, dann tritt dort eine Ablenkung, Überreizung oder Blockierung ein. Die Funktion des betroffenen Seelenorgans hebt sich ab und bestimmt, entsprechend der Qualität des Transits, für die Dauer der Einwirkung das Lebensthema.

Bei Transiten wird der persönlichen Wesensstruktur, die im bestehenden Geburtsbild dargestellt ist, etwas Neues hinzugefügt. Nicht nur das durch den Transit angeregte Seelenorgan tritt in Aktion, sondern auch die aus der Planetensphäre einströmenden Wesenszellen wirken so, als ob es persönliche Wesenszellen des eigenen Seelenorgans wären. So kann zum Beispiel eine zurückhaltende, vorsichtige Steinbock-Venus, wenn der laufende Uranus ihren Ort berührt, in ungewohnt heftiger Leidenschaft entflammen, oder eine überschwängliche Schütze-Sonne für die Zeit, in der Saturn über ihre Position transitiert, einen ernsten Dämpfer abbekommen.

DIE KOSMOBIOLOGISCHE STRUKTUR DER PSYCHOPHYSISCHEN KRAFTFELDER

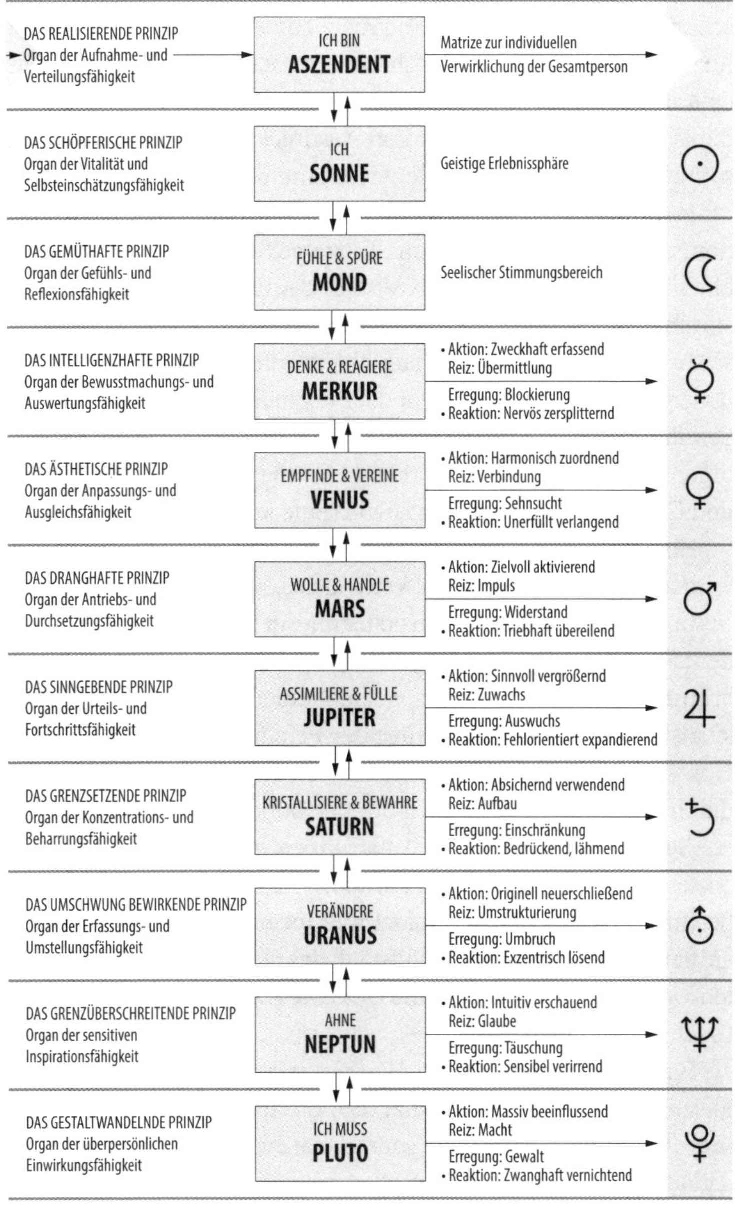

DIE KYBERNETIK DES BEWUSSTSEINS

Die umseitige Darstellung der psychophysischen Kraftfelder beschreibt den kreisläufigen Zusammenhang der Seelenorgane, wie er im Idealfall gegliedert ist. An oberster Stelle befindet sich der Aszendent. In absteigender und wieder aufsteigender Richtung - links für die Eindrücke und rechts für den Ausdruck - die Reihung der persönlichen Planetenorgane, die wieder mit dem Aszendenten endet.

In der Regel entspricht jedoch die Gewichtung der Seelenfunktionen nicht dieser Darstellung. Einzelne Schwerpunkte aufgrund eines Ungleichgewichts im Kreislauf der Elemente - oder weil bestimmte Organe durch Spannungsaspekte miteinander verbunden sind - verändern die Bedeutung der einzelnen Wesensglieder und lassen sie stärker oder weniger deutlich in Erscheinung treten. Aus den individuellen Strukturen und Verbindungen einzelner Seelenorgane ergeben sich die persönlichen Anlagen zum Temperament und Charakter des Einzelnen sowie seine jeweilige Befindlichkeit.

Eine zeitweise Verschiebung der Bedeutung der Seelenorgane wird auch durch die Transite verursacht.

In jedem Fall aber steht an erster und an letzter Stelle der Aszendent. Er ist das Seelenorgan für die Öffnung des Wesens in die grobstoffliche Welt. Der Aszendent ist die bedeutsamste und sensibelste Stelle im Wesensgefüge der Persönlichkeit und damit im Horoskop. Sämtliche Eindrücke müssen ihn passieren und werden durch ihn gefiltert. Aber auch der persönliche Ausdruck, alle persönlichen Reaktionen und Äußerungen tragen den Duktus des Aszendenten. Er ist auch die Öffnung nach außen. Der Aszendent bestimmt als Antenne, wie man Eindrücke aufnimmt, worauf man ausgerichtet ist und (als "Mundstück des Gartenschlauchs der Seelenwasser") auf welche Art die Seelenregungen schlussendlich in Erscheinung treten.

Ein Stier-Aszendent zum Beispiel wird nicht nur stets - ganz gleich, wo die Sonne, der Mond oder die anderen Planeten stehen - immer geduldig wirken und - ganz gleich, was geschieht - geruhsam darauf reagieren, sondern auch alles, was auf ihn eindringt, mit einer

Gelassenheit aufnehmen, um die ihn ein Skorpion-Aszendent nur beneiden kann. Ein Skorpion-Aszendent dagegen wird umgekehrt alles dramatisch, persönlich auf sich bezogen erleben und entsprechend persönlich verletzt reagieren, selbst wenn er eine Stier- Sonne haben sollte. Das gilt auch für Reaktionen auf Transite.

Ganz gleich, welches Seelenorgan - weil es durch einen Transit angeregt wird - stärker in Erscheinung tritt, zuerst wird der Eindruck vom Aszendenten gefiltert, und auch zuletzt wird der Ausdruck der Reaktion vom Aszendenten bestimmt.

Die Kybernetik des Bewusstseins, die auf den Elementen der Planeten beruht, funktioniert im Idealfall so, dass ein Eindruck von außen, nachdem die Wahrnehmung den Aszendenten passiert hat, der Reihe nach auch sämtliche anderen Seelenorgane durchläuft. In der Regel ist es dabei so, dass je nach den Planetenaspekten im persönlichen Horoskop, also je nach den individuellen Verbindungen zwischen den Seelenorganen, die einzelnen Organe stärker oder weniger darauf reagieren. Spannungen im Gefüge lenken einen Großteil der Impulse auf sich. Hat zum Beispiel jemand ein Quadrat zwischen Saturn, dem Organ für Zurückhaltung, und Mars, dem Organ für Antrieb, so wird jeder Eindruck diese Spannung verstärken und den Betreffenden oft gereizt und ungehalten reagieren lassen.

Noch stärker reagieren die Seelenorgane, wenn sie durch einen Transit direkt angesprochen werden.

Geht zum Beispiel der Mars, der bekanntlich die Antriebsenergie vermittelt, über eine Aspektstelle der Sonne, dem Organ für das Eigenwertgefühl, wird der Betreffende mehr Leistungskraft und das Bedürfnis nach Selbstdurchsetzung verspüren. Ist es der Mond, werden die Gefühle angeregt; ist es der Merkur, steigert sich die geistige Regsamkeit; bei einem Transit zur Venus, dem Organ für Harmonie und Genuss, wird das Liebes- und Lustempfinden eingeschaltet und Tage sexueller Leidenschaft können die Folge sein. Wesentlich intensiver und exzentrischer wird die Reaktion der Venus auf einen Transit von Uranus sein. Das Liebesverlangen ist dann übersteigert: Was bisher gefiel, verliert seinen Reiz.

Dazu kommt, dass das dissonante Hervortreten eines Seelenorgans zumeist die Funktion der anderen Organe ausschaltet oder beeinträchtigt. Die Kybernetik des Bewusstseins ist gestört. Das bedeutet am Beispiel der erregten Venus: Die Lust wird dann nicht mehr von Verstand (Merkur), Vernunft (Jupiter) und Verantwortung (Saturn) geregelt. Gefühlsentgleisungen, Übertreibungen oder Liebesabenteuer und Partnerprobleme sind für diese Lebensperiode vorhersehbar.

Berührt dagegen Saturn, die kosmologische Macht für Einschränkung und Verneinung, als Transit die Aspekt-Orte der persönlichen Venus, so wird das genau das Gegenteil bewirken. Die Lust nach Kontakt wird gehemmt, die Hoffnung und der Glaube an Liebe, Harmonie und Glück werden in Frage gestellt oder scheinbar schicksalhaft behindert, eine Periode der Einsamkeit oder Enthaltsamkeit kann die Folge sein.

BEACHTE: Aspekte auf einen Planeten-Ort im persönlichen Horoskop werden nicht nur das angesprochene Seelenorgan im Sinne des Aspektes und der Qualität des Planeten beeinflussen, sondern regen gleichzeitig auch das der einwirkenden Planetenmacht analoge Seelenorgan an. Ein Transit vom kosmischen Merkur zur persönlichen Sonne zum Beispiel wird auch den persönlichen Merkur stimulieren, ein Transit von der kosmischen Venus zur persönlichen Sonne regt auch die persönliche Venus an, usw. Natürlich werden auch jene Planeten, die im Horoskop einen Aspekt mit dem angesprochenen Organ bilden und sich im Wirkfeld des Aspekts befinden, in die Konstellation miteinbezogen. Da die regelnde Schaltfunktion der nicht angesprochenen Seelenorgane entfällt, können Spannungsaspekte im Horoskop, wenn sie durch Transite aktiviert werden, noch stärker als sonst hervortreten.

MENSCH UND KOSMOS

Der Geist, der das Bewusstsein trägt, endet nach unseren derzeitigen Erkenntnissen nicht mit den Synapsen am Ende der Neuronen im Gehirn, sondern reicht weit über das elektromagnetische Feld der Gehirnrinde hinaus. Die zehn, den Planetenqualitäten analogen Geist und Seelenglieder reichen bis an die Grenzen unseres Sonnensystems. Sie gleichen den Nervenbahnen im Gehirn und sind nicht nur miteinander, sondern auch mit den analogen Planetensphären vernetzt. Der Bewusstseinskörper ist von Geburt an mit den Sphären verbunden und in unmittelbaren Kontakt mit ihren Wesen und Energien. Das erklärt, wie die Astrologie funktioniert:

Die Astrologie beruht nach unserer These nicht auf Strahlen von Planeten sondern auf der organischen Verbindung mit den Mächten und Kräften der kosmischen Hierarchien. Man wird nicht angestrahlt, sondern reicht selbst in die Sphären hinein. Man ist direkt und permanent in sie eingebunden und Teil des kosmischen Geschehen.

PROGNOSEN

TRANSITE: WAS GESCHIEHT, WENN DICH EIN WESEN BERÜHRT?

Die Planetenpositionen im Horoskop stellen keine abstrakten Schaltstellen eines verborgenen Seelenmechanismus dar. Es sind ganz konkrete Taststellen des Bewusstseins, Realitäten, die man ständig hautnah, in Form seiner Geist- und Seelenfunktionen, erlebt. Es sind die Glieder und Organe des eigenen Wesens, die durch Transite berührt, gereizt, behindert oder stimuliert werden. Man spürt das sehr genau, und zwar in sich, an sich und um sich, man verändert sich mit Konstellationen und geht auf sie ein.

Jedes Seelenorgan ist ein lebendiges Glied des persönlichen Selbst, und wird es bei einem Transit von einer kosmischen Macht ergriffen, so wird diese Wesensfunktion im Sinne dieses Wesens verändert, befruchtet und man selbst in seinem ganzen Wesen umprogrammiert.

- **Es macht daher einen Unterschied, an welchem Organ einen ein Wesen berührt.**

Wird durch einen Transit die persönliche **Sonne** berührt, fühlt man sich direkt im Zentrum seiner Persönlichkeit angesprochen. Die geistige, seelische und physische Befindlichkeit und der Zustand sämtlicher Lebensbereiche werden einem mit aller Deutlichkeit bewusst. Man fühlt sich von den Ereignissen unmittelbar betroffen. Das Eigenwertgefühl und das Selbstvertrauen werden, je nach Planet und Aspekt, gestärkt oder unterdrückt. Bei allen Transiten zur Sonne ist es, als hätte man für die Dauer des Transits ein zusätzliches Seelenorgan mit der Funktion des transitierenden Planeten.

Bei einem Transit, der den persönlichen **Mond** berührt, verändert sich das ganze Gemüt und die Stimmungen und Gefühle richten sich nach der einwirkenden Planetenmacht aus (entspannt bei Venus, gereizt bei Mars, optimistisch bei Jupiter, schwermütig bei Saturn, nervös, hysterisch bei Uranus).

Ein Transit über den **Merkur** spricht das Denkvermögen, das Planen, die Einsichten und Ansichten sowie die Kommunikation mit anderen Menschen an.

Ein Transit über die **Venus** regt das Bedürfnis nach Harmonie und das Liebesempfinden an. Das persönliche Wohlbefinden, die Gesundheit, der Zustand des inneren Friedens und der Partnerschaft, in die man eingebunden ist, und damit auch das Glück der Menschen, die einem am Herzen liegen, sowie die Besitzverhältnisse, die den Lebenskomfort sichern, können davon betroffen sein.

Wird der persönliche **Mars** durch einen Transit angeregt, fühlt man sich, je nach Planet und Aspekt, aktiviert oder gereizt.

Ein Transit zum persönlichen **Jupiter** ermuntert die Seelenfunktion, die hoffen lässt, Zuversicht verleiht und den Glauben an Erfolg bewirkt oder, je nach Transit, unterdrückt. In der Zeit, wo der persönliche Jupiter stärker in Erscheinung tritt, wird der Wunsch nach Erweiterung geweckt, werden Pläne für die Zukunft gemacht und Bestrebungen für mehr Lebensqualität und Vervollkommnung in den Mittelpunkt des Lebens gerückt.

Wird der persönliche **Saturn** berührt, so reagiert das innere Sicherheitsbedürfnis auf diesen Einfluss. Die Arbeit, die den Lebensunterhalt sichert, das Pflichtgefühl und die Vorsorgebestrebungen richten die Aufmerksamkeit des Bewusstseins auf sich.

Fühlt sich der persönliche **Uranus** angesprochen, so wird davon das Bestreben nach Freiheit und Veränderung aktiviert. Die Lust nach Neuem, die Bereitschaft zum Wagnis, die ganze nervöse Energie will sich entladen und Behinderungen und alte Situationen überwinden.

Transite zum persönlichen **Neptun** und **Pluto** werden in der Regel nur von Menschen wahrgenommen, in deren Wesensgefüge diese Organe bereits ausgebildet sind. Es wird sich dann um Impulse zur Bewusstseinserweiterung und Transformation handeln, die nur im Zusammenhang mit dem ganzen Horoskop gedeutet werden können.

- **Es ist aber auch ein Unterschied, welches Wesen einen berührt.**

Auch die bei einem Transit auf das Bewusstsein einwirkenden kosmischen Kräfte sind keine numinosen Energien, sondern bewusst agierende Wesenheiten, die über das berührte Wesensorgan ganz gezielt das persönliche Wesen des Betroffenen beeinflussen.

Wenn **Merkur** über ein persönliches Wesensorgan transitiert, so verbinden sich Elementale von Genien der Merkurebene mit dir und werden diese Seelenfunktion zu mehr Flexibilität, Wachheit und Aufmerksamkeit anregen.

Wirkt ein **Venustransit** auf eine deiner Seelenfunktionen, so wird dieser Lebensbereich harmonisiert und entspannt und für Kontakte aufgeschlossen.

Mit einem **Marstransit** strömt die vorantreibende Energie der Marsgenien auf dich ein und aktiviert das betreffende Wesensorgan zum Handeln oder reizt es und ruft gespannte Reaktionen und Übertreibungen hervor.

Bei einem **Jupitertransit** bringen die Jupitergenien immer Zuwachs, sie erfüllen die angesprochene Wesensfunktion mit Optimismus, ermutigen, mehr zu wagen und seinen Einflussbereich zu vergrößern, vermehren die Hoffnung auf Gelingen des Geplanten und schaffen Möglichkeiten für gesunden Zuwachs bis zum Auswuchs: Wird zum Beispiel die **Sonne** von Jupiter berührt, wächst das Selbstvertrauen. Der persönliche **Merkur** erhält von Jupiter mehr Ideen und Einsichten. Die persönliche **Venus** verspürt durch den Jupitereinfluss mehr Zuneigung und Verlangen nach Liebe, aber auch mehr Bereitschaft, sich hinzugeben und zu genießen. Der **Mars** entwickelt unter Einfluss von Jupitergenien noch mehr Dynamik und Durchschlagskraft. Der persönliche **Jupiter**, von Jupitergenien in seiner Funktion unterstützt, motiviert zu noch mehr Zuversicht und bewirkt dadurch Erfolg. Die Funktion des **Saturn** strebt unter Jupitereinfluss noch mehr grundlegende Sicherheit für Gesundheit, Beruf oder Besitzverhältnisse an. Der persönliche **Uranus** wird mit einem Jupitertransit noch mehr Bestrebungen zu Unabhängigkeit, Freiheit und ausgefallenem Verhalten entwickeln. Der persönliche **Neptun** erlebt unter Jupitereinfluss phantastische Einsichten von Visionen anderer Welten, mystische Erfahrungen bis zum religiösen Wahn. Der persönliche **Pluto** kann sich durch Jupitereinfluss in Maßlosigkeit persönlicher Machtansprüche übersteigern.

Der Einfluss von **Saturngenien** ist ganz anders. Diese Wesen schränken die Funktion des Organs, auf das sie bei einem Transit wirken, ein. Das bedeutet immer eine gewisse Lähmung der betroffenen Seelenfunktion und eine Verzögerung und Behinderung aller damit verbundenen Angelegenheiten, besonders wenn es um Veränderungen, Erweiterungen und Erneuerungen geht.

Der Einfluss von **Uranusintelligenzen** wird das Gegenteil bewirken. Sie wollen das angesprochene Wesensorgan dazu bewegen, sich möglichst rasch neu auszurichten. Uranusgenien wollen verändern, erneuern und befreien. Sie drängen dazu, nach Neuem Ausschau zu halten oder konfrontieren direkt mit neuen Situationen, indem sie alles, was sich in den letzten Jahren in dem betroffenen Lebensbereich aufgestaut hat, in Bewegung versetzen.

Neptungenien lösen auf, verfeinern und machen das Organ, das sie beeinflussen, sensibel und überempfindlich. Damit unterminieren sie zwar die stabile Grundlage der angesprochenen Seelenfunktion, aber sie befreien auch von Rückbindungen, erheben, eröffnen neue Aussichten und lassen (oft irreale) Weiten ahnen, die zuvor nicht zugänglich gewesen sind. In jedem Fall wird dies den entsprechenden Lebensbereich verändern, verwirren und unsicher machen.

Plutomächte dynamisieren das Organ, das sie berühren, mit übermächtigen Energien. Die unkontrollierte Funktion nimmt oft zwanghafte Formen an. Situationen in dem betroffenen Lebensbereich spitzen sich dramatisch zu. Das befördert verdrängte Mängel aus den eigenen Unterwelten an die Oberfläche und konfrontiert mit Fehlern, die man in Verbindung mit dem Thema begangen hat.

DIE DREI WIRKFAKTOREN BEI TRANSITEN

Die Macht und Kraft der Transite beruht auf drei Ursachen
Wir unterscheiden: Erstens das von einem Planeten angesprochene persönliche Seelenorgan. Zweitens die auf das Seelenorgan einwirkende kosmische Planetenmacht und drittens die Art der Verbindung durch den Aspekt.

- Der persönliche Planet im Horoskop bedeutet immer ein Organ, mit dem man etwas wahrnimmt und bewirken will.
- Der transitierende Planet bedeutet immer eine kosmische Macht, die auf das persönliche Wesen einwirken will.
- Durch einen Transit verbinden sich die Wesenszellen des einwirkenden Planeten mit den Wesenszellen des persönlichen Seelenorgans.
- Dadurch verändert sich die Fähigkeit des Organs, und je nach Aspekt werden andere Strebungen und Reaktionen wachgerufen.
- Das ist, als hätte man im persönlichen Geburtshoroskop eine entsprechende Konstellation, und für die Dauer der Transits ist das persönliche Wesen tatsächlich in der vorgegebenen Weise verändert.

Es ist daher ganz wichtig, dass man sich bei der Deutung der Transite immer die drei Ursachen klarmacht:

ERSTENS: Welches Organ wird angesprochen, was ist seine Aufgabe? Welche Geist- und Seelenfunktion wird verändert, gestört oder hervorgehoben?

ZWEITENS: Welche Planetenmacht mischt sich in diese Funktion ein? Welche Eigenschaften, Qualitäten und Strebungen strömen einem zu?

DRITTENS: Welche Reaktion ist aufgrund des Aspekts zu erwarten? Förderliche, behindernde oder herausfordernde?

PROGNOSEN - SCHICKSAL - ZUKUNFTS-FRAGEN

DAS GEWEBE DES SCHICKSALS

Von der Astrologie erwarten sich die meisten Menschen Antworten auf die Frage, was die Zukunft bringt, und die meisten Astrologen sind bereit, auf diese Fragen einzugehen. Dabei ist gerade die Prognose der Schwachpunkt in der Astrologie. Ob jemand in seinem Leben erfolgreich und glücklich sein wird, wann bestimmte Ereignisse eintreten, was in den nächsten Monaten alles passiert, ist astrologisch nie mit Sicherheit vorherzusehen. Aus einem Horoskop lässt sich zwar viel über einen Menschen, aber wenig über sein Schicksal vorhersagen.

- Man kann bestimmte Anlagen und Wesensmerkmale in einem Horoskop erkennen, aber nicht, ob der Betreffende die positiven Eigenschaften entwickelt und nützt und die negativen ablegt und überwindet.

- Man kann aufgrund der Transite, also der laufenden Übergänge von Planeten über die sensiblen Orte im persönlichen Horoskop, bestimmte innere Zustände, geistige, psychische und physische Befindlichkeiten, Stimmungen, Bestrebungen, positive oder negative Erfahrungen und damit verbundene äußere Situationen und Ereignisse erwarten, aber nicht mit Sicherheit vorhersagen.

Wäre aus einem Horoskop das Schicksal eines Menschen und alle Ereignisse, die er erleben wird, zu erkennen, müsste man sowohl die vernunftbegabten Menschen mit ihren bewussten und unbewussten Regungen, als auch die kosmischen Mächte mit den sinnvoll wirkenden Engeln und Geistern, als geistlose, seelenlose Roboter einer geistlosen seelenlosen Maschinerie auffassen. Dass dem nicht so ist, wird jeder bestätigen, der erlebt hat, dass man trotz vieler schicksalhaft anmutender Ereignisse sein Leben auch selber in die Hand nehmen und zielgerichtet steuern kann.

Das bedeutet, dass sich ein Ereignis nicht automatisch und zwingend aus dem Räderwerk eines kosmischen Uhrwerks ergibt. Die Mächte und Kräfte, die das Bewusstsein eines Menschen beeinflussen und motivieren, sind lebendige Wesen, und das Innenleben eines Menschen ist genauso lebendig und kein programmiertes Computerprogramm.

Trotzdem kann man beobachten, dass ein erstaunlich präziser Zusammenhang zwischen den Planeten am Himmel und den inneren und äußeren Erlebnissen eines Menschen besteht. Bestimmte astrologische Konstellationen lassen bestimmte Verhaltensmuster, Bedürfnisse, Stimmungen und Emotionen entstehen und lösen Ereignisse aus, die entweder Ursache oder Folge dieser inneren Regungen und Neigungen sind.

Um welche Art von Ereignis es sich handelt, und wann genau sie eintreten, ist jedoch aufgrund der komplexen Zusammenhänge zwischen Kosmos und Mensch nicht immer exakt vorherzusehen. Ein Ereignistermin, der durch einen Transit astrologisch vorgezeichnet ist, muss also nicht zu dem berechneten Zeitpunkt eintreten.

Es wirken immer mehrere Faktoren als Ursache zusammen, wodurch es zu Zeitverschiebungen kommt:

1. Der transitierende Planet als Voraussetzung und ereignisbestimmender Auslöser, der, je nach Planet, für einen Zeitraum von einigen Tagen bis zu zwei Jahren wirksam ist.
2. Die persönliche Veranlagung, auf die jeweils einfließende Energie zu reagieren.
3. Die Genien, die einen in dieser Zeit inspirieren.
4. Der bewusste Wille und die Vernunft, auf die Anregung einzugehen oder nicht.
5. Der Einfluss der Planeten aus dem Horoskop von einem nahestehenden Menschen, mit dem man zusammenlebt.
6. Die Horoskope anderer Personen. Es sind immer mehrere Menschen an einem Ereignis beteiligt oder davon betroffen. Auch sie müssen entsprechende Konstellationen haben, damit sie die Rolle, die sie spielen, spielen, was ebenfalls zu Zeitverschiebungen führen kann.

Die Schwierigkeit eine Prognose zu erstellen liegt daher nicht an der Unzulänglichkeit der Astrologie oder der unsicheren Wirkung von Transiten, sondern an der Komplexität der Zusammenhänge, die zu einem Ereignis führen.

Da müssen erst die Voraussetzungen geschaffen werden, die für das Ereignis nötig sind. Da müssen die Menschen zusammenkommen, die damit zu tun haben oder davon betroffen sind. Da müssen die Horoskope von mehr als einer Person ineinandergreifen und von dem Transit berührt werden, bevor etwas geschieht.

Da rückt kein Schicksalszeiger vor und - Zack - packt der Partner die Koffer, weil man, oder er, den Uranus im Transit auf der Venus hat. So ist das nicht. Der eigentliche Beginn einer Entwicklung, die dann zu einem Ereignis führt, wie zum Beispiel Liebesproblem, Kündigung, Berufswechsel, Nobelpreis, Verhaftung, Hochzeit oder Scheidung, Erkrankung, Hauskauf, Auswandern in ein fremdes Land usw., liegt in der Regel weiter zurück und hängt oft mit Situationen zusammen, die damals gar nicht bewusst registriert worden sind. Zumeist war die Ursache nur ein Gedanke, eine Emotion, eine Begegnung oder ein Gespräch; Ein Elemental nistete sich ein - oder wurde von Genien eingegeben - und das Schicksal nahm seinen Lauf. Und zwar zuerst auf der Mental- oder Astralebene. Das muss man bei Prognosen immer berücksichtigen:

- **Auch ein Gedanke oder ein Gefühl ist ein Ereignis!**

Wenn man von Ereignissen spricht, denkt man zumeist an etwas, das auf der physischen Ebene passiert. Ein Unfall, eine Reise, eine Hochzeit, ein Verlust.

- Aber es gibt drei Ebenen, auf denen etwas geschehen kann. Der Menschengeist wird von Ereignissen aus allen drei Ebenen beeinflusst. Auf der Mentalebene sind es die Gedanken, auf der Astralebene sind es die Gefühle und auf der physischen Ebene ist es der Körper mit seinen Bedürfnissen, der einen dazu bewegt, etwas zu wollen und zu tun.

Ganz gleich, ob man an schicksalsbedingte Ereignisse glaubt, die von Genien in die Wege geleitet werden, oder an bestimmte astrologische Qualitäten der Zeit, die ein Ereignis auslösen: Die Mächte müssen entweder einen selbst oder andere, die das Ereignis verursachen, dazu bewegen, etwas zu denken oder zu wollen, damit das getan wird, wodurch das Ereignis geschieht.

Wer sich mit der Magie und Quabbalah des Franz Bardon beschäftigt, weiß, dass es verschiedene Möglichkeiten gibt, sich selbst - oder jemand anderen - zu beeinflussen und zu bewegen. Man kann ein Elemental oder den Buchstaben einer Formel auf die Mentalebene verlegen, um bestimmte Vorstellungen oder Gedanken einzugeben, die den Betreffenden dazu bewegen, etwas zu tun. Man kann ein Elementar oder den Buchstaben einer Formel auf die Astralebene verlegen, um ein Gefühl zu wecken, so dass der Betreffende anstrebt etwas Bestimmtes zu wünschen, zu wollen und zu tun. Und man kann mit Suggestionen oder mit Buchstaben einer Formel, die man grobstofflich ausspricht, Körperempfindungen, Hormone und Stimmungen aktivieren, die Gedanken oder Wünsche wecken, die dann zu einer Handlung führen.

Die Schicksalsmächte und Planetengenien gehen genauso vor. Auch sie haben keine andere Möglichkeit einen Menschen in ihrem Sinn zu bewegen, als ihm einen Gedanken einzugeben oder einen Wunsch zu wecken, damit der Betreffende entsprechend agiert.

- Das bedeutet, dass Ereignisse zuerst auf der Mental- oder Astralebene "passieren", bevor sie sich in der physischen Welt realisieren.
- Ein Transit bewirkt also nicht direkt ein Ereignis, sondern schafft nur die Möglichkeit - sowohl für die Menschen als auch für die Genien - ein Ereignis vorzubereiten oder zu realisieren.

Da muss zuerst der Chef entscheiden, welchen der Kandidaten er anstellen oder entlassen will, bevor der Betreffende die Nachricht erhält. Da muss die zukünftige Geliebte zum richtigen Zeitpunkt für die entscheidende Begegnung zur Stelle sein und ebenfalls entsprechende Liebeslust-Transite haben. Da muss der Gedanke, die Aktie zu kaufen, die Reise zu planen, den Partner zu verlassen, zuerst gedacht werden, ehe man entscheidet, was dann geschieht.

Diese komplexen psychophysischen Mechanismen, die zu Zeitverschiebungen von Ereignissen, die durch einen Transit angezeigt werden, führen können, sind den wenigsten Astrologen bekannt. Wenn dann noch geglaubt wird, dass alles Geschehen von den Sternen vorgegeben und damit astrologisch erklärbar sein muss, reichen die Transite, obwohl sie fast immer wirksam sind, für ein zuverlässiges Timing nicht immer aus.

Also ersann man zusätzliche Prognose Techniken, wie zum Beispiel die Primär-, oder die Sekundärdirektionen, die sogenannten Progressionshoroskope mit der irren These, dass die Konstellationen, die zum Beispiel am 46. Tag nach der Geburt vorherrschen, dem Schicksal im 46 Lebensjahr entsprechen, - und eine Vielzahl anderer Methoden, die aber allesamt nicht logischer sind. Da werden die Sonne, die Planeten und die Achsen solange vor- und zurückgeschoben (dirigiert), bis dann doch ein Punkt erreicht wird, der zumindest im Nachhinein eine Erklärung für das Ereignis gibt und einen Treffer landen lässt. Alleine für die sogenannten Primärdirektionen sind ein Dutzend unterschiedliche Zeitschlüssel in Gebrauch.

Der Glaube an Direktionen ist reiner Aberglaube, der sich seit dem Mittelalter erhalten hat!

Abgesehen davon, dass die Begründungen für diese Techniken völlig unsinnig sind und jeder astrologischen oder astronomischen Grundlage entbehren, die Ergebnisse stimmen einfach nicht. Würde auch nur eine dieser Methoden brauchbare Resultate liefern, hätte man alle anderen nicht erfinden müssen.

"*Der Wert von Direktionen ist bis heute nicht bestätigt. Alle diese Prognosemethoden entbehren*" - so der Arzt und Begründer der Wiener Astrologischen Gesellschaft Dr. Heinz Fidelsberger in seinem Buch "Astrologie 2000" -, "*jeglicher biologischen Grundlage und halten keiner statistischen Überprüfung statt.*"

Mehr als Zufallstreffer sind damit nicht zu erzielen. Das gibt selbst Heinrich Kündig, in seinem Lehrbuch für Direktionen, "*Astrologische Prognose*", zu: "*Ganz gleich, welche Methodik in Bezug auf eine Direktionsart oder einen geeigneten Direktionsschlüssel auch immer angewandt wurde, die Auszählung der Treffer, die in einem kleinen Umkreis der Ereigniszeiten liegen, können nicht höher als mit 50% angegeben werden.*"

Das ist auch meine Erfahrung. Nach 60 Jahren astrologischer Tätigkeit und Tausenden überprüften Horoskopen kann ich sagen, es gibt nur eine Prognosetechnik, die zuverlässige Ergebnisse liefert, nämlich die Transite. Die laufenden Planeten stellen die Verbindungen zwischen den Ebenen her und zeigen an, wann welche Tore offen sind.

Der Nachweis, dass die Transite der Planeten einen Einfluss auf die Menschen ausüben, lässt sich nicht nur in persönlichen Horoskopen, sondern auch mit den Ereignissen im Weltgeschehen belegen. Immer wenn einer der langsam laufenden Planeten von einem Zeichen ins nächste übertritt, kommt es zu gravierenden Umstellungen. Es gibt Reformen, Kriege, Krisen oder eine Revolution. Man kann beobachten, der Zeitgeist ändert sich und mit ihm ändert sich das Schicksal der betroffenen Völker und die bestehende Ordnung in der Welt.

Mehr als man mit den Transiten erkennen kann, ist nicht zu erkennen. Und zwar nicht, weil uns die richtigen Berechnungsmethoden fehlen, oder weil die Astrologie nicht stimmt, sondern ganz einfach, weil nicht alles und jedes Ereignis astrologisch "verursacht", also aufgrund der Einflüsse von den Mächten und Kräften der Planeten und Tierkreiszeichen verursacht wird.

Es ist finsterster mittelalterlicher Aberglaube, zu meinen, das ganze Leben, alle Ereignisse und alles, was man erlebt, wäre vorherbestimmt und damit vorhersehbar und werde von Schicksalsmächten, die hinter den Sternen stehen, gelenkt.

So ist das nicht! Die Evolution der Menschheit, und damit das Schicksal jedes Einzelnen, läuft nicht nach einem vorgegebenen kosmischen Computerprogramm mit einer fehlerlosen Software ab. Da gibt es Fehler! Da gibt es Freiheiten. Da gibt es auch unkontrollierte Energien. Zum Beispiel die aus dem Gleichgewicht geratenen Elemente Feuer, Wasser, Luft und Erde, die in der Natur unvorhergesehene Katastrophen verursachen oder im Körper die häufigsten Ursachen für Erkrankungen sind.

Es ist absurd anzunehmen, da transitiert der Uranus über den Mars und - Zack - fällt einem der Ast auf den Kopf. So ist das nicht. Selbst wenn wir annehmen, der Umgang mit den Folgen dieser Verletzung gehöre zum Lernpensum dieser Inkarnation, müssten da zuerst Saturngenien die Windgeister dazu bringen, einen Sturm aufkommen zu lassen, dann müsste die Idee, das Haus zu verlassen, geweckt werden, und dann im richtigen Moment der Ast vom Baum oder der Baum auf das gerade vorbeifahrende Auto fallen.

Solche Unfälle haben in der Regel mit astrologischen Konstellationen nichts zu tun. Es handelt sich um unvorhersehbare Naturereignisse, in die man zufällig hineingeraten ist, wie die Touristen in einen Tsunami oder der Bergsteiger, den ein Gewitter überrascht und der Blitz erschlägt.

Um es noch einmal deutlich zu sagen: Der Einblick in die Zukunft, den die Astrologie ermöglicht, ist beeindruckend und erschließt unglaubliche Zusammenhänge, aber er umfasst noch lange nicht alle Mächte und Kräfte, die auf diesem Planeten wirksam sind.

Solange die Astrologen sich selbst und ihren Klienten vormachen, man könne mit der Astrologie alles erklären, statt mit methodischen Studien den Nachweis zu erbringen, für das, was man tatsächlich erklären kann, darf man sich nicht wundern, wenn die Astrologie von den akademischen Wissenschaften nicht anerkannt wird.

Fassen wir zusammen: Vier Prognosemöglichkeiten bietet die Astrologie:

1. **Charakter:** Wie kann sich die Persönlichkeit aufgrund der im Geburtshoroskop vorhandenen Anlagen, Stärken und Schwächen entfalten.
2. **Ereignisse:** Wann ist mit welchen Stimmungen zu rechnen. Wann kann es zu Spannungen und Belastungen oder Optimismus und Erfolgserlebnissen aufgrund von Transiten kommen.
3. **Partnerschaften:** Wie kann sich eine Liebesbeziehung aufgrund des Zusammenwirkens von zwei Horoskopen entwickeln.
4. **Weltgeschehen:** Wann sind entscheidende Veränderungen vom Zeitgeist aufgrund des Wechsels von Pluto, Uranus, Neptun oder Saturn in ein anderes Zeichen zu erwarten.

Man kann zwar weder ein bestimmtes Ereignis noch den exakten Zeitpunkt, wann ein Ereignis eintritt, mit Sicherheit vorhersagen, man kann aber Ereignisse, die auf den feinstofflichen Ebenen passieren oder passierten, berechnen und in die Prognose mit einbeziehen. Die große Liebe zum Beispiel, die jemand erlebte oder erlebt, wenn der Neptun oder Uranus einen Aspekt auf die Venus machte oder macht, wird sicher weniger Bestand haben, als wenn bei der ersten Begegnung Jupiter oder Saturn auf die Gefühle einwirkt oder eingewirkt hat. Unternehmungen, die man mit einem negativen Neptunaspekt auf die Sonne oder auf den Jupiter plante oder plant, werden nicht so ausgehen, wie man es sich erhofft hatte oder erhofft. Projekte, die man mit Jupiter am MC in die Wege leitet oder begann, werden, (das wird sich spätestens beim nächsten Jupitertransit zeigen), erfolgreich sein.

Wenn man zurückliegende Transite mit den zukünftigen Konstellationen in Verbindung bringt, wenn man die Horoskope eventuell beteiligter Personen in die Analyse miteinbezieht, wenn man den Zeitraum für die Tages- Monats- und Jahrestendenzen berücksichtigt, dann kann man den nächsten Wegabschnitt seines Lebens überschauen. Dann bieten die Transite nicht nur eine erstaunlich sichere Methode, die voraussichtliche geistige, seelische und physische Befindlichkeit zu erkennen, sondern ermöglicht einem, dass man mit diesem Wissen seine Zukunft bewusst gezielt und erfolgreich gestalten kann.

DIE AUSWIRKUNGEN VON TRANSITEN

PROGNOSEN

Nachstehend einige Prognosen, die sich aufgrund von Transiten machen lassen. Sie beschreiben Tendenzen aus dem geistigen Vorstellungs- und seelischen Stimmungsbereich und die sich daraus ergebenden Reaktionen. Die in Verbindung damit geschilderten Situationen und Ereignisse sind häufig die natürliche Folge vom entsprechenden Verhalten, können aber auch schicksalhafte Bedeutung haben.

Die Tagestendenzen sind in der Regel ein bis drei Tage spürbar. Sie können jedoch das Ereignis einer Jahres- oder Monatstendenz auslösen, falls eine solche im selben Zeitraum wirksam ist.

Die Monatstendenzen wirken sich in der Zeit ihrer Wirksamkeit zumeist auf alle Lebensbereiche aus, sie können manchmal aber auch das Thema eines ganzen Jahres prägen.

Die Jahrestendenzen lassen sich dagegen nicht genau auf einen bestimmten engeren Zeitraum eingrenzen, sondern sind, meist hintergründig, ein bis zwei Jahre lang wirksam. Man merkt sie nicht ständig, denn sie bereiten in der Regel zuerst innere Veränderungen, neue Ansichten und Einsichten (bei sich oder den beteiligten Personen) vor, und erst dann, mit den veränderten Einstellungen oder Situationen, ändert sich auch das Leben. In der Regel wird das in den Wochen, in denen der Transit jeweils exakt ist, sein. Auch die schicksalhaften Ereignisse entwickeln sich in der Regel langsam und unbemerkt und müssen dem Gesetz von Ursache und Wirkung folgen.

Daraus ergibt sich, dass der Orbis für die Wirkung eines Transits nicht immer genau bestimmt werden kann. Für Aspekte von Merkur und Venus, die höchstens ein, zwei Tage lang zu spüren sind, beträgt der Orbis ein Grad. Marstransite wirken erfahrungsgemäß bereits eine Woche, also etwa zwei bis vier Grade, vor dem eigentlichen Übergang. Konjunktionen von Jupiter und Saturn bemerkt man unterschwellig nicht selten bereits beim Eintritt in das Zeichen, in dem sich der Planet, mit dem sie sich verbinden, befindet. Ihr Orbis für Ereignisse ist mit cirka drei Grad anzunehmen. Uranus wirkt dagegen (sowohl, wenn er angesprochen wird, als auch im Transit) fast immer verblüffend exakt. Das gilt in der Regel auch für Einwirkungen aus der Sphäre des Pluto, obwohl gerade bei Plutotransiten eine Vorbereitungszeit von etwa zwei Jahren nicht selten ist. Neptuntransite dagegen betreffen immer einen längeren Zeitraum. Ihre ganze Auswirkung zeigt sich, wegen der verschleiernden unklaren Situationen, die damit verbunden sind, oft erst Monate später, wenn der auslösende Moment bereits vergessen scheint. Pluto- und Neptuntransite können daher mehrere Jahre lang wirksam sein.

Natürlich werden nicht alle der nachstehend angeführten möglichen Ereignisse einer Schicksalstendenz eintreten, sondern es werden nur jene Lebensbereiche angesprochen, für die man gerade anfällig ist. Es ist auch selten ein ganzes Jahr von einer einzigen Konstellation geprägt. Die Grundtendenz wird aber vorgegeben sein und die Gestimmtheit und Handlungsfähigkeit entsprechend beeinflussen.

In der Zeit der Rückläufigkeit des transitierenden Planeten kann sich ein verzögernder oder vorbereitender Effekt in den Anliegen des vorherrschenden Lebensthemas bemerkbar machen. Je exakter sich der Aspekt dann bildet, umso eher ist mit seiner Auslösung zu rechnen. Gleichzeitig vorhandene andere Aspekte können, je nachdem ob ihre Qualitäten in die selbe Richtung weisen oder entgegengesetzter Natur sind, zur Auslösung, Verstärkung oder Milderung der Auswirkung beitragen. Lebt man in einer Partnerschaft oder einem Familienverband, so muss man, wenn mehrere Familienmitglieder von einem Ereignis berührt werden, mit einem größeren Orbis der entsprechenden Konstellationen in den Horoskopen der Menschen, die davon betroffen sind, rechnen.

BEACHTE: Das Leben ist ein ständig fortschreitender Erfahrungs- und Lernprozess. Selten bricht ein Schicksalsschlag wirklich unvorhersehbar in das Leben ein. In der Regel ist man es selbst, der die Ereignisse herbeiführt: Die Gedanken, die Träumereien und die Befürchtungen, mit denen man in seinen Vorstellungen Situationen zeichnet und auf der mentalen Ebene bereits verwirklicht, die Wünsche, die man mit seiner Seelenkraft nährt und damit die Bilder befruchtet. Es ist nur eine Frage der Zeit, bis sich das Vorgebildete auch auf der grobstofflichen Ebene realisiert.

Zumeist wird man in Perioden mit förderlichen Transiten richtige Erkenntnisse, Vorstellungen und Bestrebungen haben und Initiativen setzen, die sich später, mit anderen positiven Konstellationen, erfolgreich verwirklichen. Und in Perioden mit Spannungsaspekten wird man eher das Falsche planen, erhoffen und ersehnen oder Nachteiliges mit seinen Befürchtungen zum Leben erwecken.

Achte daher nicht nur auf das, was du während bestimmter Transite planst und tust, sondern viel mehr noch auf das, was du denkst und fühlst.

PROGNOSEN

- **MERKURTRANSIT IN HARMONISCHEM ASPEKT ZUR GEBURTSSONNE.** Merkur in Konjunktion oder Trigon zur persönlichen Sonne.

MERKUR, DAS INTELLIGENZHAFTE PRINZIP, das Organ der Denk- und Ausweitungsfähigkeit, in angepasster, sinnvoller Aktion.

Tagestendenz: Intellekt und Wertungssinn funktionieren reibungslos. Richtiges Überblicken der Lage durch verstärkte Urteilsfähigkeit, rasches Erfassen jeder Situation und geregelter Ablauf der Denkprozesse. Daher günstig für Schriftliches, Besuche und kurze Reisen. Ein- und Verkäufe und wichtige geschäftliche Besprechungen führen zum Erfolg. Geplantes lässt sich reibungslos realisieren, erwartete Besuche und Nachrichten treffen ein. Gut für neue Ideen und Kontakte.

- **MERKURTRANSIT IN GESPANNTEM ASPEKT ZUR GEBURTSSONNE.** Merkur in Opposition oder Quadrat zur persönlichen Sonne.

MERKUR, DAS INTELLIGENZHAFTE PRINZIP, das Organ der Denk- und Auswertungsfähigkeit, in angespannter, unkontrollierter Reaktion.

Tagestendenz: Das Gegenteil des Vorhergenannten; Auffassungsgabe und Überlegungsfähigkeit sind blockiert und überreizt. Dadurch Verzögerungen, Verzettelung und Unklarheiten. Neigung zu Nervosität und Zerstreutheit führt zu gestörtem Umweltkontakt. Ungünstig für Schriftliches, Finanzielles, Besprechungen oder Besuche. Keine Ein- und Verkäufe tätigen, Verlustgefahr. Verwirrung und Nachteile durch enttäuschende Nachrichten, Voreiligkeiten und unnötige Ausgaben

- **VENUSTRANSIT IN HARMONISCHEM ASPEKT ZUR GEBURTSSONNE.** Venus in Konjunktion oder Trigon zur persönlichen Sonne.

VENUS, DAS ÄSTHETISCHE PRINZIP, das Organ der Anpassungs- und Ausgleichsfähigkeit, in angepasster, sinnvoller Aktion.

Tagestendenz: Erhöhte Einfühlungs- und Anpassungsbereitschaft. Dadurch Befreiung von Spannungen und harmonische Gesamtverfassung. Sympathie und Entgegenkommen durch innere Ausgeglichenheit. Empfänglich für Kunst, Erotik und Genuss. Günstig für Liebe, freundschaftliche Kontakte und geselliges Beisammensein. Kleinere finanzielle Vorteile oder Geschenke sind möglich, modische Anschaffungen werden dem Geschmack entsprechen und lange Zeit Freude bereiten.

- **VENUSTRANSIT IN GESPANNTEM ASPEKT ZUR GEBURTSSONNE.** Venus in Opposition oder Quadrat zur persönlichen Sonne.

VENUS, DAS ÄSTHETISCHE PRINZIP, das Organ der Anpassungs- und Ausgleichsfähigkeit, in angespannter, unkontrollierter Reaktion.

Tagestendenz: Das Gegenteil des Vorhergenannten; Empfindungs- und Ausgleichsfähigkeit sind gestört. Dadurch Missstimmungen und Enttäuschungen in Liebe und freundschaftlichen Beziehungen. Unbefriedigtes Verlangen nach Genuss, Erotik und Geselligkeit führt zu Übertreibung und hinterlässt innere Unerfülltheit. Unnötige Ausgaben oder Verschwendung. Differenzen mit Freunden. Man ist verletzlich und launenhaft oder langweilt sich bei gesellschaftlichen Ereignissen.

- **MARSTRANSIT IN HARMONISCHEM ASPEKT ZUR GEBURTSSONNE.** Mars im Trigon zur persönlichen Sonne.

MARS, DAS DRANGHAFTE PRINZIP, das Organ der Antriebs- und Durchsetzungsfähigkeit, in angepasster, sinnvoller Aktion.

Tagestendenz: Verstärkte Aktivität und Kontrolle über Impulse und Zielrichtungen der Strebungen. Gesteigerte Energie und Unternehmungslust lassen Hindernisse mit Elan überwinden. Durch erhöhten Schaffensdrang und mehr Leistungskraft kann man neue Aufgaben in Angriff nehmen und bestehende Aufgaben sicher und rasch erledigen. Gut für sportliche Betätigung.

- **MARSTRANSIT IN GESPANNTEM ASPEKT ZUR GEBURTSSONNE.** Mars in Konjunktion, Opposition oder Quadrat zur persönlichen Sonne.

MARS, DAS DRANGHAFTE PRINZIP, das Organ der Antriebs-

und Durchsetzungsfähigkeit, in angespannter, unkontrollierter Reaktion.

Tagestendenz: Das Gegenteil des Vorhergenannten, die Energien werden nicht beherrscht. Unkontrolliert dranghaftes Erstreben und unbeherrschtes Abstoßen von Unerwünschtem führen zu Zuspitzung von Problemen und Gewaltlösungen. Aufregungen, Streit und Auseinandersetzungen durch Gereiztheit und aggressive Reaktion bei Widerstand sind die Folge. Übersteigertes Selbstdurchsetzungsbedürfnis verleitet zu vorschnellen, unüberlegten, leichtsinnigen Handlungen und verursacht Konflikte und Zusammenstöße. Gefahr von Unfällen und Verletzungen durch Übermut und Unachtsamkeit. Auf Gesundheit achten, da der gesamte Organismus gespannt aktiviert, spontan auf Reize mit entzündlichen Erkrankungen, Spannungen oder Krämpfen reagiert (Infektionen. Erkältungen. Zähne, Nerven. Darm, Gelenke). Erhöhter Stress und Leistungsdruck.

- **JUPITERTRANSIT IN HARMONISCHEM ASPEKT ZUR GEBURTSSONNE.** Jupiter in Konjunktion oder Trigon zur persönlichen Sonne.

JUPITER. DAS SINNGEBENDE PRINZIP, das Organ der Urteils- und Fortschrittsfähigkeit, in angepasster, sinnvoller Aktion.

Monatstendenz: Durch objektive Selbsteinschätzung und richtige Beurteilung der Lage sinnvolle Verwertung der vorhandenen Mittel, Ausnützen aller gegebenen Möglichkeiten und zielgerichtetes Streben. Daher berufliche und finanzielle Erfolge. Zufriedenheit mit Erreichtem macht das Wesen selbstbewusst und jovial und bewirkt Anerkennung und Entgegenkommen seitens der Umwelt. Diese Protektion ermöglicht eine Erweiterung des persönlichen Einflusses und optimalen Fortschritt. Erntezeit, Wunscherfüllung und Erreichen angestrebter Ziele, aber auch Aussaat neuer Hoffnungskeime und sinnvolle Planung erfolgversprechender Projekte. Eine erfreuliche, optimistische Lebensperiode.

- **JUPITERTRANSIT IN GESPANNTEM ASPEKT ZUR GEBURTSSONNE.** Jupiter in Opposition oder Quadrat zur persönlichen Sonne.

JUPITER, DAS SINNGEBENDE PRINZIP, das Organ der Urteils- und Fortschrittsfähigkeit, in angespannter, unkontrollierter Reaktion.

Monatstendenz: Das Gegenteil des Vorhergenannten, was aber nicht immer erkannt wird. Gestörtes Wertempfinden und unangebrachter Optimismus führen zu Fehleinschätzung der Möglichkeiten und unzeitgemäßen Expansionsversuchen. Durch Überschätzen der Rückhalte Kredit- und Rechtsschwierigkeiten oder berufliche Fehldispositionen. Überheblichkeit wird zu Anfeindungen und Benachteiligungen durch Mitarbeiter, Vorgesetzte oder Konkurrenzunternehmen führen. Behördliche und gerichtliche Auseinandersetzungen. Kompromissloses Beharren auf seinem Recht spitzt die Lage noch zu. Die Verteidigung seiner Position gegen falsche Beschuldigungen und Intrigen, die bei diesem Transit oft erlebt werden, bringen keinen Erfolg. Auf Gesundheit achten. Falsche Erwartungen, enttäuschte Hoffnungen, Misserfolge, Zahlungen, Verluste. Neue Unternehmungen bringen keinen Erfolg. Gewichtszunahme.

- **SATURNTRANSIT IN HARMONISCHEM ASPEKT ZUR GEBURTSSONNE.** Saturn im Trigon zur persönlichen Sonne.

SATURN, DAS GRENZSETZENDE PRINZIP, das Organ der Konzentrations- und Beharrungsfähigkeit, in angepasster, sinnvoller Aktion.

Jahrestendenz: Einschränkungen werden nicht als Zwang empfunden, sondern als notwendiges Aufbaugesetz erkannt und freiwillig beherrscht und pflichtbewusst auf sich genommen. Dadurch wird konzentriertes, ausdauerndes Hinarbeiten auf konkrete Ziele und sachliche Planung auf lange Sicht möglich. Gut für Studium, Hausbau oder Wohnungsangelegenheiten. Jetzt geschlossene Verträge oder Bindungen haben Bestand, Lebensfundamente entstehen. Erfahrungen werden verwertet und als Grundstein mit verhaltener Vitalität in die Zukunft projiziert. Ernste Lebensperiode und innerer Reifeprozess. Verantwortung wird übernommen, damit verbunden berufliche Festigung.

- **SATURNTRANSIT IN GESPANNTEM ASPEKT ZUR GEBURTSSONNE.** Saturn in Konjunktion, Opposition oder Quadrat zur persönlichen Sonne.

SATURN, DAS GRENZSETZENDE PRINZIP, das Organ der Konzentrations- und Beharrungsfähigkeit, in angespannter, unkontrollierter Reaktion.

Jahrestendenz: Gefühl einschränkender Begrenzung durch Unumstößliches führt zu Pessimismus und Verlangsamung zwingender Abwicklungen. Stagnation trotz vermehrter Anstrengungen. Seelisches Leid, Resignation und Neigung zu Depressionen durch Erkennen notwendiger Wunschversagung. Gesundheitliche Störungen betreffen zumeist chronische Beschwerden oder psychische Bereiche. Entfremdung von gefühlsmäßig nahestehenden Menschen. Trennungen, Trauer, Sorgen durch Familienangehörige. Probleme bei Hausbau oder mit Wohnung. Vermehrte Arbeitsbelastung bei verminderter Leistungsfähigkeit. Finanzielle und berufliche Schwierigkeiten. Verzögerungen bei neuen Vorhaben. Ernste Stimmungslage, man zieht sich zurück. Esoterische Studien werden dadurch begünstigt.

- **URANUSTRANSIT IN HARMONISCHEM ASPEKT ZUR GEBURTSSONNE.** Uranus im Trigon zur persönlichen Sonne.

URANUS, DAS UMSCHWUNG BEWIRKENDE PRINZIP, das Organ der Auffassungs- und Umstellungsfähigkeit, in angepasster, sinnvoller Aktion.

Jahrestendenz: Gesteigerte Intuitions- und Erfassungsfähigkeit erhöht die Ansprechbarkeit gegenüber Neuem und fördert durch Einfallsreichtum die Neigung zu spontaner, origineller Lebensumstellung. Blitzartig wechselnde Aufhellung von Teilaspekten vermittelt Einsichten in höhere Zusammenhänge und neue Möglichkeiten. Überraschend gebotene Chancen werden erkannt und sofort genützt. Unkonventionelles Denken bringt Umblendung des alten Sichtfeldes, schafft Drang nach Abwechslung und führt zu Neuanknüpfung von Kontakten, oftmals Auslandsbeziehungen. Mut zu Veränderungen. Bedeutsamer, vorteilhafter Berufs- oder Wohnortwechsel möglich. Umschichtung der Interessen, mit Veränderungen in Partnerbeziehungen und Lebensweise. Unabhängigkeit wird angestrebt und in gewünschtem Rahmen auch erreicht. Achtung: Auch die positiven Uranus Aspekte und Transite können negative Auswirkungen haben.

- **URANUSTRANSIT IN GESPANNTEM ASPEKT ZUR GEBURTSSONNE.** Uranus in Konjunktion, Opposition oder Quadrat zur persönlichen Sonne.

URANUS, DAS UMSCHWUNG BEWIRKENDE PRINZIP, das Organ der Auffassungs- und Umstellungsfähigkeit, in gespannter, unkontrollierter Reaktion.

Jahrestendenz: Nervös gesteigerte Empfänglichkeit für unkonventionelle Ideen und Umschichtungen. Abgegrenzt grelles Aufhellen neuer Zielfelder rückt diese in scheinbar greifbare Nähe und verleitet zum Überspringen gesetzmäßiger Reifeprozesse. Unüberlegte Veränderungen mit Nachteilen sind die Folge. Plötzlich als Zwang empfundener Drang nach radikalen Umstellungen führt zu seelischer Überreizung mit sprunghaft wechselnden Wünschen und voreiligen Entscheidungen. Aufregung und Unklarheit in Berufs- und Liebesangelegenheiten. Eifersucht, Trennung, aber auch vorschnelles Eingehen von neuen Verbindungen. Ruhelosigkeit, Verwirrung der Gefühle, nervliche Überlastung, sind Ursache für unberechenbare

Reaktionen, auch von Seiten frustrierter Angehöriger, was erst recht zu Krisen führen kann. Auf Gesundheit achten, da Organismus und Psyche außergewöhnlich krampfhaft und entladend reagieren, was psychotherapeutische oder chirurgische Eingriffe erfordern könnte. Verletzungs- und Unfallgefahr. Nachteile und Verluste in Verbindung mit beruflichen Veränderungen oder Wohnungswechsel. Unerwartete, verwirrende, nicht vorhersehbare Ereignisse.

- **NEPTUNTRANSIT IN HARMONISCHEM ASPEKT ZUR GEBURTSSONNE.** Neptun in Trigon zur persönlichen Sonne.

NEPTUN, DAS GRENZÜBERSCHREITENDE PRINZIP, das Organ der sensitiven Inspirationsfähigkeit, in angepasster, sinnvoller Aktion.

Jahrestendenz: Für Alltagsereignisse selten von Bedeutung. Nur wer das Seelenorgan Neptun gut ausgebildet hat und verwendet, spricht darauf auch positiv an. Konjunktionen und Trigone können auch negative Auswirkungen haben. Hermetiker, Mystiker und religiöse Menschen, aber auch Künstler, besonders Musiker, Maler und Schriftsteller, können in dieser ein bis zwei Jahre dauernden Lebensperiode schöpferische Phasen und den Durchbruch in neue Schaffensdimensionen erleben. Mitunter auch bei Laien erste dilettantische künstlerische Versuche als Hobby oder religiöse Erfahrungen, mystische Erlebnisse, Wahrträume und Visionen bei Ungeschulten. Hinwendung zum Okkulten und Überzeugung in Glaubensfragen. Gesteigertes Mitgefühl, vermehrte Selbstlosigkeit, Gefühl des Eingebettetseins in höhere Schicksalsmächte, denen man sich vertrauensvoll zuwendet. Aufkommen von Tier- und Naturliebe. Ideale nehmen Gestalt an und verändern das Leben.

Alle Neptunaspekte, auch die gespannten, verbinden mit Einsichten, die vorher nicht zugänglich waren. Manche Erkenntnisse konfrontieren sogar mit Wahrheiten, die ernüchtern und desillusionieren; der Glaube richtet sich auf neue Realitäten, die man früher nicht für wahr gehalten hätte, die aber tatsächlich der Wirklichkeit entsprechen können, zumindest ist man überzeugt davon. Zumeist jedoch handelt es sich um Illusionen und Phantasien. Achtung: Auch die positiven Neptun Aspekte und Transite können negative Auswirkungen haben.

- **NEPTUNTRANSIT IN GESPANNTEM ASPEKT ZUR GEBURTSSONNE.** Neptun in Konjunktion, Opposition oder Quadrat zur persönlichen Sonne.

NEPTUN, DAS GRENZÜBERSCHREITENDE PRINZIP, das Organ der sensitiven Inspirationsfähigkeit, in gespannter, unkontrollierter Reaktion.

Jahrestendenz: Schleichende Krise und unerklärliche Fehlschläge. Illusionen werden für realisierbar gehalten. Täuschende Gefühle, Fehldispositionen, Intrigen und Betrug sind möglich. Nachteile durch Missverständnisse oder Gutgläubigkeit. Unklare Angelegenheiten, Verwirrungen und Verirrungen in pervertierte Phantasien. Auf Gesundheit achten, Infektionen und psychische Störungen sind möglich. Desorientierung, Verführbarkeit und Gutgläubigkeit können in Kontakt mit kriminellen Personen bringen oder zu Abhängigkeit von einem Guru oder einer Sekte führen. Zwangsvorstellungen und andere psychische Störungen werden fälschlich für okkulte mystische Erfahrungen gehalten. Jetzt begangene Fehler werden selten sofort erkannt und wirken sich oft erst Jahre später aus.

- **PLUTOTRANSIT IN HARMONISCHEM ASPEKT ZUR GEBURTSSONNE.** Pluto im Trigon zur persönlichen Sonne.

PLUTO, DAS GESTALTWANDELNDE PRINZIP, das Organ der überpersönlichen Einwirkungsfähigkeit, in angepasster, sinnvoller Aktion.

Jahrestendenz: Das Thema dieser Zeit ist Macht. Ohnmacht oder

Übermächtiges. Unterstützende positive Einwirkungen aus der Plutosphäre wird nur jemand, der Macht und Einfluss anstrebt, erlangen. Für den Durchschnittmenschen ist dieser Transit daher zumeist ohne Bedeutung, es sei denn, er ist zu Höherem berufen. In diesem Fall, wenn der Betreffende Außergewöhnliches, sei es in Politik, Wissenschaft, Wirtschaft oder Sport leistet, kann das Trigon von Pluto die nötige Energie verleihen und schicksalhafte Weichenstellungen für den Durchbruch bewirken. Jeder, der die Welt, die Meinungen oder Menschen verändert, steht unter der besonderen Obhut der Plutomacht. Für den Hermetiker bedeutet dieser Aspekt die Entwicklung bestimmter Fähigkeiten, erste praktische Erfolge seiner magischen Macht oder Publizierung seiner Werke. Im normalen Alltag werden Plutoenergien mehr Leistungskraft verleihen, zurückgelegte Arbeiten können endlich in Angriff genommen werden. Man ragt über seine unmittelbare Umwelt hinaus, indem man mehr Verantwortung übernimmt und im entscheidenden Moment handelt, in Erscheinung tritt und etwas umgestaltet. Man wächst über sich selbst hinaus. **Achtung:** Auch die positiven Pluto Aspekte und Transite können negative Auswirkungen haben.

- **PLUTOTRANSIT IN GESPANNTEM ASPEKT ZUR GEBURTSSONNE.** Pluto in Konjunktion, Opposition oder Quadrat zur persönlichen Sonne.

PLUTO. DAS GESTALTWANDELNDE PRINZIP, das Organ der überpersönlichen Einwirkungsfähigkeit, in angespannter, unkontrollierter Reaktion.

Jahrestendenz: Durchbruch neuer Dimensionen mit Gewalt. Erschütterungen durch zumeist schicksalhaft anmutende, scheinbar unvermeidbare Ereignisse, wie zum Beispiel Unfall, Krankheit oder Tod eines nahestehenden Menschen. Es ist, als ob höhere Mächte in Form von Natur- oder Staatsgewalt oder durch kriminelle Elemente Verluste und Niederlagen herbeiführen. Diese Eingriffe können geschaffene Fundamente erschüttern, die Existenz gefährden und einen

Umbruch oder Wandel der bisherigen Lebenssituation erzwingen.

Das Erkennen der eigenen Machtlosigkeit gegenüber Schicksalsschlägen, Feinden oder Hindernissen wird oft als persönliche Demütigung und Herausforderung empfunden und drängt erst recht zu fanatischer Zielverfolgung. Wut und übersteigerter Eigensinn verleiten dann zu unvernünftigem Handeln und lassen rücksichtslose Gewaltanwendung als Mittel zur Selbstdurchsetzung gelten. Stark fühlbare Spannungen und Selbstzerstörungstendenzen sind möglich.

Eine Konfrontation archetypischer Elemente aus der Unterwelt muss bewältigt werden. Dämonische Charakterzüge, zum Beispiel Rücksichtslosigkeit, maßlose Wut oder lähmende Emotionen wie Todesangst, gewinnen kurzfristig die Oberhand.

Nicht jeder erlebt Pluto so negativ, und nicht alle auszutragenden Konflikte müssen mit einer Niederlage enden. Bei disziplinierter Meisterung der Spannung, wenn es gelingt, die übermächtigen Energien zu transformieren, kann, falls andere astrologische Konstellationen dies unterstützen, mit neuen, erfüllenden Lebensinhalten gerechnet werden. Jedenfalls werden alte Strukturen nach diesem Transit nicht mehr dieselbe tragende Bedeutung haben wie zuvor, es hat sich vieles umgestaltet. Das Leben hat sich gewandelt. Lebensinhalte, Meinungen und Wertvorstellungen sind nicht mehr die gleichen. Was betroffen war, ist verschwunden, verwandelt oder wurde transformiert in eine andere Gestalt. Das kann der Beruf, die Familie, der Besitz, die Gesundheit oder Glaubensfragen gewesen sein. Was bleibt, sind höchstens leere Hüllen. Manchmal verschwindet auch etwas Konkretes aus dem Leben, der Hund, die Uhr, ein nahestehender Mensch. Manchmal verändert nur das Auto aufgrund einer Delle seine Gestalt oder der gute Ruf wird angeschlagen.

Die Energie des Pluto ist vergleichbar mit der Kernkraft. Wo sie wirkt oder freigesetzt wird, brechen nicht nur die gestalttragenden Strukturen auseinander, sondern es zerfallen auch die strukturbildenden Geistmoleküle. Gestalt und Inhalt lösen sich auf, aber das Leben geht weiter. Daher verursacht Pluto eine Wiedergeburt, ohne dass man deswegen sterben muss. Eine einzigartige Chance im Leben. Energie wird frei und kann für andere Lebensbereiche gesammelt oder für geistige Interessen transformiert werden. Deshalb braucht man vor Pluto keine Angst zu haben. Aus dem Chaos kann Neues entstehen.

- **URANUSTRANSIT IM GESPANNTEN ASPEKT ZUM MARS.** Uranus in Konjunktion, Opposition oder Quadrat zum Mars.

ANSPORN UND ÜBERRASCHUNG = AUFREGUNG

Jahrestendenz: Periode mit plötzlich auftretenden, stark fühlbaren Spannungen und Nervenkrisen. Aufgrund erhöhter Reizbarkeit und Ungeduld drohen Fehlhandlungen und Konflikte. Verwicklungen und Probleme durch übereilte Entscheidungen und vorschnelles Reagieren auf unerwartete Ereignisse. Übersteigerte unkontrollierte Triebe und Gefühle stiften Verwirrung in Liebes- und Ehe-Angelegenheiten. Konflikte auch in freundschaftlichen und beruflichen Beziehungen.

Übertriebene Selbständigkeits- und Freiheitsbestrebungen lassen bestehende Bindungen und Verpflichtungen als untragbare Behinderung empfinden. Das führt oft zu voreiligen unüberlegten Trennungen oder Lebensumständen. Exzentrisches Verhalten, Unnachgiebigkeit und Trotz können ernste Lebenskrisen verursachen. Neigung zu plötzlichen Erkrankungen, die eventuell auch chirurgische Eingriffe erfordern können, sowie Gefahr von Unfällen, Überfällen und Verletzungen.

- **URANUSTRANSIT IN GESPANNTEM ASPEKT ZUR VENUS.** Uranus in Konjunktion, Opposition oder Quadrat zur persönlichen Venus.

LIEBE UND UMBRUCH = LIEBESPROBLEME

Jahrestendenz: Spannungsvolle und unberechenbare Übersteigerung der Gefühle führen zu Fehlverhalten in Liebes- und Partnerangelegenheiten. Romantisch verstiegene Empfindungen und unklare Wunschvorstellungen in Verbindung mit zweifelhaften, unkonventionellen Beziehungen. Diese Strebungen, aber auch entsprechende Wunschversagungen, lösen heftige Gefühlsausbrüche aus. Untreue, auch des Lebenspartners, Eifersucht und Trennungen sind möglich. Unklare Situationen und Konflikte im Liebesleben. Seelische Verranntheit und plötzliches Auftreten starker Gefühlsimpulse verleiten zu voreiligem Eingehen oder Auflösen von Liebesbeziehungen als empfindungserregte Sofortprogramme.

- **SATURNTRANSIT IN GESPANNTEM ASPEKT ZUR VENUS.** Saturn in Konjunktion, Opposition oder Quadrat zur persönlichen Venus.

LIEBE UND ENTSAGUNG = LIEBESKUMMER

Jahrestendenz: Tendenz zur Vereinsamung und Entfremdung. Verzicht und Opfer in Verbindung mit nahestehenden geliebten Menschen. Eifersucht, Trennung oder im Gegenteil das Gefühl der belastenden Verpflichtung einer bestehenden unlösbaren Bindung. Erkalten der Gefühle trotz vermehrter Liebesbedürftigkeit. Daher sind tiefe und innige, aber letztlich dennoch unbefriedigte und unerfüllte Liebesbeziehungen trotzdem möglich; man erlebt vielleicht die große Liebe, aber das Schicksal sagt nein. Enttäuschungen, Pessimismus, Sorge, Trauer. Ernste Lebensperiode. Gesundheitliche Störungen.

- **SATURNTRANSIT IN GESPANNTEM ASPEKT ZUM MARS.** Saturntransit in Konjunktion, Opposition oder Quadrat zum persönlichen Mars

ANTRIEB UND WIDERSTAND = KAMPF

Jahrestendenz: Gefahr von Konflikten und Aufregungen. Unternehmungen stoßen auf Widerstände und Anfeindungen. Gereizte

Stimmung, Ungeduld und Neigung, anstehende Probleme oder missliche Situationen gewaltsam zu lösen. Auseinandersetzungen und Streit durch kompromissloses Beharren auf vorgefasster Meinung oder Beschlüssen. Rücksichtsloses und undiplomatisches Verhalten sowie Unnachgiebigkeit und Trotz führen zu Trennungen und unüberlegten Auflösungen von bestehenden Bindungen. Gesundheitliche Störungen, chirurgische Eingriffe, Unfall- und Verletzungsgefahr. Achtung: Auch die positiven Saturn Aspekte und Transite können negative Auswirkungen haben.

- **SATURNTRANSIT IN GESPANNTEM ASPEKT ZUM MOND.** Saturn in Konjunktion, Opposition oder Quadrat zum persönlichen Mond.

ERWARTUNG UND ERNÜCHTERNDE TATSACHE = SCHWERMUT

Jahrestendenz: Ernste, scheinbar hoffnungslose Lebensperiode. Schwermütige Stimmung, Einengung der Gefühlswelt, Angst, Hoffnungslosigkeit, Depressionen. Traurigkeit, Trauer und Sorge um Nahestehende sowie Vereinsamung durch Entfremdung oder Trennung von geliebten Menschen verdüstern das Zukunftsbild. Innere Hemmungen, Kränkungen oder übertriebener Pessimismus führen zu Misstrauen gegenüber der Umwelt und freiwilliger Isolation. Enttäuschungen und Verzögerungen beeinträchtigen die Glückserwartungen und verhindern durch Lähmung des Lebensschwunges einen positiven Neubeginn. Seelische Störungen können jetzt den Organismus ernsthaft belasten und auch den Körper durch chronische Erkrankungen in Mitleidenschaft ziehen.

- **SATURNTRANSIT IN KONJUNKTION ZUM PERSÖNLICHEN SATURN ODER ASZENDENTEN.** Diese Transite ereignen sich jeweils cirka alle neunundzwanzig Jahre.

ERFAHRUNG UND RÜCKSCHAU = BILANZ

Jahrestendenz: Ereignisse und Situationen werden als schicksalhafte Lernprozesse erlebt und drängen zu vermehrter Selbstbesinnung sowie zur Änderung oder Revision alter Wertmaßstäbe und Einstellungen. Nach Bewältigung der zu meisternden Aufgaben und Probleme, die oft den Charakter von Prüfungen des Pflichtbewusstseins, der Duldsamkeit und der Fähigkeit zum Verzicht tragen, erfolgen der Abschluss einer Periode innerer Reifung und die Befreiung von Hindernissen. Entwickelte Fähigkeiten und Einsichten werden bewusst und drängen nach Verwirklichung. Der veränderten Persönlichkeit gelingt es, neue Ordnungen zu schaffen und klare Lebensziele, im Sinne der individuellen Selbstverwirklichung zu setzen. Man erkennt seine Bestimmung. Indem man Bilanz zieht und Vergangenes endgültig überwindet und ablegt, wird gezielt ein neuer Lebensabschnitt eingeleitet.

- **JUPITERTRANSIT IN HARMONISCHEM ASPEKT ZUR VENUS.** Jupiter in Konjunktion, oder Trigon zur persönlichen Venus.

LIEBE UND ERFÜLLUNG = LIEBESGLÜCK

Monatstendenz: Zufriedene Lebensperiode. Günstig für Liebe, Geselligkeit, Urlaub oder Anschaffungen. Gute Möglichkeiten zur Verbesserung der Lebensqualität im privaten und beruflichen Bereich. Gesteigertes Bedürfnis nach Harmonie führt zur Bereitschaft für neue Freundschaften und vorteilhafte Verbindungen. Innere Harmonie, sympathische Ausstrahlung und vermehrte Hilfsbereitschaft verbessern und vertiefen bestehende Bindungen und verschaffen berufliche Vorteile und Protektion. Klarheit über bestehende Beziehungen und offene Fragen in Liebes- und Ehe-Angelegenheiten.

- **JUPITERTRANSIT IN KONJUNKTION ZUM PERSÖNLICHEN JUPITER ODER MC.** Diese Transite ereignen sich jeweils cirka alle zwölf Jahre.

AUSSAAT UND ERNTE = ERFOLG

Monatstendenz: Glück und Zufriedenheit. Ähnlich wie Jupitertransit zur Sonne, jedoch deutlich stärker spürbar. Was in den letzten Jahren erhofft, erwartet und angestrebt wurde, wird sich jetzt, soweit es sich nicht um Träumereien handelte, realisieren. Man hat etwas vollendet und ist an einem Ziel seiner Bestrebungen angelangt. (Wünsche, die sich jetzt nicht realisieren, so wird sich später zeigen, hätten mehr Nachteile als Freude gebracht.) Man erntet Erfolg, bekommt mehr Macht und Einfluss und erlangt Ehren, Würden und Anerkennung. Zufriedenheit mit sich und dem, was man erreicht hat, schafft Selbstvertrauen und Zuversicht für neue erfolgversprechende Projekte. Richtige Beurteilung der Lage und Auswertung aller Möglichkeiten bilden die Grundlagen für weitere Erfolge. Neue Wertmaßstäbe und Zielvorstellungen, die für die nächsten zwölf Jahre von Bedeutung sein werden.

Ein günstiger Jupitertransit wird nur dann seine volle Wirkung entfalten, wenn du in dieser Zeit auch selbst mehr als sonst riskierst und etwas unternimmt, von dem du dir Erfolg erwarten kannst. Nur so können die Schicksalsmächte von der feinstofflichen Ebene aus mit entsprechenden Inspirationen dich und deine Vorhaben fördern.

Für alle Transite gilt: Genauso wie man nicht ständig auf die Uhr schaut, nur weil man eine solche am Handgelenk hat, wird man nicht jeden Tag nach den astrologischen Konstellationen ausrichten. Hat man sich einmal einen Überblick über den nächsten Abschnitt des bevorstehenden Lebensweges gemacht, kann man richtig planen und wird im Weiteren nur noch vor wichtigen Entscheidungen, an Lebenswendepunkten oder für magische Arbeiten die Ephemeride zu Rate ziehen.

SYMBOLE DER ASTROLOGISCHEN TRADITION

Um die Auswirkung eines Transits voll zu erfassen, muss man neben den rein persönlichen, wesenhaften Veränderungen auch die vielen anderen symbolischen Zuordnungen, die aufgrund der kosmologischen Analogien zum Thema gehören, deuten und einbeziehen.

Die Symbole der Astrologie beschreiben nicht nur die Funktionen der Hierarchie und die Glieder, Organe und Regungen des feinstofflichen Organismus der Menschen, sie beschreiben auch das Wirken der unterschiedlichen Wesen, die den Gang der Natur regeln und das Leben aufrechterhalten, und die unbelebten Gegenstände und Mechanismen der grobstofflichen Welt.

Die Tierkreiszeichen, die Planeten und die Felder beeinflussen neben den geistig-seelischen Funktionen des Bewusstseins auch die ganz banalen Angelegenheiten und Dinge des täglichen Alltags.

Die Sonne symbolisiert das Ich, das Bewusstsein, das Selbstwertgefühl genauso wie das Herz, den Sonntag, den Chef, den Vater, das Licht und das Gold, Anerkennung, Klarheit, Ruhm, Machtzentrum und noch eine ganze Menge mehr.

Der Mond regelt nicht nur die Funktion des Fühlens und den Wechsel der Stimmungen, er beeinflusst auch die Phantasie, die Reflexe und die Aufnahmebereitschaft für die Energien, die das Wünschen und Handeln gebären. Der Mond hat auch Bezug zum Mütterlichen, ist Symbol für Kinder, das Silber, die Lymphe, das Volk, den Spiegel, das Wasser, den Wechsel und die Veränderung im Raum oder die Rhythmik in der Zeit.

Ein Merkurtransit betrifft nicht nur das Denken, sondern auch alle Termine, Briefe, Faxe, Nachrichten, Begegnungen, Gespräche, Verträge, Bücher, Reisen und alles, was mit Kommunikation zusammenhängt.

Die Venus symbolisiert nicht nur die Liebe, sondern auch das, was man liebt, das Schöne, Angenehme, die Kunst, Blumen, Blüten, Reichtum, Besitz, Geld und Komfort, Gesundheit und Wohlbefinden, Frieden, Ruhe.

Mars als Symbol für Energie und Antriebskraft drückt sich auch in Form von Feuer, Hitze, Streit, Messer, Säure, Brennnessel, Zwiebel, Waffe, Fieber, Wunde, Entzündung, Soldat usw. aus.

Der Jupiter kann sich im Priester, im Juristen, im Chef genauso wie in der Aprikose und Mangofrucht, als Wachstums- oder Reifeprozess, als Gerichtsprozess, als Geldzuwachs oder Gewichtszunahme ausdrücken.

Saturn kann als Schicksalsmacht, als Richter, als Tod, als Krankheit, als Sorge, Leid oder tragende Pflicht, genauso wie in Form der stützenden Knochen, der umgrenzenden Haut, des schützenden Gewissens, der bewahrenden Zeit, Uhr, Alter, Tod, als ordnendes Gesetz, als Fels, als Berg, als Stein (auch in der Blase, Galle, Niere) in Erscheinung treten.

Der Uranus bewirkt nicht nur Exzentrik, Freiheit und Erfindergeist, sondern auch die Entwicklung der Technik und symbolisiert alle erfundenen technischen Geräte, vom Computer, Handy, Auto bis zum Rasenmäher und Kühlschrank, genauso wie er Ausland, Flugplätze, Raumfahrt, Genies und Sonderlinge beschreibt.

Der Neptun wird neben Medialität, Täuschung und Auflösung auch den täuschenden Betrüger, den Verführten, das Medium, den geistig Gestörten, den vernebelnden Alkohol, die bewusstseinsauflösende Droge, das Gift, die Lüge, den Nebel, den Traum usw. symbolisieren. Ein Transit von Neptun wird nicht nur Ideale oder Wahnvorstellungen aus den eigenen Geist- und Seelentiefen vor Augen führen und mit Visionen aus anderen Sphären verbinden, sondern kann auch mit Erlebnissen in Übersee, mit der Welt der Drogen, mit Perversionen, schillernden undurchschaubaren Personen, Betrügern oder Priestern, mit Gift, Alkohol, Medikamenten, Narkose, Träumen, Lügen. Nebel, Meer oder einer Überschwemmung im Keller konfrontieren.

Pluto symbolisiert nicht nur die Gewalten aus den eigenen Unterwelten der Seelentiefen, sondern auch die kriminellen Unterwelten der Gesellschaft und die gebundenen Gewalten im Erdinneren, in der Kernenergie, der Gravitation und in ihren Explosionen, Vulkanausbrüchen, Erdbeben, Lawinen und anderen Katastrophen durch Naturgewalten.

Nicht nur die Planetenkräfte, auch die Eigenschaften der Strukturen der Tierkreiszeichen greifen in den Alltag ein und habe ihre ganz banalen Analogien im täglichen Leben.

Die Mächte aus dem Widderzeichen wirken nicht nur als Mut und Entscheidungskraft vorwiegend auf Soldaten, Sportler, Metallarbeiter oder Feuerwehrleute ein, sondern symbolisieren auch Kasernen und Kriege, Brände und alles, was mit der vorantreibenden Dynamik dieses Zeichens zusammenhängt; Antreiber, Sieger, Menschen, die agieren und die Ersten sind.

Die Stiermacht erlebt sich im Menschen in Form von Geduld und Gelassenheit, aber auch im Rind, in der Gartenerde, in Gärtnereien, in der Realität eines Grundstücks, im Wert des Geldes, in der Hagebutte genauso wie im Kupfer, in Bauern, in der Landwirtschaft oder im bequemen Lehnsessel.

Die Vielseitigkeit der Zwillinge- Qualität drückt sich nicht nur im Denken, sondern auch in der Übermittlungsfähigkeit, im Wort, Buch, Zeitung, Reden, Schreiben, Lesen, Reisen, aber auch in Geschicklichkeit, Finger, Glieder, Gelenke aus.

Das Empfinden des Krebszeichens hängt auch mit der Mutter, der Brust, mit Milch und Molkereien, mit dem Geburtsort, der Familie, dem Elternhaus, Gaststätten, Hotels, Gurken und Melonen zusammen.

Die Qualität des Löwezeichens erlebt sich in der Sonne, in der Macht, im Mächtigen und im Herrscher, im Gold, im Glanz und im Zentrum des Körpers, dem Herzen.

Die Struktur des Jungfrauzeichens bewirkt nicht nur die Fürsorge und den Fleiß, sondern den Sinn jeder Arbeit, das Funktionieren jeder Arbeit und das Werkzeug dazu, auch die Arbeit des Körpers und damit die Gesundheit, besonders die Arbeit des Darms.

Die Ausrichtung der Waage nach Schönheit und Harmonie wird besonders in der Mode ausgedrückt; Bekleidung, Stoffe, Kunst, Theater, Konzertsäle, Standesämter, Bordelle gehören genauso dazu, auch die Lippen und die Haut.

Skorpionmächte wirken auf Fleischhauer, Chirurgen, symbolisieren alles schneidend Scharfe, Durchdringende, nicht nur Messer - auch den scharfen Verstand, aber auch Spinnen, Höhlen, die begehbaren Unterwelten der Kanalisationen genauso wie die verborgenen Welten der Magie.

Die Schützendynamik beeinflusst nicht nur den Überschwang, sondern auch das Laufen, Bergsteigen, Tennisspielen, Reiten.

Steinbock die Trockenheit und Kälte, das Knochensystem. Felsen, Häuser, Großstädte, karge Böden und ärmliche Gegenden.

Wassermann die Elektrizität, den Liberalismus, Unterschenkel, Neurosen, die Freunde, Erfinder, Psychoanalytiker und Astrologen, Aluminium, das Fliegen.

Die Fische-Energie regelt die Träume, hat mit Drogen, Wasser,

Sümpfen zu tun, alles Weiche, kalte Füße, Tränen, Opfer, Krankenschwestern und Huren stehen unter dem Einfluss dieser kosmologischen Macht.

Die kosmischen Mächte, die das Feinstoffliche mit dem Grobstofflichen verbinden, wirken sich über die vier Elemente, die Urqualitäten und die beiden Fluide, analog ihren Eigenschaften, bis in die banalsten Dinge des Alltags aus und regeln auch das irdische Geschehen. Wer imstande ist, sie aufzuspüren, wird auch mit ihnen arbeiten können. Ein Hermetiker der in der Lage ist, eine Situation, einen Gegenstand oder eine Funktion astrologisch richtig einzuordnen, wird die dahinter wirkenden Mächte besser beherrschen können.

Wenn zum Beispiel der Mond den Wechsel symbolisiert und Saturn die Arbeit, und jemand ist arbeitslos oder sucht einen neuen Job und fragt sich, wann er einen neuen Arbeitsplatz findet, so könnte das mit einem Transit von Saturn zu seinem Mond der Fall sein. Mit einem Neptuntransit kann man sich besaufen, ertrinken oder nach heftigen Regenfällen eine Überschwemmung im Keller haben. Jupitertransite über Uranus (Zuwachs und Freiheit) können eine interessante Reise, einen Geld- oder Machtgewinn bedeuten. Ein Saturntransit über Merkur (Trauer und Nachricht) die Todesnachricht eines Bekannten bringen.

Es lohnt sich, als Meditationsübung, alle Wahrnehmungen, sämtliche Naturerscheinungen, Pflanzen, Tiere, Mineralien, Metalle, Gegenstände und Situationen astrologisch einzuordnen. So wie bei der Zuordnung der Eigenschaften zu den Urqualitäten der Elemente kommt es dabei weniger auf die Richtigkeit der Einteilung, sondern auf die Entwicklung der Fähigkeit zur Unterscheidung der planetaren und zodiakalen Eigenschaften an.

LIEBE, LUST UND LEIDENSCHAFT

DAS PARTNERHOROSKOP

In Verbindung mit der Magie kommt dem Mysterium der Verschmelzung zweier Horoskope eine ganz besondere Bedeutung zu. Magie bedeutet ja nichts anderes als das Phänomen, aus einer Ebene oder Sphäre in eine andere einzuwirken um dort willentlich und gezielt etwas zu bewirken.

So wie die Schicksalsmächte zu astrologisch möglichen Zeiten entsprechende Eingriffe im Leben eines Menschen vornehmen und über die Wesenszellen in ihr Bewusstsein eingreifen, verbinden sich auch die Wesenszellen der Menschen, die einander begegnen, und wirken, ohne dass man es bemerkt, ständig aufeinander ein. So wie bei Transiten die Wesenszellen der Hierarchien entsprechend den jeweils vorherrschenden Konstellationen durch die für sie geöffneten Tore der Seelengärten ins Bewusstsein der Menschen strömen und diese in ihre geistigen Ebenen einbinden, fließen die Wesenszellen der Menschen an den Orten (im Horoskop), wo sie sich vereinen können, miteinander zusammen und verbinden die Betreffenden.

Das bedeutet, dass man durch die geistige, seelische oder physische Nähe eines Menschen und die Aufmerksamkeit, die man ihm dabei widmet, mit dessen Wesensteilen in Kontakt kommt und mit wesensfremden Mächten konfrontiert wird.

Genauso wie bei Transiten das persönliche Horoskop um die einwirkende Kraft erweitert oder eingeschränkt wird, ergibt sich durch eine Partnerschaft eine Ausweitung oder Einengung der eigenen Persönlichkeit. Vorhandene Anlagen und Möglichkeiten können, je nach Horoskop des anderen, gefördert oder unterdrückt werden.

Die beiden Horoskope verschmelzen miteinander. Treffen zwei Menschen aufeinander, so erblicken sich auch die unsichtbaren geistigen und seelischen Wesenszellen und docken aneinander an. Nicht alle, aber jene, die aufgrund der für sie offenen Tore, also den Aspektstellen, zusammenkommen können, tun das auch und verbinden sich.

Das kann eine Chance sein, wenn die einwirkenden Aspekte positiver Natur sind, es kann aber auch zur Belastung werden. Denn während man die Spannungskonstellationen im eigenen Horoskop im Laufe des Lebens beherrschen, transformieren und damit umzugehen lernt, hat man auf die Spannungen, die aus einem Partnerhoroskop kommen, wenig Einfluss. Man kann den anderen nicht verändern, sondern nur sich selbst.

Wenn jemand, der ansonsten geduldig und gutmütig ist, durch die Nähe seines Partners in einen Reizzustand versetzt wird, so wird er diesen Menschen nach einiger Zeit als Belastung empfinden, ganz gleich, wie sehr er ihn liebt. Umgekehrt kann ein nervöser Hektiker mit dem richtigen Partner an seiner Seite ausgeglichen und gelassen werden. Zwischen manchen Menschen stimmt eben die Chemie, mit anderen geht es nicht. Das Horoskop lässt die sensiblen Orte für einen Austausch der Wesenszellen zwischen zwei Menschen klar erkennen. Daraus erkennt man dann, ob sich die Wesenszellen harmonisch vermischen oder abstoßen werden.

Die Regeln, nach denen die astrologischen Verbindungsmechanismen funktionieren, sind sehr einfach nachzuvollziehen und folgen den bekannten astrologischen Gesetzen der Aspekte. So wie eine Konjunktion zwischen Mars und Uranus in einem Horoskop immer Spannungen und Unruhe bedeutet, wird eine Konjunktion zwischen dem Mars des einen mit dem Uranus des anderen Spannungen verursachen und ungeduldig und gereizt machen. So wie im persönlichen Horoskop eine Jupiter-Sonne Konjunktion zufrieden und erfolgreich macht, wird die Konjunktion der Sonne mit dem Jupiter des anderen als ungemein hilfreich und angenehm empfunden. Der "fremde" Jupiter kann die ganze Persönlichkeit aufwerten, positive Eigenschaften fördern und den Betreffenden erfolgreich und zufrieden machen, als wäre es sein eigener Jupiter.

So wie eine Planetenverbindung normalerweise in einem Horoskop zum Ausdruck kommt, wird ein Planet, wenn er eine Verbindung zu einem Planeten in einem anderen Horoskop eingeht, in der selben Qualität auf das Horoskop des anderen einwirken.

DER RESONANZEFFEKT BEI "TRANSITEN" VON MENSCHEN

Ähnlich wie bei Transiten von Planeten, berühren sich auch bei Begegnungen mit Menschen die Geister und lösen entsprechende Reaktionen im Bewusstsein aus. Begegnungen mit Menschen können wie Transite eines Planeten wirken und bestimmend für das Verhalten und die Entscheidungen, die zu treffen sind, sein. Aber im Unterschied zum Einfluss durch die Planeten ist der Einfluss durch die Menschengeister keine Einbahnstrasse.

Der Volksmund sagt, wie man in den Wald hineinruft, so tönt es zurück. Aber so einfach ist es nicht. Es gibt nämlich ein Echo vom Echo, und diese Reaktion auf die Reaktion, die man bei anderen Menschen auslöst, wird einem nicht bewusst. Dabei ist es gerade dieses Echo auf das Echo, das, quasi wie ein Oberton der Stimmung, der bestimmende Faktor des Verhaltens ist. Das Denken, Fühlen und Agieren wird weitgehend von der Umweltresonanz, die man erlebt, bestimmt.

Dieser bewusstseins- und wesensverändernde Einfluss ist auch in der Psychologie bekannt: Mut oder Versagensangst, Selbstbewusstsein oder Schüchternheit, Zuversicht oder Zweifel, werden ständig von den Menschen, mit denen man zu tun hat, beeinflusst, verändert, motiviert oder unterdrückt. In der Nähe des einen ist man lustig, macht Witze, kann sich entspannen und ist gelöst, während einen ein anderer hemmt, ernste Gefühle weckt und einem die Welt nur grau in grau erscheinen lässt. Jede Begegnung löst etwas anderes aus und ruft andere Eigenschaften hervor.

Die Astrologie kann dieses Phänomen erklären. Je nach astrologischer Konstellation des einen Horoskops zum anderen, werden beim Zusammentreffen von zwei Menschen andere Eigenschaften, Wesenszüge und Verhaltensweisen geweckt. Kritische Marsaspekte zum Beispiel, werden bei jeder Begegnung Reizquelle für Streit und Kränkung sein. Gute Jupiterverbindungen dagegen vermitteln sofort das Gefühl, dass man einander vertrauen kann und versteht, und man gibt sich entsprechend offen und entspannt. Bei Saturn Verbindungen fühlt man sich beobachtet, verpflichtet, eingeschränkt und unterdrückt, das macht vorsichtig, unsicher und verkrampft.

Der Resonanzeffekt als Wechselwirkung zwischen zwei Horoskopen ist nicht nur bei Dauerbeziehungen, sondern auch bei kurzfristigen Kontakten zu beobachten. Man kann sich zwar die Menschen, mit denen man zu tun hat, nicht immer aussuchen, aber dort, wo es möglich ist, sollte man Personen, auf deren Konstellationen man negativ reagiert, zeitgerecht aus dem Weg gehen. Denn während ein belastender Planetentransit irgendwann verschwindet, lässt ein Spannungsaspekt zwischen zwei Personen bei jeder Begegnung die gleichen Probleme immer wieder neu entstehen.

GLÜCK IN DER LIEBE?

Nichts auf der Welt hat die Menschen glücklicher gemacht, aber auch tiefer ins Unglück gestürzt als die Liebe. Vom siebenten Himmel geht es zumeist direkt in die Hölle. Das müsste aber nicht sein. Wer die astrologischen Regeln kennt und sie berücksichtigt, dem bleiben unnötige Enttäuschungen erspart. Bereits einige wenige einfache Regeln geben Aufschluss darüber, ob eine Partnerschaft voraussichtlich halten wird oder nicht.

Wenn bei einem Auto die Bremsen oder die Lenkung nicht in Ordnung sind, kann es zu einem Unfall kommen. Wenn das Seelenorgan, das für Liebe, Zuneigung und Leidenschaft zuständig ist, nicht richtig funktioniert oder durch herausfordernde Aspekte aus dem Horoskop eines anderen Menschen gestört wird, wird es Probleme in Liebesangelegenheiten geben. Das Organ für diesen Lebensbereich ist die innere Venus. Ihr jeweiliger Zustand bestimmt, wie das persönliche Liebesleben verlaufen wird: leidenschaftlich oder gehemmt, angepasst oder pervertiert, nüchtern oder romantisch.

- Wie jemand liebt, ersieht man aus seinem Horoskop.
- Wann jemand liebt, lässt sich aus den jeweiligen Transiten vorausberechnen.
- Wen jemand liebt, kann man mit Hilfe einer Partneranalyse erkennen.

Man kann im Voraus berechnen, wann die Funktion des Organs für Liebe aufgrund bestimmter Konstellationen beeinträchtigt sein wird und wann eine Konstellation sie positiv stimuliert. Und man erkennt aus einem Partnervergleich, wie sich die Nähe eines anderen Menschen auf das Seelenorgan auswirkt, ob die beiden zusammenpassen und einander glücklich machen oder nicht.

GRUNDLAGEN DER PARTNERSCHAFTSANALYSEN

Mit Hilfe der Astrologie lassen sich zuverlässige Prognosen über den voraussichtlichen Verlauf einer Partnerschaft machen.

Sobald sich zwei Personen physisch gegenüberstehen, wirken immer auch die feinstofflichen Elemente aufeinander ein. Die Wesenszellen der beiden vermischen sich und springen wie bei einem elektrischen Kontakt auf den anderen über. Je nach Horoskop wird es sich dabei um andere Wesenszellen handeln.

Sehr deutlich kann man das bei einer Venus-Mars Konjunktion erkennen. Die wird man sofort bemerken, denn es ist Liebe auf den ersten Blick. Andere Konstellationen werden erst später spürbar.

Bis sich zum Beispiel die Spannung in einer Ehe, die sich bei einem Quadrat zwischen Saturn und Mars unbemerkt aufbaut, entladen kann, vergehen manchmal Jahre.

So wie die laufenden Planeten auf bestimmten Orten des persönlichen Horoskops einen Einfluss ausüben, so wirken auch die Planetenpositionen von einem anderen Menschen auf das persönliche Horoskop ein. Man fühlt sich von einem anderen aufgewertet, geachtet, gefördert oder abgelehnt und benachteiligt. Sympathie oder Abneigung, Liebe oder Gleichgültigkeit, Wohlwollen oder gegenseitige Unterdrückung hängen immer von der Übereinstimmung der beiden Horoskope ab.

Partnerschaftsvergleich

Durch einen Partnerschaftsvergleich kann man erkennen, wie die Planeten im Horoskop eines Menschen durch die Planeten im Horoskop eines anderen verändert werden. Ob zwei Menschen miteinander auskommen können, ob eine Beziehung halten wird, ob man sich gegenseitig fördern oder belasten wird, lässt sich zuversichtlich aus einem Partnervergleich ersehen.

Man zeichnet dazu das Horoskop des einen und außen am Rand die Position der Planeten das anderen ein. Man hat dann beide Horoskope übereinander und kann auf einen Blick die wichtigsten Konstellationen, Konjunktionen, Trigone, Quadrate und Oppositionen, die sich aus der Verbindung ergeben, erkennen.

Nur die Methode der klassischen Astrologie, bei der die beiden Geburtshoroskope miteinander verbunden werden, indem man die Planeten des einen in das Horoskop des anderen einzeichnet, ist astronomisch logisch und hat sich in der Praxis bewährt. Alle anderen neuen Systeme, sind purer Unsinn und haben keinen Wert für die astrologische Praxis.

Man kann auch nicht einfach davon ausgehen, dass die Zeichen des gleichen Elements, also zum Beispiel Löwe und Schütze oder Steinbock und Stier gut zueinander passen, ein Widder dagegen mit einem Steinbock nicht so gut auskommt. Nur nach dem Sonnenstand darf man keine Partnerschaft beurteilen. Man findet genauso oft gute Beziehungen zwischen einer Widderfrau und einem Waagemann, während ein Widdermann mit Waagefrau ganz schlecht funktioniert. Auch ein Fischemann und eine Jungfraufrau finden oft zueinander, während umgekehrt die Fischefrau mit einem Jungfraumann nicht so gut auskommt. Man muss stets das ganze Horoskop in die Analyse miteinbeziehen.

Folgende Fragen kann man nach den Regeln der Astrologie beantworten und sollten daher bei einer Partneranalyse gestellt werden:

- Sind die beiden für Partnerschaften geeignet oder eher Individualisten und schwierige Einzelgänger?
- Wie sind die persönlichen Anlagen und Bedürfnisse für Sex?
- Wie passen sie aufgrund ihrer persönlichen Horoskope, also ihrer Wesensart, ihres Temperaments, ihrer sexuellen Bedürfnisse zusammen?
- Was bewirken die vorhandenen Konjunktionen zwischen den beiden Horoskopen?
- Was bewirken die anderen Aspekte, die zwischen den beiden Horoskopen vorhanden sind?
- Überwiegen die verbindenden Aspekte oder die herausfordernden?
- Ist die Liebe echt und aufgrund positiver Aspekte belastbar, kann die Verbindung halten?
- Wie war der Zeitpunkt, als man sich kennenlernte?
- Wann sind Krisen zu erwarten?

Im Fall einer Krise in einer bereits bestehenden Partnerschaft wird man beide Horoskope nach folgenden Punkten untersuchen:

- Ist gerade eine ungünstige Periode für Liebesangelegenheiten und die gehegten Gefühle beruhen auf Illusionen und Emotionen?
- Passen die beiden aufgrund der verbindenden und trennenden Aspekte zwischen ihren Horoskopen überhaupt zusammen?
- Bestehen im Partnervergleich gravierende Trennungsaspekte oder ist die Entfremdung wieder zu kitten?

- Gibt es gerade einen anderen Partner, der astrologisch gesehen besser passt?
- Wäre eine Trennung besser und wann ist der beste Termin für eine richtige Entscheidung dafür?
- Wann ist die nächste günstige Periode für Liebes- Angelegenheiten und eine Klärung der Probleme zu erwarten?

REGELN FÜR DIE PRAXIS

Man beschränke sich immer auf die wesentlichsten Punkte. In der Regel reicht das auch aus, um sich einen richtigen Eindruck von einer Partnerschaft zu verschaffen. Am besten ist es, wenn man systematisch vorgeht. Dabei sind folgende Punkte zu beachten:

1. Die Qualität der Grundlagen für eine Beziehung

- Welche Voraussetzungen für eine harmonische Beziehung weisen die beiden Horoskope auf?
- Wie sind bei jedem die Organe für Liebe und Gefühl beschaffen? Wie lieben sie, was erwarten sie sich von einer Partnerschaft? Sind sie unterschiedlich geartet oder gleichen sich ihre Anlagen?
- Welche sexuellen Erwartungen und Bedürfnisse sind jeweils vorhanden?
- Wie werden diese Voraussetzungen durch die Planetenpositionen des anderen beeinflusst?
- Das Niveau der beiden - sind sie fähig, Rücksicht zu nehmen und sich anzupassen?

2. Die Qualität der verbindenden Aspekte

- Welche Aspekte verbinden die beiden?
- Welche Aspekte stören das Verhältnis?
- Welche Eigenschaften spiegeln oder ergänzen oder widersprechen sich?

3. Die Qualität der Zeit

- Die Konstellationen zum Zeitpunkt des Beginns der Beziehung. Befindet oder befand sich einer von ihnen gerade in einer Gefühlskrise oder konnten sie sich ihrer Gefühle sicher sein?
- Die Konstellationen zum Zeitpunkt der Krise. Ist es eine vorübergehende Entfremdung, weil gerade einer der beiden kritische Konstellationen zu meistern hat oder kommen trennende Aspekte aus dem Partnervergleich zum Ausdruck?
- Werden Trennungsaspekte, die bereits zwischen den beiden vorhanden sind, durch den Transit aktiviert? Manche Aspekte zwischen den Horoskopen werden bei Transiten gleichzeitig angesprochen. Wenn zum Beispiel im Partnervergleich ein Quadrat zwischen dem Mars und dem Uranus des anderen besteht, so wird ein herausfordernder Transit auf diese Aspektstelle die beiden gleichzeitig in Aufregung versetzen, was die Krise verstärken kann. Andere Aspekte können Spannungen ableiten, was in einer Krise von Vorteil ist.

PRAXIS DER PARTNERVERGLEICHE

In der Praxis wird der Anfänger von den vielen einander widersprechenden Konstellationen verunsichert und weiß dann nicht, wo er bei der Deutung beginnen soll. Es gibt eine Menge mehr oder weniger brauchbare Bücher über Partnerastrologie. Natürlich schadet es nichts, wenn man sie alle studiert. Aber wie immer in der Astrologie gilt auch beim Partnervergleich die Regel:

- **Beachte nur die deutlich sichtbaren und exakten Konstellationen.**

Zumeist wird das ausreichen, um zu erkennen, ob eine glückliche Dauerbeziehung möglich ist oder ob es sich um ein Strohfeuer, eine einseitige unglückliche Liebe oder Konfliktbeziehung handelt.

Es gibt astrologische Konstellationen, die zwei Menschen harmonisch verbinden. Und es gibt Konstellationen, die bestehende Verbindungen stören und wieder auflösen. Selten sind nur gute verbindende Aspekte zwischen zwei Personen, die sich zueinander hingezogen fühlen, vorhanden.

WAS VERBINDET?

Es gibt vier grundlegende psychologische Ursachen, die auch astrologisch erkennbar sind, die gegenseitige Zuneigung und Zuwendung bewirken und in der Regel zu einer festen Beziehung führen:

1. **Echte Vertrautheit, Geborgenheit und Sympathie:** Austausch der Aszendenten, also Aszendent Opposition Aszendent. Man hat die zweite Hälfte von seinem ICH gefunden. In der Nähe des anderen ist man zuhause.

2. **Liebe und Zuneigung - echte dauerhafte Freundschaft:** Sonne Konjunktion Mond. Mond im selben Zeichen. Konjunktionen, aber auch Trigone zwischen Venus, Mond, Sonne, Jupiter oder dem Aszendenten. Auch Sonne Mond Oppositionen können Freundschaft bewirken.

3. **Heftige Leidenschaft, Sex und Illusionen. Man kann sich einfach gut riechen und ist überzeugt, das ist die große Liebe, was aber nicht immer der Fall ist:** Konjunktionen der Venus mit Mars. Manchmal auch mit Uranus, Neptun oder Pluto; in diesen Fällen können die Gefühle jedoch einseitig sein oder der eine Partner wendet sich bald einem anderen zu. Sind sonst keine anderen positiven, verbindenden Konstellationen vorhanden, dann ist damit zu rechnen, dass die Gefühle der Leidenschaft für eine glückliche Dauerbeziehung nicht reichen.

4. **Wertschätzung und Achtung. Gleiche Interessen, Gesprächsstoff. Sie ist in den meisten funktionierenden Dauerbeziehungen als Gegengewicht zu belastenden Aspekten vorhanden:** Jupiteraspekte des einen zu persönlichen Planeten, also Sonne, Mond, Venus, Mars, Merkur, aber auch Aszendent und MC des anderen.

Die Erfahrungen der Astrologen werden durch die modernen Wissenschaften Biologie, Neurologie, Psychologie usw. bestätigt. Diese erklären die Liebesgefühle natürlich nicht astrologisch, sondern aufgrund der Ausschüttung bestimmter Hormone und Botenstoffe, was aber die gleichzeitig vorhandenen astrologischen Konstellationen erst recht zu einem Wunder macht.

Nach neuesten Forschungen beginnt fast jede Beziehung zuerst aufgrund bewusster oder unbewusster sexueller Anreize. Eine Ausschüttung bestimmter Hormone bewirkt, dass man Gefallen aneinander findet. Kommt es dann zum Sex, werden die Botenstoffe Dopamin und Noradrenalin gebildet, was in der Regel spätestens jetzt zur Liebe und zu dem Gefühl führt, ohne den anderen nicht leben zu können.

Man kennt das vom Drogenkonsum, bei dem die gleichen Hormone Glücksgefühle auslösen, und tatsächlich vernebelt auch die Liebe nicht selten den Verstand. Sind dann die beiden eine Zeit lang zusammen, bildet der Körper Oxytocin und Vasopressin, das stimmt die unterschiedlichen Geschlechter aufeinander ab: Die Frau wird aktiver, der Mann sanfter, so dass sie sich um den Nachwuchs kümmern können. Diese Hormone vermitteln auch das Gefühl der Geborgenheit, stumpfen gegenüber anderen reizvollen Reizen ab und sind die Grundlage für die nötige Treue in einer Dauerbeziehung.

Dass zwischen diesen Hormonausschüttungen und bestimmten Planetenkonstellationen ein klarer Zusammenhang besteht, darüber gibt es keinen Zweifel. Genau diese psychologischen Vorgänge werden nämlich auch durch die Astrologie bestätigt und statistisch nachgewiesen. Seit Jahrtausenden kennt man die Konstellationen, die zwei Menschen zusammenführen und zusammenhalten:

- **Die drei wichtigsten und am stärksten wirksamen Konstellationen, die zwei Menschen vereinen, sind: Venus Konjunktion Mars, Sonne Konjunktion Mond und Aszendent Konjunktion Deszendent. Zumindest einer von ihnen sollte in jedem Partnervergleich vorhanden sein.**

1. **Venus Konjunktion Mars:** Die wohl heftigste Zündung für Liebe ist eine Konjunktion von Venus und Mars. Sie bewirkt Liebe auf den ersten Blick, besonders wenn es die Venus der Frau und der Mars des Mannes ist. So wie im Geburtshoroskop werden diese kosmischen Energien für Liebe, Sex und Leidenschaft auch zwischen den Horoskopen von zwei Menschen für leidenschaftliche Zuneigung und sexuellen Anreiz sorgen. Es handelt sich jedoch manchmal nur um ein Strohfeuer, das jederzeit, zumindest bei einem der beiden, erlöschen kann. Nur wenn es sonst keine schwerwiegenden negativen Aspekte gibt und andere günstige Aspekte, besonders von Jupiter, vorhanden sind, kann diese Konjunktion als gut für eine Dauerbeziehung bewertet werden.

2. **Sonne Konjunktion Mond:** Die beste Verbindung zwischen zwei Menschen ergibt sich aus der Konjunktion von Sonne und Mond. Oft genügt es sogar, wenn die Sonne des einen und der Mond des anderen Partners im selben Zeichen stehen. Diese Beziehungen sind immer unkompliziert, besonders wenn es die Sonne des Mannes und der Mond der Frau ist. Es ist das Gefühl der Seelenverwandtschaft, der Vertrautheit, man ist wie Bruder und Schwester zueinander. Als hätte man sich bereits seit Ewigkeiten gekannt. Man fühlt sich in der Nähe des anderen wohl und geborgen, weiß sich verstanden und wird dem anderen stets gut gesonnen sein. Man kann sich aufeinander verlassen. Es entsteht etwas Familiäres, man bildet eine verschworene Gemeinschaft, die zusammenhält. Selbst wenn im Partnervergleich auch herausfordernde Aspekte vorhanden sind oder aufgrund von Transiten Spannungen entstehen, wird man einander zumeist verzeihen, ehe es zu einer Scheidung kommt.

3. **Aszendent Opposition Aszendent:** Ähnliches gilt für diese Konstellation. Sie ist überhaupt die idealste Grundlage für eine Partnerschaft. Wenn die Aszendenten ausgetauscht sind, ergibt das eine perfekte Ergänzung. Da fühlt man sich einfach verbunden wie zwei Magneten und bildet eine Einheit, auch wenn im Grunde genommen jeder doch ganz anders ist. Sobald man sich in der Nähe des anderen befindet, fühlt man sich entspannt. Bei ihm ist man zu Hause und kann sich so geben, wie man wirklich ist. Wenn der Aszendent des einen dem Aszendenten des anderen gegenüber liegt, erlebt man den anderen als die zweite Hälfte des eigenen Ich.

   Da diese Konstellation mehr mit Sympathie, Vertrautheit und tiefer Freundschaft und weniger mit Liebe zu tun hat, sollten trotzdem auch noch andere verbindenden Aspekte vorhanden sein.

WAS SCHAFFT PROBLEME UND TRENNT?

Genauso sicher wie eine Venus-Mars Konjunktion eine Liebesbeziehung entstehen lässt und eine Sonne-Mond Konjunktion oder der Aszendentenaustausch diese festigen, gibt es zwei Spannungsaspekte, die mit großer Wahrscheinlichkeit eine Partnerschaft stören und kaputt machen:

- Saturn Konjunktion Mars und Uranus Konjunktion Mars sind die beiden schlimmsten Aspekte in einem Partnervergleich und führen fast immer zu Spannungen und Trennungen. Sie haben in einem Partnervergleich nichts zu suchen.

Saturn in Konjunktion mit Mars
Mars bedeutet Angriff und Saturn bedeutet Widerstand. Das führt zu Krieg. Die Konjunktion dieser beiden Planeten ist ein Gewaltaspekt, unter der zumeist einer leidet, während der andere sich austoben kann. Hass, Wut und Gefühlskälte können das Zusammenleben unerträglich machen. Konflikte steigern sich und werden

rücksichtslos ausgelebt. Es fehlt zumeist jede Kompromissbereitschaft. Von einer Ehe ist bei exakter Konjunktion, Orbis cirka drei bis vier Grad, dringend abzuraten.

Uranus in Konjunktion mit Mars

Auch bei diesem Aspekt zwischen zwei Menschen sind die Konflikte schon vorprogrammiert. Aufregungen lassen sich kaum vermeiden. Spannungen entladen sich rasch. Auseinandersetzungen schaukeln sich schnell auf. Einer reizt den anderen, es gibt häufig Streit. Weil die Zurückhaltung fehlt, werden Emotionen rücksichtslos ausgelebt. Mitunter kann es sogar zu Gewaltanwendung kommen. Von einer festen Bindung ist abzuraten. Auch bei sehr hohem Niveau der Beteiligten und anderen positiven Aspekten im Partnervergleich ist eine harmonische Ehe eher unwahrscheinlich.

- **Neben den verschiedenen Spannungsaspekten, auf die wir noch zu sprechen kommen, gibt es vier Ursachen, die eine harmonische Liebesbeziehung stören oder auseinanderbringen:**

1. Unterschiedliche Ideale und Glaubensvorstellungen.

Der häufigste Grund, dass eine zuerst glückliche Beziehung auseinandergeht, ist nicht Lieblosigkeit, sondern mangelnde geistige Übereinstimmung.

Der Geist ist es, der Geister aneinanderbindet, und nicht die Liebe. Auch wenn die Kraft der Liebe und Leidenschaft zueinander führt, die Macht des Geistes ist es, die zwei Menschen dann tatsächlich für längere Zeit verbindet und zusammenhält. Ideale oder Glaubensvorstellungen sowie gleiche Anschauungen und Meinungen verbinden mehr als Liebe oder Leidenschaft. Gemeinsame Interessen können sogar fehlende Zuneigung ausgleichen. Unterschiedlicher Glaube dagegen wird immer entfremden und trennen.

Die dafür verantwortlichen astrologischen Konstellationen beruhen auf verschiedenen Planetenverbindungen. In der Regel sind es harmonische Aspekte zwischen dem Merkur oder dem Jupiter mit anderen Planeten. Aber eigentlich braucht man dazu gar kein Horoskop. Jeder vernünftige Mensch erkennt sehr bald, ob er mit jemandem gleicher Meinung ist und gleiche Bestrebungen hegt oder nicht. Dazu gehören nicht nur politische oder religiöse Ansichten, die zumeist auch die Vorstellungen über Kindererziehung formen, oder die finanziellen Gewohnheiten, sondern auch das Bildungsniveau und die Prägung durch die eigene Erziehung.

Zumeist werden verschiedene Anschauungen über Gott und die Welt am Anfang einer Beziehung nicht so ernst genommen, oder man glaubt, der andere wird sich und seine Meinung schon ändern. Doch das ist ein fataler Irrtum. Zu glauben, man könne jemanden umerziehen, ihn verändern oder ihm seine eigene Denkrichtung aufzwingen, ist ein Fehler, den viele Liebende begehen und eine der Hauptursachen für zerbrochene Ehen.

2. Unterschiedliche sexuelle Wünsche und Bedürfnisse.

Es entsteht Frust, wenn der eine will und der andere nicht. Der Frust, der entsteht, wenn hier keine Übereinstimmung erzielt werden kann, führt unweigerlich zu Spannungen und dem Wunsch nach Trennung.

Wenn zum Beispiel der eine Venus-Mars Konjunktion hat und der andere eine Venus-Saturn Konjunktion, so werden die beiden völlig unterschiedliche sexuelle Neigungen, Bedürfnisse und Vorstellungen von der Liebe haben. Der eine will jeden Tag und bekommt seine Triebe nicht befriedigt, der andere ist gehemmt oder braucht das überhaupt nicht und fühlt sich überfordert oder missbraucht. Irgendwann taucht dann jemand auf, der den Veranlagungen und Erwartungen besser entspricht, und die Bindung zerbricht.

3. Die persönliche Veranlagung für eine Beziehung.

Nicht jeder ist für eine Ehe oder Lebensgemeinschaft geeignet. Verantwortlich dafür sind in der Regel entweder Uranus oder Saturnkonstellationen auf die Sonne, die Venus oder den Mond. Uranus verlangt Abwechslung. Freiheit und Unabhängigkeit, was aber in einer festen Beziehung schwer möglich ist. Saturn dagegen macht schüchtern, zurückhaltend und dem Betreffenden Angst, aus sich herauszugehen und eine Bindung zu wagen. Die Anforderungen an Treue, Zuverlässigkeit und Sicherheit sind so groß, dass ein passender Partner schwer gefunden wird.

Sowohl der Freiheitsdrang des Uranusgeborenen als auch die Zurückhaltung des von Saturn Gehemmten bleiben in der Regel auch in einer Beziehung weiter bestehen und führen, wenn sie auf Unverständnis stoßen, zu einer inneren Distanz und Entfremdung. Einsam oder gemeinsam ist dann die Frage, die nur selten und nur mit einem reifen, verständnisvollen Partner zufriedenstellend gelöst werden kann. Andererseits bieten gerade diese Konstellationen die Möglichkeit, an sich zu arbeiten, sich anzupassen, zu verändern und neue Eigenschaften zu entwickeln.

Problematisch sind auch Venus-Neptun Konstellationen, weil sie den Betreffenden in Träume und Illusionen verstricken, in denen er sich von der Liebe und von Sex völlig unrealistische Vorstellungen macht. Werden diese Phantasien oder Ideale dann auf jemanden übertragen, führt das nach einer Zeit des Zusammenlebens unweigerlich zu einer Ernüchterung, weil der andere die Träume nicht erfüllen kann. Neue Phantasien beginnen und richten die Sehnsucht wieder auf nicht erreichbare Illusionen. Der Partner, den man hat, wird dagegen als große Enttäuschung empfunden.

Auch kritische Pluto-Venus Konstellationen deuten auf dramatische Erlebnisse in Verbindung mit Liebe, Ehe und Partnerschaft hin. Zwanghafte unkontrollierte Gefühle, blinde Liebe und unbezähmbare Leidenschaft oder einschneidende, schicksalhaft anmutende Ereignisse bringen nicht selten das ganze Leben aus den Fugen.

4. Die Transite

Ein ganz wesentlicher Störfaktor für jede Partnerschaft sind die jeweiligen Transite, also die Einwirkungen der gerade vorherrschenden astrologischen Konstellationen auf die beiden Horoskope.

Sie können den davon Betroffenen vorübergehend verändern, seine Gefühle verwirren und ihn streitsüchtig oder leichtsinnig machen. Bestimmte Aspekte bringen das ganze Wesen durcheinander, erschüttern die Gefühle und beim Partner das Vertrauen und lassen in der Folge langjährige Beziehungen auseinanderbrechen.

Besonders kritisch wirken sich Transite aus, wenn beide Partner gleichzeitig davon betroffen sind oder wenn bereits vorhandene Spannungsaspekte im Partnervergleich durch den Transit aktiviert werden. Es fehlen dann das Verständnis und die Bereitschaft des anderen zur Versöhnung, was vielleicht möglich wäre, wenn dieser gerade positive Transite erleben würde.

Es lohnt sich wirklich, in solchen astrologisch bedingten Krisenzeiten mit einer voreiligen Entscheidung zu warten, bis bessere Konstellationen vorhanden sind. Oft sieht danach vieles anders aus.

GEMEINSAM GEHT ES MANCHMAL LEICHTER

Manchmal kann eine kritische Konstellation im persönlichen Horoskop durch einen positiven Aspekt aus dem Horoskop des Partners entspannt werden. Hat zum Beispiel jemand eine Uranus-Venus Opposition im Horoskop, könnte sein Bedürfnis nach Ungebundenheit und Abwechslung durch ein Saturn-Trigon aus dem Horoskop des Partners auf seine Venus, Sonne oder Mond gezügelt werden. Umgekehrt kann eine hemmende Konstellation von Saturn durch einen günstigen Jupiter-Aspekt aus dem Horoskop des Partners gelöst und der Betreffende entkrampft werden. Man sollte aber die Möglichkeiten nicht überschätzen. Spannungsaspekte im Horoskop bleiben erhalten und werden sich, wenn ein Transit sie aktiviert, immer irgendwie bemerkbar machen.

Herausfordernde Aspekte aus dem Horoskop des Partners werden eine solche persönliche Spannung noch verstärken. Wenn zum Beispiel jemand in seinem Horoskop ein Saturn-Mars-Quadrat hat und der andere hat seinen Saturn oder Mars in Konjunktion oder Opposition zu einem der beiden Planeten, dann wird ihn dieser Mensch ganz besonders herausfordern und rasch wütend machen. Konflikte sind in dieser Beziehung vorprogrammiert.

Grundsätzlich kann man sagen:

- Aspekte von Jupiter entspannen, sichern Wohlwollen, bringen Erfolg und wecken Zuversicht.
- Aspekte von Saturn bedrücken, belasten, distanzieren und engen ein. Sie wecken aber Verantwortungsgefühl und Pflichtbewusstsein und können daher trotzdem für eine Beziehung positiv sein.
- Aspekte von Uranus bringen Aufregungen, unerwartete Veränderungen, schwankende Gefühle und plötzliche Trennungen. Sie brauchen unbedingt Abwechslung, Freizügigkeit und Toleranz.
- Aspekte von Neptun bringen Illusionen, täuschen und verwirren.
- Aspekte von Pluto bringen Lebenskrisen und Schicksalsschläge.

JUPITER IM PARTNERVERGLEICH

Irgendein positiver Jupiteraspekt sollten in jedem Partnervergleich vorhanden sein. Je nachdem, welcher Planet von der Jupiterkraft angesprochen wird, entstehen Liebe, Vertrauen, Wohlwollen, Nachsicht, Wertschätzung, Förderung und Sympathie. Wenn von einem Menschen Jupiterkräfte auf den anderen übergehen, wird das immer als Wohltat empfunden und der Empfänger reagiert entsprechend dankbar und rücksichtsvoll.

Jupiter stärkt und hebt das Selbstvertrauen des vom Jupiter angesprochenen Partners. Er fördert aber auch gemeinsame Aktivitäten, und der Jupitereigner hat das aufrichtige Bedürfnis, den anderen zu unterstützen, weil er ihn schätzt. Das spürt der andere und wird dafür dem Jupitereigner Sympathie und Vertrauen entgegenbringen. Sollten dennoch aufgrund anderer kritischer Aspekte Probleme auftauchen, so wird man in dieser Beziehung mit viel Nachsicht und Toleranz rechnen dürfen.

Für alle beschriebenen Konjunktionen gilt: Trigone wirken ähnlich, aber schwächer.

Jupiter Konjunktion Venus: Diese Konstellation ist die beste

Voraussetzung für Liebe. Beide finden, der andere sieht gut aus, riecht gut und ist liebenswert und sympathisch. Man hat den gleichen Geschmack, ist schnell miteinander vertraut und spürt die gegenseitige Zuneigung.

Jupiter Konjunktion Sonne oder Mond: Sympathie, gegenseitige Achtung, Zuneigung, man blickt auf zum anderen und schätzt ihn und fühlt sich geborgen in seiner Nähe.

Jupiter Konjunktion Mars: Gemeinsame Unternehmungen, beruflich, ideell oder sportlich, festigen die Beziehung. Einer unterstützt den anderen und jeder kann sich auf den anderen verlassen.

SATURN IM PARTNERVERGLEICH

Jeder Mensch ruft, wenn man ihm begegnet und erst recht, wenn man mit ihm zusammenlebt, andere Eigenschaften im eigenen Wesen hervor. In der Nähe des einen wird man fröhlich, in der Nähe des anderen gibt man sich bloß witzig. Gewisse Personen machen einen reizbar, andere wieder geduldig, bei manchen wird man gescheiter reden als normal und bei manchen hält man überhaupt den Mund. Nur ganz selten trifft man jemanden, bei dem man sich wirklich entspannt. Nur in der Nähe eines wirklich guten Freundes kann man sich in seiner Gesamtheit so geben, wie man tatsächlich ist. Ich zitiere Mulford:

"*Wir haben ein vitales Bedürfnis nach einem Genossen, mit dem wir natürlich sein dürfen. Wir müssen wenigstens einen Menschen haben, vor dem wir unsere Gefühle herausleben dürfen, vor dem wir das Visier abnehmen, vor dem wir nicht auf der Hut zu sein brauchen. Wir sollten nicht immer unsere Worte wählen müssen, um immer etwas möglichst Kluges und Korrektes zu sagen; das hieße den psychischen Bogen immer in Spannung erhalten müssen, er sollte aber entspannt, sogar oft entspannt werden. Wir brauchen zu Zeiten das*

Privilegium und die Freiheit, trivial sein zu dürfen, dumme Sachen zu sagen, ohne daran denken zu müssen, was der andere denkt."

Genau das Gegenteil bewirken Saturnaspekte zu Sonne und Mond im Partnervergleich. Saturnaspekte können zwar sehr lehrreich sein, sie werden jedoch immer belasten. Und zwar beide Partner. Der eine kann sich beobachtet, vielleicht sogar unterdrückt fühlen, der andere fühlt sich zu etwas verpflichtet, vielleicht zu korrektem Verhalten, zu Treue, Fleiß und Gewissenhaftigkeit oder einfach nur, sich zu disziplinieren. Keiner wird sich so geben, wie er wirklich ist, und das ist das Belastende an diesen Bindungen. Es herrschen immer eine gewisse Distanz und ein möglichst mustergültiges gegenseitiges Verhalten. Das ist nicht nur anstrengend, sondern kann auch zermürbend sein. Es fehlt, selbst bei gleichzeitiger Sonne-Mond Konjunktion, die Vertrautheit, in der man sich entspannen und gehen lassen kann. Ohne dass der andere etwas dafür kann, schleichen sich Stimmungen wie Unlust, Schwermut oder Pessimismus ein und vermitteln ein vages Gefühl von Beengtheit und Einsamkeit. Beziehungen mit dieser Konstellation scheinen tatsächlich schicksalsbedingte Lernprozesse zu bedeuten. Man findet sie übrigens häufig zwischen einem der Elternteile und dem Kind.

Es gibt kaum eine feste Beziehung, in der nicht ein Aspekt von Saturn des einen zu einem der persönlichen Planeten des anderen wirksam ist. Saturnaspekte binden, festigen, verpflichten, engen ein. Sie bewirken zumeist Mühe, Sorge oder Leid. Aber auch wichtige Erfahrungen und Reifeprozesse sind ohne Saturn nicht möglich. Verzichten lernt man nur mit Saturn.

Wenn man behauptet, das Leben wäre eine Schule, könnte man sagen, die Ehe wäre die Hochschule des Lebens. Wer in einer Partnerschaft lebt und nicht bereit ist, an sich zu arbeiten, Opfer zu bringen und auf den anderen Rücksicht zu nehmen, der wird enttäuscht und sehr bald wieder allein sein.

Tatsächlich verändert jede Beziehung, die gute wie die schlechte, einen Menschen mehr, als ihn die Schule verändert hat. Die wahre

Lebensschule beginnt mit dem Eingehen einer Ehe, mit der Gründung einer Familie und mit der Übernahme von Verantwortung gegenüber geliebten Menschen. Dass das gelingt, dafür sorgen die Mächte des Saturn. Saturn bedeutet Bindung, Saturn bedeutet Fundament, Saturn bedeutet Sicherheit, Saturn bedeutet Pflicht.

Auch wenn zuvor behauptet wurde, es gäbe keine astrologisch erkennbaren karmischen Beziehungen, Saturn-Aspekte in Partnervergleichen scheinen doch etwas "Schicksalhaftes" an sich zu haben. Besonders die Konjunktionen von Saturn mit der Sonne oder mit dem Mond des Partners kommt bei Ehen, aber auch zwischen Eltern und ihren Kindern sehr häufig vor.

Diese Aspekte, die in der Regel als negative Konstellationen angesehen werden, können durchaus auch positive Folgen haben. Die durch Saturn auferlegte Pflicht und der damit verbundene Verzicht auf persönliche Vorteile zugunsten des Partners oder der Familie haben noch keinem geschadet. Besonders in Horoskopen, in denen Saturn keine große Bedeutung hat, ist es oft erst der Saturn des Partners oder Kindes, durch den Ernst und Pflichtbewusstsein im Bewusstsein des Betreffenden geweckt werden.

Saturn-Konjunktion mit Sonne, Mond, Venus oder Aszendent, aber auch Quadrate und Oppositionen, werfen Schatten auf jede Ehe.

In solchen Verbindungen wird in vielen Fällen die Beziehung zur Pflicht und das Leben, je nachdem welcher Planet von Saturn angesprochen wird, kann mit den Jahren einsam, grau und freudlos erscheinen. Die Nähe des Partners weckt nicht Freude und Lust, sondern spricht das Gewissen an und führt eher die ernsten Seiten des Daseins vor Augen. Trotzdem sind gerade die Konjunktionen als Treueaspekte zu werten, denn auch bei einer Entfremdung wird selten ernsthaft an eine Trennung gedacht. Bei genügend anderen positiven Aspekten kann es sein, dass sich beide Partner auf gemeinsame Interessen besinnen und sich gemeinsam aus der Welt und dem Freundeskreis zurückziehen. Verantwortungsbewusste Menschen können mit Saturn-Aspekten gut umgehen.

Saturn in Konjunktion, Quadrat oder Opposition zu Mars: Spannungsaspekte von Saturn zu Mars haben in einem Partnerhoroskop nichts verloren. Nicht nur die Konjunktion, auch die Quadrate und Oppositionen zwischen diesen beiden Planeten führen zu gewaltigen Spannungen und fordern beide heraus. Manchmal brechen die Konflikte aber erst nach Jahren offen aus. Das Problem ist zumeist nicht die Trennung, sondern dass aus verschiedenen Gründen eine solche unmöglich erscheint. So kommt es bei kritischen Saturn-Mars Aspekten oft erst nach 20 Jahren oder später zu einer Auflösung der Beziehung.

URANUS IM PARTNERVERGLEICH

Uranus repräsentiert die Energie der Freiheit, der Ungebundenheit, der Unabhängigkeit und Exzentrik. Man sucht das Ausgefallene und Überraschungen. Für feste Bindungen ist diese Macht, die ständig nach Veränderung und Erneuerung strebt, nicht geeignet. Sobald der Reiz des Neuen zur Gewohnheit geworden ist, haben sich in der Regel auch die Gefühle verflüchtigt. Nur ungewöhnliche Beziehungen, die genügend persönlichen Freiraum belassen und auf absoluter Toleranz beruhen, können mit herausfordernden Aspekten von Uranus bestehen. Alles, was bindet und die persönliche Freiheit einschränken könnte, wie zum Beispiel gemeinsamer Wohnraum, Familie, Geschäfte oder Besitz, werden früher oder später als Belastung empfunden und zu Ausbruchversuchen verleiten.

Uranus in Konjunktion Opposition oder Quadrat mit Sonne, Venus, Mond oder Aszendenten: Wenn sich in einem Partnervergleich der Uranus in einem Spannungsaspekt mit Sonne, Venus, Mond oder Aszendenten befindet, dann ist vor einer festen Bindung eher abzuraten. Jede gegenseitige Verpflichtung, also Ehe, Familie oder gemeinsamer Besitz, wird als Einengung und Belastung empfunden und führt zu Spannungen und früher oder später zum

Wunsch nach Auflösung der Verbindung. Quadrate und Oppositionen wirken schwächer als die Konjunktionen.

Wird dagegen auf eine Legalisierung der Beziehung verzichtet und behält jeder seine Ungebundenheit und seinen eigenen Wohnraum, manchmal reicht es schon, wenn jeder seinen eigenen Schlafraum hat, so kann einiges von der Problematik entschärft werden. Sind noch andere positive Aspekte wirksam, ist unter Umständen eine längere, auf gegenseitiger Achtung, Freundschaft oder Sex beruhende Liebesbeziehung möglich. Man muss aber damit rechnen, dass die Gefühle, wenn Uranus dabei eine Rolle spielt, unberechenbar sind und jederzeit erkalten können.

Uranus Konjunktion, Quadrat oder Opposition zu Mars: Bei dieser Verbindung kann es zu heftigen Auseinandersetzungen und sogar zu Gewaltanwendung kommen. Es ist die typische Zank-Ehe. Sind sonst keine anderen belastenden Aspekte vorhanden und die positiven Konstellationen, welche die beiden zusammenführten, stark wirksam, dann ist unter Umständen trotzdem eine Freundschaft oder sexuelle Beziehung auf freier Basis möglich. Ich habe in der Praxis immer wieder Paare getroffen, die sich mehrmals scheiden ließen und doch wieder zusammenzogen, nur um abermals zu erkennen, dass es gemeinsam doch nicht geht. Vor einer Eheschließung ist also abzuraten.

DIE HERAUSFORDERNDEN SPANNUNGSASPEKTE

Was günstige Planetenverbindungen zusammenfügen, können Spannungsaspekte vereiteln, stören oder wieder trennen. Selbst ideale Partnerschaften weisen zumeist neben positiven verbindenden Konstellationen auch belastende Aspekte auf.

- **Störend sind alle Spannungsaspekte von Pluto, Saturn, Uranus oder Neptun des einen Partners zu Venus, Mond, Sonne, Aszendent oder Mars des anderen. Besonders unan-**

genehm werden sich dabei die Konjunktionen auswirken; je exakter, umso kritischer machen sie sich bemerkbar.

Anders als im Geburtshoroskop wirken sich bei Partnervergleichen Spannungsaspekte immer belastend aus und bieten keinerlei Vorteile. Es sei denn, man erkennt in der Beziehung die Möglichkeit für einen Lernprozess und nützt die durch den Partner entstehenden Ärgernisse und Einschränkungen zur bewussten Selbstdisziplinierung und Transformation seiner negativen Emotionen. Ob eine Beziehung trotz schlechter Konstellationen im Partnerhoroskop weiterbestehen kann oder eine Trennung vorzuziehen ist, liegt daher nicht nur an den Horoskopen, sondern auch am Niveau der beiden Betroffenen.

Bei der Beurteilung einer Partneranalyse wird oft übersehen, dass Planeten, die einen Aspekt zueinander bilden, in Wechselwirkung miteinander stehen. Eine Konstellation ist keine Einbahnstraße, sondern die Qualität der Funktion der angesprochenen Seelenorgane verändert sich in beiden Horoskopen.

- **Bilden in einem Partnervergleich zwei Planeten einen Aspekt zueinander, so wirkt sich das immer auf beide Horoskope aus.**

Die Planeten des Partners bleiben ja weiter seine Seelenorgane und diese werden sich durch die Verbindung mit Planeten aus deinem Horoskop ebenfalls verändern.

Frage dich daher nicht nur, was dir seine Planeten antun, sondern überlege auch, welchen Einfluss die bestehenden Aspekte für ihn bedeuten. Eine herausfordernde Konstellation von seinem Saturn auf deine Sonne bedeuten nicht nur Druck auf dich und das Gefühl der Einengung und Pflicht, sondern auch seine eigenen Ängste und sein Gewissen und alle belastenden Gefühle, die bei ihm selbst ausgelöst werden. Saturn ist ja für ihn sein Organ, durch das er Sicherheit sucht und findet. Je nachdem wie dynamisch du nun deine Sonne (Persönlichkeit) ihm gegenüber einbringst, kann ihn das verunsichern und das Gefühl vermitteln, dass er unter Beobachtung steht oder manipuliert wird und ihn genauso irritieren, wie dich sein Saturn belastet.

ZEITEN DER KRISEN, ENTFREMDUNG UND TRENNUNG

Die glücklichste Beziehung kann zu bestimmten Zeiten durch störende Transite gefährdet sein. Wer dann das Horoskop des Partners kennt und weiß, in welcher Periode der sich gerade befindet, kann durch richtiges Verhalten die Krise, die sonst vermutlich entstehen würde, vermeiden oder zumindest entschärfen. Man kann dank der Astrologie nicht nur die eigene Befindlichkeit, sondern auch die Stimmung und das Verhalten des Partners im Voraus erkennen und darauf Rücksicht nehmen.

Marstransite: Spannungen von Mars soll man nicht zusätzlich mit kritischen Bemerkungen anheizen, sondern durch Zurückhaltung ausgleichen. Ich berechnete für meine Klienten immer auch die kritischen Marstage ihrer Partner und konnte damit so manchen unnötigen Streit verhindern. Wer im Voraus weiß, wann der andere ungeduldig und leicht reizbar ist, wird jeden Anlass vermeiden, der das verstärken könnte. Achtung, Marstransite wirken in der Regel gut eine Woche vor dem berechneten Termin.

Saturntransite: Mit Verständnis und Mitgefühl kann man einem geliebten Menschen etwas von dem Druck und der Schwermut, die Saturn ihm auferlegen, abnehmen und ihn etwas entlasten. Auf sein Gefühl der Einsamkeit und Entfremdung, das er vermutlich gerade verspürt, kann man diskret und unaufdringlich eingehen. Oft genügen Worte oder kleine Gesten, um ihm liebevoll Nähe zu signalisieren. Mit Vorwürfen und Bemerkungen wie: "Was ist los mit dir?" oder "Reiß dich zusammen!" kann man allerdings keinen von seiner schwermütigen Stimmung befreien. Saturnperioden dauern in der Regel monatelang.

Steckt man selbst in einer belastenden Saturnperiode, sollte man mit seinem Partner über die ernsten Gefühle, die einen bedrücken, sprechen. Denn dieser spürt zumeist, dass man auf Distanz geht und seine Ruhe haben will und wird das natürlich auf sich beziehen. Er wird sich dann gekränkt fühlen und ebenfalls zurückziehen, ein dummer Kreislauf der Entfremdung setzt ein, wenn man nicht offen über seine Depressionen oder das, was einen verletzt, mit ihm spricht.

Uranustransite: Das starke Freiheitsbedürfnis und die Lust auf Abenteuer oder Abwechslung, die ein Uranustransit im Partner vorübergehend weckt, sollte man nicht mit Eifersucht und kleinlichen Forderungen ersticken. Oft will der andere wirklich nur etwas mehr Freiraum zum Durchatmen haben. Ständige Kontrolle und Fragen - wo bist du gewesen? - werden ihm erst recht beweisen, dass er durch sie eingeengt ist und ihn endgültig vertreiben. Gerade jetzt ist es wichtig, ihm das Gefühl seiner Unabhängigkeit zu vermitteln. Selbst wenn der andere tatsächlich ein heimliches Verhältnis hat, lohnt es sich, die Angelegenheit diskret zu übersehen und zu warten und zu verzeihen, denn es ist anzunehmen, dass diese neue Beziehung, sobald der Uranus vorbei ist, wieder beendet wird und nicht hält.

Wer selbst in einer turbulenten Uranusphase steckt und vielleicht dabei ist, sich in einen anderen Menschen zu verlieben, soll das unbedingt diskret machen und seinem Partner verschweigen. Noch nie hat die Beichte eines Seitensprungs etwas anderes bewirkt als Kränkung und nie wieder gutzumachende Verletzung. Untreue wird erst, wenn der Partner es erfährt, zu einem moralischen Problem und belastet mit Schuld.

Transite von Uranus zur Venus bringen oft überraschend neue Kontakte und leidenschaftliche Gefühle, die aber in der Regel, sobald der Transit vorbei ist, wieder zusammenbrechen oder völlig uninteressant werden. Es ist eine Zeit der Verwirrung und der unklaren Verhältnisse mit Eifersucht, Trennung oder voreilig geschlossenen neuen Liebesbeziehungen, die nicht halten. Man sucht das Neue, wird leichtsinnig und ist bereit, ausgefallene Verhältnisse einzugehen. Ganz gleich, ob man selbst oder der Partner davon betroffen ist, es lohnt es sich auf jeden Fall, mit Entscheidungen, welche die Zukunft betreffen, zu warten, bis der Transit vorüber ist.

Transite von Neptun zur Venus bringen ebenfalls unklare Verhältnisse und Illusionen über eine Beziehung. Entweder man macht sich selbst oder seinem Partner etwas vor oder man wird von ihm betrogen. Man hat Sehnsucht nach einem Menschen, der nicht erreichbar ist oder macht sich völlig falsche Vorstellungen über ihn. Oft regt dieser Aspekt zu sexuellen Phantasien an. Ausgefallene Experimente, heimliche Beziehungen, pervertierte Leidenschaften sind dann die Folge. Die Träume, Phantasien und ausgefallenen Wünsche, die ein Neptunaspekt in Spannungszeiten beim Partner oder bei sich selbst weckt, darf man nicht ernst nehmen. Die Zeit der Verwirrung und Illusion ist vorbei, sobald der Neptun die kritische Position verlässt.

Transite von Pluto zur Venus lösen oft heftige Gefühlsregungen aus, die das ganze Leben verändern. Bedingungslose Leidenschaft lassen alle konventionellen Grenzen sprengen. Oft treten schicksalhaft Ereignisse auf, die zur Trennung von der Familie oder von einem geliebten Menschen führen. (Pluto Venustransite können auch Auslöser für Erkrankungen, oder Existenzprobleme sein.)

Transite von Saturn zur Venus bedeuten immer eine ernste Lebensperiode, in der auch die Partnerangelegenheiten ins Bewusstsein gerückt werden. Es ist dann aber weniger ein Trennungs-, sondern eher ein Entfremdungsaspekt. Man ist nicht mehr glücklich mit dem Partner, empfindet ihn als Belastung oder macht sich seinetwegen Sorgen. Geht der laufende Saturn direkt über die Venus, erlebt man nicht selten, anstelle von Liebesleid, die "große Liebe". Man kann aber diese tiefen Gefühle aufgrund der bestehenden Lebensumstände und Verhältnisse, in denen man sich befindet, nicht frei und glücklich genießen.

Transite von Neptun, Uranus, Pluto und Saturn zu Venus, Sonne, Mond oder Aszendent werden neben anderen Problemen auch bestehende Liebesbeziehungen und Familienverhältnisse belasten. Wenn die Horoskope beider Partner gleichzeitig davon betroffen sind, kann sich daraus eine ernste Krise entwickeln. Wenn dagegen nur einer der beiden den kritischen Transit zu meistern hat und der Partnervergleich keine massiven Spannungsaspekte aufweist, wird es nur eine vorübergehende Störung sein. Man kann die Periode durchstehen und danach wieder neu beginnen. Besonders wenn minderjährige Kinder unter einer Trennung leiden würden, lohnt es sich, dass man ohne Emotionen reagiert. Die Erfahrung zeigt, dass nur selten die Auflösung einer Familie glücklichere Lebensumstände geschaffen hat. Auf jeden Fall sollte man mit einer Entscheidung warten, bis die kritische Konstellation vorüber ist. In der Regel schaut dann vieles anders aus.

Belastende Transite auf bestehende Familiengrade sollten immer alarmieren. Als "Familiengrade" gelten jene Tierkreisgrade, die aufgrund bestimmter Planetenpositionen bei allen Familienmitgliedern gleichzeitig durch Transite aktiviert werden. Bei Ehekrisen kann es besonders fatale Folgen haben, wenn in einem bestimmten Zeitraum alle Familienmitglieder gleichzeitig unter Spannungsaspekten stehen. Diese sensiblen Grade sind besonders zu beachten und können, wenn sie durch Transite aktiviert werden, für mehr Unruhe sorgen, als wenn nur einer in der Familie davon betroffen wäre. Auch in Zweierbeziehungen wird man diesen gemeinsamen Graden besonderes Augenmerk schenken.

LIEBESLEID UND LIEBESZAUBER

Vergiss, was die Zauberer, Hexen und Schamanen an Liebesmitteln anbieten oder in sündteuren Wochenendseminaren als "geheime" Praktiken verkaufen. Die meisten dieser Mittel wirken nicht. Und selbst wenn ein Zauber, den du machst, eine Wirkung zeigen sollte, lohnt es sich nicht, eine Liebe oder etwas anderes zu erzwingen. Es ist immer besser, man verzichtet auf etwas, das man scheinbar nur mit magischen Mitteln erlangen kann. Man handelt sich nämlich zumeist bloß andere Probleme ein. Das gilt ganz besonders für einen Liebeszauber. Trotzdem wird nirgendwo in der Magie so viel herumexperimentiert wie mit dem Thema Liebe. Ein unglücklich Verliebter ist wie ein Ertrinkender, er greift nach jedem Strohhalm. Aber die meisten ersaufen trotzdem in ihrem Liebesleid.

Keiner ist gefeit gegen Liebeskummer und nicht jeder ist so gefestigt, dass er den Schmerz dann meistern kann. Wen es richtig erwischt hat, der leidet. Und wer leidet, der ist geschwächt. Ein dummer Kreislauf des Versagens beginnt.

Das betrifft besonders die unglückliche einseitige Liebe. Entweder sie ist platonisch und das Idol weiß gar nichts von seinem Glück oder es bestand schon eine Beziehung, die aber auseinanderging, weil sich der andere anderwärtig verliebt hat. In beiden Fällen zersehnt sich der Betreffende und macht sich das Leben unnötig schwer:

Der Verliebte kann sich von dem Schemen, der das Bild des geliebten Menschen ins Bewusstsein trägt, nicht befreien.

Der Verliebte ist besessen, aber nicht von einem Dämon, sondern von seinen eigenen Elementalen, die ihm über den Kopf gewachsen sind.

Das gilt auch für die scheinbar schicksalhaften Beziehungen, bei der beide Partner leiden, weil der eine oder beide bereits gebunden sind. Auch hier sollte man nicht eingreifen. Ganz gleich wie sehr die beiden meinen, sie seien füreinander bestimmt, wenn sie das wirklich sind, dann ist kein Liebeszauber nötig. Wer durch Magie zwei Menschen zusammenbringt, die zuerst von anderen, die im Weg stehen, getrennt werden müssen, schafft mehr Leid als das zweifelhafte, zumeist nur kurze Glück wert ist.

Ursache für unglückliche Liebe ist zumeist das persönliche Horoskop mit einer stark verletzten Venus. Aber auch Aspekte aus dem

Horoskop des Partners, zumeist von Pluto, Uranus oder Saturn zu Venus, Mond oder Sonne können zu Liebesleid führen. Wo es sich um platonische Schwärmereien handelt, spielt zumeist der Neptun eine Rolle. Ausgelöst werden die Probleme zumeist durch die gerade vorherrschenden Transite.

In den meisten dieser Fälle ist, wenn nicht gleichzeitig starke positive Aspekte Aussicht auf eine glückliche Lösung versprechen, ein Verzicht auf die Liebe besser als jahrelanges Warten und Einsamkeit. Dabei ist die geistige Einstellung auf diesen Verzicht ganz besonders wichtig, sonst kommt die Sehnsucht und Hoffnung immer wieder hoch und verhindert, dass man sich nach einer anderen Liebe umschaut.

Wer unglücklich verliebt ist, darf nicht die energieraubenden Gefühle mit einem Liebeszauber zusätzlich anfachen und damit den Schemen, der ihn mit der unstillbaren Sehnsucht peinigt, am Leben erhalten. Man muss im Gegenteil versuchen, diesen Vampir auszuhungern. Das gelingt nur, wenn man sämtliche Gedanken und Gefühle, die dieses Phantombild ernähren könnten, vermeidet. Dazu sind in erster Linie alle Erinnerungen an den geliebten Menschen auszulöschen. Das ist nicht nur symbolisch gemeint.

TIPPs für die Entwöhnung

- Meide die Lokale und Urlaubsorte, die du mit deinem Ex besucht hast.
- Vernichte alles, was dich an die Zeit mit ihm erinnert. Fotos, Kleidungsstücke, Briefe, gemeinsam gekaufte Gegenstände, alles aus der Zeit mit dem anderen muss weg. Bücher, CDs und Geschenke schenke weiter oder verkaufe und spende das Geld einem karitativen Zweck. Das macht den Exorzismus perfekt, denn du überführst den Wert einer guten Sache.
- Entsorge auch das Horoskop des Betreffenden, falls ein solches in deinem Archiv lagert. Ist das Horoskop für einen Partnervergleich auf den Rand deines Horoskops gezeichnet, dann ist der Rand abzuschneiden, alleine das ist ein magischer Akt, und danach sind beide Horoskope voneinander getrennt zu entsorgen.

Nicht verbrennen oder vergraben; Papierkorb und dann in den Müll, mehr Aufwand ist die Angelegenheit nicht wert.

- Den Rest besorgt die Zeit. Liebe lässt die Zeit vergehen, Zeit lässt die Liebe vergehen.

Wenn eine Liebe nicht erwidert wird oder nicht möglich ist, soll man nicht versuchen, mit Magie eine Wende herbeizuführen. Abgesehen davon, dass es zumeist nicht hilft und wenn doch, dann nur vorübergehend, was noch schlechter ist, weil es alle Gefühle erneut ins Bewusstsein ruft, bewirkt jeder unsachgemäße Zauber in der Regel das Gegenteil von dem Erhofften. Die Sehnsucht wird damit nur noch stärker entfacht, die Erinnerungen werden künstlich wachgehalten, der geliebte Mensch bleibt weiter unerreichbar. Das Leid vergrößert sich. Der einzige, der davon profitiert, ist der Erosschemen, der dahintersteckt und sich von den unglücklichen sehnsuchtgeschwängerten Gedanken ernährt. Das einzige, das diesen Vampir und damit das Liebesleid auflösen könnte, ist der Geist der Gleichgültigkeit.

Warum ein Liebeszauber selten und nicht lange wirkt

Magie funktioniert immer über "Geister", also über die Elementale und Elementare der Vorstellungen und Gefühle, die man bildet und verschickt. Auch wer dazu Wesenheiten, Engel oder Dämonen ruft und sie beschwört, ihm zu helfen, wird diese nur über entsprechende elementale Wesenszellen erreichen.

Aber welche Wesenszellen hat ein unglücklich Verliebter in sich? Welche Geister zieht er damit an? Was verstärkt er jedes Mal, wenn er den Hokuspokus eines Liebeszaubers wie ein Besessener wochenlang zelebriert? Es ist Liebesleid, Sehnsucht und Schmerz, alles unglückliche Gefühle, er fühlt sich als Leidender, ungeliebt und geschwächt. Diese Elementale verschickt er nun mit seinem Zauber an den geliebten Menschen und glaubt, er kann ihn damit für sich gewinnen. Mit diesen Gedanken und Gefühlen verbindet er sich im Geiste mit dem Geist von dem Menschen, nach dem er sich ersehnt, und hofft, dieser wird sich ihm jetzt zuwenden.

Das ist natürlich ein großer Irrtum. Sollte sein Wimmern den anderen wirklich erreichen, dann wird dieser nicht sehr beeindruckt von dem Haufen Elend sein, der sich da in ihm regt. Der Zauber, den der Betreffende machen lässt oder selber macht, geht voll in die Hose. Da ist es schon besser, man geht, statt zu einer Hexe, ins Puff oder auf einen Berg und pfeift auf den anderen und pfeift sich ein Lied; je früher man ihn vergisst, umso schneller findet sich ein neues Glück.

Wenn ich trotzdem in manchen Fällen unglücklich Verliebten mit einem Liebesamulett geholfen habe, so ist das kein Widerspruch zu meiner Meinung. Die Siegel, die ich dazu verwendete, verbinden mit Genien, die in erster Linie dafür sorgen, dass sich der Betreffende weniger kränkt, eine bessere Ausstrahlung bekommt und somit rascher einen neuen Partner findet. Es ist ein Liebesschmerzmittel, das tröstet und hilft, die angeschlagene Persönlichkeit wieder aufzubauen. Nicht selten kommt dann auch der verloren gegangene Partner zurück.

Von den ungefähr 30 Vorstehern, die laut Bardon für Liebesangelegenheiten zuständig sind, helfen nach meiner Erfahrung die Intelligenzen von 4° Steinbock, 13° Waage, 24° Waage, 18° Fische und 4° Skorpion am besten. Natürlich wird man sich auch an die anderen Wesen der Erdgürtelzone wenden, die ganz gezielt in Liebe, Sex und Heiratssachen eingreifen. In besonders ernsten Fällen kann man über die Mondintelligenz Saaron zwei Menschen miteinander verbinden, aber dieser Zauber hat wirklich schicksalhafte Folgen, die man nur in den seltensten Fällen in Kauf nehmen soll.

Wie man mit den Genien der Erdgürtelzone in Kontakt treten kann, beschreibe ich ausführlich im "Thebaischen Kalender". Neben der "Praxis der magischen Evokation", die Bardon bevorzugt, und meiner Technik der mystischen Invokation gibt es noch die "Magie mit Astrologie", bei der man die persönlichen astrologischen Verbindungen, die sowohl zwischen den Menschen als auch zu den Genien der Planetensphären bestehen, nützt.

MAGIE MIT ASTROLOGIE

DIE GEZEITEN DER MACHT UND DIE ORTE DER ZEIT

Die Orte der Zeit

Man kennt Orte der Kraft, die sogenannten Kraftplätze und nützt ihre Energie. Dass es auch Zeiten der Kraft gibt, ist weniger bekannt. Die Magie der Astrologie kennt und nützt auch diese "Orte" der Zeit, die als die Gezeiten der Macht wie lebendige Magnetwinde über die Erde streichen. Bestimmte kosmische Qualitäten wirken zu bestimmten Zeiten stärker auf das Umfeld der Erde ein. Man kann durch Einkehr in die Stille tiefer in diese Orte der Zeit eindringen und an ihnen verweilen, um aus der jeweiligen Kraft der Zeitstation zu schöpfen.

Im "Thebaischen Genienkalender" beschreibe ich die Technik der "mystischen Invokation", mit der man, im Unterschied zur magischen Evokation des Franz Bardon, ohne Beschwörung mit der Qualität eines Wesens aus der Erdgürtelzone in Kontakt kommen kann.

- Wer die Orte und Zeiten einer Intelligenz kennt, kann sich auf passive Art mit einem Wesen verbinden oder seine gerade vorbeiziehenden Wesenszellen erfassen.

Diese Technik der Kontaktaufnahme mit den Mächten und Kräften der Erdgürtelzone funktioniert auch bei den Mächten und Kräften der Planeten.

- Wenn der Tierkreisgrad, auf dem sich ein Planet befindet, aufgeht oder am Zenit steht und man sich in dieser Zeit bewusst auf die Eigenschaften des dort befindlichen Planeten einstellt, dann kann man die Qualität der Macht und Kraft dieser Ebene spüren und in sich aufnehmen.

So wie man sich an heiligen Orten, Kraftplätzen oder in alten Kirchen und Kathedralen mit dem Kraftfeld der Energien, die dort zirkulieren, aufladen kann, lassen sich auch die Orte der Zeit, wenn man in seinem Tun innehält und sich in ihr Kraftfeld versenkt, für die Aufnahme der gerade vorherrschenden Eigenschaften nutzen. Man schöpft aus dem selben Strom, aus dem sich die Menschenkinder formen, die sich gerade inkarnieren.

Das Bewusstsein mit seinem Denken, Fühlen und Wollen wird dabei von jenen Mächten und Kräften angesprochen, auf die es gerade eingestellt ist. Das wird je nach Horoskop und den gerade vorherrschenden Konstellationen ständig anders sein.

Die feinstofflichen Sensoren, das sind die persönlichen Seelenorgane mit ihren den Planetenkräften und Tierkreiszeichen analogen Eigenschaften, sind zugleich auch die persönlichen Orte der Kraft, die jedem in seiner eigenen Seelenlandschaft zugänglich sind.

Die persönlichen Organe entsprechen den Qualitäten der Intelligenzen des jeweiligen Planeten und stehen mit diesen über die Wesenszellen, aus denen sie bestehen, in Verbindung.

Die Gezeiten der Macht

Das gleiche gilt für die Funktion der eigenen Planetenorgane. Wenn der Tierkreisgrad, auf dem sich ein Planet im eigenen Horoskop befindet, aufgeht oder die Himmelsmitte einnimmt, ist dieses Seelenorgan aktiviert und auch von anderen Mächten leichter zu erreichen, ganz gleich ob einem das bewusst ist oder nicht. Man kann daher diese Zeiten der eigenen Seelenorgane auch selbst zum gezielten Aufbau seiner Eigenschaften nützen.

Wenn man dazu auch noch sein eigenes Horoskop berücksichtigt und die persönlichen Tore benützt, die einen mit den Hierarchien verbinden, wird man doppelt erfolgreich sein. Denn genauso wie die Vorsteher der Erdgürtelzone ihre Gezeiten haben, sind einem auch die Genien der Planeten, je nach Ort und Zeit und den Graden, die sie im eigenen Horoskop einnehmen, unterschiedlich nahe.

So haben alle Menschenwesen ihre Gezeiten. Wer das Horoskop eines anderen kennt, kennt auch seine sensiblen Orte und kann die

Zeiten berechnen, in denen er besonders leicht zu erreichen und zu beeinflussen ist. Er weiß, wann welches seiner Seelenorgane nach außen gerichtet ist.

Will ein Fernheiler auf die Gesundheit eines Patienten einwirken, wird er die Zeit seiner Sonne oder seines Aszendenten wählen. Will er ihm Trost und Liebe senden, wählt er die Zeit seiner Venus, wünscht er ihm Erfolg, schickt er die entsprechenden Elementale, wenn der Aszendent seinen Jupiter aktiviert, und will er ihn in seinem Sinne inspirieren, dann wartet er am besten, bis sein Neptun oder Uranus besonders empfangsbereit für fremde Gedanken ist.

Jeder Tierkreisgrad, auf dem sich ein Planet befindet, und die entsprechenden Aspektstellen zu diesem Grad bilden ein Tor und einen Fühler in die geistige Welt.

Kennt man sein Horoskop, dann kennt man seine geistigen Glieder und Organe und die persönlichen Stellen, an denen einen die Genien berühren und einem nahe treten können.

Das trifft auf alle Horoskope zu und funktioniert auch zwischen den Menschen. Kennt man das Horoskop eines anderen, dann kennt man auch seine Einfallstore und weiß, wann der Betreffende für welche Mächte und Kräfte zugänglich ist. Man kennt die Zeit seiner Stärke und die Zeit seiner Schwäche und kann berechnen, wie und wann man ihn am besten erreichen kann.

Wer mit den Orten und Zeiten der astrologischen Mächte arbeitet, muss zwei Faktoren berücksichtigen:

- Erstens die einströmenden Qualitäten, also der momentane kosmische Zustand des Ortes, an dem man sich befindet; man berechnet dazu das Horoskop für den Ort.
- Und zweitens den jeweiligen Zustand der persönlichen Empfangsorgane in Reaktion auf die vorherrschenden kosmischen Eigenschaften; man berechnet dazu das persönliche Horoskop.

Will man die Macht und Kraft einer Planetensphäre oder einer Tierkreisebene nutzen, so wird man dazu einen Zeitpunkt wählen, an dem dieser Planet oder das Zeichen auf den Ort, an dem man sich befindet, seinen mächtigsten Einfluss ausübt. Das ist täglich zweimal der Fall. Zuerst cirka zwanzig Minuten lang, wenn der gewünschte Planet oder das Zeichen am Horizont des Ortes, an dem man sich befindet, gerade aufsteigt und dann in der Stunde, wenn der gewünschte Planet oder das Zeichen den höchsten Punkt seiner Tagesbahn, die Himmelsmitte, erreicht.

Wenn man eine kosmische Macht für sich selbst oder für einen anderen Menschen verwendet, so sollte man auch das jeweilige persönliche Horoskop bei der Wahl der Zeit mit einbeziehen. Man kann die kosmischen Orte der Hierarchien mit den analogen inneren Orten in Einklang bringen, wenn man die jeweilige Empfangsbereitschaft für eine bestimmte Eigenschaft berücksichtigt.

Aufgrund der unterschiedlichen Positionen der Planeten im persönlichen Horoskop hat jeder Grad der Ekliptik für jeden Menschen eine andere Bedeutung.

Ein kosmisch "guter" Mars, der gerade mit dem zehnten Grad des Widderzeichens aufsteigt, kann trotzdem für jemanden, dessen Uranus auf zehn Grad Widder steht, zu heftigen Übertreibungen führen. Ein anderer dagegen, der dort seinen Jupiter hat, wird am selben Ort zur selben Zeit die besten Energien für rasche erfolgreiche Leistungen empfangen können. Das gilt natürlich auch für die positiven und negativen Aspektstellen, die durch diesen Transit aktiviert werden.

Dabei wird der einwirkende Planet seine Qualität nur dann unverfälscht zum Ausdruck bringen, wenn er selbst gerade ohne Aspekt ist. Empfängt er gerade herausfordernde Aspekte von anderen Planeten, kann das seine Eigenschaften negativ beeinflussen. Trigone werden sie verbessern. Am stärksten werden seine Qualitäten verändert, wenn er in Konjunktion mit einem anderen Planeten steht. Bei magischen Arbeiten ist das unbedingt zu beachten. Man wird keinen Sympathiezauber machen, wenn die Venus in Opposition zu Saturn steht, ganz gleich, wie günstig ihr Aufstieg für das eigene Horoskop auch sein mag.

Auch die persönlichen Planeten-Orte werden zweimal täglich durch das gerade aufsteigende und durch das kulminierende Zeichen angeregt. Hast du zum Beispiel deinen Saturn auf 5° Waage, dann wird sich die Zeit, wenn Waage aufsteigt oder die Himmelsmitte einnimmt, für dich besonders gut zum Meditieren eignen, weil dann dein Saturn angesprochen wird. Das gilt natürlich nur, wenn nicht gerade Mars, Uranus oder Pluto in der Waage stehen. Geht der Aszendent oder das MC über deinen Jupiter oder über deine Venus, wird das für dein Wohlbefinden günstig sein. usw.

Für den persönlichen Gebrauch genügt es, wenn du über die jeweiligen Auswirkungen der Transite auf dein Horoskop Bescheid weißt und dich im zeitlich richtigen Moment bewusst auf die vorherrschenden Eigenschaften einstellst und konzentrierst. Du wirst sie dann besser verstehen und erfassen können und rascher lernen, mit ihnen richtig umzugehen.

HOROSKOPMAGIE UND PLANETENZAUBER

Computer haben in der Magie und Mystik nichts zu suchen. Aber um schnell die Qualität der Zeit und des Ortes, an dem man sich gerade befindet, zu berechnen, ist eine Astrouhr, die ständig die momentane kosmische Situation anzeigt, eine große Hilfe. Ich empfehle meinen Freunden, sich so oft als möglich einen Überblick über den gerade einwirkenden Aszendenten und die Konstellationen zu verschaffen, das kann ungemein aufschlussreich sein. Man lernt dabei sein Horoskop noch besser kennen und entdeckt dabei eine Menge neuer Einwirkungen, auf die man sonst nicht geachtet hätte.

Man wird bemerken, dass man häufig etwas Neues beginnt, wenn der Aszendent gerade in Konjunktion mit Mars, Uranus oder der Sonne steht oder über eine entsprechende Stelle im eigenen Horoskop geht. Und man beendet oft eine Arbeit, wenn der Aszendent den Saturn, sei es am Himmel oder im persönlichen Horoskop, aktiviert. Auch Kontakte zu anderen Personen, wie zum Beispiel Telefonate oder Gedanken an sie, ergeben sich häufig genau in den Minuten, wenn eine gemeinsame Konstellation astrologisch aktiviert wird.

- Man denkt an die Dinge oder macht die Sachen, die gerade durch den Aszendenten oder die Himmelsmitte ins Bewusstsein gerückt werden. Wenn ein Grad aufgeht, auf dem sich in deinem Horoskop ein Planet befindet, so wird durch dieses "Tor" dein entsprechendes Seelenorgan, das diesem Planeten entspricht, angeregt.

Genauso kann man umgekehrt bestimmte Vorhaben mit der geeigneten Zeitqualität beginnen. Eine handwerkliche Tätigkeit wird man rascher mit einem aktivierten Mars erledigen, einen Liebesbrief wird man lieber mit dem Aufstieg der Venus beginnen. Braucht man eine Inspiration für ein technisches Problem, so konzentriert man sich darauf, wenn der Uranus eine Rolle spielt. Schnelle Telefonate in der Zeit des Merkur, wichtige Entscheidungen mit Jupiter usw.; es gelten die üblichen astrologischen Regeln.

- Dabei ist sowohl die Zeit, wenn der Planet gerade aufgeht oder sich am Zenit befindet, als auch die Zeit, wenn der Grad aufgeht, den der Planet im persönlichen Horoskop einnimmt, von Bedeutung.

Ich werde bewusst keine konkreten Rezepte für "Magie mit Astrologie" geben. In der Magie sind Erkenntnisse, die man durch eigene Beobachtung erlangt, weitaus wertvoller als angelesenes Wissen. Der astrologische Hausverstand sollte genügen. Es gelten die gleichen Regeln wie bei der Auslegung eines Geburtsbildes und bei der Deutung der Transite. Zur raschen Berechnung der geeigneten Zeiten kann man eine Astro Clock auf seinem Computer installieren.

ACHTUNG: Der "Thebaische Genienkalender" ist dazu nicht geeignet. Der ist für 0 Grad Breite, also den Erdäquator berechnet und nicht für den Breitengrad des Ortes, an dem man sich gerade befindet. Der "Thebaische Kalender" gilt nur für die Vorsteher der 360 Grade der Erdgürtelzone und nicht für die Intelligenzen der Planeten oder den gerade aufsteigenden Tierkreisgrad eines Ortes.

Für die Magie mit Astrologie wird das Horoskop immer auf den Ort, an dem man sich befindet, berechnet. Aktiviert wird ein Seelenorgan dann durch den jeweiligen Aszendenten und durch das MC.

Da der Aszendent und das MC auch die Seelenorgane anderer Personen aktiviert, werden bestehende Verbindungen zwischen zwei Horoskopen gleichzeitig berührt und stimuliert. Besteht bei zwei Horoskopen eine Konjunktion oder Opposition zwischen zwei Planeten, so wird durch die Aszendentenachse oder die Achse des MC in der Zeit des Übergangs eine mentale Verbindung zwischen den beiden Personen hergestellt.

Das erklärt die Gedankenübertragung, die so oft vor einer Kontaktaufnahme stattfindet. Jeder kennt das Phänomen: Man ruft jemanden an und dieser erklärt einem, dass er gerade selbst anrufen wollte oder umgekehrt. Natürlich kann man diese Verbindung auch gezielt ausnützen und ohne Telefon telepathisch eine Botschaft senden. Die Planetengenien und Schicksalsengel bedienen sich ebenfalls dieser persönlichen Gezeiten und greifen zumeist in der Zeit der Erreichbarkeit in das Schicksal eines Menschen ein. Das müssen nicht spektakuläre Situationen sein, es werden laufend Inspirationen, die einen entsprechend handeln lassen, übertragen.

Auf diesem Gebiet muss noch weitere Forschungsarbeit geleistet werden. Die Praxis der Kontaktaufnahme mit den Genien der Erdgürtelzone und den Wesen der Planeten und Tierkreiszeichen wirft viele Fragen auf, die noch nicht beantwortet sind.

DAS HOROSKOP ALS MAGISCHER SPIEGEL

Die Vermischung der Wesenszellen zwischen zwei Menschen ist eines der größten hermetischen Mysterien. Daher ist ein Horoskop, das sowohl die Einfallstore in den Bewusstseinsraum eines Menschen als auch die Zeiten und Orte der kosmischen Mächte, die auf ihn einwirken, offenlegt, das wichtigste magische Instrument, das es gibt. Es beschreibt die feinstofflichen Qualitäten von Geist und Seele, die Zeiten der persönlichen Macht und die Zeiten der Schwäche. Und es verrät die kosmischen Gezeiten, die hilfreichen, in die man sich einklinken kann, und die nachteiligen, in denen man sich zurückhalten wird, weil man verletzbarer ist.

Da man mit einem Horoskop auch die Stärken und die Schwächen und die Zeiten der Macht und Ohnmacht eines anderen Menschen erkennt, gibt es einem Macht über ihn und über seine Wesenszellen. Man hat die Möglichkeit, sowohl im positiven als auch im negativen Sinn auf ihn einzuwirken.

Bereits das Berechnen und Zeichnen eines Horoskops ist ein magischer Akt, durch den der Geist des Betreffenden angesprochen wird. Man bildet die Ikone des Betreffenden ab und kommt dadurch in seine Nähe. Ein Horoskop stellt die persönlichen Glieder und Organe und die geheimsten Wesenszellen eines Menschen dar. Man bannt seine Wesenszellen, also die Geister, die sein Wesen bilden, auf Papier. Das macht ein Horoskop zu einem Symbol, das man als Kyilkhor des Betreffenden verwenden kann. Zeichnet man dann auch noch das Horoskop eines anderen in denselben magischen Kreis, der das Horoskop ja faktisch ist, dann ist das schon fast ein Liebeszauber. Man vereint die Wesensorgane und Wesensglieder von zwei Menschen, und wenn man das ganze noch entsprechend behandelt und zur astrologisch richtigen Zeit darüber meditiert, dann kann man damit mehr bewirken als mit anderen primitiven Zauberpraktiken.

So wie die Schicksalsmächte zu astrologisch möglichen Zeiten entsprechende Eingriffe im Leben eines Menschen vornehmen, kann man selbst, wenn man die "Tore" eines Menschen kennt, seine persönlichen Gezeiten nützen. Mit Hilfe der Astrologie kann man Eingriffe im Schicksalsverlauf verhindern oder selbst vornehmen.

Mit dem Horoskop werden nicht nur die persönlichen Stärken und Schwächen, sondern auch die persönlichen Einfallstore und damit die Zeit der Macht und die Zeit der Ohnmacht ersichtlich. Wer diese persönlichen Gezeiten kennt, kann mit der Magie der Wesenszellen in das Bewusstsein eines anderen Menschen eingreifen.

Je nachdem welche Grade im persönlichen Horoskop durch die vorherrschenden Transite berührt werden, werden andere Seelenorgane angesprochen und aktiviert. Sensible Personen merken den Strom der Elementale sogar nachts, wenn sie schlafen. Nicht nur die Vorstellungen für das Tagesgeschehen, auch die Träume werden aus den kosmischen Bereichen der Hierarchien gespeist und formen sich aus den jeweils einströmenden Elementalen. Auf diesem Strom kann man Gedankenboten mitsenden.

- **Ein Horoskop öffnet einem die Tore, die in den Bewusstseinsraum eines anderen Menschen führen.**

Die Magie mit Astrologie wurde bisher noch nie beschrieben. Nur wenige wissen, welche phantastischen Möglichkeiten die Astrologie dem Eingeweihten für die magische Praxis bietet. Die meisten sind ja nicht einmal in der Lage, ein Horoskop zu berechnen und zu zeichnen. Ein Computerausdruck ist natürlich kein wirksames Instrument für einen magischen Akt. Das wäre, als würde man seinen Zauberstab, wie Harry Potter, im Supermarkt der Hexen kaufen.

Ich habe allerdings nicht die Absicht, Anleitungen zur magischen Beeinflussung anderer Menschen zu geben. Wer mir bisher folgte, braucht keine weiteren Instruktionen. Er hat seine Persönlichkeit längst soweit gefestigt, dass er in der Lage ist, seine Ziele ohne Magie, mit ganz profanen Mitteln zu erreichen. Und wenn er trotzdem aus irgendeinem Grund seine magischen Kräfte einsetzen will, weiß er selbst, was er zu tun hat. Der gnostische Hermetiker wird sich von den entsprechenden Intelligenzen direkt inspirieren lassen und seiner Intuition folgen. Er wird erkennen, welche

Möglichkeiten ihm offenstehen und worauf er achten muss, damit er nicht in bestehende Schicksalsbahnen eingreift und die Probleme nur auf andere Lebensbereiche verlagert.

Mehr möchte ich dazu nicht sagen. Das bereits Erwähnte reicht vollkommen aus, um damit zu arbeiten. Wer mir bisher folgte und meine Bücher der Magie und Mystik durchgearbeitet hat, wird wissen, worauf es ankommt. Wer aber noch weitere Instruktionen benötigt, würde es auch mit den geheimsten und mächtigsten Praktiken nicht schaffen.

In der Magie gibt es nur einen Meister und Lehrer, der bist du selbst. Solange du noch den Anleitungen anderer folgst, bleibst du Schüler und wirst außer den üblichen Zufallsergebnissen und dem Anfängerglück nichts erreichen.

Der in der Magie nötige Glaube an die eigene Macht und Kraft entsteht erst nach und nach, wenn man erlebt, wie man mit eigenen Erkenntnissen und eigenen Techniken scheinbare Wunder vollbringen kann. Ohne diesen Glauben an die eigene Autorität wird auch kein anderes Wesen die Autorität eines Magiers anerkennen.

Die wirkliche magische Macht entfaltet sich am besten mit den selbst ersonnenen und in der eigenen Praxis erprobten magischen Techniken. Man kann von anderen lernen, wie sie es machen, man kann sich aus Büchern und von Genien inspirieren lassen, aber ein Meister muss seine eigenen Methoden entwickeln.

Einen TIPP möchte ich trotzdem geben:
Die meisten richten ihre Aufmerksamkeit auf die Probleme, die sie meistern wollen, statt auf den Erfolg, den sie sich wünschen. Sie hegen Zweifel und haben Angst vor den Misserfolgen. Sie denken, ohne es zu merken, mehr an das Misslingen als an das, was sie eigentlich erwarten sollten. Wäre das nicht so, dann würden sie ja gar nicht auf die Idee kommen, sich mit magischen Mitteln den Erfolg zu sichern. Besonders für berufliche und finanzielle Angelegenheiten gehören daher neben Kenntnis, Fleiß und Konzentra-

tion auf das Ziel auch eine frohe, gelassene innere Entspanntheit und ein gewisser Leichtsinn als Gegengewicht, um das Angestrebte nicht mit dem Krampf von Wenn und Aber und tausend Überlegungen abzuwürgen oder wegzudenken. Dann braucht man nur noch den Glauben an die Möglichkeit eines Erfolgs und das, was man plant, wird auch ohne Magie gelingen. Prentice Mulford hat das in seinen Büchern "Unfug des Lebens - Unfug des Sterbens - Ende des Unfugs" phantastisch gut beschrieben.

Sobald jemand wirklich an das Gelingen seiner Vorhaben glaubt und das richtige tut, braucht er keinen "Zauber" mehr zu machen. Die richtigen Gedanken sind weitaus mächtiger als jede dilettantische Zauberformel. Und die Praxis zeigt, ohne diese Gedanken würde auch ein gezielter magischer Eingriff nicht funktionieren.

Aber wie kommt man zu diesen zuversichtlichen Gedanken und der inneren gelassenen Stimmung, die sie tragen sollen, wie erlangt man diesen Glauben an die eigene Macht? Ganz einfach, wie bei allen Verbesserungen, mit kleinen Schritten.

Suche den Erfolg dort, wo er ausschließlich von dir selbst abhängt und daher leichter zu erlangen ist: bei der Arbeit an dir selbst.

- Jede Selbstüberwindung stärkt den Glauben an dich selbst. Essen, Rauchen, Trinken, Naschen, Internet, Handy, Faulheit, Sex. Mehr Selbstbeherrschung und Zivilcourage. Da gibt es genug Ziele, die du erreichen kannst. Fasten oder Joggen kann ungemein stärkend für Geist und Seele sein.
- Jeder kleinste Sieg über deine Regungen und Triebe ist ein Erfolg, der den Glauben stärkt und die Willenskraft wachsen lässt.

In meinen Büchern "Diät-Yoga" und "Die Vier Elemente. Der geheime Schlüssel zur geistigen Macht" sind genügend Beispiele angeführt, wie man die Energie seiner Triebe in geistige Macht transformiert. Man muss es nur tun. Aber wer es tut, der wird erstaunt sein, wie schnell sich seine ganze Persönlichkeit ändert und wie leicht er plötzlich Dinge meistert, die früher ein Problem für ihn waren.

Das Geheimnis der magischen Geistesschulung, ist nicht, dass man magische Macht erlangt, sondern dass man sich so verwandelt, dass man diese gar nicht mehr braucht. Im selben Maße, wie die Fähigkeiten, magisch zu wirken, wachsen, wird der Wunsch, seine Fähigkeiten einzusetzen, schwinden. Das ist ein Mysterium, das jeder, der den "Weg zum wahren Adepten" auch wirklich geht, erlebt.

Wer etwas anderes erwartet, wird scheitern und sollte sich am besten erst gar nicht mit Magie und Mystik beschäftigen. Er wird wegen der unvermeidbaren Misserfolge irgendwann enttäuscht die gesamte Hermetik in Frage stellen und aufgeben. Oder er wird bei einem Guru landen, es kann auch ein "Geist aus dem Jenseits" sein, der ihm Versprechungen macht und ihn jahrelang hinhält, bis er wie ein Sektierer verblödet. Fanatischer Glaube ist für die geistige Entwicklung genauso hinderlich wie Zweifel oder halbherziges Üben. In der Magie gilt wirklich die abgedroschene Phrase: Der Weg ist das Ziel. Und der beste Wegweiser ist Franz Bardons Buch "Der Weg zum wahren Adepten."

DER UNBEWUSSTE STROM DER SELBSTBEWUSSTEN WESENSZELLEN

Die Magie der Astrologie verleiht Macht und Einfluss über andere, ganz gleich ob einem das bewusst ist oder nicht. Ich beschreibe die Magie der Tierkreisgrade und Planeten aber nicht, um damit eine neue magische Technik zu propagieren, sondern um auf das Phänomen der Einfallstore und der Wesenszellen, die durch diese Tore zirkulieren, hinzuweisen.

Wer sich dieser ständigen Kommunikation, die zwischen seinen Wesenszellen und den Wesenszellen der Personen, mit denen er zu tun hat, bewusst ist, der wird sein Horoskop und die Horoskope seiner Nächsten auf gemeinsame Verbindungen hin überprüfen. Nicht um dann einen gezielten magischen Einfluss auf den anderen auszuüben, sondern um umgekehrt zu vermeiden, dass er das, ohne es zu wollen, tut. Man kann über diese Tore für seinen Nächsten zu einem Engel oder zu einem Handlanger negativer Mächte werden.

Den wenigsten wird bewusst, wie sie allein durch ihre unnötigen Bemerkungen zur falschen Zeit das Dasein eines anderen belasten, und noch weniger wissen, dass sie dazu von irgendwelchen Wesen, welche die Magie der verbindenden Wesenszellen nützen, als Werkzeug verwendet werden. Nicht nur die Schicksalsengel und Dämonen bedienen sich der astrologischen Gezeiten, auch die Wesenszellen selbst nützen ihre Zeiten und Tore und inspirieren die Menschen in ihrem, oft sinnlosen Sinn. Die meisten "Schicksale" werden zwar von Menschen für Menschen bereitet, aber andere Mächte stehen dahinter und inspirieren sie dazu.

Wenn ein Lehrer weiß, dass sein Saturn auf der Sonne eines seiner Schüler steht, dann wird er versuchen, für ihn weniger der strenge Richter, sondern mehr der väterliche Freund zu sein. Wenn ein Abteilungsleiter weiß, dass sein Saturn auf dem Mars einer bestimmten Mitarbeiterin steht, dann wird er verstehen, warum sie ihn ständig herausfordert und gereizt macht, und er wird ihr aus dem Wege gehen. Wenn der Vater weiß, dass sein Uranus auf dem Mond der Tochter steht, dann wird er ihre Erziehung mehr der Mutter überlassen und sich nicht ständig zur falschen Zeit in ihr Leben einmischen.

Magie mit Astrologie ist also keine Aufforderung für einen Planetenzauber, sondern die Möglichkeit, sich von den Planetenmächten nicht gegen seinen Willen verzaubern zu lassen. Denn wer sich diesen Strom von Elementalen, der ständig zwischen ihm und den anderen zirkuliert, bewusst macht, indem er die Horoskope der Menschen, mit denen er zu tun hat, mit seinem vergleicht, kann die Spannungen entschärfen und die positiven Aspekte nützen. Einsicht und Rücksicht sind dann der Gegenzauber, mit dem man sich den Verzauberungen der negativen Mächte entgegenstellt.

HOROSKOP UND "KARMISCHE" BEZIEHUNGEN

Wenn man annimmt, dass es so etwas wie karmische Verbindungen gibt und eine bestimmte große Liebe, eine tiefe Freundschaft oder eine besonders innige familiäre Beziehung schon im vorherigen Leben bestand, müsste das, so denken manche Astrologen, aus den Horoskopen der Betroffenen ersichtlich sein. Tatsächlich gibt es einige typische astrologische Konstellationen, die immer wieder zum Beweis einer solchen "karmischen Begegnung" herangezogen werden. Bei logischer Betrachtung sind es aber gerade diese besonderen Aspekte, welche die ganze Theorie in Frage stellen. Sie sind nämlich gar nicht so besonders außergewöhnlich. Man hat diese verbindenden Konstellationen auch mit Millionen anderen Personen, die man gar nicht kennt.

Jeder übt ständig, ohne es zu wissen, einen Einfluss auf andere aus. Ganz gleich ob Liebe, Ehe, Freundschaft oder Beruf, sobald sich zwei Menschen nahe kommen, rücken auch die Bewusstseinssphären aneinander und die Grenzen ihrer Seelengärten verwischen sich.

Die unsichtbaren Wesenszellen treten durch die verbindenden Tore, das sind die Planetenpositionen ihrer Horoskope, miteinander in Kontakt.

Es ist, als habe man plötzlich einen zweiten Jupiter, einen zweiten Saturn, einen zweiten Mars usw.

Dadurch erweitert sich das persönliche Horoskop. Man ändert seinen Standpunkt und gewinnt durch den anderen Menschen neue Einsichten. Eigenschaften und Anlagen, die sonst vielleicht nicht genützt würden, werden geweckt, andere unterdrückt.

Natürlich wirkt sich das auf das weitere Leben aus. Je nach der Qualität der gegenseitigen Aspekte wird einem jemand wohlwollend gegenüberstehen, Vorteile bringen und sympathisch sein oder umgekehrt mit seinen Planeten das eigene Horoskop und damit das weitere Leben erschweren und versauen. Ob jemand für einen förderlich oder eher hinderlich sein wird, lässt sich aus einem astrologischen Partnervergleich gut erkennen. Das bedeutet aber nicht, dass man sich bereits in einem vorhergehenden Leben gekannt haben muss.

Ein Beispiel mag das verdeutlichen. Die beste Voraussetzung für eine harmonische Ehe ist der Austausch der beiden Aszendenten, der eine hat, sagen wir, einen Steinbock-, der andere einen Krebsaszendenten. Tatsächlich ist diese Konstellation in vielen guten, scheinbar schicksalhaften Beziehungen zu finden.

Das gleiche trifft auf Konjunktionen zwischen bestimmten Planeten und dem Aszendenten des Partners zu. Auch diese Aspekte wird man in der Regel sehr intensiv und zwingend verspüren, was in der Regel zu festen Beziehungen und Eheschließungen führt. Zum Beispiel wenn die Venus oder der Jupiter des einen am Aszendenten des anderen steht. Aber gerade diese Konstellationen wiederholen sich alle vierundzwanzig Stunden und damit wäre, statistisch gesehen, jeder vierundzwanzigste Mensch, der einem begegnet, ein schicksalhafter Lebenspartner.

Zumindest eine Milliarde Menschen im geeigneten Alter und des anderen Geschlechts haben ihren Aszendenten oder einen ihrer Planeten in einer Position zu deinem Horoskop, die man als "karmisch" deuten könnte. Sogar den Aspekt für heftigste Liebe und Leidenschaft, die Konjunktion von Venus und Mars, hat man, statistisch gesehen, mit Millionen Menschen gemeinsam. Jedes Jahr steht die Venus eine Woche lang an der Stelle, wo sich der persönliche Mars befindet, und alle zwei Jahre geht der laufende Mars über die Position der persönlichen Venus. Man kann sich ausrechnen, wie viele leidenschaftliche Liebespartner da noch zu finden wären.

Das gilt auch für alle anderen Konstellationen, die in Partnerhoroskopen immer wieder auftauchen und die, weil sie tiefe Zuneigung oder heftige Gefühle auslösen, als Wiedersehen und Fortsetzung einer alten Liebe angesehen werden. Zum Beispiel die Sonne-Mond- und die Venus-Jupiter Konjunktion oder die schicksalsträchtigen Saturn-Mond und Saturn-Sonne Aspekte. Es wird eine ernüchternd große Anzahl von Personen geben, die im Falle eines näheren Kennenlernens die Rolle des Schicksalspartners übernehmen könnten.

Damit soll nicht die Theorie, dass "karmische" Beziehung über mehrere Inkarnationen möglich sind, in Frage gestellt werden. Aber es mag sich jeder fragen, warum denn nun gerade dieser Mensch von solcher Bedeutung für ihn ist. Was ändert sich durch ihn in meinem Leben? Muss er deshalb auch in einem vergangenen Leben eine Rolle gespielt haben? Ist er tatsächlich der Einzige, durch den man bestimmte Erfahrungen erleben kann, oder könnte seinen Platz nicht auch ein anderer einnehmen, der die gleiche Rolle spielt? Vor allem frage man sich, welche Rolle man selbst im Leben nahestehender geliebter Menschen spielt und welche Rolle man spielen sollte, weil sie einem vielleicht schicksalhaft zugewiesen wurde.

Nicht jede karmische Begegnung muss von Dauer sein und nicht jede Dauerbeziehung ist schicksalhaft bedingt oder die Fortsetzung aus einem vergangenen Leben. Jede Partnerschaft gewinnt karmische Bedeutung, wenn man sie bewusst zu einer solchen macht. Man braucht nur immer wieder zu versuchen, die Bedeutung, die man im Leben des anderen hat, bestmöglich zu erfüllen. Das Leben ist eine Schule und die Ehe ist eine Hochschule. Das trifft erst recht auf die Familie zu. Das heißt aber nicht, dass diese Schule nicht zu meistern ist und nur belasten muss. Eine glückliche Familie kann auch ein Refugium für die Seele und ein Ort des Glücks und der Entspannung sein.

Liebe, Sex und Leidenschaft sind ja nur das Vorspiel für Fortpflanzung und Familiengründung. Ohne diese ausgelegten Köder wäre die Menschheit längst ausgestorben und eine geistige Entwicklung durch eine Inkarnation auf diesem Planeten wäre nicht möglich gewesen. Es lohnt sich daher, eine Beziehung zuerst astrologisch zu prüfen, ehe man den Köder schluckt. Es muss nicht unbedingt der eine Partner sein, es gibt noch viele andere, die vielleicht viel besser zu dir passen. Und vielleicht ist da doch einer aus der letzten Inkarnation und wartet irgendwo auf dich.

Wenn dir also ein Mensch begegnet, dessen Saturn in Konjunktion zu deiner Sonne steht, so bedeutet das nicht unbedingt, dass der Betreffende in karmischer Verbindung mit dir steht und dir aus dem letzten Leben etwas heimzahlen muss. Es zeigt lediglich, dass er von den Schicksalsmächten verwendet werden kann, in dir gewisse Gefühle und Eigenschaften, die dem Saturn entsprechen, zu wecken. Auch wenn scheinbar schicksalhafte Situationen wie zum Beispiel Familienbande, Eheschließung oder andere Verpflichtungen die Folge sind, bedeutet das nicht, dass ihr euch bereits aus einem anderen Leben kennt. Bestimmte Planetenverbindungen zwischen zwei Menschen bewirken einfach ein leichteres Zusammenfließen der Wesenszellen und verursachen so die gegenseitigen Gefühle. Es gibt vermutlich Millionen Menschen, welche die gleichen Aspekte mit dir haben und den anderen ersetzen könnten.

Jeder Mensch wird, sobald er in deine Nähe kommt und du dich ihm öffnest, neue Planetenmächte in dein Horoskop und damit in dein Wesen einbringen und vorhandene Eigenschaften wecken oder unterdrücken. Je nach astrologischen Gegebenheiten wird er damit dich und dein Leben entweder positiv oder negativ verändern.

Das ist kein Schicksalszwang. Du selbst kannst entscheiden, mit wem du dein Leben zusammen verbringst.

PLANETENZYKLEN UND PLANETENMAGIE

Die Planeten wirken nicht nur über ihre Anwesenheit an bestimmten Orten und durch die Aspekte, die sie bilden, sie unterliegen auch einem eigenen Rhythmus, der sich auswirken kann. Eine besondere Form dieser Rhythmen sind die Planetenzyklen. Jeder Planet kehrt nach einer bestimmten Zeit an seinen Ort zurück und beginnt danach eine neue Umlaufbahn. Das ist wie ein Pendelschlag am tiefsten Punkt. Ein neuer Impuls und Richtungswechsel finden statt. Die Transite und Aspekte, die der Planet im folgenden Zeitraum seines Umlaufs zum eigenen Ort und zu anderen sensiblen Punkten im Horoskop bildet, hängen oft miteinander zusammen und entsprechen bestimmten Entwicklungsformen seiner Anliegen und Qualität.

Persönliche Ansichten, Absichten und Bestrebungen, Ziele, die über einen längeren Zeitraum verfolgt werden, aber auch einmal geschaffene Situationen, wie zum Beispiel Eheschließung, Firmengründung, Wohnungswechsel usw., hängen in ihrem Fortbestand mit diesen Zyklen zusammen und reagieren darauf. Weitere Entwicklungen sind davon abhängig und lassen sich danach zurückverfolgen. Viele Ereignisse hängen miteinander zusammen und werden mit solchen wiederkehrenden Konstellationen immer wieder aktuell. Es ist, als würde der hinter einer Angelegenheit stehende Geist in dieser Zeit wieder stärker in das Leben eingreifen.

Dabei sind zwei Entwicklungsprozesse nachvollziehbar. Erstens der Zyklus eines Planeten und seiner Belange, und zweitens der Zyklus einer gemischten Form von Qualitäten.

- Der reine Zyklus beginnt mit der Konjunktion oder einem anderen Aspekt des Planeten zu seinem eigenen Ort im persönlichen Horoskop.
- Der gemischte Zyklus beginnt mit der Konjunktion oder einem anderen Aspekt, den ein Planet zu einem anderen Planten im persönlichen Horoskop bildet. Weitere Verbindungen mit diesem Planeten betreffen oft die Entwicklung der mit dem vorherigen Aspekt zusammenhängenden Angelegenheit.
- Daneben gibt es auch den Kurzzyklus, der einsetzt, wenn ein Planet einen Aspekt zu einem anderen macht, aber danach rückläufig wird und diese Stelle noch einmal passiert. Angelegenheiten, die beim ersten Übergang beginnen, werden sich bis zur Rückläufigkeit verzögern; sie werden dann zwar wieder aktuell, aber sie lassen sich in der Regel erst erledigen, wenn sich der Planet wieder in seiner normalen Umlaufbahn befindet und den sensiblen Ort endgültig verlässt.

Ein Zyklus endet in der Regel, wenn der Planet an seinen eigenen Radixort, also den Ort, wo er bei deiner Geburt gestanden ist, zu-

rückkehrt. Das ist auch gleichzeitig die Möglichkeit für einen Neubeginn.

Mars: Man wird feststellen, dass die Tage, in denen der Mars den Grad erreicht, den er im Geburtshoroskop einnimmt - das ist cirka alle zwei Jahre der Fall -, ein neuer Arbeitsrhythmus einsetzt. Man hat neue Ziele, neue Projekte; was man jetzt beginnt, wird einen zwei Jahre lang beschäftigen. Vorhaben, die man in dieser Zeit beginnt, lassen sich in der Regel, wenn nicht andere Konstellationen entgegenstehen, innerhalb von zwei Jahren erfolgreich erledigen.

Jupiter: Besonders erfreulich ist die Zeit der Rückkehr des Jupiters an seinen eigenen Ort. Das ist alle zwölf Jahre der Fall. Tatsächlich erleben die meisten dann eine Zeit des Erfolgs. Ehrungen, Glücksgefühl, Zufriedenheit, jetzt fährt man die Ernte der Bemühungen aus den letzten zwölf Jahren ein. Wer jetzt etwas Neues beginnt, kann (vorausgesetzt der Jupiter ist nicht verletzt) mehr wagen und wird wieder erfolgreich planen und agieren können.

Saturn: Alle Festigungstendenzen im Leben, die Bestrebungen, Fundamente zu schaffen, sind die Folge der Funktion des Seelenorgans Saturn. Studium, Verpflichtungen. Verträge, Haus oder Wohnung, Pensionierung und Ruhestand. Die Rückkehr des Saturn an seinen Ort, die erste erlebt man mit cirka 28 Jahren, bringt Einsicht über sich und über das Geleistete. Man zieht Bilanz und stellt sich auf die zweite Lebensperiode ein. Bei der zweiten Rückkehr des Saturn ist man cirka 56 Jahre alt und denkt an seine Pension.

Uranus: Erneuerung, Freiheit. Veränderung der Denkweise, der Wünsche und der Lebensumstände. Beim ersten Quadrat zum eigenen Platz - das wird nach cirka 21 Jahren sein - wird in der Regel eine neue befreiende Lebenssituation beginnen. Studium, Beruf, Liebesbeziehungen und Wohnungsfragen werden auf die nächsten Jahre ausgerichtet. Mit der Opposition, so um die vierzig, erleben die meisten die berühmte Midlifecrisis. Viele brechen aus und fangen noch einmal etwas Neues an. Beim nächsten Quadrat, so um die sechzig, erkennen sie, dass auch das nicht viel brachte, und machen noch einmal eine Lebenskorrektur, manchmal ist es auch das Schicksal, das die Weichen stellt. Bei der Rückkehr des Uranus an seinen Platz ist man 84 Jahre alt. Wer dann noch lebt und weiterlebt, bekommt völlig neue Einsichten und wird das Dasein und sich selbst aus einer anderen Perspektive betrachten.

Bei Zukunftsfragen untersucht man die Konstellation, die zu Beginn der Angelegenheit vorherrschte oder in der Regel in Verbindung mit diesem Thema wirksam war. Beruf. Partnerschaft, Wohnung, Gesundheit oder eine bestehende Erkrankung, fast immer hängen bestimmte Lebensbereiche mit bestimmten individuellen Planetenkonstellationen zusammen, die man zurückverfolgen kann.

Mit Hilfe dieser einfachen Technik kann man die Entwicklung einer Angelegenheit beobachten und Korrekturen zum rechten Zeitpunkt vornehmen. Ob der Beginn eines Vorhabens unter einem guten Stern stand, lässt sich so rückwirkend erkennen.

Viele Probleme beginnen oft unbemerkt. Sie lassen sich jedoch aufgrund der Planetenrhythmen zurückverfolgen und damit besser einordnen.

Soweit es sich um eine Angelegenheit handelt, die bereits Auswirkungen zeigt und nur noch gezielt gelenkt werden soll, wird man den Zeitpunkt des Beginns feststellen und untersuchen, in welchen Zyklus die Sache oder das Vorhaben einzuordnen ist.

Handelt es sich dagegen um ein neues Unternehmen, so kann man selbst die Zeitqualität bestimmen und sich bewusst in einen entsprechenden Zyklus einblenden oder den Beginn eines geeigneten Planetenzyklus für den Beginn der Unternehmung auswählen. Die Planetenrhythmen werden aber von den jeweils gleichzeitig vorhandenen anderen Transiten überlagert. Diese sind meist stärker und müssen ebenfalls berücksichtigt werden.

Das Wissen von den Zyklen kann man auch für die Praxis der Planetenmagie nutzen.

Die Bewusstmachung einer Kraft gleicht einer magischen Evokation und ist immer zugleich auch der erste Schritt zu ihrer Kontrolle und Beherrschung.

Bedient man sich bewusst einer vorherrschenden kosmologischen Situation, so unterstellt man die zirkulierenden Elementale, zumindest fürs Erste, seiner persönlichen Vorstellungskraft und macht die dahinterstehenden Mächte zu seinem Partner. Man bindet die gerade wirkenden Genien in sein Vorhaben ein und macht damit sein Anliegen auch zu ihrem. Es ist, als hätte man sich einen Paten dafür erwählt.

Je nachdem um welche Angelegenheit es sich handelt, klinkt man sich, falls es möglich ist, in die entsprechende Planetenkonstellation ein und startet das Projekt zur bestmöglichen Zeit. Ungünstige Phasen wird man zu vermeiden versuchen. Je nach der zugrundeliegenden kosmischen Qualität wird man einen anderen Planetenzyklus für sein Vorhaben wählen.

Soll etwas lange halten oder ist der Zuwachs wichtiger, geht es um Harmonie, Aktivitäten oder um intellektuelles Verständnis? Bei einem Mietvertrag, einem Hausbau oder einen Grundstückskauf ist in erster Linie der Saturn der bestimmende Planet. Handelt es sich um eine Rechtsfrage, um einen neuen Beruf oder um die Gesundheit, stellt eher der Jupiter das Leitmotiv. Für eine Liebesangelegenheit ist natürlich die Venus der befruchtende Planet.

Zur mentalen Bekräftigung kann man sich den Einstieg in das kosmische Feld mit einer entsprechenden Planeten-Meditation und einem kleinen Ritual, mit dem man sich die Verbindung bewusst macht, bestätigen. Die Verbindung zu den Planeten-Energien lassen sich mit einem geeigneten Elemental das im weiteren Verlauf von alleine entsteht, bewusst vertiefen und festigen.

Die Zyklen, die von Bedeutung sind, beruhen stets auf rein astronomischen Grundlagen und nicht auf angenommenen Rhythmen, wie zum Beispiel bei der chinesischen Astrologie oder den Gezeiten von elementaren Erdströmen, den Tattwas, die auf das Bewusstsein keinen nachweisbaren Einfluss haben. Auch der Glaube an Planetentage und Planetenstunden ist in das Reich des Aberglaubens zu verweisen. Er stammt noch aus einer Zeit, in der es keine Ephemeriden gab und sich Wahrsager mit pseudoastrologischen Techniken, wie zum Beispiel den Direktionen, behelfen mussten.

Die "Magie und Mystik im 3. Jahrtausend" arbeitet ausschließlich mit Transiten. Nur diese konkreten Übergänge und Aspekte der Planeten befruchten die menschlichen Wesenszellen, die in Verbindung mit den analogen kosmischen Mächten stehen.

DIE MONDKNOTEN

Zu dem Phänomen der Zyklen gehören auch die Mondknoten. Astronomisch gesehen ist der aufsteigende Mondknoten für den Mond das gleiche, was der Frühlingspunkt, also 0° Widder, für die Sonne ist. Es ist der Punkt, an dem die von der Erde aus betrachtete Mondbahn die Ekliptik schneidet. Während der Frühlingspunkt in 26.000 Jahren um die Ekliptik wandert, braucht der Mondknoten dafür nur 8 Jahre.

Für die Mondmagie und die Berechnung der Mondstationen hat der Mondknoten eine gewisse Bedeutung, in der Astrologie dagegen spielt er keine große Rolle. Die Anthroposophen und manche astrologischen Schulen, zum Beispiel die der indischen Tradition, halten den Mondknoten für wichtiger als er in der Praxis ist.

Die Mondknoten sind in Wahrheit nur offene Tore im persönlichen Seelengarten. Und zwar eher Tore, die in Seelengärten anderer Menschen als in andere Sphären führen. Solange man sich im grobstofflichen Körper bewegt, wirken sie mehr passiv und werden nicht als feinstoffliche Organe empfunden. Sie sprechen auch nur auf Konjunktionen an. Aufgrund der relativ langsamen Umlaufbahn geben die Mondknoten auch keinen individuellen Hinweis auf den Geborenen, wie zum Beispiel die persönlichen Planeten. Sie haben bestenfalls, wie die langsamlaufenden Planeten, die Qualität eines

Generationsaspekts, der für viele Millionen Menschen die gleiche Bedeutung aufweist.

Bei Partnervergleichen ist den Mondknoten mehr Beachtung zu schenken. Sie sind quasi Tore für Eindrücke und Gefühle aus anderen Horoskopen und Ebenen.

Konjunktionen von Planeten eines anderen mit den eigenen Mondknoten haben in der Regel eine Auswirkung. Dabei strömt einem durch den aufsteigenden Mondknoten etwas zu und beim absteigenden fließt etwas aus einem heraus, man verliert eher etwas. Das kann Liebe, Freundschaft oder Geld sein. Auf jeden Fall ist es Aufmerksamkeit. Das Gleiche gilt für Konjunktionen eigener Planeten mit den Mondknoten eines anderen.

Der aufsteigende Mondknoten ist der Ort für geistige Befruchtung und Empfängnis, aber manchmal in einem Stadium, wo man dies noch nicht konkret bemerkt. Er ist der Eingang in den Seelengarten, in den Bereich des Unbewussten und erweitert die Gefühle, die Gedanken und die Erwartungen. Er erweitert jedoch auch Profanes wie den Freundeskreis, die Möglichkeiten zu wirken, oder den Besitz. Da strömt etwas herein, kann neue Kontakte bringen, Vorteile, Zuwendungen, Gefühle, aber auch Interessen, Strebungen oder Geld.

Der absteigende Mondknoten ist der Ausgang, der Abfluss des Vorhandenen. Oft gelangt etwas ans Tageslicht des Bewussten, das früher verborgen war. Situationen klären sich, Illusionen entpuppen sich als Täuschungen, man erkennt, dass sie nicht realisierbar sind, Beziehungen zeigen sich als nicht haltbar. Neue Vorstellungen dagegen werden eher enttäuschen. Im Realen bewirkt der Abfluss des Mondknotens manchmal Zahlungen, Auflösung von Beziehungen oder man verliert oder ersetzt etwas aus seinem Besitz, weil es nicht mehr zu verwenden ist.

Im Transit werden nur die Konjunktionen eines Planeten mit den Mondknoten und die Konjunktionen der Mondknoten mit einem Planeten eine Wirkung zeigen. In der Magie mit Astrologie kommt den Mondknoten, wenn sie mit einem Neumond oder Vollmond zusammenfallen, eine größere Bedeutung zu.

GESUNDHEIT, KRANKHEIT UND TOD

Neben Liebe und Geld ist die Gesundheit das Thema, das die Menschen am meisten interessiert. Es ist daher verständlich, dass man auch zu diesen Fragen die Astrologie bemüht. Ich selbst bin jedoch in meiner jahrzehntelangen beratenden Praxis nie auf diese Fragen eingegangen. Genau wie das Skalpell nur ein Arzt verwenden darf, bin ich der Meinung, dass auch eine Diagnose oder eine Prognose über einen voraussichtlichen Krankheitsverlauf nur von einem Arzt gestellt werden soll.

Es wurden zwar eine Menge Bücher über Astromedizin veröffentlicht und viele Aussagen findet man auch bestätigt, aber nur wer wirklich etwas vom Bau und der Funktion des menschlichen Körpers versteht, wird auch die entsprechenden kosmischen Zusammenhänge richtig deuten können. Trotzdem gibt es einige einfache Regeln, die es auch dem Laien ermöglichen, sich einen Überblick über das Thema Gesundheit zu verschaffen.

Das Organ, das dem Zeichen entspricht, in dem sich bei der Geburt der Saturn befand, ist am ehesten eingeschränkt und anfällig und sollte am meisten geschont werden.

Steht der Saturn im Widder, dann neigt der Betreffende in der Regel zu Erkrankungen im Kopf, steht er im Löwen, wird es das Herz und der Kreislauf sein, im Steinbock belastet er die Knochen und Gelenke, usw. Die Zuordnungen kann man in jedem Astrologiebuch nachlesen. Auch die Planeten erfüllen eine Funktion im Organismus und werden entsprechenden Organen zugeordnet. Die Sonne regelt die Herztätigkeit und damit die Lebenskraft, der Mond die Stimmung, aber auch die Lymphe, der Jupiter die Leber, usw.

Die Zeichen sagen etwas über die Körperglieder und Organe aus und die Planeten etwas über die Funktion und den Zustand der Glieder und Organe.

So bewirkt der Saturn alles, was verlangsamt, blockiert und verhärtet, nicht nur die Knochen, auch die Gefühle; ein Saturn-Mond-Aspekt zum Beispiel wird den Betreffenden ernst und depressiv machen. Uranus dagegen ruft mehr die nervösen Störungen hervor. Neptun verwirrt den Geist und die Psyche, Jupiter wirkt auf den Stoffwechsel, Venus auf die Hormone, der Merkur auf die Denktätigkeit und der Mond auf die Psyche und Lymphe ein. Der Mars verursacht mehr die entzündlichen Erkrankungen, auch Verletzungen und Unfälle passieren oft mit einem Marstransit; wer den Mars im Auge behält, kann vieles vermeiden. Die astrologischen Lehrbücher sind voll von überlieferten Entsprechungen, die zum Teil logisch sind und stimmen, zum Teil aber völlig unsinnig sind. Nur der erfahrene Arzt wird damit richtig umgehen. Der Laie lasse die Finger von der Astro-Medizin!

Operation: Natürlich wird man in einer astrologisch günstigen Periode kaum mit Gesundheitsproblemen rechnen müssen, während man bei ungünstigen Konstellationen eher erkrankt. Einen günstigen Operationstermin zu berechnen, was natürlich wünschenswert wäre, ist daher in der Regel selten möglich. Denn ein chirurgischer Eingriff ist nichts Angenehmes und zumeist gerade in kritischen Lebensperioden notwendig. Man kann bestenfalls die Tage, in denen ein ungünstiger Aspekt exakt ist, und die Tage mit gespannten Marstransiten ausklammern. Das Horoskop des Chirurgen, der Einfluss, den seine Planeten auf den Patienten ausüben, und seine Konstellationen am Operationstag wären genauso wichtig. Übrigens, dass man ein Organ nicht operieren darf, wenn der Mond in dem Zeichen steht, das dem Organ entspricht, ist reiner Aberglaube.

Tod: Auch wenn manche gesundheitliche Störung und manchmal auch die Genesung astrologisch erklärbar ist, den Tod kann man nicht aus den vorherrschenden Konstellationen erklären. Es mag sein, dass während kritischer Konstellationen häufiger gestorben wird als in Zeiten guter Aspekte. Aber trotzdem ist ein harmonischer Jupiter bei Todesfällen genauso oft vorhanden wie ein gespannter Aspekt von Uranus oder Saturn. Der Tod ist ja sehr oft für den Betroffenen eine Erlösung und bringt ihn vielleicht in eine bessere Welt. Eine sorgenvolle oder schicksalhafte Konstellation in den Horoskopen der Angehörigen - zum Beispiel ein kritischer Aspekt von Pluto, Uranus oder Saturn auf die Venus, die Sonne oder den Mond - gibt da schon eher einen Hinweis, dass mit einem Trauerfall zu rechnen ist.

Gesundheit: Wer die Zeiten seiner Vitalkraft nützt und sich in den Perioden, in denen er astrologisch gefährdet ist, schont, wird seine Gesundheit wesentlich länger erhalten, als wenn er die astrologischen Konstellationen nicht in sein Leben mit einbezieht. Sportliche Betätigung ist immer gut, kann aber mit herausfordernden Aspekten in Verbindung mit Mars gefährlich sein. Mit günstigen Marstransiten dagegen wird man sich besonders leichttun, seinen Körper fit zu halten und abzuhärten.

DER GENETISCHE CODE VON GEIST UND SEELE

DIE LEBENDIGEN MOLEKÜLE VON GEIST UND SEELE

Die Wissenschaft von der Natur des Geistes ist nicht weniger komplex als die Naturwissenschaften der grobstofflichen Welt. Wir stehen zwar erst am Beginn neuer Erkenntnisse, aber so viel ist bereits zu erkennen: Der Geist, der das Bewusstsein trägt, ist kein nebulöses Lichtgespinst, sondern besteht wie der Körper aus Wesenszellen, Gliedern und Organen, die ganz bestimmte Funktionen ausüben. Die geistigen Moleküle, aus denen sich die feinstofflichen Wesenszellen, Glieder und Organe bilden, entsprechen den Kräften und Mächten, die wir bereits aus der Hermetik und Astrologie kennen.

Wie die Hermetik lehrt, entsteht die geistige Urmaterie aus dem elektrischen und magnetischen Fluid, das sich in den Urqualitäten warm, kalt, feucht und trocken manifestiert. Diese Urqualitäten vereinen sich zu den Elementen Feuer, Wasser, Luft und Erde. Aus den Eigenschaften der vier Elemente formen sich die elementaren Qualitäten der "Zodiakale", also der Qualitäten, die in den zwölf Tierkreiszeichen ihren Ausdruck finden. Und diese wieder sind der "Stoff", aus dem sowohl die Planetengeister als auch die feinstofflichen Organe der Menschen gebildet sind.

Nach der gnostischen Hermetik haben sich diese Organe erst nach und nach entfaltet. Der Menschengeist war nicht von Anbeginn so weit entwickelt, wie er es heute ist.

Zuerst bildeten sich die "inneren" Planetenorgane und dann die äußeren. Die inneren Organe entsprechen der Sonne, dem Mond, dem Merkur, der Venus, dem Mars und dem Jupiter. Die Haut oder die Hülle, die das Wesen abgrenzt und mit seiner Spannung zusammenhält, was ihm das Bewusstsein seiner Individualität verleiht, entspricht dem Saturn.

Das sind die Seelenorgane, mit denen man sich im grobstofflichen Körper und - nach dem Tod - im persönlichen Seelengarten zurechtfindet. Sie ermöglichen dem Bewusstsein das Denken, Fühlen und Wollen, das bewusste Agieren sowie das ästhetische und moralische Empfinden und die Abgrenzung des "Ich bin". Die "äußeren" Planeten Uranus, Neptun und Pluto sind Organe, die dem Bewusstsein Eindrücke vermitteln, die aus den Bereichen kommen, die jenseits der Grenze des persönlichen Seelengartens und Bewusstseinsraumes liegen. Sie haben sich nach unseren Erkenntnissen erst später entwickelt und sind noch nicht bei allen Menschen voll ausgebildet. Durch sie erlangt man die Intuition und Inspiration sowie die überpersönliche Energie für das Agieren auf anderen Ebenen.

So wie in der grobstofflichen Welt immer komplexere Strukturen und Gebilde entstehen, die dann als Organismen dem Bewusstsein einen lebendigen Körper bieten, bauen sich in der geistigen Welt aus den einfacheren Mächten und Kräften komplexere Zusammenhänge, quasi höherstehende, weitblickendere und mächtigere Bewusstseinsträger, auf.

Die astrologischen Elemente sind dabei weitaus komplexere Gebilde als die elementaren und elementalen Wesenszellen der feinstofflichen Ursubstanzen, aus denen sie bestehen: Die Urqualitäten der zwölf Tierkreiszeichen geben hochwertige, kompliziert aufgebaute, geistige Eigenschaften vor, die in einem kreisläufigen System eine vollkommene kosmische Einheit bilden. Und bei den Planetenkräften handelt es sich nicht mehr um simple elementare Energien, sondern um gezielt gelenkte Strebungen und Funktionen, die gemeinsam einen vollkommenen geistigen Organismus bilden können.

Daraus wird klar, dass die "Planetare", also die Wesenszellen der Planetengenien und der menschlichen Planetenorgane, mehr sind als die Elementale und Elementare, die sich nur aus einfachen Mischungen der Urqualitäten ergeben. Und die Wesenszellen der zwölf Tierkreismächte, welche die mentale Grundlage der Planetenzellen bilden, sind noch komplexer.

DIE VIER ELEMENTE, DIE PLANETEN UND DIE TIERKREISZEICHEN

Wiederholen wir: Die Urenergie des Lebensfluids ist entweder expansiv ausdehnend oder als zurückhaltender hemmender Sog wirksam. Im abwechselnden Wirken ist das die Grundlage jeder Aktion und reicht aus, um sich oder etwas zu bewegen.

Aus dem Wechselspiel dieser zwei Fluide ergeben sich die vier Urqualitäten: warm - kalt - feucht - trocken. Und aus dem gemeinsamen Wirken der Urqualitäten entstehen dann die vier Elemente. Aufgrund der Verbindung mit einer zweiten Eigenschaft erlangen die Urqualitäten mehr Macht und sind bereits spezifiziert und zu größeren Aufgaben fähig. Das Wesen des Feuerelements ist bereits mehr als die blinde Energie des Warm oder die gespannte Kraft des Trocken. Das Wesen des Wasserelements ist mehr als passives Fließen (Feucht des Wassers) oder stilles Ruhen (Kalt des Wassers). Das Wesen des Erdelements ist mehr als nur kalt und trocken, und das Luftelement mehr als leicht und bewegt. Die vier Elemente in ihrer Wechselwirkung sind die Voraussetzung, um sich oder etwas mit Absicht und nicht als Reflex gezielt und sinnvoll zu bewegen und bilden die Grundlage höherer Bewusstseinsformen.

Die Wesenszellen der Planetenorgane sind noch komplexer. Es handelt sich um Geistmoleküle, die aus den vier Elementen gebildet sind und in Wechselwirkung miteinander mehr als nur jeweils eine Elemente - Eigenschaft realisieren. Diese "Planetare" werden im Verband mit anderen Planetenzellen noch fähiger und sind noch komplizierteren Aufgaben und höheren geistigen Lebensformen gewachsen. Sie erfassen sowohl mehr Details als auch größere Zusammenhänge und sind durch diesen größeren Einblick und Überblick imstande, angemessener und vor allem rascher zu reagieren.

Das Resultat wird daher besser sein, als wenn eine Entwicklung nur nach den beiden Fluiden - Anziehung oder Abstoßung, den vier Urqualitäten - warm, kalt, feucht, trocken oder den vier Elementen - Feuer, Wasser, Luft und Erde reagieren würde.

Wenn man bedenkt, was ein Informatiker bereits mit dem binären System, das dem elektrischen und magnetischen Fluid entsprechen würde, alles darstellen kann und wie die Natur mit nur vier Grundbausteinen die Vielfalt des Lebens entstehen ließ, dann kann man das grandiose Wunder des Geistes ahnen, das sich hinter den Möglichkeiten eines zwölfpoligen Schlüssels verbirgt.

Fassen wir zusammen: So wie sich die Elemente gegenseitig im rhythmischen Gleichgewicht halten, weil sie über die Urqualitäten, die sie gemeinsam haben, zusammenhängen (Feuer ist durch Warm mit Luft verbunden, Luft durch Feucht mit Wasser, Wasser durch Kalt mit Erde, und Erde durch Trocken mit dem Feuer), bilden die Kräfte der Planetenorgane über gemeinsame Eigenschaften eine pulsierende lebende Einheit. Venus hat mit Mond das Feuchte gemeinsam, Sonne mit Mars das Warme, usw.

So wie die vier Urqualitäten die vier Elemente bilden, verbinden und im Gleichgewicht halten, halten sie über die Elemente die Planetenkräfte und über die Planetenkräfte das kreisläufige System der 12 Tierkreiszeichen im Gleichgewicht, so dass diese eine kosmische Einheit der Hierarchie und persönliche Einheit der Menschen bilden können.

Das Alphabet des Lebens besteht aus nur 4 Buchstaben: A -C -G -T. Genauso wie nur vier Bausteine der grobstofflichen Organismen die Vielfalt des Lebens ergeben, führt die sinnvolle Anordnung der vier geistigen Urqualitäten zur Vielfalt des Bewusstseins.

Wie alles Leben ist auch der kosmische Organismus in ständiger Bewegung. In jedem Augenblick bilden sich neue geistige Strukturen als elementale Keime für neue Bewusstseinsträger.

Dieses kosmische Kaleidoskop ist mit den Regeln der Astrologie durchschaubar. Die möglichen Verbindungen, welche die geistigen Wesenszellen eingehen können, sind zwar grenzenlos, aber aufgrund der bekannten astrologischen Gesetze kann man sie für jeden gewünschten Augenblick seines Entstehens berechnen.

Ein Horoskop ist daher vergleichbar mit dem genetischen Code des Geistes, der dem Ort und der Zeit unseres Planetensystems entspricht und in seiner Auswirkung das Wesen der Geister, die sich manifestieren oder inkarnieren, prägt.

DAS WESEN DES GEISTES UND DER GEISTER IST BEWUSSTSEIN

Der Geist ist keine feinere oder dünnere Materie, sondern bis in seine kleinste Einheit immer bewusstes Sein. Bei den Wesenszellen handelt es sich immer um lebendige, bewusste Wesen und nicht um blinde Energien. Manche meinen, die Elementale und Elementare, die Götter und Dämonen, die Planetenintelligenzen und die Vorsteher der Erdgürtelzone, das sind doch keine Geister, das sind doch Felder, Frequenzen und Energien. Auch von sonst recht leichtgläubigen Esoterikern wird das "Geistermodell" heute gerne in den Bereich des Aberglaubens verbannt.

Ich finde, das ist schade. Abgesehen davon, dass sich die Betreffenden selbst dagegen wehren würden, auf ein Energiefeld reduziert zu werden, ist es weitaus anschaulicher, wenn man sich klar macht, dass man es bei seinen Trieben und inneren Regungen, den Vorstellungen und Gefühlen immer mit kleinen Geistern zu tun hat, mit Wesen, die ein Eigenleben führen und nicht mit blinden Energien.

Denn wenn dir bewusst ist, dass in der Regung, die Schokolade zu essen oder die Zigarette zu rauchen oder mit der Faust auf den Tisch zu hauen, ein kleiner Geist steckt, der mitnaschen und miterleben will, was du tust, und hinter dem kleinen Geist vielleicht eine Wesenheit steht, die dich in ihrem Sinn verführen will, dann wirst du dich leichter gegen deine ungewollten Emotionen wehren können und deine Wesenszellen und die Mächte, die vielleicht dahinter stehen, besser überprüfen. Und du wirst dich auch fragen, welche Wesenszellen du mit deiner Nähe in andere Menschen überführst oder zum Leben erweckst.

So wie deine Vorstellung von deinem ICHSELBST dich erst

zu dem Wesen macht, das du erkennst und kontrollieren kannst, kannst du dank der anschaulichen Vorstellung von den lebendigen Wesenszellen die Energien in dir leichter erfassen und beherrschen.

Wem bewusst ist, dass er bei der Arbeit an sich selbst mit Geistern, die ein Eigenleben führen, kämpft und nicht mit sich selbst, wird mit seinen Trieben und Regungen ganz anders umgehen. Er wird sich gut überlegen, was er in seinem Bewusstseinsraum duldet und ernährt und was er davon nicht tolerieren kann und lieber umwandelt in angenehmere Bewusstseinsträger.

Er wird nicht sagen: Das ist mein Trieb, meine Lust, meine Wut oder meine Sucht. Er wird erkennen, dass es ein Bedürfnis ist, das sich zwar in ihm regt, ihn bewegt und damit ein wichtiger Teil von seinem Wesen ist, dass aber diese Regung ein Eigenleben hat. Ohne Anregung wäre kein Leben, aber wovon man sich an- und erregen lässt, das sollte man selbst bestimmen.

ASTROLOGIE UND DER MAGISCHE SEELENSPIEGEL

Franz Bardon legt in seinem Buch "Der Weg zum wahren Adepten" großen Wert darauf, dass man sich über die Wesenszellen, die das eigene Wesen bilden, ein genaues Bild macht und dazu seinen persönlichen Selenspiegel erstellt. Die vier Elemente von Geist und Seele sollen im Gleichgewicht sein. Die persönlichen Eigenschaften und Anlagen, die Vorlieben und Gewohnheiten, die Stärken und Schwächen müssen erkannt und den vier Elementen entsprechend geordnet werden. Dabei darf kein Element überwiegen.

Aber fast alle Schüler haben Probleme damit. Das ist kein Wunder, denn es ist tatsächlich sehr schwierig, eine den Elementen entsprechende Zusammenfassung seiner Eigenschaften zu finden und dabei auch noch die richtige Ebene, Vital-, Astral- oder Mentalebene, zu erkennen. Die meisten Eigenschaften sind aufgrund ihrer Urqualitäten nicht nur einem einzigen Element zuzuordnen. Je nach Definition und Ebene kann auch ein anderes Element in Frage kommen. Der Glaube zum Beispiel würde, obwohl ein Prinzip des Akasha, dem Feuer der Astralebene entsprechen und wird dennoch häufig auch als etwas Passives empfunden und dem Wasserelement der Mentalebenen zugeordnet.

Um die Sache etwas zu erleichtern, habe ich die Elemente- Eigenschaften in meinem Buch "Die Vier Elemente". Der geheime Schlüssel zur geistigen Macht" nicht nach den Elementen, sondern nach den Urqualitäten beschrieben und die Ebenen weggelassen. Trotzdem bleibt die Zuordnung schwierig.

In der Praxis ist es jedoch nicht von so großer Bedeutung, ob die Entsprechungen hermetisch richtig sind. Wichtig ist die Empfindung für die Urqualitäten der Eigenschaften. Man muss sie spüren und nachempfinden, denn nur so kann man damit arbeiten. Dann genügt die aufmerksame Bestrebung, das Gleichgewicht der Elemente zu bewahren.

Es ist besser, man arbeitet an seinem Seelenspiegel, auch wenn nicht alles ganz richtig zugeordnet ist, als man theoretisiert nur herum. Sobald man zu einer Eigenschaft die ihr entgegengesetzte Eigenschaft findet, kann man sie ausgleichen, egal ob man sie dem richtigen Element zuordnet oder nicht.

Mit den einander entgegengesetzten Eigenschaften stellt man automatisch, zumindest in der betreffenden Elemente- Region, einen Teil des Gleichgewichtes her und kann dann die Feinjustierung über die anderen Elemente vornehmen.

Man wird dabei bemerken, dass sich, je nach den gerade vorherrschenden astrologischen Konstellationen, manche persönlichen Eigenschaften leicht verändern lassen, manche schwer oder gar nicht, und einige zu bestimmten Zeiten stärker oder schwächer in Erscheinung treten.

Die beste Hilfe beim Erstellen und bei der Arbeit an seinem Seelenspiegel ist daher das selbst ausgearbeitete und selbst gedeutete Horoskop.

Dabei darf man jedoch die Elemente- Schwerpunkte nicht nach der alten klassischen Astrologie suchen, welche die Tierkreiszeichen in Feuer-, Wasser-, Luft- und Erdzeichen einteilt.

Die Astrologen sahen in den 12 Tierkreiszeichen Ausdrucksformen der vier Elemente und wiesen jedem Element drei Tierkreiszeichen zu. Und tatsächlich sind die drei sogenannten Erdzeichen Steinbock, Jungfrau, Stier mehr der irdischen Realität zugeneigt; sie sind praktisch, vernünftig und materiell eingestellt. Die drei Luftzeichen Wassermann, Zwillinge, Waage dagegen schweben mehr in ihren Vorstellungen und Gedanken als in der realen Welt. Die drei Wasserzeichen Fische, Krebs, Skorpion werden hauptsächlich von Gefühlen und Stimmungen getragen. Und die drei Feuerzeichen Löwe, Schütze, Widder folgen am liebsten der Energie, die etwas tun, schaffen und unternehmen will.

Aber die vier Elemente, die das Bewusstsein tragen, werden nicht nur von den Urqualitäten der Tierkreiszeichen, sondern auch von den Urqualitäten der Planeten geprägt. Hat jemand zum Beispiel viele Planeten in einem Erdzeichen, so bedeutet das nicht, dass im Betreffenden tatsächlich Eigenschaften des Erdelements überwiegen, sondern lediglich, dass die mentale Struktur dieser Seelenglieder erdig ausgerichtet ist.

Wer viele Planeten im Widder hat, ist deswegen noch lange nicht dynamisch feurig, und wer viele Planeten im Krebs hat muss nicht wässrig gefühlvoll sein. Es ist nicht so, dass viele Planeten in einem Zeichen auch die Elemente- Qualität dieses Zeichens auf das Wesen übertragen. Die Eigenschaften, die sich aus dem Zustand und dem Zusammenwirken der Planeten ergeben, werden genauso bestimmend sein.

Ein Planet am Aszendenten oder in Konjunktion mit der Sonne oder Mond prägt das Wesen stärker nach seinen Qualitäten als das Zeichen, in dem er steht. Quadrate und Oppositionen können feurig wirken, Trigone haben erdig-wässrigen Charakter und bremsen ein. Ein Quadrat zwischen Mars und Saturn zum Beispiel kann das Warm und Trocken der beiden Planeten stärker zur Wirkung bringen, als wenn Mars und Saturn in Feuerzeichen stehen würden.

Für den Seelenspiegel untersucht man daher zuerst sämtliche Horoskopfaktoren für sich und trägt dann die entsprechenden astrologischen Vokabeln in die Liste der Eigenschaften, die ich im 3. Buch als Ausdruck der Urqualitäten beschreibe, ein. Auf diese Weise erhält man durch sein Horoskop eine Erweiterung und Bestätigung der Eigenschaften, die man durch Selbsteinschätzung bereits gefunden hat.

CHARAKTER UND PERSÖNLICHKEIT

Der Seelenspiegel ist nicht unbedingt moralisch zu werten. Es geht nicht nur darum, tugendhafte Eigenschaften zu erlangen. Franz Bardon betont immer wieder, dass auch die negativen Eigenschaften eine wichtige Bedeutung haben, weil sie die Kraft eines Elements verstärken, so dass man sie nützen kann. Man muss jedoch darauf achten, dass man möglichst genauso viele positive Eigenschaften des gegenüberliegenden Elements entwickelt und beherrscht. Besser negative Eigenschaften als gar keine, denn dann kann man wenigstens mit der betreffenden Elemente- Energie arbeiten und sie transformieren und wird früher oder später auch die positiven Eigenschaften des verstärkten Elements entwickeln. Wenn zum Beispiel der Zornige versucht, mehr Mitgefühl zu entwickeln, dann wird sein Überschwang an Feuer statt Wut mehr Mut und Zivilcourage hervorbringen.

Jeder hat bestimmte Anlagen und Vorgaben, die sein Wesen bestimmen. Aber das Thema und das Leitmotiv ist nicht zwingend und nicht für alle Ewigkeiten festgelegt.

Auch wenn nicht geklärt ist, wie und warum man zu ganz bestimmten Wesenszellen - also Eigenschaften und Fähigkeiten - kommt, die Möglichkeit, ob und wie und wann man diese einsetzt, hängt zu einem großen Teil vom eigenen Planen und Agieren ab.

Ganz gleich, wie man zu seinem Charakter, seinen Trieben, Schwächen, Vorlieben und Idealen kam, es liegt an einem selbst, wie man damit umgeht. Was man damit oder deswegen macht, das bestimmt man immer selbst. Keine Planetenmacht zwingt jemanden, faul auf dem Sofa zu liegen oder wütend mit dem Kopf durch die Wand zu rennen. Man kann sich vielleicht nicht aussuchen, was man tun will oder was man tun kann, aber man muss es nicht tun. Man muss nicht tun, wozu es einen drängt. Man hat immer die Möglichkeit der Wahl und man kann den Umgang mit seinen Wesenselementen üben. Man kann auch Neues versuchen.

Nichts, was man tut, muss man tun. Man hat immer die Möglichkeit, nein zu sagen und anders zu handeln, als einen die Emotionen oder die genetische Veranlagung drängen.

Man hat zwar seine Wesenszellen zu einer bestimmten Qualität geordnet vorgegeben, aber man kann mit seiner Vorstellungskraft neue Qualitäten bilden. Man braucht sich dazu nur ein entsprechendes Leitmotiv für einen bestimmten Lebensabschnitt, ein Lebensthema, ein Ziel, ein Ideal vorzunehmen.

Dieser gute Vorsatz wird dann Keim und Grundlage von neuen, eigenen, ganz persönlichen Strukturen, die man mit guter Pflege immer besser nützen kann und denen sich nach einiger Zeit auch vorgegebene Anlagen unterordnen.

Es gibt zwar einen genetischen Code des Geistes. Dieser kann über die Planeten und Tierkreiszeichen nachgewiesen werden. Aber es bleibt jedem selbst überlassen, wie er mit seinen Anlagen umgeht. Ob er ihnen scheinbar willenlos folgt oder ob er wachsam ist, sie kontrolliert und an ihnen arbeitet, bestimmt jeder selbst.

ASTROLOGISCHE ERBMASSE

Wenn es diesen genetischen Code des Geistes wirklich gibt und dieser über die Planeten und Tierkreiszeichen nachgewiesen werden kann, dann müssten in den Horoskopen der Eltern und ihrer Kinder bestimmte Schwerpunkte und Themen, die sich vererben, sichtbar sein. Zwischen den physischen Genen, welche die Eigenschaften der Erbmasse vorgeben, und den geistigen Genen, die im Horoskop ersichtlich sind, müsste ein Zusammenhang bestehen.

Das ist auch tatsächlich der Fall. Ich fand das im Laufe meiner jahrzehntelangen astrologischen Tätigkeit immer wieder bestätigt: Bestimmte Schwerpunkte eines Horoskops und manche dominierenden Konstellationen vererben sich. Auch Thomas Ring erwähnt dieses Phänomen in einem seiner Vorträge und beschreibt, wie sein Vater, er selbst und seine beiden Söhne als auffallendste Lebensdominante den Mars im Horoskop haben und wie jeder diese kämpferische Energie unterschiedlich verarbeiten konnte. Was ihm dabei gar nicht auffiel, war, dass er im Verlauf dieses Seminars, obwohl seine Zuhörer Künstler waren, ausschließlich Beispiele von Erlebnissen aus seiner Kriegszeit brachte.

In jeder Familie gibt es astrologische Dominanten, die sich von den Eltern auf die Kinder übertragen. Dominante Planeten, Schwerpunkte eines Elements oder Eigenschaften, die sich aus bestimmten Planetenverbindungen ergeben, können sich vererben.

Es gibt also nicht nur die Erbmasse mit dem genetischen Code in der DNA, sondern auch eine geistige Genetik, und der geistige Code ist in den Planetenpositionen und Konstellationen zueinander ausgedrückt.

Eigentlich ist das eine Sensation und gleicht einem Wunder. Man muss sich das vor Augen halten. Da besteht ein nachweisbarer Zusammenhang zwischen dem organisch bedingten und hormonell gesteuerten Verhalten, das bereits mit der Konzeption genetisch vorgegeben ist, und analogen Zeitqualitäten, die dann im Geburtsmoment vorherrschen und die man astrologisch berechnen kann.

Bestimmte, durch den genetischen Code der Erbmasse vorgegebene Anlagen, Neigungen, Eigenschaften und Fähigkeiten sind nicht nur aus einer DNA-Probe, sondern auch aus einem Horoskop abzulesen. Es ist, als würde eine Raum- und Zeitqualität eine Auswahl aus vorhandenen Möglichkeiten treffen.

Es ist kaum zu glauben, dass die Molekularbiologen und Neurowissenschaftler dieses unglaubliche Phänomen noch nicht systematisch untersuchen und erforschen.

SCHICKSAL ODER FREIER WILLE

Schicksal oder freier Wille? Diese Frage wird sich weder philosophisch noch wissenschaftlich beantworten lassen. In den ersten Jahren meiner astrologischen Tätigkeit vertrat ich mehr die Ansicht, die Planetenmächte wirken nur über das persönliche Handeln und greifen dadurch in das Schicksal des Einzelnen ein. Die langjährige Praxis überzeugte mich jedoch, dass es zu entsprechenden astrologischen Konstellationen Ereignisse gibt, die sich bei bestem Willen nicht hätten vermeiden lassen und von außen kommen. Ich habe das bei der Beratung meiner Klienten immer wieder erlebt. Heute bin ich überzeugt, mit den Transiten kommt manchmal etwas auf einen zu, das man nicht verhindern kann. Man kann vieles vermeiden, aber gegen manche Konstellationen kann man nichts tun. Das muss gar nichts Spektakuläres sein, oft sind es nur Kleinigkeiten, die termingemäß eintreten.

Der Brief mit einer schlechten Nachricht, der zumeist mit einem schlechten Merkurtransit einlangt. Der Kühlschrank, die Waschmaschine, der Fernseher - Haushaltsgeräte gehen in der Regel mit einem schlechten Jupitertransit zum Uranus oder umgekehrt ein. Auch andere Verluste und unerwartete Zahlungen erlebt man mit ungünstigen Jupiteraspekten.

Letzte Eigenerfahrung Februar 2000, Jupiter Quadrat Sonne: Bei Straßenarbeiten vor dem Haus wird meine Gaszuleitung beschädigt. Man behauptet, die Leitung war verrostet und hätte sowieso ausgetauscht werden müssen. Ich bekomme keinen Ersatz. Schaden 30.000.- Schilling. August 2002, Jupiter Opposition Sonne: Nichts passiert, ein herrlicher Sommer in Schweden. Als wir zurückkommen, rauscht es in der Leitung, es muss irgendwo in der Zuleitung ein Wasserrohrbruch sein. Es stellt sich heraus, dass beim letzten Zählertausch eine Dichtung verklemmt aufgesetzt worden war und diese geplatzt ist. Ohne dass wir es merkten, leckte die Leitung seit Monaten. Zusätzliche Wasserrechnung 1500 Euro. Natürlich kann man manchmal auch etwas verhindern. So verzichtete ich kürzlich auf eine Ägyptenreise, weil gerade der Neptun über meine Sonne ging. Da falle ich in den Nil, scherzte ich, oder ich hole mir ein afrikanisches Virus. Genau am Abflugtag hatten wir nach tagelangem Regen eine Überschwemmung im Haus, etwas, das noch nie zuvor passiert war. In der unteren Etage stand das Wasser einige Zentimeter hoch, wir hätten die Reise sicher absagen müssen.

Ich könnte jetzt ein ganzes Buch über Transitereignisse aus der astrologischen Praxis schreiben. Aufregungen. Unfälle. Trauerfälle. Aber auch Erfreuliches, wie zum Beispiel Ehrungen und unerwartete Erfolge, auf die man keinen unmittelbaren Einfluss hatte, lassen sich eindeutig mit Transiten erklären.

Das ist kein Fatalismus. Der Astrologe ist nicht schicksalsgläubig wie ein Muslim. Ganz im Gegenteil. Gerade die Astrologie bietet eine Chance, sein Schicksal weitgehend selbst zu gestalten. Denn wenn man die vorherrschenden Tendenzen kennt, kann man manches von dem, was sonst zu bestimmten Zeiten geschehen könnte, durch entsprechendes Verhalten verhindern.

Es ist auch nicht alles schicksalhaft oder "astrologisch" bedingt. Es gibt Ereignisse, die astrologisch nicht erklärbar sind. Die Ursachen dafür sind in der Regel Naturgewalten; Unwetter, Lawinen, Erdbeben, Blitz und der Zufall, dass man in der Gegend war, als es passierte. Auch die biologischen Fehlschaltungen, die zu Geburtsfehlern führen, rechne ich zu den Unfällen der Natur. "Niemandes Sünde ist schuld an dieses Mannes Blindheit", sagte angeblich Jesus Christus und heilte einen Blinden. Tatsächlich sind Körperbehinderungen in den seltensten Fällen astrologisch erklärbar und ich bin überzeugt, dass keine Behinderung schicksalhaft von der Göttlichen Vorsehung gewollt ist. Die grobstoffliche Welt hat viele Schwachstellen und die Natur unendlich viel Freiraum.

Einige dieser Schwachstellen kann man durch Vorsicht ausgleichen. Wenn man seine Schwächen kennt und die laufenden Transite, in denen diese hervortreten können, beachtet, wird man viele Ereignisse, die sonst als schicksalhaft erschienen wären, vermeiden können.

Gleichwie "die Frage an die Schicksalsmacht" zur regelmäßigen Übung des Hermetikers gehört, ist die gleiche Frage an sich selbst zu richten und auch von sich selbst zu beantworten. Was wünsche ich mir? Wohin gelange ich, wenn ich so weiter mache? Was will ich eigentlich wirklich erreichen? Was trage ich dazu bei? Was kann ich sonst dafür noch tun? Wann soll ich agieren und wann ist abwarten besser als handeln? Was strebe ich an? Was wünsche ich mit jeder Faser meines Herzens und will es wirklich (zum Unterschied vom: was wünschelt in mir so herum)?

Dabei sind zwei Dinge wichtig: Erstens sich nicht zu verzetteln, die meisten wünschen sich zu viel und einander widersprechende Dinge, und zweitens muss man dafür sorgen, dass die zur Realisierung nötigen Voraussetzungen geschaffen werden. Prioritäten sind zu setzen. Entsprechend den Möglichkeiten und der Situation, in der man lebt, muss man sich für eine Sache entscheiden und anderes hintanstellen, sei es, weil dazu erst die nötigen Grundlagen zu schaffen sind - Eigenschaften, Kenntnisse, Fähigkeiten, finanzielle Mittel -, oder weil die Lebenssituation aus Rücksichtnahme auf andere es verlangt.

Zumeist sind es die Saturngenien, denen die Aufgabe zufällt, eine ernste Lebensperiode einzuleiten, damit der Betreffende Bilanz zieht und sich darauf besinnt, für das Wesentliche Fundamente zu schaffen. Die Uranusgenien sind es, die einen dazu inspirieren oder Situationen schaffen, die einen dann zwingen, bestehende Werte zu überprüfen, sich neu zu orientieren und Altes abzulegen.

Dabei hat alles seinen Preis und die geistigen Mittel sind genauso begrenzt wie die physischen. Man kann nicht alles haben. Die Macht und Kraft muss ständig erneuert werden. Dazu dienen die Techniken der Transformation.

Wo das nicht selbst reguliert wird, dort greifen die Schicksalsmächte ein und bestimmen den Weg, zumeist in jene Richtung, die der Betreffende mit seinen Elementalen, also seinen Träumen, Wünschen und Hoffnungen, ohne es zu merken, vorgibt. Auch die Dämonen greifen ein und nützen die Macht der Elementare aus dem Bewusstseinsfeld des Betreffenden, seine Ängste und Befürchtungen und geben dem Schicksal damit die Richtung vor. Genau genommen ist man es selbst, denn für seine Gedanken und Gefühle ist jeder selbst verantwortlich.

- Daher sollte man sich täglich die Lebensfrage stellen: Was will ich eigentlich? Und was mache ich dafür? Was ist mir am wichtigsten von allen Wünschen und was ist mir das wert, worauf bin ich bereit, dafür zu verzichten?

Je deutlicher man seine Richtung vorzeichnet, umso leichter können einen die Schicksalsmächte dabei unterstützen. Und je gewissenhafter man sich auf ein Ziel vorbereitet, sich dafür ausbildet und die geistige Kraft dazu transformiert, umso weniger Energie ziehen die Mächte von einem zweitrangigen Ziel ab, um das deutlicher gezeichnete Bild zu beleben.

Ein lieber Freund schrieb mir verzweifelt: "Ich habe das Amulett, das du mir für Erfolg in meinem Immobiliengeschäft gemacht hast, verloren. Es hat mir immer sehr geholfen, aber plötzlich geht nichts mehr weiter." Gleichzeitig bestellte er auch ein Amulett, um seinen Heilmagnetismus zu verstärken. Er hat diese Fähigkeit an sich entdeckt und eine Ausbildung zum Heilpraktiker begonnen. Er wollte den leidenden Menschen helfen und später seinen Beruf wechseln.

Nicht weil er das Amulett verloren hatte, brachte er keine Geschäfte mehr zustande, sondern weil er seine Gedanken auf einen anderen Bereich verlegt hatte und die Schicksalsmächte diesen emotional belebten Gedanken folgten.

MUNDANASTROLOGIE

DIE KOSMISCHEN GEZEITEN UND DAS GESCHEHEN IN DER WELT

Die astrologischen Gezeiten in unserem Sonnensystem wirken sich nicht nur auf das Leben und das Bewusstsein des Einzelnen aus, sondern bestimmen auch das kollektive Streben und Agieren auf dem ganzen Planeten. (mundus: die Welt, die Erde, der Planet)

Wenn man das Geschehen in der Welt aufmerksam und unbeteiligt beobachtet, erkennt man, das ganze ist ein Riesentheater. Jeder steht auf der Bühne und alle spielen mit.

Das Stück ist vorgegeben. Es wird von dem Geist geschrieben, der das Tierkreiszeichen beherrscht, in dem sich der Frühlingspunkt befindet. Seit ca. 300 Jahren ist das der Geist aus dem Tierkreiszeichen Wassermann. Regie und Bühnenbild wechseln mit dem Wechsel der Planeten durch die unterschiedlichen Zeichen. Auch die Schauspieler lösen einander ab und verschwinden mit dem Tod von der Bühne. Keiner kann sich der Rolle, die ihm zugeteilt wurde, entziehen. Aber ob und wie er seine Rolle spielt, kann jeder selbst bestimmen.

Am Spielplan der nächsten 2000 Jahre steht die "Göttliche Komödie" Wassermann: Das Spiel von der schrankenlosen Freiheit. Es geht um den Traum von der Ungebundenheit. Um die Illusion von der Unabhängigkeit. Um die Utopie von der Leichtigkeit des Lebens. Befreiung von jeder alten, behindernden Tradition und die Überwindung aller Grenzen ist das Thema. Mit Raumschiffen in das Weltall. Mit Geisteskraft in unbekannte Sphären. Freiheit, Gleichheit, Brüderlichkeit. Davon handelt das Bühnenstück, das zur Zeit am Spielplan steht.

Die kosmische Uhr

Die ersten Turmuhren hatten nur einen Zeiger. Auf der kosmischen

Uhr sind es zehn. Nämlich die Planeten. Sie zeigen an, wann der nächste Akt im Welttheater gespielt wird und wer die Szenen jeweils inszeniert.

Mit anderen Worten: Die Mundanastrologie bietet der Geisteswissenschaft eine Handhabe, die sonst keine andere Wissenschaft bieten kann: Nämlich die einzigartige Möglichkeit, das Vorhandensein von geistigen Mächten zu erforschen und ihre Auswirkungen auf das Weltgeschehen zu dokumentieren. Astrologische Untersuchungen weisen eindeutig nach, dass es diese Zusammenhänge gibt.

Die Erfahrung lässt vieles beschreiben und belegen und liefert Einsichten, die über das persönliche Schicksalsfeld hinausreichen. Kennt man zum Beispiel globale Krisenzeiten im Voraus, so kann man das zur individuellen Lebensgestaltung nützen.

Die Mundanastrologie untersucht dazu die Einwirkungen aus drei Sphären.

- Erstens die Veränderung der kosmischen Einflüsse, die auf der Verlagerung der Erdachse und der dadurch verursachten Verschiebung des Frühlingspunktes beruht. Das sind die sogenannten astrologischen Zeitalter, die zwar nach den Sternbildern benannt wurden, aber davon unabhängig als 12 Abschnitte der Tierkreiszeichen auf der Ekliptik gemessen werden. Diese Perioden umfassen ca. 2200 Jahre. Die besondere Qualität des Tierkreiszeichens, durch das sich der Frühlingspunkt in diesen 2200 Jahren bewegt, bestimmt die Richtung der Regungen, die in dieser Zeit die Menschen bewegen. Zur Zeit ist es das Tierkreiszeichen Wassermann.
- Die zweite Wirkkraft, die das Weltgeschehen beeinflusst, ergibt sich aus der Verbindung der Zeichen und Planeten. Bewegt sich die Sonne, der Mond oder ein Planet durch ein Tierkreiszeichen, wird die Qualität dieses kosmischen Himmelsabschnitts von der besonderen Macht und Kraft des Planeten, auf seine besondere Art und Weise, aktiviert und auf das Bewusstsein übertragen. Das hat nicht nur Auswirkungen im persönlichen Horoskop,

sondern auch mundan auf das kollektive Bewusstsein, also für das, was global auf dem ganzen Planeten geschieht.

- Die dritte Wirkkraft ergibt sich aus dem Zusammenwirken der Planeten. Aspekte von Planeten, besonders die Konjunktionen, können den bestehenden kosmischen Einfluss in ihrem Sinn noch weiter verstärken oder verändern.

Das Erwachen der Menschheit

Wenn man an die Vollkommenheit des Schöpfergeistes und an die Vervollkommnung des Menschengeistes glaubt und darin den Sinn der Schöpfung erkennt, dann werden in den unterschiedlichen Zeitaltern die unterschiedlichen Einsichten, Eigenschaften und Strebungen, die in den 12 Tierkreiszeichen verankert sind, im menschlichen Bewusstsein installiert.

Da ist kein Zeichen besser oder höher entwickelt als das andere. Kein Zeichen, das gerade das Zeitalter bestimmt, ist bedeutsamer als das von zuvor. Der Tatendrang des Widders, sein Bedürfnis, etwas zu tun, mutig vorwärts zu stürmen, als wäre überall Krieg - ist nicht wichtiger als der duldende, mitfühlende, opferbereite Fische - Geist oder der fortschrittliche, freiheitssüchtige Erfindergeist aus dem zur Zeit vorherrschenden Tierkreiszeichen Wassermann.

Auf die Entfaltung und das Zusammenwirken aller Eigenschaften kommt es an. Vollkommenheit schließt alle ein. Im Laufe eines Platonischen Jahres, das sind 26000 Erdenjahre, werden sukzessive nach und nach alle Wesenskräfte der Tierkreiszeichen in das Bewusstsein der Menschen überführt. Jedes Zeitalter fügt neue, bleibende, bewusstseinstragende Bausteine und Schaltstellen in das Wesensgefüge der Menschen ein.

Der letzte Gezeitenwechsel, durch den Eintritt des Frühlingspunktes in das Zeichen Wassermann, fand um die Mitte des achtzehnten Jahrhunderts statt. Seither kann man beobachten, wie jeder Planet schrittweise, je nach dem Zeichen, das er durchwandert, andere Eigenschaften, Funktionen und Ziele, die man dem Geist des Wassermanns zuschreibt, in der realen Welt zur Geltung bringt.

Dabei werden es zuerst hauptsächlich die Wassermanngeprägten sein, also Menschen mit Sonne, Mond oder Aszendent im Wassermann - oder in Konjunktion mit dem Uranus - die für die Inspirationen, Intuitionen und neuen Einfälle empfänglich sind und sie realisieren.

Der Fortschrittsglaube, der den Geist aus der Sphäre des Wassermanns trägt, hat kein konkretes Endziel im Auge, das es zu erreichen gilt, sondern setzt sich in Form utopischer Ideen immer weiter fort. Bei jeder sich bietenden mundanen Konstellation werden neue Ziele aufgegriffen, angestrebt und umgesetzt und neue, sensationelle Erfindungen gemacht. Auch die Revolutionen finden so oft, so lange und so heftig wie nötig statt.

DIE GÖTTLICHE KOMÖDIE WASSERMANN

Um zu verstehen, was die Welt in den nächsten zweitausend Jahren bewegen wird, muss man wissen, wie dieser Geist aus der Sphäre Wassermann geartet ist, was ihn prägt und was er gestalten will. Und man muss wissen, wie der irdische Gestalter dieses Zeichens, der typische Wassermann, tickt.

Man muss wissen, dass dieser revolutionäre Geist das Prinzip der Freiheit - besonders der Freiheit im Denken - wie kein anderes Zeichen vertritt. Denken wird von Vorstellungen getragen. Aber nicht die Realität beeinflusst den Wassermann, sondern die Meinung, die er sich bildet. Und die kann utopisch, originell, genial, aber auch unsinnig sein. Gunter Sachs Studien belegen, dass von allen 12 Tierkreiszeichen die Wassermanngeborenen am häufigsten den Verstand verlieren. Scheinbar. Weil dumm sind sie trotzdem nicht. Der Geist des Wassermanns irrlichtert in vielen Facetten. Da gibt es den Hofnarren, den Entertainer, den Provokateur, den Pionier. Der Wassermann ist imstande, für eine gelungene Pointe seine Großmutter oder seine Seele zu verkaufen. Das mag leichtsinnig erscheinen, aber seine Ideale von Freiheit, Gleichheit und Brüderlichkeit sind dem Wassermann heilig. So kommt es, dass auch unter den Freimaurern das am häufigsten vorkommende Tierkreiszeichen der Wassermann ist und war.

Der Geist der Wassermannsphäre ist „ver- rückt“.

Der Geist der Wassermanngeborenen ist überzeugt, anders zu sein als alle anderen. Und wenn er nicht anders ist, dann gibt er sich anders. Er ist der Clown oder der Revolutionär. Er will sich vom Alten lösen und befreien. Zur Überwindung althergebrachter Traditionen entstehen Subkulturen, Gruppen mit neuen Verhaltensnormen, Sonderlinge, Spinner, Erfinder, Genies. Viele dieser Leute leben in ihrer eigenen Realität. Sie denken in Theorien, die Unmögliches möglich machen. Sie glauben, dass sie wissen - und das ist das Problem.

Die Astrologen verbinden mit den Tierkreiszeichen bestimmte typische Zeitworte. Für die Fische: "Ich glaube" - für den Wassermann: "Ich weiß". Der Fisch weiß, dass er glaubt. Aber der Wassermann glaubt, dass er weiß. Das ist gut für Forscher und Erfinder, aber schlecht für die Einfältigen, die glauben zu wissen, weil es im Internet steht.

Gewissen, Mitgefühl und Vernunft sind die drei Sicherheitsventile des Lebens, die die Freiheit scheinbar einschränken und den Selbsterhaltungstrieb in Schranken weisen. Dem freiheitssüchtigen Erfindergeist des Wassermanns steht bei seinen utopischen Vorstellungen die Vernunft im Wege. Die genialen Einfälle und unkonventionellen Problemlösungen waren nur möglich, weil das traditionelle Gedankengut und die althergebrachten Lehrmeinungen in Frage gestellt und übersprungen wurden. Aber nur 0.1% der Menschen sind Wissenschaftler und nur ganz wenige von diesen sind Erfinder! Alle anderen brauchen die wissensbasierte Vernunft, und da diese vielen Wassermanngeborenen fehlt, können sie mit ihren ungewöhnlichen Gedankengängen die Welt gehörig durcheinander bringen.

Auch die Methoden, mit denen die Wassermann - Genien neue Richtungen vorgeben, sind oft ungewöhnlich und bizarr. Der entschiedene Hinweis und Lösungsvorschlag zum Problem Klimawandel hat die ganze Welt in Aufregung versetzt. Ein klitzekleines

Virus holte im Frühjahr 2020 alle Flieger aus der Luft und machte den Himmel wieder blau. Der CO_2 Ausstoß sank um 8%. Das Virus stellte die Weichen auf klimaschonende Internetkonferenzen und Onlineseminare. Das eingeführte Homeoffice wird nicht mehr verschwinden, und mit den Möglichkeiten des Distance - Learnings wird man in Zukunft nicht nur die überfüllten Universitäten, sondern das ganze veraltete Bildungssystem reformieren.

Freiheit, Gleichheit und Brüderlichkeit

Freiheit, Gleichheit und Brüderlichkeit waren die ersten Signale aus den Sphären des Wassermanns. Drei Ideale, die jedoch in der Praxis schwer vereinbar sind. Jedes dieser Ziele erfordert ein revolutionäres Umformungsprogramm - und noch sehr viel Zeit, bis es sich verwirklichen kann.

Freiheit verlangt auch die Akzeptanz der Freiheit der anderen - was die eigene Freiheit einschränken wird. Ungezügelte Freiheit ist Anarchie. Der Wassermann-Idealist muss noch lernen, dass Freiheit auch Freiheit der anderen betrifft.

Gleichheit verlangt Einfachheit, Großzügigkeit, Bescheidenheit und Toleranz - und wird aber trotzdem nicht zur Gleichstellung führen. Der Wassermann-Idealist muss noch lernen, dass Gleichheit nicht Nivellierung der Identitäten, nicht Gleichstellung der unterschiedlich Befähigten, sondern gleiche Möglichkeiten für alle, als Basis zur Schaffung gleichwertiger Lebensverhältnisse verlangt.

Brüderlichkeit bedeutet Anteilnahme, Mitgefühl und Bereitschaft zum Verzicht - was nicht bedeutet, dass die Gefühle erwidert werden. Der Wassermann-Idealist muss noch lernen, dass Brüderlichkeit nicht Toleranz und Nachsicht gegenüber den Schädlingen der Gemeinschaft, sondern Unterstützung der Bedürftigen meint.
Das Problem ist, dass der unsentimentale Geist des Wassermanns nicht mehr vom opferbereiten Mitgefühl der Fische getragen wird

und noch nicht die verantwortungsbewusste Standhaftigkeit des Steinbocks entwickelt hat. Er will nicht Sklaven befreien, sondern seine eigene Freiheit nicht verlieren. Der Geist des Wassermanns ist noch auf seiner pubertären Stufe.

Der Geist des Wassermanns ist genial, aber nicht sozial. Er denkt, dass alle gleich sind, aber er selbst will nicht wie die anderen sein. Er verachtet die Mächtigen, schickt die gekrönten Häupter auf die Guillotine, aber dass Freiheit und Gleichheit nicht vereinbar sind, erkennt er nicht. Der Sklavenhandel ist abgeschafft, aber der Handel mit Waren, die "Sklaven" in Asiens Fabriken produzieren, wird dreihundert Jahre nach Beginn des Wassermannzeitalters noch immer toleriert. Noch immer schuften und sterben in asiatischen Fabriken Kinder und Frauen wie Sklaven, damit man in Europa ein T-Shirt um 1 Euro kaufen kann.

Die Revolution

Die entscheidende Revolution zur Befreiung der Bürger fand jedoch nicht auf der Straße, sondern in den Köpfen von Erfindern statt. Es war eine technische Revolution. Die Befreiung von Schwerarbeit und Not wurde möglich durch die Erzeugung und Nutzbarmachung von Energie. Statt Muskelkraft setzt man seit 200 Jahren die Kraft der Elektrizität, des Verbrennungsmotors und der Dampfturbine ein. Seither gibt es elektrisches Licht, Waschmaschinen, Autos, Flugzeuge, Mondraketen, Radio und Telefon. Mit der Erfindung der Dampfmaschine, des Generators, der Nutzung der Elektrizität und der Verbrennungsmotoren wurden die ersten Schritte in die Freiheit realisiert.

Die Folgen

Den zweiten Entwicklungsschub verdanken wir den genialen Erfindungen im Bereich der Informatik und Elektronik, wie Robotern, Computern, Internet und allem, was noch kommen wird. Die unglaublichen Anwendungsmöglichkeiten der Algorithmen in jedem wissenschaftlichen Forschungsbereich werden weiter den Wohlstand sichern.

Aber dieser Fortschritt ist dabei, den Menschen das Hirn zu ersetzen, was noch schlimmere Folgen haben wird als der Ersatz von der Muskelkraft. Roboter arbeiten, Computer denken, Algorithmen entscheiden, und der Mensch macht nichts und schaut zu. Hirnlos, ziellos und ohne Eigenverantwortung, vom Sozialstaat gut versorgt, von App zu App ins Burnout gewischt. Der scheinbar befreite Mensch läuft Gefahr, zu degenerieren.

Der verrückte Wassermanngeist konfrontiert die Welt gerade mit dem Entstehen neuer skurriler Sekten. Es ist unglaublich, aber typisch Wassermann: Sie glauben zu wissen und halten den größten Unsinn für wahr. Die sogenannten Querdenker, die nicht denken, die Weltverschwörungs-Gläubigen, die nichts verstehen, die QAnon Community, die die verrücktesten Lügen verbreiten und damit weltweit immer mehr Anhänger finden.

Es ist grotesk, aber typisch Wassermann: Faktenleugner mit Zugang zur unbeschränkten Information. Wissenschafts- Feindlichkeit im Zeitalter der Wissenschaften. Rechts- und Linksradikale, vom Staat gut versorgte Wutbürger, die gemeinsam auf die Straße gehen. Menschen, die vernünftige Maßnahmen als Unterdrückung empfinden und Demonstrationen gegen die Ordnung als Freizeitspaß praktizieren.

Dass ausgerechnet diese antiautoritären freiheitssüchtigen Pseudorevolutionäre nach einem starken Mann rufen und autoritäre Populisten antidemokratischer Parteien an die Macht hieven wollen, ist ein typisches Beispiel für den verwirrenden Einfluss aus den Sphären des Wassermanns.

Diese Vergnügungsdemonstranten haben keine Ahnung, was Unfreiheit bedeutet. Sie haben weder einen Krieg noch eine Notzeit, noch eine Staatsdiktatur erlebt. In vielen Ländern gehen die Menschen auf die Straße und riskieren ihr Leben für Freiheit und Demokratie, während man in den befreiten Ländern gegen Virenschutzmasken und für die Öffnung von Biergärten demonstriert.

Aber auch in der entarteten Auffassung von Freiheit manifestiert sich der Geist aus den Sphären des Wassermanns. Die Wassermannideale lassen sich nicht in zwei- dreihundert Jahren umsetzen. Es müssen mehr Menschen sein als die paar Wassermanngeborenen, von denen die Hälfte noch mit Spaßmachen und Aufbegehren gegen das Alte beschäftigt ist. Es wird noch eine Zeitlang sowohl echte Revolutionen als auch diese Fehlentwicklungen im Freiheitsdrang geben, ehe sich das neue Zeitalter weltweit durchsetzen kann.

Neue Wertvorstellungen

Die sich wandelnden Wertvorstellungen betreffen nicht nur die Bedeutung der persönlichen Freiheit oder der Freiheit von Minderheiten, sondern die Bewertung aller Werte, wie zum Beispiel der Zahlungsmittel, des Eigentums oder der Leistung, die jemand erbringt. Die entscheidenden Revolutionen finden auch in Zukunft nicht auf der Straße, sondern in den Köpfen statt, und sie werden nicht in ein paar hundert Jahren abgeschlossen sein.

Das Prinzip des Wassermanns blickt immer über das Gegebene hinaus und wird auf allen Ebenen, auch im Weltall und in den geistigen Sphären, mit überraschenden Erkenntnissen, unerwarteten Entscheidungen und unkonventionellen Problemlösungen verbunden sein. Der Geist des Wassermanns kann in verrückten Dimensionen denken.

Gleichheit und Sozialismus

Die utopischen Wassermannideale erfordern auch in den befreiten Ländern ein erneuertes politisches Programm. Noch ist nicht abzusehen, welche Politik sich in den nächsten hundert Jahren durchsetzen wird: Die chinesische Form der kapitalistisch - kommunistischen Parteidiktatur - sie entspricht der Mentalität der Asiaten, die die Gemeinschaft über das Wohl des Einzelnen stellt - oder die sozial liberalen Formen der westlichen Demokratien, die auf Freiheit und individuelle Entfaltung des Einzelnen abgestimmt sind.

Die sich über die ganze Welt aggressiv ausbreitende chinesische Form des Kommunismus gibt den Reichen gerade soviel Möglichkeit, etwas zu schaffen, dass man es ihnen gefahrlos wegnehmen kann - und der globale westliche Kapitalismus, der sogenannte Geist der freien Welt (er betrifft zur Zeit nur ein Viertel der Weltbevölkerung) überlässt den Armen gerade soviel, dass sie nicht wütend auf die Straße gehen. Diese politische Ökonomie wird seit Jahrtausenden von den Herrschenden praktiziert und muss sich im Wassermannzeitalter ändern.

Ein Sozialstaat kann zur Zeit nur verteilen, was er anderen wegnimmt. Immer bleibt ein Teil der Bürger auf der Strecke. Bisher sind alle Versuche einer gerechten Umverteilung gescheitert. Vorstandschefs verdienen noch immer an einem Tag mehr als ein durchschnittlicher Arbeiter in einem Jahr. Großkonzerne werden vom Staat mit Milliarden Steuergeld subventioniert, damit die Bosse Boni kassieren und die Aktionäre ihre Dividende. Damit das möglich ist, werden mit jedem Verbrecherregime Geschäfte gemacht. Solange Lobbyisten und skrupellose Investmentfonds als ganz legale Machtstrukturen die Vorstände von Unternehmen, Konzernen und die Politiker und Beamten bestechen oder erpressen können, wird der sozialistische Traum nicht möglich sein. Die Politik wird noch immer von alten Männern gemacht.

Aber es ist egal, wer regiert. Solange die Entscheidungsträger für ihre Entscheidungen nicht zur Verantwortung gezogen werden, wird die Welt - ganz gleich, wer regiert - mit Sicherheit nicht in die Zukunft geführt. Selbst der Galgen und die Guillotine haben nichts gebracht. Dass trotzdem die Arbeiter und sogar die Nichtstuer in der westlichen Welt gut überleben, verdanken wir weniger den Revolutionären, sondern den Erfindern, also der technischen Revolution.

Wie und vor allem wann der utopische Traum von der sozialen Gerechtigkeit Wahrheit wird, ist nicht abzusehen. Im Wassermannzeitalter wird Vermögen und Macht nicht durch Kriege, sondern durch neue Ideen und deren Verwirklichung geschaffen. Heute verfügen Einzelpersonen wie zum Beispiel Jeff Bezos oder Elon Musk über ein Vermögen von über 150 Milliarden Dollar. Eine schier unglaubliche Summe, von der ein Kaiser einst nur träumen konnte. Die Macht von Google, Amazon, Facebook und Twitter ist sagenhaft. Heute bestimmt nicht nur der Besitz von Geld, sondern auch der Zugang zu Informationen, wer über Macht verfügt. Die Digitalfürsten gibt es nicht nur in der kapitalistischen Welt.

Aber irgendwann werden Zahlungsmittel ganz verschwunden sein. Virtuelle Währungen lösen zuerst die Banknoten und später auch die Bedeutung des Geldes ab. Irgendwann wird man gar nichts mehr bezahlen müssen. Unabhängig von seiner Leistung wird jeder die für sein Leben nötigen Mittel, Waren und Dienstleitungen zugewiesen bekommen. Die Frage ist, wer regiert dann die Welt? Bringt der geniale Geist aus den Sphären des Wassermanns neben sensationellen Erfindungen auch Eliten mit edler Gesinnung und Verantwortungsbewusstsein hervor? Entscheidungsträger, die imstande sind, den Traum von sozialer Gerechtigkeit zu realisieren? Ist es überhaupt möglich, dass man gleiche Verhältnisse für alle schafft? In den nächsten dreihundert Jahren wird sich das zeigen.

Die Übergänge sind gleitend

Das Wassermannzeitalter wurde mit der sogenannten Aufklärung eingeleitet. Nicht Zack und Wumm, sondern nach und nach wandelt sich der Geist der Menschen und mit ihm das Geschehen in der Welt.

Das Mittel, mit dem der Geist aus den Sphären des Wassermanns plante, die Menschen wachzurütteln, hatte er bereits am Ende des Fischezeitalters ausprobiert: Den Kaffee. Ohne Kaffee wäre die Aufklärung nie gelungen. Bis ins siebzehnte Jahrhundert war in Europa für die meisten Menschen das Hauptnahrungsmittel Bier. Drei bis fünf Liter Leichtbier täglich trank der Bürger im Durchschnitt, auch Kinder bekamen davon ab. Ein ganzes Volk alkoholbeschwingt. Im gemütlichen Dämmerzustand geht man nicht auf die Barrikaden. Das war den Fürsten recht.

Aber dann kam der Kaffee, und die Menschen wurden wach. Kaffee stimuliert die Großhirnareale, die den Menschen zum Menschen machen. Seine neurobiologische Wirkung ist belegt und nachgewiesen. Erst der Kaffee hat den Geist der Aufklärung beflügelt. Zuerst verwendeten die Sufis den Kaffee als Stimulans für ihre befreienden Riten. In Konstantinopel betrachtete man die Kaffeehäuser als Schule der Gebildeten. 1633 erkannte der Sultan die Gefahr für die Herrschenden und verbot den Konsum dieses Getränks. 1669 kam dann der Kaffee nach Paris. Das Kaffeehaus Procope wurde zur Keimzelle für den Widerstand gegen den König. Manifeste gegen die Tyrannen und gegen Intoleranz wurden in den Kaffeehäusern verfasst, in den Salons gelesen und auf den Straßen bejubelt und propagiert. 1789 kam es dann zur Revolution. Da gab es in Paris 900 Kaffeehäuser.

Bald waren in ganz Europa die Kaffeehäuser Treffpunkt für die Liberalen, Intellektuellen und freiheitsliebenden Bürger. 1848 war das Kaffeehaus Griensteidl in Wien Zentrum der Freisinnigen Bürger. Es wurde zwar von Fürst Metternich rasch wieder geschlossen, aber die Menschen waren bereits aufgewacht und stiegen auf die Barrikaden.

Kaffee war auch der Wegbereiter für die Emanzipation und Selbstbestimmung der Frau. Die Kaffeekränzchen wurden zur Geburtsstätte der Frauenbewegungen. Kaffee war der Zaubertrank für die Freiheit.

Man sagt, Kaffee war die Muttermilch der Amerikaner. Tatsächlich war die Unabhängigkeitserklärung der nordamerikanischen Staaten 1776 und die Gründung des ersten freien Staatenbundes der Welt nur möglich dank des Konsums und der Einnahmen durch den Verkauf und Anbau von Kaffee.

Freiheit und Befreiung

Dass sich der notwendige Bruch mit der Vergangenheit und der Aufbruch in die Zukunft auch in den nächsten zweihundert Jahren nicht reibungslos realisieren lässt, ist klar. Auf den unterschiedlichen Kontinenten verläuft die Entwicklung unterschiedlich schnell und je nach Tradition werden andere Schwerpunkte gesetzt. In den USA ist es die **Freiheit** und Unabhängigkeit - in Europa die **Brüderlichkeit** mit dem sozialen System - in Asien die **Gleichheit**, die die Gemeinschaft über den Einzelnen stellt.

Ultrakatholische Orden, evangelikale Sektierer und fanatische Islamisten - entarteter Seelenmüll aus dem Fischezeitalter - behindern noch immer den Fortschritt in der Welt. Noch leben Milliarden Menschen in Not und unter der Herrschaft skrupelloser Regimes. Noch ist die Raumfahrt auf altmodische Raumschiffe angewiesen und das Bewusstsein auf den Körper fixiert. Noch entlässt der Körper den Geist, wenn man stirbt und nicht umgekehrt. Nach den Schamanistischen Praktiken im Fischezeitalter, mit Rauschmitteln das Bewusstsein aus dem Körper zu befreien, werden es in ein paar hundert Jahren die geistigen Übungen der "Magie und Mystik im 3. Jahrtausend" sein, die dem Menschengeist die erträumte Unabhängigkeit von der Materie und die ersehnte Freiheit verleihen.

FORSCHUNG UND PROGNOSE

Es ist ungemein spannend und erhebend zugleich, wenn man Einblicke in das Wirken der Schicksalsmächte bekommt und auch die Ursachen erkennt, die hinter den Ereignissen im Weltgeschehen stehen. Es geht darum, den Zusammenhang zu erforschen, der zwischen den Menschen und den Schicksalsmächten besteht.

Die Mundanastrologie, also die Astrologie für das Geschehen in der Welt, kann nicht alles erklären und liefert keine Zukunftsprognosen für neugierige Astrologiegläubige. Sie ist als Wissenschaft vom Geist für interessierte Astrologiekundige, die die Welt und ihre Rolle, die sie in der Welt spielen, besser verstehen wollen, gedacht. Es sind die Szenenwechsel im Theater Wassermann, das neue Bühnenbild und die neuen Regisseure, auf die man sich zeitgerecht einstellen muss, wenn man seine Eigenständigkeit nicht verlieren will.

Es gibt Planetengenien, die leiten die Menschen im Sinne der vorgesehenen Evolution an und andere - sie führen Regie bei gespannten Konstellationen - die übertreiben und überzeichnen die Qualitäten, die sie auf die Schauspieler übertragen, was Probleme schafft. Immer kommt es darauf an, wieviele Menschen auf die positiven und wieviele auf die negativen Inspirationen der Genien reagieren. Die Genien führen zwar Regie, aber jeder Einzelne entscheidet, ob er mitspielt oder nicht. Manche werden vom Spiel mitgerissen, überrumpelt oder aufgrund bestimmter Konstellationen zum Mitspielen verführt.

Wir wissen noch zu wenig über das kosmische Spiel. Es gibt noch viel zu erforschen. Viele astrologische Thesen und Regeln aus der Antike und dem Mittelalter sind schlichtweg falsch. Manche haben heute keine Bedeutung mehr, weil sich die Lebensumstände und die Interessen der Menschen grundlegend geändert haben. Die Situationen, die Themen, die prophezeiten Ereignisse aus der Zeit, aus der die alten Deutungsregeln stammen, betrafen Naturkatastrophen, Hungersnot, Seuchen oder Krieg.

Heute ist das Leben, selbst für den bedeutungslosesten Bürger, komplexer als es für die damaligen Eliten war. Die Planeten überführen heute aus den zwölf Tierkreiszeichen andere Werte. Und die gilt es zu erfassen: Was bewirkte der Pluto, der Neptun, der Uranus, der Saturn bei seinem letzten Durchgang durch die zodiakalen Sphären? Wie reagierten die Menschen darauf? Wie werden sie morgen damit agieren? Viele neue, zeitangepasste Auslegungen stimmen dann wieder und müssen nur noch in Studien geprüft, belegt und statistisch ausgewertet werden.

Der Arzt und Astrologe Dr. Heinz Fidelsberger hat in seinem Buch "Sterne und Leben" bereits überzeugende Beweise für den kosmischen Einfluss auf das globale Weltgeschehen gebracht und Zusammenhänge von bedeutsamen Ereignissen in Verbindung mit dem Zeichenwechsel der Planeten beschrieben.

Ich will in diesem Buch keine Lehrsätze für Mundanastrologie aufstellen, sondern zu weiterer Forschung anregen. Wenn die Astrologie ernst genommen werden soll, darf sie nicht mit mittelalterlichen Thesen oder pseudo- psychologischen Erklärungsversuchen operieren, die häufig nicht stimmen und die man widerlegen kann. Die Kritiklosigkeit, mit der viele Astrologen die unsinnigsten Thesen ungeprüft aufgreifen, ist beschämend. Wir müssen von dem ausgehen, das sich überprüfen und nachweisen lässt:

- Neben den langen Zyklen von ca. 2200 Jahren, die sich aus der Wanderung des Frühlingspunktes (das ist der Schnittpunkt der Ekliptik mit dem Äquator) ergeben und die Qualität des Tierkreiszeichens, in dem er sich befindet, zur Wirkung bringen, werden die Eigenschaften der Tierkreiszeichen in kürzeren Zyklen durch die Planeten aktiviert.

- Mit jedem Wechsel eines Planeten in ein anderes Zeichen wird das Anliegen dieses Zeichens für die Zeit, in der der Planet die Verbindung herstellt, aktiviert. Die Deutung folgt den Regeln der bekannten Geburts- und Transitastrologie, die der Art und Weise und der Funktion des agierenden Planeten entsprechen:

Pluto vernichtet und transformiert
Neptun vernebelt oder inspiriert
Uranus bringt Aufregung, Fortschritt und macht frei
Saturn behindert und stabilisiert
Jupiter bringt immer wieder Ordnung ins Spiel

- Immer kehrt der Planet das Thema des Zeichens hervor, das er durchwandert. Und umgekehrt erscheinen die Eigenschaften des Zeichens in der Dynamik und Zielrichtung, die dem Planeten, der durch das Zeichen geht, entspricht.
- Im Wassermannzeitalter holen die Planeten bei ihrem Durchgang durch ein Zeichen zuerst eher das Revolutionäre, Ungewöhnliche, Fortschrittliche heraus. Das ist bei den Mundanprognosen zu beachten.
- Aspekte zwischen den Planeten wirken sich ebenfalls auf das Weltgeschehen aus: die Konjunktionen verbinden die Strebungen der Planetenmächte, die Oppositionen drängen den Eigenschaften unterschiedliche Richtungen auf.

Pluto beseitigt das Alte und macht den Weg frei für die Innovationen des Uranus. Der **Neptun** liefert die nötigen Träume und Phantasien. Es sind Neptuns Illusionen, für deren Realisierung **Uranus** in Form von Einfällen, die er den Forschern und Erfindern eingibt, sorgt. Zuerst ist immer ein Traum, eine Vision, ein scheinbar unerreichbares Ziel. Dann kommt der Einfall, die Intuition, die Idee, wie es zu erreichen, zu realisieren, zu gestalten ist. Der **Saturn** verleiht dabei den Erfindern die Ausdauer, weiter zu tüfteln und gibt den

Pionieren die Durchhaltekraft, und der **Jupiter** sorgt dafür, dass das Vorhaben irgendwann auch gelingt.

Es ist trotzdem nicht alles nur Wassermann. Zum Glück. Denn nicht alles, was schräg ist, ist lustig, und nicht alles, was genial ist, ist gut. Nicht alle Erfindungen und Errungenschaften der letzten dreihundert Jahre waren für die Menschen förderlich und nicht alle Einfälle und Innovationen in den nächsten 500 Jahre werden dem Wohl der Menschheit dienen.

Noch ist der Geist des Wassermanns in seiner pubertären Phase und es ist nicht abzusehen, was er noch alles ersinnt. Der Geist des Wassermanns wird sein Element, das ist das Denken, noch mehr in seinem Sinn beeinflussen als zuvor. Was immer man für denkbar hält, wird übertroffen werden. Was man für undenkbar hält, wird sich realisieren.

Forschung

Die Mundanastrologie erschließt den Zeitgeist, aber nicht den Zeitpunkt von Katastrophen und Ereignissen. In der Mundanastrologie erkennt man zuerst nur einen richtungsweisenden Trend. Einwirkungen benötigen immer eine gewissen Zeit, ehe sie sich auswirken. Nicht immer sind die Übergänge sofort spürbar. Ereignisse bereiten sich nach bestimmten Regeln vor, die wir noch nicht alle kennen.

Wir wissen zum Beispiel nicht, ob auf den feinstofflichen Ebenen alles bereits ausgedacht und erfunden ist, oder ob auch die Genien an den Erfindungen weiter tüfteln und die Menschen ihre irdischen Laborassistenten sind. Wir wissen nicht, ob alles bereits geregelt, programmiert und damit vorhersehbar wäre, oder ob auch die Genien und andere Götter und Geister über die Zukunft des Planeten unterschiedlicher Meinung sind. Wir wissen nicht, wer neben den Planetengenien sonst noch am Spiel beteiligt ist. Wir wissen nicht einmal, ob es alle diese Wesen überhaupt gibt.

Aber gerade das ist es, was uns interessiert. Wir wollen die Frage nach den Schöpfermächten klären. Wenn man das intelligente, strategische Agieren der einfachsten molekularen Strukturen, zum

Beispiel der Viren, betrachtet, so fragt man sich, wer hat das programmiert? Und warum? Wer steht dahinter und welche Schaltstellen ermöglichen diesen Mächten, ihren Einfluss in der Welt und im Bewusstsein der Menschen geltend zu machen?

Es geht um die Frage der persönlichen Freiheit: Wem dient es? Wer sitzt im Zuschauerraum? Welche Rolle spielen die Menschen in diesem Theater? Im dritten Jahrtausend werden diese Fragen nicht von Philosophen oder Priestern, sondern von Mathematikern, Neurobiologen und Astrologen beantwortet werden. Die Vertreter der Magie und Mystik sind keine Glaubensgemeinschaft, sondern ernsthafte Forscher auf dem Gebiet der Geisteswissenschaft.

Aber unser Wissen ist noch beschränkt. Wir erkennen Trends, neue Perioden, Themenschwerpunkte, die die Menschen beschäftigen werden, wir erkennen, was astrologisch wahrscheinlich ist, aber wir wissen nicht, was dann schlussendlich tatsächlich geschieht.

Man muss die mundanen Konstellationen daher nach drei Richtungen hin untersuchen:

- Erstens, was könnte der Planet in dem Zeichen, das er durchwandert, oder in Verbindung mit den anderen Planeten, die ebenfalls durch das Zeichen - oder durch andere Zeichen gehen – bewirken?
- Zweitens, welche Entscheidungsträger werden von den mundanen Konstellationen persönlich berührt, und auf welche Weise werden sie vermutlich aufgrund der Aspekte zu ihrem persönlichen Horoskop agieren?
- Und drittens, gibt es noch Akteure, die gerade mit diesen Konstellationen geboren werden und die Ideen erst später in die Welt überführen? Da kann es naturgemäß zu Zeitverschiebungen von erwarteten Auswirkungen kommen.

Der große Prophet des Fischezeitalters zum Beispiel wurde mit Jupiter Konjunktion Saturn im Fischezeichen geboren. Seine Botschaft von Frieden, Nächstenliebe und Verzicht, anstelle der Kriege um Macht und territorialen Zugewinn aus dem Widderzeitalter, setzte sich erst nach Jahrhunderten durch. Die Kriege aus dem Widderzeitalter gab es im Fischezeitalter noch immer, aber sie wurden jetzt als heilige Kriege, von Muslimen, Christen und Reformierten mit religiösen Begründungen inszeniert.

Trotzdem bereitete der Fischegeist mit seiner selbstlosen Ideologie den Weg zum Sozialismus vor. Eine Idee, die erst im Wassermannzeitalter richtig erfasst und ausprobiert wird. Auch im Wassermannzeitalter gab es dann noch zwei verheerende Kriege, sie wurden unter der Flagge "Freiheit und Sozialismus" geführt.

Prognose

Wir wollen nicht in die Zukunft schauen, sondern in das Labor, in dem die Zukunft entsteht. Es geht nicht um den Blick in die Zukunft, sondern um den Einblick in die geistige Welt. Wir wollen die Zusammenhänge, die zwischen den Menschen und den geistigen Mächten bestehen, erforschen.

Das wird möglich, indem man die Ereignisse und die damit verbundenen Astrologischen Konstellationen der Vergangenheit untersucht. Mundanastrologie erfordert nicht nur ein umfassendes astrologisches Wissen, um die komplexen kosmischen Zusammenhänge zu erkennen, sondern auch Geschichtskenntnis, damit man auch die Entwicklungen im Weltgeschehen versteht. Für die Erkenntnis von Ursache und Wirkung ist die Rückschau wichtiger als die Vorschau. Wir fragen nicht: "Was wird geschehen?", sondern: "Was geschah, als eine ähnliche Konstellation wirksam war?".

- Zuerst verschafft man sich einen Überblick über die bevorstehenden Zeichenwechsel der langsam laufenden Planeten. Sie sind die Kosmischen Zeiger. Es sind zwar ständig alle Qualitäten aller Tierkreiszeichen präsent und wirksam, aber jene Zeichen, in denen sich gerade ein Planet befindet, werden von diesem stärker hervorgehoben und entsprechend der Qualität des Planeten stärker aktiviert.

- Dann schaut man zurück und untersucht, was jeweils, als die gleiche Konstellation wirksam war, geschah. Ganz gleich wird es in der Zukunft nicht sein, weil bei jeder Wiederholung immer auch andere Konstellationen gleichzeitig wirksam sind.

Nicht immer passiert Entscheidendes sofort mit dem Eintritt eines Planeten in ein neues Zeichen. Oft zeigen sich die Auswirkungen der Einwirkungen erst später. Da werden Verträge geschlossen, Menschen geboren, Entscheidungen gefällt, deren Folgen nicht sofort abzusehen sind.

- Nicht nur das persönliche Schicksal, auch das Weltgeschehen wird schlussendlich immer von Menschen und nicht von irgendwelchen Mächten gemacht.

Daher wird man auch die Horoskope der Entscheidungsträger untersuchen und in die Analyse miteinbeziehen. Auch die sogenannten Generationsaspekte, die sich wiederholen oder durch Planetenkonjunktionen angeregt werden und Auswirkungen auf bestimmte Gruppen in der Bevölkerung haben, sind aufschlussreich.

Dabei werden, wenn im selben Zeitraum mehrere Planeten die Zeichen wechseln, die langsameren Planeten und die Konjunktionen als erste die Richtung vorgeben. 1971 zum Beispiel war das der Planet Neptun, der gleichzeitig mit dem Jupiter aus dem Skorpion in das Zeichen Schütze wechselte.

In einem Interview zum Jahreswechsel bemerkte ich dazu, dass nun die tabulosen, enthemmten, avantgardistischen Jugendbewegungen der sechziger Jahre die spirituelle Welt des Geistes erschließen werden.

"Nach dem Sex die Sekten" lautete dann die Schlagzeile des Wiener "Kurier" im Dezember 1970. Während der Wassermanngeist sich frei fühlt, wenn er keine Obrigkeit über sich hat, findet der Schützegeist seine Freiheit, indem er alles unter - oder hinter sich lässt. Er will abheben und fliegen. Die Aussteiger, die Hippies, die Blumenkinder demonstrierten in den siebziger Jahren - mit und ohne Haschisch - eine neue Art von Unabhängigkeit und Freiheit, die früher völlig unmöglich und undenkbar war. Und noch etwas brachte der Neptun im Schützen: Die Liebe-, Licht- und Eierkuchenesoterik begann.

Wie geht es weiter im kosmischen Spiel? Werfen wir einen Blick auf die überschaubare planetare Situation. Wer führt zur Zeit Regie im Welttheater?

Uranus und Fortschritt

Uranus ist der eigentliche Götterbote aus der Sphäre Wassermann. Wer den Uranus in Konjunktion mit seinem Aszendenten hat, ist sein typischer Vertreter. Auch mundan überträgt Uranus mit jedem Zeichenwechsel besonders die originellen, utopischen, wassermanntypischen Werte und verbindet sie mit den Werten des Zeichens, durch das er sich jeweils bewegt.

Uranus 2011 bis 2019 im kämpferischen Zeichen Widder löste auch in den muslimischen Ländern erste entscheidende Revolutionen aus.

Uranus 2018 bis 2026 im realitätsbewussten Zeichen Stier, dem Zeichen für Ökonomie, Geld und reale Werte hat gerade das digitale Geld erfunden. Es ist Geld, das nicht existiert. Geld ohne realen Gegenwert, ohne Sicherheit, ohne verantwortlichen Verwalter. Geld, das aus Einsern und Nullen besteht. Das wäre vor einigen Jahren noch undenkbar gewesen. Der Wert eines Bitcoins ist innerhalb von zwei Jahren um 1350 Prozent gestiegen. Es ist erstaunlich, wie leichtsinnig der Uranus im Stier die Sparer macht. Vom Sicherheitsbedürfnis des Steinbocks und von der Wertschätzung realer Werte des Stiers ist zur Zeit nichts zu merken. Das haben der Pluto und der Uranus, die in den letzten Jahren diese beiden der Stabilisierung dienenden Zeichen durchwandern, eliminiert.

Im Stierzeichen sind auch die Grundlagen für die Landwirtschaft verankert. Und auch hier setzt der Uranus, für die digitalisierte und technisierte, moderne Landwirtschaft völlig überraschend, neue Werte. Immer mehr Landwirte verzichten auf Wachstum und Export und stellen ihre Betriebe auf Bio und Öko um.

Uranus 2025 bis 2033 im Informations- und Kommunikationszeichen Zwilling wird sich massiv auf die Medien, den Verkehr und die Verständigung und Beziehung zwischen den Menschen auswirken. Er wird weitere entscheidende Impulse aus den Sphären des Wassermanns auslösen: Revolution in der Kommunikation und den Kommunikationswissenschaften, Medien, Sprache, Reisen, Verkehr. Raumfahrt. Informatik. Digitalisierung. 6 und 7G Netz. Blockchain-Technologie. Neue Assistenzsysteme, Roboter, Soziale Medien. Suchmaschinenoptimierung, Onlinewerbung usw. Biotechnologische Forschung: Einsichten in die Kommunikation zwischen den Zellen, Neurowissenschaften: Ersatz und Verknüpfung von Nervenzellen.

Information ist Information - nicht Materie und nicht Energie. Hier sind nicht Physiker, sondern Mathematiker und Neurowissenschaftler am Werk. Aufgrund der zu erwartenden exponentiellen Entwicklung der Datenmenge und Datenverarbeitung sind da bereits in den nächsten Jahrzehnten einige Überraschungen zu erwarten. Auch im negativen Sinn. Lassen sich alle Daten in die neuen Systeme konvertieren?

Werden die Informatiker, die die mathematischen Wahrscheinlichkeitsprozesse kennen und wissen, wie man schlaue Algorithmen erschafft, die neuen Eliten oder Terroristen sein? Die Künstliche Intelligenz bietet unglaubliche Möglichkeiten für neue Waffen, für die Verbreitung von Falschnachrichten, manipulierte Fotos, Video- oder Tonaufnahmen, Fake- Profile usw. Die Hacker und Netzwerke der Bot- und Trollarmeen sind genauso eine Gefahr wie die Panzerarmeen oder die durchgeknallten Randalierer in der realen Welt.

Neben diesem innovativen Einfluss von Uranus werden in den nächsten Jahren auch Pluto, Neptun und Saturn mit ihrem Zeichenwechsel den Zeitgeist entscheidend mitbestimmen. Besonders merkbar wird das mit dem Eintritt des Planeten Pluto in das Zeichen Wassermann sein.

Von 2023 bis 2043 ist Pluto im Zeichen Wassermann und wird sowohl die Gemüter der Revolutionäre als auch der konservativen Mächtigen heftig erregen. Einschneidend werden bereits die Jahre 2023 bis 2025 sein. Da wechseln auch Saturn, Neptun und Uranus die Zeichen. Da werden Probleme gelöst werden müssen, die mit herkömmlichen Mitteln nicht zu lösen sind. Da werden Gegensätze aufeinanderprallen. Revolutionen angezettelt oder erstickt. Die gesellschaftlichen Veränderungen werden nicht immer friedlich ablaufen. Die Geschichte der Menschheit hat gezeigt: Was sich nicht freiwillig von Grund auf erneuert, wird vom Pluto gewaltsam dazu gebracht.

Pluto und Freiheit
Freiheit ist das Urelement des Wassermanns. Nur das vom Alten Gelöste ist frei und offen für die phantastischen Ideen, die Unmögliches möglich machen. Ohne Pluto stünde dem Uranus ewig das Alte im Weg. Auflösung und Transformation besorgt die Plutoenergie.

Seit 2008 ist Pluto im Steinbock. Seither hat der radikale Planet unerbittlich verhärtete Strukturen alter Traditionen gelockert und aufgelöst. Gleich am Beginn wurden viele Werte wertlos, Sparer verloren ihr Geld und viele Banken gingen ein. Atomreaktoren schmolzen. Esoterik statt Religion. Homosexuelle Paare heiraten. Zerfetzte Hosen statt Bügelfalte. Aggressive Geräusche statt erhebender, befreiender Wohlfühlmusik. Kunst und Kultur wurden unkonventionell, seelenlos, schrill. Das Legere, Unverbindliche, Leichtfüßige ist in. Aber es hat seinen Stil noch nicht gefunden. Es muss sich erst neu strukturieren. Ob das dem Pluto im Wassermann dieses Mal gelingt, ist nicht abzusehen.

- Pluto bleibt ungefähr 20 Jahre lang in jedem Zeichen und kehrt die besonderen Eigenschaften des Zeichens hervor. Jedes Mal etwas anders, weil jedes Mal gleichzeitig auch noch andere Konstellationen wirksam sind. Aber immer wenn er durch das Zeichen Wassermann ging, tauchten Persönlichkeiten auf, Pioniere, Reformer, Erfinder, Revolutionäre und bereiteten die Welt auf Freiheit, Gleichheit und Brüderlichkeit vor.

1286 bis 1306 errichtete der Pluto im Wassermann die sakralen Bauten. Geheimnisvolle, mystische Konstruktionen, die wie magische Instrumente das Bewusstsein berühren und den Geist nach oben führen. Die genialen Baumeister entwarfen und bauten die Kathedralen als sichtbare Realität für die unsichtbare, unfassbare Schöpfermacht. Die Templer traten auf die Bühne. Ihre Magie und Mystik ließ den Geist im Menschen erwachen.

1532 bis 1553 erneuerte der Pluto im Wassermann das ganze Denksystem. Martin Luther reformierte die christliche Religion. Die Rosenkreuzer traten auf die Bühne. Die Thesen der Philosophie und Wissenschaft wurden hinterfragt. Und es wurde eine sensationelle Erfindung gemacht, die die Welt von Grund auf veränderte: Die Kunst, ein Buch zu drucken. Ein Kulturgut wurde erschaffen, das für den Aufstieg der Menschheit entscheidend war. Der Gedanke, das Wort, der Geist wurde fixiert, gedruckt, und so wurde es möglich, dass man das Wissen speichert und jedermann zugänglich macht. Erst damit ist das Wort Fleisch geworden und befruchtet den Geist und das Leben der Menschen.

1777 bis 1797, als Pluto das letzte Mal durch das Zeichen Wassermann ging, leitete er dann tatsächlich und unwiderruflich das Wassermannzeitalter ein. Die Freimaurer traten auf die Bühne. Die epochemachenden Folgen sind bekannt. Aufklärung, Befreiung, Fortschritt und Revolution. Erneuerung in allen politischen, kulturellen, und wissenschaftlichen Bereichen. Das war der Anfang. Das Wassermannzeitalter wird sich erst in den nächsten tausend Jahren voll entfalten.

2023 bis 2043. Wenn Pluto wieder in das Zeichen Wassermann wechselt, wird das zuerst die vom Jupiter bereits 2021 gehörig motivierten und mobilisierten "Freiheitskämpfer" noch stärker herausfordern und aktivieren. Letzte Reste überlieferter Glaubensformen, Wertvorstellungen und Machtstrukturen, die zum Teil noch im Mittelalter wurzeln, stehen dem Heißsporn, der Freiheit mit Anarchie verwechselt, gegenüber. Pluto wird den Geist des Wassermanns aufwühlen. Er wird die Reformbestrebungen übertreiben und versuchen, die Welt endgültig von alten Normen und verhassten Obrigkeiten zu befreien - und er wird sich gleichzeitig den Freiheitsbestrebungen entgegenstellen.

Die Eliten werden sich, wie in den vergangen Epochen, in denen Pluto durch das Wassermannzeichen ging, wehren. Vor allem die Regimes der beiden etablierten Weltmächte USA und China machen einander Konkurrenz. Auch die religiösen Führer wollen ihre Macht nicht verlieren. Saturn geht 2023 in das Fischezeichen, wo der Neptun bereits seit 2012 wieder auf der Suche nach dem Spirituellen ist. Das bringt den Glauben wieder ins Spiel. Wie, und vor allem, wann die vorprogrammierten Konflikte gelöst werden, ist nicht abzusehen. Zurückhaltung und Vernunft ist auf beiden Seiten gefragt. Ob sich ein Krieg in den nächsten 25 Jahren verhindern lässt, ist ungewiss.

Es werden dieses Mal keine Ordensbrüder als spirituelle Meister und Wegbereiter auf der Bühne stehen. Es gibt keine Orden, keine Logen, keine geheimen Bünde mehr. Die Geheimnisse der magisch mystischen Tradition wurden durch die Bücher der "Magie und Mystik im 3. Jahrtausend" der gesamten Menschheit zugänglich gemacht.

Vor 300 Jahren konnten die Freimaurer mit der Aufklärung die Menschen aus der Welt des Aberglaubens in die Freiheit der Selbstbestimmung führen. Inzwischen sind alle aufgeklärt, aber es gibt immer noch dummgläubige Sektierer, und die Eliten sind immer noch mächtig wie zuvor.

Heute ist jeder befähigt, berufen und verpflichtet, etwas zu tun. Viele junge Leute haben das bereits erkannt. Sie engagieren sich für soziale Gerechtigkeit, Menschenrechte, Klima- und Umweltschutz, Nachhaltigkeit. Sie sind bereit, zu verzichten und essen Bio und vegan. Gretas Bewegung "Fridays For Future" ist genauso eine Erfindung der Wassermanngeister wie die entarteten Versionen der sogenannten Querdenker mit ihrer Angst vor Regulierung und ihrem Obrigkeitswahn.

**Sein Jahrhundert kann man nicht ändern:
Aber man kann sich dagegenstellen und glücklichere Wirkungen vorbereiten.**

Goethe

DIE NEUEN PROPHETEN

Wozu das Universum?

Was ist denn der Sinn der Schöpfung? Wem dient der kolossale Material- und Energieaufwand? Der Geist des Wassermanns glaubt, dass mit der Geistesschulung der Magie und Mystik im physischen Körper ein Geist heranwachsen kann, dem bewusst ist, dass er ist, und der mit der Vorstellung "Ich bin" als Bewusstseinsträger unabhängig vom physischen Körper leben kann. Der Geist des Wassermanns glaubt, dass aus einem Menschen ein körperunabhängiges, Raum und Zeit erfassendes, gottgleiches Wesen werden kann. Damit bekommt auch das Universum einen Sinn: Planeten, auf denen ständig neue, bewusst agierende Wesen nachwachsen. Galaxien mit Planeten, auf denen Menschen leben, sind eine Brutstätte für den Geist, der sich selbst gebären, gestalten und bis zu höchster Vollkommenheit entwickeln kann.

Der Gott, der sich recyceln kann

Was man als Göttliche Vorsehung bezeichnet, kann sich auf diese Weise von Ewigkeit zu Ewigkeit am Leben erhalten. Die Nichtinitiierten füttern mit ihren Vorstellungen und Emotionen die Götter und Dämonen. Die disziplinierten Fortgeschrittenen gehen in die Sphären ihrer besonderen Begabungen ein und können ihrem Dasein Sinn verleihen, indem sie wie die Genien, oder zusammen mit ihnen, die weniger entwickelten Wesen auf den jüngeren Planeten inspirieren. Und wenn dann auch nur einer von den inspirierten, initiierten Affen den Weg zum wahren Adepten schafft – irgendwann, irgendwo im Universum - könnte sich der liebe Gott von Zeit zu Zeit beruhigt aufs Ohr legen, weil er weiß, er wird irgendwann, irgendwo wieder erwachen.

Das würde bedeuten, hinter dem Baumeister, der das Weltall erschuf, steht ein nachhaltiger Schöpfer, der nie verschwindet, weil er sich selbst recycelt, solange das Weltall mit seinen Geschöpfen besteht. Dass sich das Universum tatsächlich von Ewigkeit zu Ewigkeit recycelt, wie der Nobelpreisträger Roger Penrose seit Jahrzehnten vermutet, scheint sich inzwischen zu bestätigen. Neueste Berechnungen schließen eine ewige kosmische Wiederkehr, also einen zyklischen Kosmos, in dem ein Universum auf das andere folgt, nicht mehr aus. Aber ohne bewohnbare Planeten mit vernünftigen Wesen, die bereit sind, ihren Geist zu schulen, hätte das keinen Sinn.

Meine ungewöhnliche These von einem sich selbst recycelnden Schöpfergott, also vom Geist, der sich ständig

aufs Neue gebiert, ist natürlich auch ein Einfall aus den Sphären des Wassermanns. Es sind Gedanken, die den Epochewechsel in den Weltanschauungen vorbereiten.

Es geht um die Evolutionstheorie darwinistischer Prägung und die Bewegung des Intelligent Designs, die einen intelligenten Ursprung der Evolution für denknotwendig hält. Intelligent Design heißt dabei nicht, dass ein monotheistischer Gott als Schöpfer funktioniert wie in der Bibel, sondern nur, dass ein intelligenter Ursprung unserer Evolution, der auch den Geist in die Schöpfung miteinbezieht, eher logisch und damit wahrscheinlicher ist, als ein mechanisch- materialistisches Weltbild.

Jesus, der bedeutende Prophet des vergehenden Fischezeitalters, baute seine Lehre von der Nächstenliebe und vom Opferbringen auf den Glauben an eine bessere Welt im Jenseits auf. Elon Musk, einer der neuen Propheten des Wassermannzeitalters, entwirft geniale Pläne für eine schöne Neue Welt im Diesseits. Statt unsichtbarer Sphären steuert er mit Raumschiffen die sichtbaren Planeten im Weltall an. Diesseits statt Jenseits. Statt Glauben, Wissen.

- Das Wassermannzeitalter wird das Fischezeitalter nicht neu definieren, sondern erweitern. Schritt für Schritt mit neuen Ideen und originellen Einfällen. Mit jedem Wechsel eines Planeten in ein neues Zeichen kommen neue Vorstellungen, Einsichten und Bestrebungen in die Welt.

Der Höhepunkt des Fortschritts im Wassermannzeitalter werden aber nicht die technischen Errungenschaften sein. Die große Befreiung bedeutet, dass sich der Geist von der Materie befreit. Dass er nicht nur mit Raumschiffen den Planeten, sondern mit seiner Vorstellungskraft seinen Körper verlassen kann.

Dass der Mensch über alles Erkannte
hinaus zu stets erneuten Ansätzen ändernden Tuns
findet, schaffte seine wachsende Größe,
und in der auf alle Ruhelagen verzichtenden
Verwirklichung bekundet sich seine Freiheit.

Thomas Ring "Der Mensch im Schicksalsfeld"

KOSMISCHE BEFRUCHTUNG

Neben den astrologischen Konstellationen sind die Gedanken und die Wünsche, welche die Gedanken beleben, die eigentlichen Gestalter des Schicksals. Wer seine Gedanken und Wünsche beherrscht, der beherrscht auch den größten Teil seines Schicksals.

Auch auf den feinstofflichen Ebenen gibt es so etwas wie eine Befruchtung. Zumeist sind es die Vorstellungen, welche auf die Gefühle oder Triebe befruchtend einwirken, so dass diese einen dann dazu drängen, etwas zu tun: Man denkt an Sex und bekommt Lust. Es kann aber auch umgekehrt sein, es bilden sich Hormone und man denkt an Sex oder es regt sich Hunger und man denkt an eine Schinkensemmel. Die drei Ebenen sind miteinander verbunden und wirken ständig aufeinander ein.

Man kann beobachten, dass sowohl der bildhafte als auch der gefühlte Faktor befruchtend wirken kann. Dabei können auch Gefühlsregungen, die nicht bewusst erkannt werden, den Geist und das persönliche Verhalten beeinflussen. Sie können, auch ohne dass man sie bildlich erfasst, auf der geistigen Ebene bestehen, Energie auf sich ziehen und mit den so gebildeten unbewussten Regungen wachsen. Die Macht des so genannten Unbewussten ist hinlänglich bekannt. Umgekehrt lassen sich Emotionen und Gefühlsregungen gezielt mittels Vorstellungen lenken, reduzieren oder vermehren.

Je nachdem ob das Bildliche oder das Gefühlte im Vordergrund steht, spricht man von Elemental oder Elementar. Ist eine Wesenszelle in Form einer Vorstellung einmal gebildet, so ist auch eine scheinbare Selbstbefruchtung, also ein eigenständiges Leben, möglich. Elementale und Elementare können sich scheinbar auch von selbst teilen und vermehren sich oft ungehemmt.

Dabei spielt aber trotzdem die Anregung durch Vorstellungen oder Gefühle eine Rolle. Diese werden aber auch von außen über die astrologischen Konstellationen beeinflusst.

Elementale und Elementare können einem auch von außen

durch die Planetenübergänge eingegeben werden. Transite können, ohne dass man es bemerkt, die eigenen Meinungen, Vorstellungen und Wünsche beeinflussen.

Daher sollte man besonders wachsam sein, was einem "astrologisch" eingegeben wird und man dann, ohne es zu bemerken, in sich herumträgt. Es beginnt oft mit einem einzigen scheinbar vorbeihuschenden Gedanken als Keim, der dann im Verborgenen wächst und nach und nach zu einem Ziel wird, das man dann verfolgt.

FREIHEIT - ASTROLOGIE - UND DIE EVOLUTION

Es gibt Astrologen und Astrologiegläubige die glauben, dass man aus einem Horoskop so gut wie alles herauslesen kann; Eheschließung, Trennung, Verluste, Unfall, Krankheit und sogar den Tod. Das ist aber definitiv nicht möglich.

Um zumindest im Nachhinein den Eintritt diverser Ereignisse, Situationen und Katastrophen zu erklären, wurden im Laufe der Jahrhunderte von den Astrologen immer neue, zusätzliche Berechnungsmethoden, Direktionsschlüssel, Häusersysteme und Deutungsregeln ersonnen, sogar Planeten wurden erfunden, die es gar nicht gibt.

Die "Magie und Mystik im dritten Jahrtausend" ist jedoch zu der Erkenntnis gelangt:

- Die Zukunft ist weder durch astrologische Berechnungen vorhersehbar, noch durch irgendwelche astrologische Einwirkungen vorherbestimmt. Denn wenn es so wäre, dann wäre die ganze Schöpfung ein lebloser kosmischer Mechanismus den, zumindest in der Menschenwelt, niemand bedient. Dann wäre der Mensch eine machtlose Figur in einem programmierten dreidimensionalen Computerspiel. Dann hätte die Geistesschulung und alle persönlichen Bemühungen für Wahrheit, Gerechtigkeit und Mitgefühl keinen Sinn.

Wir glauben, dass der Sinn der Schöpfung in der Evolution der Menschheit, also in der Vervollkommnung des Geistes, der im Menschen sein Bewusstsein erlangt, zu finden ist. Dazu bedarf es der Freiheit. Ein Geist, der seine Vervollkommnung nicht seinem eigenen freiwilligen Streben verdankt, bleibt eine Spielfigur und repräsentiert nicht geistige Vollkommenheit.

Die bewusste Entwicklung und Vervollkommnung des persönlichen Geistes ist nur möglich, weil man immer ja oder nein sagen kann. Weil sich der Einzelne in jedem Augenblick seines Daseins entscheiden kann, so oder so zu denken, so oder so zu wünschen, so oder so zu planen, und zu agieren. Keine astrologische Macht kann ihn daran hindern - wenn er es so will.

Die Energie, die man für ein selbstbestimmtes Leben benötigt, erlangt man, indem man sie bewusst seinen unbeherrschten Leidenschaften und Emotionen durch Selbstbeherrschung entzieht. Auch das ist in jedem Augenblick des Lebens möglich und nicht durch astrologische Konstellationen bedingt.

Die astrologisch nachweisbaren Zusammenhänge, die zwischen dem Kosmos und dem menschlichen Bewusstsein bestehen, zeigen zwar, dass es Mächte, die das Denken Fühlen und Wollen beeinflussen, gibt. Dass aber trotzdem nicht alles "astrologisch" erklärt werden kann, beweist jedoch, dass nicht alles vorgegeben ist, und dass auch die Möglichkeit für freies Planen und Wollen besteht.

DIE ASTROLOGIE BEWEIST DIE EXISTENZ DES GEISTES

Astrologie gehört zu den wenigen Wundern, die jeder täglich beobachten und erleben kann. Es gibt keine Wissenschaft und keine esoterische Tradition, welche die Macht des Geistes und der Geister so deutlich vor Augen führt und beweist wie die Astrologie. Die Astrologie belegt, hier wirkt etwas, das physikalisch nicht erklärt werden kann.

Gleichzeitig ist die "Magie mit Astrologie" der erste echte Schritt zu Freiheit.

Die Astrologie dient nicht dazu, dass man fragt, was geschehen wird, sondern dass man weiß, wann man handeln soll, damit das, was man plant, gelingt und sich das, was man befürchtet, nicht ereignet.

Man muss kein großer Eingeweihter sein, um die Macht seines Geistes einzusetzen. Wer die astrologischen Mechanismen, die das Bewusstsein beeinflussen und damit das Schicksal steuern, kennt, kann im Einklang mit den wirkenden Mächten sein Leben und auch das Leben anderer mitgestalten. Es sind ja nicht nur die Schicksalsgenien, sondern auch die dämonischen Mächte, die die Gezeiten der Macht verwenden, um ihren Einfluss geltend zu machen. Mit der Astrologie kann man sich ihrem Einfluss weitgehend entziehen. Magie mit Astrologie erfordert keine großartigen okkulten Fähigkeiten. Selbst wer meine Bücher der Magie und Mystik nur theoretisch durcharbeitet, ist dank der Astrologie in der Lage, bewusst und gezielt mit seinem Geist sein Leben zu gestalten.

Astrologie ist der Schlüssel für die Arbeit mit dem Geist.
Von allen okkulten Disziplinen wie Quabbalah, Yoga, Alchemie oder Magie, ist die Astrologie die einzige Lehre, mit der man nachweisen und nachprüfen kann, dass es den Geist und die geistigen Mächte tatsächlich gibt. Astrologie ist eine empirische Lehre, die

auf direkter Beobachtung von offensichtlich kosmisch bedingten Ursachen und deren Wirkung auf das Bewusstsein beruht.

Die Astrologie weist nach, dass bestimmte Konstellationen von Planeten bestimmte Wirkungen auf das Bewusstsein haben. Statistische Kausalität belegt die Zusammenhänge zwischen astrologisch bedingten Qualitäten im Raum und analogen Qualitäten im persönlichen Inneren.

Das erklärt die Existenz von einem Geist, der das Universum erfüllt und das Bewusstsein trägt und damit Zeit und Raum miteinander verbindet. So wie man die gravitationsbedingte physikalische Krümmung des Raums um die Sterne und Planeten berechnen und durch Beobachtung der Lichtablenkung nachweisen kann, lassen sich die astrologisch bedingten Eigenschaften des Raums, in dem unsere Planeten schweben, berechnen und ihr Einfluss auf die Befindlichkeit und das Verhalten der Menschen beobachten und belegen. Der leere Raum ist nicht leer.

Das Universum ist nicht nur mit Gravitationswellen, mit unsichtbarer "dunkler Energie" und "dunkler Materie" und mit elektromagnetischen Feldern, in denen Handygespräche, Emails und Daten von Filmen schwimmen, erfüllt. Der Raum ist ausgefüllt von einem allgegenwärtigen "Stoff", dem Akasha, der weder Energie noch Materie, sondern Ursprung für den Geist, in Form von Informationen ist. Informationen, die sich als Gedanken, Vorstellungen und Willensregungen im Bewusstsein der Wesen, die dafür empfänglich sind, manifestieren.

Die Astrologie erforscht diesen Geist und den bedeutsamen Einfluss, den dieser auf das Denken, Fühlen und Agieren der Menschen hat. Obwohl die Astrologie seit Tausenden Jahren praktiziert wird und sich langsam aus den Denkmodellen des Mittelalters befreit, wirklich erforscht wird sie erst seit wenigen Jahren. Es ist schade, dass man diese, für die Selbstgestaltung des Lebens so wichtigen Kenntnisse, noch immer Scharlatanen, Phantasten und Laien überlässt, statt sie als "Wissenschaft vom Geist" in die moderne Forschung miteinzubeziehen.

Die Chancen dazu sind gegeben. Mit den heutigen Möglichkeiten der Hirnforschung, der Neurologie und Mikrobiologie, mit den Methoden der Datenverarbeitung und der Vernetzung im Internet, lassen sich breit angelegte Studien durchführen, an denen sich sowohl die Wissenschaft als auch die Astrologie - Interessierten beteiligen können.

"*Überdenkt man die derzeitige Situation, dann wird man erkennen, dass sich einmal verschiedene Wissensgebiete vereinigen könnten, dass aus modernen Wissenschaften eine Zusammenfassung erfolgen kann: aus der modernen Biologie, aus der Kosmologie, der Individualpsychologie und der überlieferten astrologischen Deutungskunst. Und dass es mit größter Wahrscheinlichkeit einmal möglich sein wird, eine rein naturwissenschaftliche Astrologie aufzubauen, die auch als exakte Naturwissenschaft Anerkennung findet. Mag sein, dass es noch einige Jahrzehnte dauern wird. Aber es hat den Anschein, als würden derzeit bereits die Fundamente für ein neues Gebäude der Astrologie gelegt, für eine Astrologie, die möglicherweise einmal wieder die "Königin der Wissenschaften" werden wird.*"

Schreibt Dr. Fidelsberger in seinem Buch
"Astrologie 2000", erschienen 1972

"ICH HOFFE, DASS DER ASTROLOGE VON MORGEN EINSIEHT, DASS DER ASTROLOGE VON HEUTE EIN ASTROLOGE VON GESTERN IST"

Hans Baumgartner, "Horoskopdeutung nach Zeichen"
Baumgartner Verlag 1953

"MAGIE UND MYSTIK IM 3. JAHRTAUSEND"

Magie ist die Wissenschaft von der Arbeit mit dem Geist und die Kunst von der Gestaltung des Ich. Mit Geist sind die feinstofflichen, höchst lebendigen Formen der Gedanken und Vorstellungen gemeint: Die inneren Bilder, die Gefühle und Emotionen wecken, die einen dann anregen und bewegen oder hemmen können.

Ein weitverbreiteter Irrtum unter Esoterikern ist, dass man den Geist als nebuloses, unstoffliches Lichtgespinst sieht. Geistpartikel verklumpen zwar nicht zu Erde, Wasser, Feuer oder Luft, aber auch sie treten in vier verschiedenen Aggregatzuständen auf und unterliegen, genauso wie die kompakten Atome und Moleküle, ordnenden Gesetzen. Durch Konzentration und Imagination lässt sich der Geist zu Bildern und Einbildungen formen. Dabei kann man beobachten, wie sich die Gedankenbilder, Vorstellungen und Gefühle zu mentalen Komplexen verbinden, die, wenn man sie nicht kontrolliert, im Bewusstsein ein Eigenleben entwickeln, was einem unter Umständen die Freiheit nimmt. Nicht nur in Form von Phantasien, Zwangsvorstellungen oder anderen psychischen Komplexen, auch die Vorstellung von der Torte oder dem Bier, die einen zum Kühlschrank drängt, bewegt uns nicht nur innerlich, sondern ergreift den ganzen Körper.

Zu den wohl wichtigsten Ergebnissen der modernen Geistesforschung gehört die Erkenntnis, dass die Gedanken, Vorstellungen und Gefühle, auf die sich das Bewusstsein der Menschen stützt, die feinstofflichen Wesenszellen des Geist- und Seelenkörpers sind, - und - dass auch der Geist der Götter, Genien und Dämonen aus solchen Wesenszellen besteht. Gedanken und Gefühle sind das lebendige Fleisch des Geistes und der Geister. Das bedeutet, wir wissen, was die Wesen der feinstofflichen Ebenen mit den Wesen der irdische Welt verbindet und kennen die mentalen Botenstoffe.

Die "Magie und Mystik im 3. Jahrtausend" lehrt, wie man seine persönlichen geistigen Wesenszellen, die sich, im Unterschied zu den grobstofflichen Körperzellen, aufführen als wären sie kleine Geister, kontrolliert, und wie man dadurch auch den Einfluss der

Götter und Dämonen, die über diese gemeinsamen Wesenszellen die Menschen und das irdische Geschehen beeinflussen, kontrollieren kann. Dank neuer Erkenntnisse in der astrologischen Forschung kennen wir auch die Gezeiten der Macht der Genien und Dämonen und die Zeit, in der wir selber mächtig sind. Die Astrologie beschreibt nicht nur die Qualitäten der Wesenzellen, sondern auch die Anatomie und Physiologie vom feinstofflichen Körper und hat den Genetischen Code von Geist und Seele geknackt. Mit diesem Wissen kann jeder sich selbst und sein Leben mitgestalten.

Es gibt Erkenntnisse, die erst nach einer gezielten Geistesschulung und menschlichen Reife richtig erfahren und erfasst werden können. Aus diesem Grund haben die Traditionen ihr Gedankengut immer nur ausgewählten, starken, und entsprechend vorbereiteten Schülern zugänglich gemacht. Aber der Zeitgeist, der heute das Denken, Fühlen und Agieren vieler Menschen bestimmt, ist entartet. Die vorgesehene Entwicklung zur Vervollkommnung der Wesen auf diesem Planeten wird immer mehr von negativen Mächten behindert. Es ist notwendig, dass die Menschen mehr über die Verbindungen und Wechselwirkungen, die zwischen den feinstofflichen Welten und der physischen Welt bestehen, erfahren. Heute wird niemand mehr davon geschockt, denn die "Magie und Mystik im 3. Jahrtausend" beschreibt auch, wie man sich den Mächten entgegenstellt.

So hat nach Franz Bardon auch Emil Stejnar die geheimen Instruktionen der Gnostischen Hermetik sowie die neuesten Forschungsergebnisse dieser magischen Tradition, in Form der 13 Bände "Magie und Mystik im 3. Jahrtausend" an die Öffentlichkeit gebracht. Damit ist die Zeit der Geheimnisträger und Geheimbünde endgültig vorbei. Erkenntnisse, die nie zuvor veröffentlicht wurden, sind zugänglich geworden und verborgene Zusammenhänge zwischen den geistigen Sphären und der Menschenwelt werden enthüllt.

Die Bücher der "Magie und Mystik im 3. Jahrtausend" bringen keine neue Weltverschwörungstheorie, sondern decken auf, was bisher nicht bekannt gewesen ist: Nämlich, dass die wirklichen Lenker dieses Planeten nicht auf der politischen Bühne oder in Geheimbünden sitzen, sondern auf den feinstofflichen Ebenen zu suchen sind. Es sind Mächte aus dem Reich der geistigen Welten, welche die Menschen in ihrem Sinne inspirieren und damit die Geschicke der Menschheit bestimmen.

Die Bücher der "Magie und Mystik im 3. Jahrtausend" beschreiben nicht nur diese Mächte, sondern zeigen auch einen Weg, wie man sein "Ich" gestaltet, erwacht und sich aus deren Machtbereich befreit. So wie die Naturwissenschaften und die Technik hat sich auch die Wissenschaft vom Geist und von der Seele weiter entwickelt. Neue Erfahrungen wurden gemacht, wertvolle Einsichten gewonnen, man ist nicht nur dem Geheimnis der Götter und Dämonen, sondern auch dem Mysterium des Bewusstseins und der Bewusstseinsträger auf der Spur.

Das Besondere der neuen Erkenntnisse und Übungen ist nicht, dass man magische Macht erlangt, sondern dass man sich so verwandelt, dass man diese gar nicht mehr braucht. Im selben Maße, wie die Fähigkeiten, magisch zu wirken, wachsen, wird der Wunsch, die erlangten Fähigkeiten einzusetzen, schwinden. Das ist ein Mysterium, das jeder erlebt, der den aufgezeigten Weg auch wirklich geht. Es geht also nicht nur um Magie und Mystik. Die moderne Wissenschaft vom Geist bietet auch im profanen Leben eine wertvolle Lebenshilfe. Nicht Geister werden beschworen, sondern die Macht und Kraft des eigenen Geistes wird geweckt. Das Ziel ist nicht, mit Magie über die Welt und die Geister zu herrschen, sondern, sich selbst so zu wandeln, dass einen die Welt und die Geister nicht mehr beherrschen können.

Der Leser, der den Instruktionen und Ratschlägen folgt, wird zu einem Meister und Priester der Geheimwissenschaft, dem kein Manuskript oder Guru oder Orden noch etwas bieten kann. Er ist selbst in der Lage, anderen Menschen als geistiger Führer den Weg zu weisen.

Die Bücher der "Magie und Mystik im 3. Jahrtausend" umfassen 13 Bände. Sie bieten eine seriöse, umfassende Einführung in das Gesamtgebiet der Esoterik und sind ein einzigartiger Lehrkurs der Magie und Lebensschule. Emil Stejnar hat mit seinem Werk die Magie und Mystik aus der mittelalterlichen Welt der Wunder in die moderne Welt der Wissenschaft geführt.

1. Buch: DAS BUCH DER MEISTER UND SEINE ERBEN

Ein Einweihungsroman

Der Autor schildert die zum Teil auf Tatsachen beruhenden Abenteuer aus zwei Inkarnationen eines Eingeweihten und den Weg, den jeder, der wie dieser Meister den geheimen Anleitungen folgt, zu gehen hat:

In einer Wiener Freimaurerloge wird der Arzt Dr. Michael Stein in den Meistergrad erhoben. Während des geheimnisvollen Rituals erlebt er eine so genannte Seelenreise und wird dabei in die Zeit des 13. Jahrhunderts versetzt: Er ist Mönch und eingeweiht in die Mysterien der Templer. Und er ist dem Geheimnis von Baphomet auf der Spur. Wegen seiner spektakulären Heilerfolge wird er der Hexerei beschuldigt und auf dem Scheiterhaufen hingerichtet. Aber statt in den Flammen zu sterben, erwacht der Mönch im Logentempel, im Körper des Michael Stein. Erschüttert wird ihm bewusst, dass ihn seine Vergangenheit eingeholt hat. Er erinnert sich an seine Mission: An ihm liegt es, ob die Menschen noch zu retten sind, oder ob Baphomet und seine irdischen Handlanger siegen. Er muss die Truhe mit den Gegenständen der Macht und dem Buch der Meister, die er damals vor seinem Tod in einer Höhle versteckte, wieder finden. Maria, die fünfzehnjährige Tochter seines zwielichtigen Logenbruders Brandström, wird ihn auf seiner abenteuerlichen Suche begleiten. Dabei wird er sie, und mit ihr den Leser, in die Geheimnisse der Magie und Mystik einführen. Eine zarte, jahrtausende alte Liebe verbindet die beiden, aber sie ahnen nichts von der Gefahr, die sie bedroht. Denn auch die irdischen Vertreter des Bösen, die Brüder des Schattens, sind hinter der Truhe her und werden die beiden gnadenlos verfolgen.

Das Leserecho bestätigt, "Das Buch der Meister" ist weit mehr als ein Fantasy-Roman. Höchste Erkenntnisse werden auf leicht verständliche Art erklärt und offengelegt. Allein die durch die Wortmagie übertragenen Bilder der geheimnisvollen, phantastischen Szenen hinterließen bei vielen Lesern einen solch nachhaltigen Eindruck, dass sich ihr ganzes Leben wandelte. Was sonst nur durch besondere Initiationsrituale bewirkt wird, bewirkt das Mysterium der Geschichte und bezieht den Leser in sein Mysterium ein. Der Leser erlebt tatsächlich hautnah eine Initiation, also eine Bewusstsein verändernde Weihe, welche die Persönlichkeit verwandelt und das ganze weitere Leben in neue Bahnen lenkt. Man kann daher ohne zu übertreiben sagen, dass es sich bei diesem Buch um einen magischen Text handelt, der eine geistige Kraft in sich birgt, die Außergewöhnliches bewirkt. Der Leser wird beim Lesen selbst zum "Erben" vom "Das Buch der Meister" und zu einem Eingeweihten der geheimnisvollen gnostisch-hermetischen Tradition.

Aus dem Inhalt:

- Das Mysterium von Geist und Seele.
- Der persönliche Seelengarten, in dem man nach dem Tod erwacht.
- Wer sind die wahren Lenker des Geschehens auf diesem Planeten?
- Baphomet, der Herr der Welt und die Fürsten der Macht.
- Die geheimen Oberen im Diesseits und im Jenseits.
- Wie man sich aus ihrem Machtbereich befreit.

2. Buch: EXERZITIEN FÜR FREIMAURER

Instruktionen und Logenvorträge

Sicher haben Sie sich schon gefragt: Wer bestimmt wirklich die Geschicke der Welt? Woher beziehen die Mächtigen ihre Macht? Wer schützt sie, wer stützt sie, wer gibt ihnen Kraft? Wieso haben manche Menschen immer Erfolg, während andere sich mühen und plagen und trotzdem nicht weiterkommen? Geht das mit rechten Dingen zu? Die Antwort ist: ja. Es gibt nämlich Mechanismen der Macht, die wertfrei sind und geistigen Gesetzen folgen. Wer diese Gesetze kennt, kann die dahinter wirkenden Mächte zu seinem Vorteil nützen. Seit Jahrtausenden pflegen Eingeweihte in ihren Traditionen dieses Wissen und geben es an geeignete Persönlichkeiten weiter. Nicht nur die Freimaurer, auch die katholische Kirche hat ihre Esoterik und den Schlüssel zu den Mysterien der Magie und Mystik.

Aber die Zeit der Geheimnisse ist vorbei. Dank der Exerzitien kann jeder Leser die Macht und Kraft des Geistes in sich erwecken und benützen. Der Zugang zu den Mysterien, welche die Handhabung der vier Elemente und den Umgang mit den Mächten der Götter lehren, steht heute jedem offen. Nachdem Franz Bardon mit seinen Werken den "Weg zum wahren Adepten" gewiesen hat, werden Stejnars Bücher diesen Weg erhellen und Stärke geben auf dem Weg zu einem wachbewussten ICH.

Aus dem Inhalt:

- Exerzitien für Freimaurer.
- Ritualmagie im Logentempel.
- Die magische Forschungsloge "Esoterischer Kreis".
- Die Reisen durch die Elemente Feuer, Wasser, Luft und Erde.
- Wie man die Macht und Kraft der Elemente in sich erweckt.
- Das Mysterium der vier Elemente.
- Die Kybernetik des Bewusstseins.
- Die geheime Macht der christlichen Mystik.
- Die magische Schulung der Jesuiten.
- Wie man sich selbst und andere beherrscht.

- Wie sich überdurchschnittliche Begabungen entwickeln.
- Wie sich übernatürliche Fähigkeiten entfalten.
- Wie man sein inneres Gleichgewicht erlangt.
- Das Geheimnis des Erfolgs.
- Die Grundlagen der gnostisch-hermetischen Tradition.
- Magie und Mystik im dritten Jahrtausend.
- Die Arbeit mit dem Geist: 60 Jahre praktische Erfahrung mit Magie.

Was bisher über die Freimaurer an die Öffentlichkeit drang, sind Verschwörungstheorien und Gerüchte, die der Realität in keiner Weise entsprechen. Das wahre Geheimnis der Freimaurerei ist nur wenigen bekannt: Es ist die Praxis der Magie und Mystik, die im Ritual und im richtigen Gebrauch der Symbole enthalten ist. Dieses Buch gibt erstmals Einblicke in diese verborgene Seite der Logen und Ordensgemeinschaften. Stejnar beschreibt auch den Geist, der die Menschen im Tempel bewegt.

Die geistigen Organe und die Kybernetik von Geist und Seele:
Feuer, Wasser, Luft und Erde - Denken, Fühlen, Wollen und Sein. Das sind die vier Elemente des Lebens und die vier energetischen Glieder des menschlichen Seins. Der Freimaurer lernt, wie man diese vier Elemente, welche in ihrer Wechselwirkung die Grundlage des Bewusstseins bilden, dank einer besonderen Geistesschulung beherrscht. Indem er jedem dieser Elemente den gleichen Stellenwert beimisst, findet er ein fünftes Element: sein waches ICH-SELBST. Von diesem Standpunkt aus beherrscht er nicht nur sich selbst, sondern auch alle anderen Mächte, Wesen und Geister. Er ist nicht an ein Kreuz genagelt, sondern wird durch die Vier Streben gestützt.

Das verlorene Wort und das verlorene Symbol:
Was Dan Brown in seinem Buch über die Freimaurer "Das verlorenen Symbol" nur andeutet, wird von Stejnar enthüllt und beschrieben: Das Mysterium vom verlorenen Wort und das Geheimnis der

Pyramidenspitze. Stejnar erklärt, wie man die fünf Ecken der Pyramide in Form eines Pentagramms miteinander verbindet und damit die "fünf Punkte der Meisterschaft" erweckt.

Die Magie und Mystik der christlichen Tradition:
Es ist wenig bekannt, dass auch die katholische Kirche, die offiziell jede Form der Magie verdammt und verteufelt, selbst magische Übungen und Praktiken pflegt. Die Übungen der Jesuiten sind nichts anderes als die Schulung von Geist und Seele, die auch die Tradition der Hermetik lehrt.

Logenvorträge: Geheime Instruktionen, Anleitungen und Praktiken, die bisher nur wenigen Eingeweihten vorbehalten waren, werden nun erstmals auch Außenstehenden zugänglich gemacht.

3. Buch: DIE VIER ELEMENTE

Der geheime Schlüssel zur geistigen Macht

Geist und Seele sind kein nebuloses Lichtgespinst, sondern bestehen, so wie der grobstoffliche Körper, aus Gliedern, Organen und geistigen Wesenszellen. Diese Wesenszellen des Geistes sind selber kleine Geister, die man beherrschen muss, wenn man die Welt des Geistes und die Geister beherrschen will. Nur wer seinen eigenen Geist, seine Gedanken, Gefühle und Emotionen - also die Wesensgeister, aus denen er besteht, - beherrscht, beherrscht auch den Geist der Götter, Genien und Dämonen.

Die gnostische Hermetik beschreibt, wie man die Energie dafür gewinnt. Sie kennt verschiedene Techniken, mit denen man seine Triebe und Emotionen in reine Geisteskraft verwandelt und sein Bewusstsein so weit festigt, dass man es über alle sichtbaren und unsichtbaren Schranken erhebt und auch im Tod nicht verliert. Sie zeigt, wie man seine Schwächen in Stärken verwandelt.

Das wahre Ziel ist aber nicht, mit magischer Macht die Welt oder die Geister zu beherrschen, sondern sich zu wandeln, dass einen umgekehrt die Welt und die Geister nicht mehr beherrschen können. Das wird dank der besonderen Geist- und Seelenschulung auch erreicht. Der gnostische Hermetiker zieht sich dazu nicht stundenlang zurück, um sich zu versenken oder zu meditieren, sondern nützt ganz bewusst den Alltag als Schulung für seinen Geist. Nicht Trance, sondern Wachsein wird angestrebt.

Aus dem Inhalt:

- Wie man seinen unsterblichen Lichtleib gestaltet.
- Wie man die geistigen Mächte beherrscht.
- Magie im Alltag: die Magie des Denkens, des Wünschens und Verwünschens und die "schwarze" Magie der Angst.
- Die Magie der Hilfsgeister: Der Kyilkhor und der Geist in der Flasche.
- Alchemie: Die geheime Praxis der alchemistischen Transformation. Wie man im Diesseits das Gold für das Jenseits schürft.
- Die Magie der Bücher und der Wortmagie: die Sprache magisch verwenden. Jedes Wort ist ein wirkendes Wesen.
- Quabbalah: Die Formelmagie nach Franz Bardon für die Praxis.
- Logenmagie: "Das Ritual der Hermetischen Vier". Dieses Ritual gibt Zugang zur Macht und Kraft der vier Elemente. Damit haben auch Suchende, die sich nicht durch Eide binden lassen wollen, Zugang zu einer Ritualmagie, die bisher nur Mitgliedern von Logen und Orden vorbehalten war. Das Ritual ist nicht nur für Tempelarbeiten in einer Loge vorgesehen. Man kann damit auch allein arbeiten, um sein inneres elementares Gleichgewicht zu erlangen.
- Mystik: Das "Ritual der Klosterpforte" öffnet jedem das Tor zu einem inneren Kloster, das er jederzeit betreten und verlassen kann und das ihn in den Geist der weltweiten Gemeinschaft aller in klösterlicher Zurückgezogenheit lebenden Brüder und Schwestern einbindet, ohne dass er der Welt entsagen muss.
- Nach dem Tod: erwacht man nicht in einem "Jenseits", sondern zuerst in seinem ganz persönlichen "Seelengarten", in dem das

Innere, die Gedanken und Gefühle, zur Umwelt werden. Nur wer darauf vorbereitet ist, kann sein Bewusstsein bewahren.

- Priesterschule und Lebenshilfe: Das Buch versetzt den Leser in die Lage, auch anderen mit der Kraft des Geistes zu helfen. Die Erkenntnisse waren ursprünglich nur für Priester und Eingeweihte zur Ausbildung ihrer Nachfolger vorgesehen. Wer dem Weg folgt, ist befähigt, Suchenden den Weg zum Licht und zu sich selbst zu weisen.

4. Buch: AUSSERKÖRPERLICHE ERFAHRUNGEN

Wie man lernt, ohne seinen Körper zu leben.

Es gehört zu den beeindruckendsten Erfahrungen und ist einer der Höhepunkte auf dem hermetischen Weg, sich außerhalb seines Körpers zu erleben. Selbst erhabenste geistige Erkenntnisse bleiben Theorie, solange man seine eigene geistige Beschaffenheit noch nicht hautnah empfunden hat. In den alten Tempelschulen gehörte daher dieses Erlebnis zur ersten Lektion, die dem Neophyten bei seiner Initiation erteilt wurde. "Magie und Mystik im 3. Jahrtausend" folgt wieder dieser alten Tradition und weiht interessierte Schüler in das Geheimnis des Astralwanderns ein. Es wird dazu eine ganz neue Technik verwendet, die es jedem sehr rasch ermöglicht, seinen Körper zu verlassen. Bereits die Vorübungen und ersten Versuche zum Wandern geben Einblicke in ein völlig neues Dasein und bilden feinstoffliche Wesenszellen aus, die nicht nur für das Bewusstsein im außerkörperlichen Zustand, sondern auch für das bewusste Leben nach dem Tod unentbehrlich sind.

Aus dem Inhalt:

- Die zwölf Schritte, die das Bewusstsein erheben und vom Körper befreien:
- Wachsein im Alltag, Wachsein im Traum
- Der Traumkörper als Bewusstseinsträger

- Wie man das Traum-Bewusstsein schult
- Richtig einschlafen
- Wie man lernt, im Traum zu erwachen
- Der luzide Traum als Startrampe für Mentalreisen
- Flugträume als Starthilfe
- Das Geheimnis vom fliegenden Teppich
- Im Grenzland der Träume - In fremden Seelengärten
- So kann jeder seinen Körper verlassen
- Die Traumwelt als Ort für Begegnungen mit dem Tod

Bisher versenkte man sich in seinen Körper, versetzte sich in Trance und erwartete, dass man sich bewusst aus diesem erhebt. In der Regel funktioniert das aber nicht. Das ist, als wollte ein Astronaut gleich vor seinem Haus mit seinem Auto zum Mond starten.

Zukünftige Raumflüge werden aus einer Umlaufbahn um die Erde beginnen und die beste Startrampe für Astralreisen findet man auf der Traumebene. Sobald man auf dieser erwacht, also luzid träumt, kann man sich von seinem Körper lösen.

Gezielte Geistesforschung hat gezeigt, nicht Trance, sondern Wachsein ist die Voraussetzung für Astralreisen. Die besten Bedingungen dazu findet man in der Welt der Träume, da ist das Feinstoffliche schon etwas vom Grobstofflichen gelöst und man kann seinen Körper leichter verlassen. Aus einem Wachtraum heraus ist das viel einfacher als aus dem reduzierten Bewusstseinszustand in Trance. Luzides Träumen kann man lernen. Es gibt eine einfache Technik, mit der man diese Fähigkeit entwickelt.

Die Traumwelt ist auch ein Ort für Begegnungen mit den Toten. Aber heraus aus dem Körper bedeutet nicht zugleich hinein in eine andere Welt. Der Bewusstseinszustand, in dem man sich dabei befindet, lässt einem zwar das, was man erlebt, als absolute Realität erscheinen, aber nicht alles entspricht tatsächlich der Wirklichkeit. In die geschaute Landschaft können sich Phantasien, eigene und die von anderen Lebenden und Verstorbenen, drängen. Auch dafür gibt es eine Wegleitung, sich in diesen verworrenen Welten besser zu orientieren und die besondere Symbolik, die der Geist zwischen den Ebenen verwendet, richtig zu begreifen. Wer seine Situation erfasst und die Symbolsprache versteht, gewinnt im Traum bessere Einblicke in andere Ebenen als durch Beschwörungen, mediale Botschaften oder Experimente in Trance.

5. Buch: ASTROLOGIE

Navigation für den Lebensweg
Genetischer Code von Geist und Seele

Emil Stejnar war fünf Jahrzehnte lang astrologischer Lebensberater. Er beschreibt nicht nur den Zugang zur klassischen Astrologie, sondern eröffnet auch ganz neue Erkenntnisse und Perspektiven.

- Ein Horoskop beschreibt die Anatomie und Physiologie von Geist und Seele. Die Planeten entsprechen den geistigen Organen, die das Bewusst sein ermöglichen, und deren Position im Augenblick der Geburt bestimmt deren Funktionstüchtigkeit und Qualität: Die Sonne ist das Organ für das Selbstbewusstsein, der Mond für das Gefühlsleben, der Merkur für das Denken, die Venus für Liebe, der Mars für die Antriebskraft, der Jupiter für das Rechtsempfinden, der Saturn für Disziplin. Mit Uranus, Neptun, und Pluto blickt man über seinen Bewusstseinshorizont hinaus. Aus dem Zusammenwirken der Organe ergibt sich die Anlage für den Charakter und das persönliche Wesen.
- Eine astrologische Prognose berechnet, wann, auf Grund der sich laufend verändernden Planetenpositionen, welche Organe besonders stark aktiviert oder beeinträchtigt sein werden, und wann welche Organe besonders gut oder weniger gut funktionieren.
- Die Mundanastrologie untersucht den Zeitgeist, der als Trend und Richtung weisende Strömung das Bewusstsein der Menschen und das Geschehen in der Welt bestimmt.

Mit der Astrologie kann man sich, seinen Nächsten und die kosmischen Gezeiten erkennen und die wirkenden Mächte zur Selbstgestaltung und zum erfolgreichen Handeln nützen.

Von allen philosophischen, religiösen und okkulten Traditionen ist die Astrologie die einzige Geisteswissenschaft, mit der man nachweisen kann, dass es den Geist und die geistigen Mächte (Energien oder Götter) tatsächlich gibt. Astrologie ist eine empirische Lehre, die auf Beobachtung von kosmischen Veränderungen und deren Wirkung auf das Bewusstsein beruht.

Mit diesem Buch lernt auch der Laie sehr rasch die Grundregeln der Astrologie zu verstehen. Der Anfänger wird erstaunt sein, wie einfach es ist, ein Horoskop zu begreifen, und der erfahrene Astrologe wird mit den neuen Erkenntnissen neue Möglichkeiten für seine astrologischen Analysen finden.

Die Astrologie dient nicht dazu, dass man fragt, was das Schicksal bringt, sondern, dass man weiß, wann man handeln soll, damit das, was man plant, gelingt, und sich das, was man befürchtet, nicht verwirklichen kann.

6. Buch: DER ADEPT FRANZ BARDON

Wer war er? Was lehrte er? Wohin führt sein Weg?

Franz Bardon war sicher die bedeutendste Persönlichkeit auf dem Gebiet der Hermetik. Er hat mit seinen Werken die Geisteswissenschaften für die nächsten Jahrhunderte geprägt und die Grundlage für die "Magie und Mystik des dritten Jahrtausends" geschaffen.

Das eigentliche Ziel des Weges den er beschreibt, ist nicht magische Macht zu erlangen, sondern die Vervollkommnung von Geist und Seele. Es geht um mehr Geisteskraft, damit man das Leben, sowohl im Diesseits als auch im Jenseits, selbst und bewusst gestalten kann. Nicht alle "wahren Adepten" beschwören Geister und wirken Wunder. Jede Persönlichkeit, die Außergewöhnliches für die Menschheit leistet, jeder hervorragende Künstler, Arzt oder Wissenschaftler, jeder, der selbstlos für Freiheit, Frieden und Fortschritt sorgt, kann ein hoher Eingeweihter sein. Magie ist ein Hochleistungssport, der die volle Aufmerksamkeit und ganze Persönlichkeit beansprucht. Was Bardon beschreibt, kann nicht nebenbei wie ein Hobby betrieben werden. Wer eine bedeutsame Mission übernimmt, verzichtet daher gerne auf die Erinnerung an seine magischen Fähigkeiten, damit er sich voll seiner konkreten irdischen Aufgabe widmen kann.

Auch wer sich nicht mit Magie beschäftigt, kann nach den Anleitungen von Franz Bardon sein Leben, seinen Geist und seine Seele zum Besseren gestalten. Wenn man, wie in Stejnars Buch noch erklärt wird, seine Ausführungen in den Alltag integriert, wird der Weg, den Bardon beschreibt, zu einer praktischen Lebenshilfe.

Stejnars Buch ist ein Wegweiser auf Bardons "Weg zum wahren Adepten". Es werden Fragen, die immer wieder auftauchen, beantwortet, der Weg wird erhellt und Unklarheiten über Franz Bardon werden richtig gestellt. In einem Jahr ist noch keiner ein Adept geworden. Manche Praktiker, die das nicht beachten, glauben, sie machen etwas falsch, zweifeln an sich oder an Franz Bardon und üben nicht mehr weiter. Das ist schade, aber verständlich, denn der Weg ist leider wirklich nicht so leicht zu meistern, wie es Franz

Bardon in Aussicht stellt. Trotzdem ist das kein Grund zu resignieren. Stejnar beschreibt erprobte Techniken, mit denen man diese Hindernisse überwinden kann.

Aus dem Inhalt:

- Franz Bardon: Wer war er, was lehrt er, wohin führt sein Weg?
- War Franz Bardon wirklich ein Adept?
- Auszüge aus Briefen von Franz Bardons Witwe.
- Briefe von Franz Bardon
- Das war Franz Bardon; Zeitzeugen erzählen.
- Stimmt das, was in FRABATO geschildert wird?
- Gab es die Loge des FOGC und wer ist Baphomet?
- Wie ist das mit Bardons Genien und der Abramelin Magie?
- Kann man nach Franz Bardons Instruktionen magisch wirken?
- Was macht man falsch, wenn es nicht funktioniert?
- Wie schafft man den Weg, den Franz Bardon beschreibt?
- Bardon und die Dämonen, die Freimaurer und die Alchemie.
- Persönliche Briefe an Freunde über Bardons Magie und Mystik.
- Erlebnisse aus der eigenen Praxis und Ratschläge für den Weg.
- Sättler, Quintscher, Bardon, Stejnar.
- Das Geheimnis der 4. Tarotkarte.
- Das Mysterium Tarot Karte 00.
- Die Pyramide und das Pentagramm

Mit diesem Buch erhält der Leser noch etwas ganz Besonderes. Eine einzigartige Ikone: DIE SONNE DES FRABATO. Es ist ein Bild, das Franz Bardon seinen Schülern und Patienten als ganz persönliches Amulett schenkte und sie auf diese Weise in seine Kraft mit einbezog. Dieses Bild stellt Bardons Leitgedanken als vierfarbiges Mandala dar: **Das Göttliche offenbart sich wie eine strahlende Sonne. Die Sonne durchbricht die Wolken. Das Licht siegt über die Finsternis.**

Bardon machte dieses Mysterium zu seinem persönlichen Logo und verwendete das Symbol der Sonne in Verbindung mit dem Schriftzug FRABATO auch für magische Zwecke. Dieses von positiven Kräften durchdrungene Mandala, das bisher noch nie veröffentlicht wurde und nach Bardons Ableben nur ganz wenigen Freunden zugänglich war, wurde mit Einwilligung von Franz Bardons Tochter an den Beginn des Buches gestellt. Es wird wie ein Fenster in seine Sphären wirken und seinen Lesern den Weg zum wahren Adepten erhellen, und es wird Stärke geben auf diesem Weg zu einem wachbewussten ICH.

7. Buch: DAS SCHUTZENGELBUCH

Wie erlangt man Kontakt mit den höheren Wesen.

Seit über 40 Jahren gehört Stejnars "Schutzengelbuch" zu den gesuchtesten und beliebtesten Werken der Engelliteratur. Seit Jahrtausenden weiß man, dass es Engel gibt. Die Religionen haben von ihnen verkündet, Franz Bardon hat sie beschrieben, aber Stejnars "Schutzengelbuch" hat sie für jeden zugänglich gemacht. Was früher nur Priestern und Eingeweihten möglich war, vermag jetzt jeder, der seinen Anleitungen folgt. Für die Neuauflage hat der Autor sein Buch um einige Kapitel erweitert und mit neuen wichtigen Erfahrungen aus seiner magischen Praxis bereichert.

Für jeden Lebensbereich gibt es einen zuständigen Engel. Stejnar verrät, wie man einen Engel um Hilfe bittet und an welchen Engel man sich jeweils wenden soll, wenn man Probleme hat. Eine einfache Methode ermöglicht es, auch ohne magische Evokation den Kontakt zu dem gewünschten Engel herzustellen.

Aus seiner jahrzehntelangen Praxis als astrologischer Lebensberater weiß Stejnar um die Sorgen der Menschen Bescheid und bespricht im "Schutzengelbuch" die häufigsten Probleme. Seine Erfahrungen im Verkehr mit den unsichtbaren Intelligenzen beschreibt er in Form von konkreten Fallbeispielen, wo er durch ein Amulett mit dem Siegel eines Engels helfen konnte. Zitate aus Dankschreiben sind der Beweis für das segensreiche Wirken der feinstofflichen Wesen.

Persönliche Belehrungen der jeweiligen Engel ergänzen die

Beschreibung ihrer Tätigkeit. Dadurch kann jeder auch von sich aus sein Leben richtig mitgestalten. Durch diese bewusste Zusammenarbeit zwischen den Schutzengeln und den Menschen ist eine optimale Hilfe möglich. Die angeführten Belehrungen und Ratschläge der Engel kann jeder sofort befolgen. Für alle anstehenden Lebensprobleme wird eine Lösung aus der Sicht der Jenseitigen, die von ihrer Ebene aus einen größeren Überblick als die Menschen haben, gezeigt.

So wurde ein völlig neues Lebenshilfebuch geschaffen. Die Gesetze des Erfolges und irdischen Glücks, aus der Sicht der Engel gesehen, lassen vieles in einem neuen Licht erscheinen. Ein Weg wird gewiesen, der in geistige Bereiche führt. Ohne religiöse Dogmen und ohne magische Beschwörungsrituale wird in der Gemeinschaft mit den Schutzengeln Trost und Hilfe gefunden.

Für folgende Lebensprobleme werden die zuständigen Engel, deren Namen, Siegel und speziellen Belehrungen beschrieben:

- Gesundheit, Krankheit, Nervenkrisen, Unfallschutz, Unfruchtbarkeit,
- Liebesglück, Liebesleid, Einsamkeit, Schönheit, Trost,
- Glück, Erfolg, Geld, Beruf,
- Studium, Prüfungen, Selbstvertrauen,
- Ehe, Treue, Kinder, Familie, Scheidung, Sex,
- Gerechtigkeit, Gericht, Feinde, Schicksalsschlag, Schutz,
- Vitalität, Jugendfrische, Sport, Willenskraft,
- Mediale Fähigkeiten, Magie, magische Verfolgung, Religion, Astrologie,
- Schwarze Magie, Jenseits und Tod, Erdstrahlen, Dämonen,
- Alkohol-, Drogen- und Diätprobleme.

"Das Schutzengelbuch" von Emil Stejnar schließt die Kluft zwischen Wissenschaft und Religion, zwischen Magie und Mystik, zwischen Diesseits und Jenseits. Wer sich an die einfachen Anleitungen hält, dem wird die geistige Welt erschlossen. Tausende Menschen konnten sich bereits von der wunderbaren Hilfe durch die Engel selbst überzeugen.

"Das Schutzengelbuch" ist kein gewöhnliches Buch. Es ist eine echte Lebenshilfe und bewirkt oft schon beim Lesen wahre Wunder. Die wertvollen Ratschläge, welche die himmlischen Helfer gaben, machen dieses außergewöhnliche Lebenshilfebuch zu einem Quell der Weisheit und des Trostes, und geben selbst in ausweglosen Situationen Hoffnung und Zuversicht.

8. Buch: DER THEBAISCHE KALENDER

Die 360 Vorsteher der Erdgürtelzone und die Gezeiten ihrer Macht. Die Welt der Dämonen, Götter und Geister.

Franz Bardon beschreibt im Buch "Die Praxis der Magischen Evokation" 360 Intelligenzen der Erdgürtelzone. Wer mit einem Engel-Wesen aus der Erdgürtelzone einen engen Kontakt herstellen will, wird im "Thebaische Kalender" ein wertvolles Hilfsmittel finden. Einmal am Tag ist nämlich jede Intelligenz dem Ort, an dem man sich befindet, ganz besonders nahe. Wenn man das Wesen in dieser Zeit bewusst erwartet und ihm im Geist entgegengeht, kann man es nicht verfehlen. Dazu muss man jedoch im Voraus wissen, wann der Zeitpunkt seiner Nähe gekommen ist.

Der "Thebaische Kalender" ist ein immerwährender Kalender. Man kann daraus für jeden Tag des Jahres ablesen, um welche Zeit ein gewünschter Vorsteher am besten zu erreichen ist. So wie die sichtbare Sonne jeden Morgen aufs neue im Osten aufgeht, bewegt sich scheinbar auch die unsichtbare Hierarchie der 360 Genien täglich einmal um die Erde. Alle vier Minuten geht ein neuer Grad der Ekliptik auf und vor jedem Grad steht eine geistige Intelligenz als "Vorsteher" dieses kosmischen Ortes. Jener Vorsteher, der gerade "aufsteigt", ist dem irdischen Geschehen besonders nahe und tritt in der Stunde seines Aufstiegs besonders mächtig in Erscheinung. In dieser Zeit ist die Nähe des Engels deutlicher als sonst zu spüren und man kann ihn auch leichter erreichen, als wenn er sich einem anderen Ort der Erde zuwendet.

Um sich die komplizierten Berechnungen zu ersparen, verwendeten schon die Priester und Magier der Antike den sogenannten "Thebaische Kalender". Emil Stejnar hatte Gelegenheit, diesen Kalender, den seinerzeit Quintscher für seine magische Forschungsloge herausbrachte und den auch Franz Bardon verwendete, einzusehen und hat sich davon Notizen gemacht. Dabei stellte sich heraus, dass das Original einige Fehler aufwies. Stejnar hat deshalb den ganzen Kalender neu berechnet und mit Kommentaren, Ratschlägen und wichtigen Hinweisen aus seiner eigenen Praxis versehen, und diesen in Form des nun vorliegenden Thebaischen Kalenders neu herausgebracht.

Die mystische Invokation und der richtige Zeitpunkt

In diesen Aufzeichnungen wird auch die Praxis der mystischen Invokation beschrieben. Das ist eine Technik, die nur wenigen Eingeweihten bekannt ist. Mit dieser Methode lassen sich, auch ohne magische Evokation, die positiven Eigenschaften eines jeden Vorstehers, und die besonderen Qualitäten einer bestimmten Ebene nutzen.

Man muss einen Vorsteher nicht in die irdische Welt zitieren, sondern kann sich selbst, durch meditative Zuwendung, zur richtigen Zeit in seine Nähe versetzen und sich mit seinem Wesen identifizieren. Man nützt die Gezeiten der Macht und bedient sich der lebendigen Wesenszellen, die aufgrund der Nähe einer Intelligenz gerade vorherrschen. Wer bewusst zur richtigen Zeit in die Aura einer Wesenheit eintaucht, kann von ihrer Nähe profitieren und sein eigenes Wesen entsprechend positiv verändern.

Im "Thebaischen Kalender" sind die Namen aller 360 Genien angeführt und ein Index für die wichtigsten Anliegen lässt rasch den gesuchten Vorsteher finden. Wer dringend die Hilfe oder Inspiration eines Vorstehers braucht, wird ihn zur Zeit seiner Nähe am sichersten erreichen. Wer ein Siegel, ein Amulett oder eine magische Geste aufladen will, kann dies zur Zeit seiner Nähe leichter, als wenn er ihn erst herbeizitieren muss.

Aus dem Inhalt:

- Die 360 Vorsteher und die Gezeiten ihrer Macht.
- Jesus und die Genien, ein gnostisches Werk als Schlüssel zur Hermetik.
- Die Praxis der mystischen Invokation.
- Wie man einen ungewollten Pakt vermeidet.
- Vom richtigen Zeitpunkt. Die astrologischen Gezeiten nutzen.
- Tipps für die Praxis.
- Die drei großen Mysterien der geistigen Macht.
- Index für die Eigenschaften und Bereiche der Genien.
- Götter, Genien und Dämonen und die richtigen Namen der Macht.
- Die Namen der 360 Genien bei den verschiedenen Traditionen.

WARNUNG! Stejnar weist auch auf die Gefahren hin, die mit dem Kontakt zu den Genien verbunden sind. Jede Evokation oder Invokation einer Macht, die man nicht beherrscht, hat Folgen und Nebenwirkungen. Viele Anfänger, aber auch fortgeschrittene Magier, die ihre eigene Kraft überschätzten, sind schlussendlich verarmt, erkrankt oder verrückt geworden.

9. Buch: DIÄT-YOGA

So schlägt man dem Jojo-Effekt ein Schnippchen
So macht man mit dem Rauchen Schluss
So verwandelt man eine Sucht in Willenskraft

Es gibt Menschen, die besitzen eine Ausstrahlung, die jeden sofort beeindruckt. Man spürt förmlich, dass sie nicht nur wollen, sondern auch tun, was sie wollen, und eine selbstbestimmte Persönlichkeit sind. Woher beziehen sie diese Kraft?

Die Antwort ist einfach: Sie wandeln ihre Schwächen in Stärke um. Rauchen Naschen Alkohol, Essen Faulheit Sex, alle Regungen, die sich in Form von Gewohnheiten, Bedürfnissen oder Lustbegehren dem Willen widersetzen, entziehen einem, sobald man sie befriedigt, geistige Energie. Umgekehrt gewinnt man die Energie dieser Schemen, wenn man sich entschlossen weigert, ihnen zu folgen und sie in die Schranken weist. Das ist eine Tatsache und ein kosmisches Gesetz: **Fressen oder gefressen werden.** Jeder bewusste Verzicht stärkt den persönlichen Geist. Es geht dabei nicht um Askese, sondern um mentales Fitnesstraining.

Diät-Yoga bewegt nicht Ihren Körper, sondern Ihren Geist. Diät-Yoga ist keine neue esoterische Modeerscheinung und kein banales Abspeck- oder Rauchentwöhnungsprogramm, sondern uraltes Gedankengut.

Bereits die Eingeweihten im alten Ägypten nutzten das geheime Wissen von der Macht des Geistes über die Regungen des Körpers. Sie wussten: In den Körpertrieben steckt die gleiche Energie wie in der Kraft des Willens, und beschrieben das Mysterium in Form der Sphinx.

Das Geheimnis der Sphinx.

Die Sphinx hat den Körper eines Löwen und den Kopf eines herrschenden Pharaos. Sie ist Symbol für die Gesamtnatur des Menschen: Im Menschen verbindet sich die unbändige Kraft des Löwen mit der lenkenden Macht der menschlichen Vernunft. Animalische Triebkraft und urteilender Verstand bilden eine lebendige Einheit.

Im Kopf wird bestimmt in welche Richtung der Kraftstrom fließen soll. Im Kopf wird der Hebel umgelegt.

Die Entscheidung legt den Hebel um.
Die Entscheidung ist Ausdruck des Willens. Die Entscheidung bestimmt ob der Mensch oder das Tier agiert: Vernunft statt Zigarette. Selbstwertgefühl statt Schokolade. Freiheit statt Sklave einer Lust. Vom Verstand bewusst gelenkte Triebe unterscheiden den Menschen vom Tier. Hat man sich entschieden, fließt, mit dem Beschluss, die animalische Kraft des Löwen in die bestimmende Macht des Willens, und untersteht ab sofort - für die Zeit, die man dafür festlegt - der Kontrolle durch den Geist. Dass das funktioniert, ist auf den Nullzeiteffekt zurückzuführen.

Der Zeitfaktor bewirkt, dass der Hebel einrastet.
Der Zeitfaktor ist das Jetzt! Das unmittelbare JETZT. Der Nullzeiteffekt beruht auf diesem blitzartig zündenden zeitlosen JETZT. Der spontane Entschluss: Von JETZT bis heute Abend wird nicht geraucht, oder nicht genascht, oder nichts gegessen, überrumpelt die Triebregungen und überrascht einen selbst. Dem Löwen bleibt keine Zeit, sich dagegen zu stellen. Diät-Yoga nützt diesen Überraschungseffekt zur Selbstbestimmung.

Nimmt man der Zeit nicht die Zeit, rastet der Hebel nicht ein.
Wenn man sich zum Beispiel vornimmt: im neuen Jahr werde ich nicht mehr rauchen, oder ab morgen wird gefastet, oder heute Abend wird nicht genascht, hat das Lustbegehren, also der Löwe mit seinen animalischen Energiekomplexen, genug Zeit sich dagegenzustellen, und die guten Vorsätze schwinden dahin.

- Es kommt nicht auf einen starken Willen an, sondern auf die Entscheidung: "Ich will!"
- In Körperregungen, Leidenschaften, Süchten und Begierden, steckt die gleiche Energie wie in der Willenskraft.
- Jeder kann selbst entscheiden, wofür er diese Energie verwendet:

Für sein Lustbegehren, oder für die Entschlusskraft, die nein sagt und sich den unerwünschten Trieben entgegenstellt.

Der Spontanentschluss löst den Nullzeiteffekt aus und stellt die Weichen zur Durchsetzung des Willens. Das Sphinxphänomen beruht auf diesem psychophysischen Mechanismus, den man immer wieder aktivieren kann.

Es ist erstaunlich, wie leicht sich mit diesem Überraschungseffekt Esslust oder Rauchsucht überrumpeln und verdrängen lassen. Wenn der Löwe erkennt, dass er in den nächsten Stunden garantiert nichts bekommt, zieht er sich zurück, und der Gusto stellt sich erst gar nicht ein.

Wenn Sie Übergewicht haben und abnehmen wollen, und das bereits mehrmals vergeblich versuchten, dann lesen Sie dieses Buch.
Wenn Sie mit dem Rauchen aufhören wollen, es nicht schafften, oder Angst haben, Sie würden ohne Zigaretten mehr essen, dann lesen Sie das Buch.
Wenn Sie es satt sind, Sklave einer Sucht zu sein und endlich wieder selbst über sich bestimmen wollen, dann lesen Sie dieses Buch.

Das Geheimnis der Jojo Kurz Diät
- Das Thermostatgewicht und die Verwirrungstaktik.
- Der Sparmodus, der Verzögerungsmechanismus und der Gewöhnungsfaktor.
- Das Wunschgewicht, das Alarmgewicht und das Höchstgewicht.

Wie man die Rauchsucht besiegt
- Die Blitzentwöhnung mit dem Überraschungseffekt
- Die Stufenentwöhnung als Geistessport
- 20 Hinweise, die es erleichtern, mit dem Rauchen aufzuhören

So verwandelt man eine Sucht in Willenskraft
- Das Sphinxphänomen
- Der Nullzeiteffekt
- Die Arbeit mit der Hypnoscheibe.

Mit dem Buch erhält der Leser eine Hypnoscheibe. Mit diesem geheimnisvoll pulsierenden Mandala kann man sich in eine Art Selbsthypnose versetzen. In diesem besonderen Bewusstseinszustand gelingt es einem, das Unterbewusstsein so zu programmieren, dass Essen, Naschen, Trinken, Rauchen an Bedeutung verlieren.

10. Buch: ANDY MO

Der Sohn des Gnomenkönigs in der Menschenwelt

Ein Junge findet im Keller seines Elternhauses "Das Buch der Meister" und eine neue Generation tritt das magische Erbe an. Wer "Das Buch der Meister und seine Erben" gelesen hat, wird auch die Fortsetzung dieser Geschichte mit Vergnügen lesen und sich noch tiefer in die Mysterien der geheimnisvollen Welt der Geister und der Macht des menschlichen Geistes einweihen lassen.

Andy Mo ist ein junger Erdgeist, der sich in die Menschenwelt wagt, um dort seinen verschollenen Vater, den Gnomenkönig Andimo, zu suchen. Baphomet, der Herr der Welt, hält ihn irgendwo gefangen. Der Fürst des Schattens will verhindern, dass der alte König das Dokument der "Formel des Nichts" findet und den Menschen das letzte große Geheimnis verrät, nämlich, wie man sich endgültig aus dem Machtbereich des Bösen und der herrschenden Mächte befreit. Andy Mo bleibt nicht viel Zeit, seine Mission zu erfüllen, denn wenn ein Geist zu lange auf der Oberfläche der Erde verweilt, kann er nicht mehr in seine geistige Heimat zurückkehren. Zum Glück findet er unter den Menschen gleichaltrige Freunde, die an Geister glauben und ihn daher sehen können. Sie sind ihm bei der Suche nach seinem Vater behilflich. Dafür hilft er ihnen mit seinen magischen Fähigkeiten und weiht sie nach und nach in die Geheimnisse der Magie und Mystik ein. Dabei stoßen sie auf die Spuren von Dr. Stein und die von ihm verfassten Meisterbücher. Der gescheite Rabe Yks ist natürlich auch mit dabei.

Andy Mo erkennt sehr bald: Die Menschen brauchen keine Magie und keine Geister zu beschwören. Wer die Regeln des positiven Denkens praktiziert, ist bereits ein Magier, der seine Zukunft auf geheimnisvolle Weise nach seinen Vorstellungen gestalten kann. Jeder Gedanke kann als Hilfsgeist dienen. Gedanken können aber auch zu Dämonen entarten. Deshalb ist es wichtig, dass man seine Gedanken beherrscht, und genau das ist auch der Zweck einer magischen Schulung.

Da Andy Mo für die meisten Menschen unsichtbar ist, gibt es immer wieder Überraschungen und lustige Situationen, wenn er mit seinen magischen Fähigkeiten den Schwächeren zur Seite steht. Aber nicht immer hilft der Zauber. Die irdischen Handlanger Baphomets, scheinbar seriöse Persönlichkeiten, in Wahrheit aber kriminelle Individuen, verschonen auch seine Freunde und ihre Familien nicht. Es wird ein Wettlauf mit der Zeit und ein Kampf gegen die Mächte der Finsternis. Wird es Andy Mo und den Freunden gelingen, den Gnomenkönig zu finden und zu befreien? Kann er seine Mission, die Menschen aufzuklären, erfüllen, oder wird am Ende doch das Böse siegen? Der Druck des Schattens auf die Kinder wird immer größer. Als sich Andy Mo in Miri Li, ein Mädchen aus der Gruppe verliebt und gerne wie die Menschen sein möchte, sieht es so aus, als habe Baphomet gesiegt. Probleme tauchen auf, die ganze Welt scheint sich gegen den sympathischen Erdgeist und seine Freunde zu verschwören.

Die Spannung ist bis zur letzten Seite garantiert. Gleichzeitig wird alles, was man über den Geist und über die geistigen Mechanismen, die das Leben und Sterben der Menschen bestimmen, wissen muss, auf leicht verständliche Weise erklärt. Das Geheimnis der "Formel des Nichts" wird erstmals offen gelegt. Mit diesen überraschenden neuen Erkenntnissen über die Macht des Geistes wird das Fundament für die Magie und Mystik des dritten Jahrtausend gelegt. Damit bricht ein neues Zeitalter für die Menschheit an.

Ursprünglich sollte Andy Mo Kinder und Jugendliche in die Welt der Magie und Mystik einführen. Doch es hat sich herausgestellt, dass auch erfahrene Esoteriker von Andy Mo eine ganze Menge lernen können.

Andy Mo erklärt nicht nur, wie Magie in der Praxis funktioniert, sondern auch, wie man ohne Magie, nur durch die Macht der Gedanken, sein Leben auf wunderbare Weise "magisch" verändern kann. Die Arbeit mit dem Geist und mit Geistern ist tatsächlich möglich.

Zwölf Jahre nach Erscheinen der 10 Bände hat sich Emil Stejnar entschlossen, auch die drei letzten Bücher, die, wegen des brisanten Inhalts, nur seinem engsten Freundeskreis vorbehalten waren, herauszugeben. Die sensationellen Erkenntnisse und provokanten Thesen werden vielleicht manche Leser schockieren oder empören, aber auch zum Nachdenken anregen und das ist der erste Schritt auf dem Weg zu einem wachbewussten ICH.

Es geht um den "lieben" Gott und die Frage, welche Bedeutung die Menschen für die Götter, Genien und Dämonen haben. Und es geht um die Freiheit, um das Erwachen, und um die Geburt des "ICH BIN".

Es geht um die Erkenntnis, dass die Menschen, sowohl die Mächtigen, als auch die Ohnmächtigen, ahnungslose Spielfiguren im Strategiespiel der Götter sind. Und es geht um die Technik, die es ermöglicht, dass man sich emanzipiert und erwacht und von diesem Spielbrett springt.

Die Instruktionen im 11. und 12. Buch führen an das Ziel jeder hermetischen Ausbildung - aber auch an den Anfang - denn für den Erwachten gewinnt die Geistesschulung einen völlig neuen Sinn. Wer einmal erwacht ist, sieht nicht nur sich selbst und sein Leben, sondern auch den Tod und das Jenseits aus einem anderen Blickwinkel. Nichts ist wie zuvor. Den neuen Standpunkt erlebt das Bewusstsein wie eine Geburt. Im 13. Buch wird das Mysterium der Schlange und die wahre Bedeutung der Sexualmagie enthüllt.

11. Buch: AN DER PFORTE ZUR LETZTEN LATERN

Einweihungsroman

Nicht nur der Titel, das ganze Buch könnte von Gustav Meyrink inspiriert worden sein. Stejnar bedient sich gekonnt der Wortmagie Meyrinks und erweckt seinen Geist wieder zum Leben. Er webt bekannte und unbekannte Zitate von ihm in seine Geschichte, bis er mit ihm zu einer Einheit verschmilzt. Was Meyrink begann, hat Stejnar mit diesem Buch vollendet. Der Leser findet sich selbst und erwacht.

Annika, eine junge Wissenschaftlerin wird entführt. Auch ihr Verlobter, Prof. Berg, der sie verzweifelt sucht, ist in Lebensgefahr. Es geht um die Daten für eine epochemachende Erfindung. Eine fanatische, mitleidlose Sekte will diesen Fortschritt für die Menschheit um jeden Preis verhindern und scheut auch vor Folter und Mord nicht zurück. Auch ein mächtiger, skrupelloser Konzern ist hinter dem Geheimnis her. Es wird ein Wettlauf mit der Zeit. Die Spur führt nach Prag, wo Prof. Berg auf mysteriöse Weise in einem mysteriösen Haus, nach einem Unfall erwacht.

Das "Erwachen" ist das zentrale Anliegen jeder Initiation. Dieser besondere Zustand des Bewusstseins, in dem man erfasst, dass man ist, ist die Grundlage jeder selbstbestimmten Persönlichkeit und das erste Ziel jeder okkulten Tradition. So lange man nicht erwacht ist, hat die Beschäftigung mit Magie und Mystik wenig Sinn. Nur der erwachte Geist ist in der Lage, sich von den Mächten, auf die er angewiesen ist, weil sie ihn tragen, zu befreien.

»Die meisten glauben, dass "Wachsein" ein Offenhalten der Sinne und Augen und ein Aufbleiben des Körpers während der Nacht sei. Von nichts ist der Mensch so fest überzeugt wie davon, dass er wach sei; dennoch ist er in Wirklichkeit in einem Netz gefangen, das er sich selbst aus seinen Gedanken und Gefühlen, dem Hirngespinst, aus dem die Träume sind, webt. Er bleibt ein Träumender.« Schreibt Gustav Meyrink, der wie kein anderer Geistesforscher, die Mystik des Wachseins erfasste, erklärte und beschrieb.

Man ist gefangen in einem Körper, von seinen Regungen betäubt und von seinen Hirnfunktionen hypnotisiert. Man glaubt, wach zu sein, aber in Wahrheit treiben einen die Gedanken vor sich her und halten einen in der mentalen Tretmühle des Alltags im Vorraum des Bewusstseins fest.

In diesem spannenden Thriller wird das "Erwachen" von unterschiedlichen Standpunkten ausgeleuchtet und auf verschiedene Weise beschrieben, so dass das Geschilderte, tatsächlich jedem einen Zugang zu diesem Mysterium gewährt.

Die suggestive Bildsprache, durchwoben mit bekannten und unbekannten Zitaten von Gustav Meyrink, zieht den Leser, ohne dass er es merkt oder etwas dagegen tun kann, tiefer und tiefer in die Welt des Protagonisten hinein. Eine Welt, in der Wahn und Wirklichkeit nicht mehr zu unterscheiden sind. Irgendwann beginnt man dann selbst zu hinterfragen, ob man sich in der Welt der Lebenden, der Träumenden oder der Toten bewegt.

Es ist eine ungeheuer verblüffende Erfahrung, wenn man nach einigen Kapiteln plötzlich selbst nicht mehr sicher ist, ob man wach ist oder träumt. Aber gerade diese kafkaeske Verwirrung bewirkt schlussendlich das Erwachen, das wie eine Initiation zu einer neuen Selbsterkenntnis führt. Das Gelesene setzt einen Mechanismus in Gang, der das Bewusstsein verändert und dem Selbstbewusstsein völlig neue Qualitäten verleiht.

Wieder einmal beweist Stejnar: Esoterik kann intelligent, aufschlussreich und für das Leben (und Sterben) ungemein hilfreich sein.

Wer Stejnar und Meyrink kennt, muss dieses Buch gelesen haben.

12. Buch: TRÄUMEN KANN GEFÄHRLICH SEIN

Mystische Erzählungen, Aufregende Kurzgeschichten, Rätselhafte Aufzeichnungen

Es geht um die Abgründe, in die man, sowohl im Diesseits, als auch im Jenseits, stürzen kann. Es geht um die Träume, bei denen man weiß, dass man träumt, und es geht um die Realität, die man, obwohl man überzeugt ist, wach zu sein, verschläft. Und es geht um das Erwachen, um das Wachsein, um die Neugeburt des ICH.

Auch wenn man bei manchen Erzählungen den Eindruck gewinnt, dass sich der Autor über Gott und die Welt und über die Esoterikerinnen und Esoteriker lustig macht, sobald man auch die "Anmerkungen zu den Geschichten" liest, wird man eines Besseren belehrt. Verrückte Weltbilder werden zurechtgerückt. Was geglaubt wird, wird in Frage gestellt, und neue Sichtweisen erhellen, was bisher im Dunkeln lag.

Die revolutionären Thesen über das Mysterium des Bewusstseins, über die Welt der Träume, über das Wesen der Götter und Geister und ihren verborgenen Einfluss auf die Menschen, stellen ein von Grund auf neues Weltbild vor.

Götter werden entthront, Tempelsäulen gestürzt, Moscheen und Kathedralen gestürmt. Ein neuer, gewaltiger, unzerstörbarer Dom, gebaut aus dem Geist des Gedanken "ICH BIN", wird errichtet. Wer in diesem persönlichen Refugium erwacht, hat das Mysterium des Bewusstseins erfasst. Er kann jederzeit der selbstbewusste Beobachter seiner Gedanken, der selbstbewusste Beobachter seiner Gefühle, der selbstbewusste Beobachter seines Wesens und seines Schöpfers sein.

Auf die Frage, was denn seiner Meinung nach in der Magie und Mystik das Wichtigste wäre, antwortete der Schamane Don Eduardo, den man den Magier der Vier Winde nennt, "Humor". Und auch Meyrink bediente sich gerne der Satire, um seine magisch mystischen Erfahrungen einprägsam zu vermitteln. Nun hat auch Emil Stejnar diese Möglichkeit entdeckt und die letzten Erkenntnisse der Geisteswissenschaft in unterhaltsame Geschichten verpackt.

Nehmen Sie also die Geschehnisse nicht so ernst, wie sie eigentlich genommen werden sollten. Aber bleiben Sie wachsam und wach! Denn die Erzählungen entführen Sie in eine andere Welt. In die Welt der Träume, und Träumen kann gefährlich sein.

13. Buch: GNOSIS TANTRA QUABBALAH

Die Schlange, die Macht und die Kraft

Es gibt Tausende Abhandlungen über Gnosis, Tantra und Quabbalah. Alles nur Theorie. Nun wird endlich auch die Praxis verständlich erklärt und belegt, dass die unterschiedlichen Methoden der unterschiedlichen Traditionen auf den gleichen geistigen Grundlagen und Erkenntnissen beruhen.

- **3 Traditionen, 2 Wege, 1 Ziel.** Alle drei Systeme erklären sich aus dem Mysterium der Schlange.
- **Kundalini Shakti - die Schlange** der Tantriker - ist die Schlange der Gnostiker - ist die Schlange der Quabbalisten - ist die Manifestation der Kraft, die etwas ins Leben ruft: ein Bild, einen Gedanken, ein Gefühl, einen Entschluss.
- **Die Schlange ist die Imaginationskraft,** die Macht der Vorstellung, die Schöpferkraft der Gedanken, mit denen jede Handlung beginnt. Sie ist auch die Manifestation der Kraft, mit der man unerwünschte Vorstellungen und Regungen bezwingt. Sie ist Macht und Kraft zugleich.
- **So bekommt man die Schlange in den Griff.** Am Anfang ist immer das Wort, also der Gedanke. Ein Gedanke kann verführen, befruchten oder sich der Macht eines unerwünschten Gedankens entgegenstellen.
- **Tantra, Yoga und die Sexualmagie.**
- **Gnosis bedeutet Erkenntnis.** Es geht dabei nicht um Erkenntnis von Wissen, sondern um das Erkennen von sich selbst. Nicht wer ich bin, oder was ich bin, oder wie ich bin - es geht um die Erkenntnis: "Ich **BIN**" als Zentrum und Bewusstseinsträger.

Um dieses Zentrum herum ordnet der Erwachte seine feinstofflichen Organe und Glieder.

- **Der Gott der sich selbst recyclen kann.**
- **Das Fleisch von Geist und Seele.**
- **Die Frequenzen der kosmischen Sprache,** mit denen der Quabbalist sich selbst gestaltet und magisch wirkt, beschreibt Franz Bardon als Wirkkraft von Farbe, Ton, Empfindung und Qualität. Diese Mächte werden mit Buchstaben, die als Behälter und Bausteine dienen, verbunden.
- **Der astrologische Code**, als Schlüssel zum Verständnis von Bardons System der Quabbalah.

Die Bücher der "MAGIE & MYSTIK IM 3. JAHRTAUSEND" in 13 Bänden:

1. Buch: DAS BUCH DER MEISTER UND SEINE ERBEN. Ein spannender Einweihungsroman aus der Welt der Magie, Freimaurerei und jenseitigen Mächte.
ISBN 978-3-900721-24-4, ISBN 978-3-900721-25-1

2. Buch: EXERZITIEN FÜR FREIMAURER. Instruktionen und Logenvorträge über Magie und Mystik. Einblicke in das wahre Wesen der Freimaurer Tradition und in die geheime Magie der christlichen Mystik. *ISBN 978-3-900721-02-2, ISBN 978-3-900721-06-0*

3. Buch: DIE VIER ELEMENTE. Der geheime Schlüssel zur geistigen Macht. Wie man seinen unsterblichen Lichtleib gestaltet, und wie man die geistigen Mächte beherrscht.
ISBN 978-3-900721-22-0, ISBN 978-3-900721-09-1

4. Buch: AUSSERKÖRPERLICHE ERFAHRUNGEN. Wie man lernt, ohne seinen Körper zu leben. *ISBN 978-3-900721-23-7, ISBN 978-3-900721-26-8*

5. Buch: ASTROLOGIE. Navigation für den Lebensweg. Genetischer Code von Geist und Seele. *ISBN 978-3-900721-11-4, ISBN 978-3-900721-12-1*

6. Buch: FRANZ BARDON. Wer war er? Was lehrt er? Wohin führt sein Weg? Tatsachen und Anekdoten um einen echten Eingeweihten.
ISBN 978-3-900721-15-2, ISBN 978-3-900721-16-9

7. Buch: DAS SCHUTZENGELBUCH. Wie erlangt man Kontakt mit den höheren Wesen? Die Genien der Erdgürtelzone, wie sie wirken und was man tun muss, damit sie einem helfen, das Schicksal zu erleichtern.
ISBN 978-3-900721-19-0, ISBN 978-3-900721-05-3, ISBN 978-3-900721-04-6

8. Buch: DER THEBAISCHE KALENDER. Die 360 Vorsteher der Erdgürtelzone und die Gezeiten ihrer Macht. Die Welt der Dämonen, Götter und Geister.
ISBN 978-3-900721-20-6, ISBN 978-3-900721-21-3

9. Buch: DIÄT-YOGA. So schlägt man dem Jo-Jo-Effekt ein Schnippchen: Wie man sein Übergewicht, eine Sucht oder andere Körpertriebe in reine Lebenskraft verwandelt.
ISBN 978-3-900721-07-7, ISBN 978-3-900721-10-7

10. Buch: ANDY MO. Der Sohn des Gnomenkönigs in der Menschenwelt. Ein Fantasie-Roman und trotzdem aufregende, reale Wirklichkeit. Eine Einführung in die Welt der Magie und Mystik. Für Kinder und Erwachsene.
ISBN 978-3-900721-17-6, ISBN 978-3-900721-27-5

11. Buch: AN DER PFORTE ZUR LETZTEN LATERN. Ein ungemein spannender Thriller über die verborgenen Mächte, die über das Weltgeschehen, und das Bewusstsein der Lebenden und der Toten herrschen, und wie man erwacht und sich aus diesem geistigen Netzwerk befreit. *ISBN 978-3-900721-00-8, ISBN 978-3-900721-08-4*

12. Buch: TRÄUMEN KANN GEFÄHRLICH SEIN. Außergewöhnliche, aufregende und provokante Erzählungen über das Mysterium des Wachseins und Sterbens, und die Abgründe, in die man, sowohl im Diesseits, als auch im Jenseits, stürzen kann. Selbstfindung und Erwachen sind das höchste Ziel des hermetischen Weges.
ISBN 978-3-900721-01-5, ISBN 978-3-900721-28-2, eBook: ISBN 978-3-900721-03-9

13. Buch: GNOSIS TANTRA QUABBALAH. Die Schlange, die Macht und die Kraft.
ISBN 978-3-900721-13-8, ISBN 978-3-900721-14-5

Emil Stejnar

1939 in Wien geboren, hat sich seit frühester Jugend mit Magie und Mystik beschäftigt. Zahlreiche Publikationen und Medienauftritte machten ihn im In- und Ausland bekannt. Er leitete, neben seinem Juweliergeschäft, zwanzig Jahre lang das Institut für wissenschaftliche Schicksalsforschung und ist Begründer der gnostischen Hermetik, welche die alten Traditionen ins dritte Jahrtausend führt.

Seine besonderen Anliegen sind die Freimaurerei und die Astrologie, weil er dort die Schnittstellen fand, welche die Welt des Geistes mit der Welt der Materie, also die Welt der Esoterik mit der Welt der Wissenschaft verbinden.

Stejnar gilt als Nachfolger des berühmten Magiers Franz Bardon und wird im Vorwort zur Neuauflage des wohl wichtigsten Werkes über die Gnosis "Fragmente eines verschollenen Glaubens" neben Geistesgrößen wie C.G. Jung, Mozart, Hegel, Nietzsche, Rilke, Kafka, neben Eingeweihten wie Jakob Böhme, Papus, Eliphas Levi und Altmeister Aleister Crowley als letzter bedeutender Gnostiker genannt.

WWW.STEJNAR-VERLAG.COM